바람직한 인간관계를 형성하는 훈련과 방법

인간관계와 의사소통

김숙복 · 정윤화 · 정일동 · 김도진 공저

(주)백산출판사

머리말

인간은 살아가면서 인간관계가 중요하다는 사실을 부인하지 않을 것이다. 우리는 사람들에게 질문을 던져본다. 우리가 "인생을 살아가면서 중요한 일 중에서 가장 중요한 것은 무엇입니까?"라고 물으면 사람들은 인간관계라고 답한다는 것이다. 우리는 대부분 인간관계에서 일어나는 고통과 즐거움 그리고 번민들을 직접 느끼면서 살아가고 있다. 이러한 고통과 번민들은 인간관계의 부족에서 일어나는 현상이라고 할 수 있다.

이러한 중요성에도 불구하고 바람직한 인간관계를 맺는 것이 삶을 윤택하게 해주는 것을 알면서도 항상 주위 사람과 불편한 관계를 맺고 있다. 주위 사람이란 친구, 또래, 직장 동료, 선후배 등 다양하다. 살면서 다양한 인간관계를 맺어야 함에도 불구하고 이를 극복하려는 노력은 찾을 수가 없다는 것이다. 다시 말하면 잘못된 인간관계가 우리의 삶을 황폐하게 만들지도 모른다는 것을 알면서도 좋은 인간관계를 맺기 위한 노력과 훈련은 등한시하거나 무시한다는 것이다.

오늘날 모든 사람은 바람직한 인간관계를 유지해야 한다는 것을 알면서도 제대로 된 인간관계가 무엇인지, 어떻게 해야만 좋은 관계를 맺을 수 있는지를 정확하게 파악하지 못하는 것이 매우 아쉽다. 특히 현재의 우리 사회가 이를 보여주는 것 같아 매우 아쉽다는 것이다.

정치, 교육, 문화, 경제 등 모든 면에서 의사소통 부재로 인하여 제대로 돌아가지 않는 게 현실이라는 것이다. 우리나라는 5년마다 대통령을 뽑는다. 즉 국가의 지도자들을 뽑는데 가만히 살펴보면 모든 후보자는 국민과의 소통, 협치의 슬로건(slogan) 혹은 모토(motto)를 내세운다. 그러나 당선된 후에는 협치나 소통을 한다면서도 오히려 우리를 더욱 화나게 만들거나 짜증이 더욱 일어나게 되는 이유는 그들이 이와 같은 단어의 정확한 의미를 모르고 사용하기 때문이다. 왜냐하면 그 단어와는 더욱 멀어져 가기 때문이다.

인간은 착각 속에서 살고 있는지도 모른다. 우리가 진실로 다가가면 무엇이든 이해하리라고 착각하는 것이다. 물론 잘못된 생각이다. 인간은 이기심이 있어서 본인과는 전혀 다른 생각을 하고 있다. 본인은 잘하고 있는데 타인이 따라주지 않아서 문제가 생기고 자신과 뜻이 맞는 무리만을 만나려 애쓰고 있다는 것이다. 우리의 정치가 바로 이러한 모습이다.

인간관계에서 관계라는 말이 중요한 의미를 포함하고 있다. 관계라는 말은 일방적이지 않다는 의미를 포함하고 있으며 그 이상의 사람들과의 인연을 내포하고 있다. 따라서 관계는 매우 복잡하고 미묘해서 럭비공처럼 어디로 튀어 나갈지 모른다. 이것이 인간관계라고 할 수 있다. 따라서 우리는 인간관계에 대한 정확한 의미와 이를 토대로 바람직한 인간관계의 형성을 위하여 훈련이 필요하다는 것이다.

따라서 본서를 통해 인간이 가지는 철학적 의미로서의 인간과 심리적 특성 및 발달단계를 잘 파악함으로써 깊은 인간관계 형성에 도움이 되기를 바란다. 이를 위해 본문을 아래와 같이 13장으로 나누어 살펴보았다.

제1장에서는 인간은 왜 인간관계를 맺어야 하며 인간은 어떤 존재인지를 철학적으로 접근하였다. 제2~4장에서는 인간의 심리적 특성과 발달이 어떻게 일어나는지, 그리고 의사소통의 유형인 언어적, 비언어적 유형의 의미와 종류가 무엇인지, 의사소통의 장애는 무엇 때문에 발생하는지, 그리고 이를 극복하기 위한 효과적인 의사소통방법에 대한 학문적인 토대를 구축하기 위해 논의하였다.

제5장에서는 사람마다 고유한 특성 즉 개인 차이가 의사소통에 어떠한 영향을 미치는지와 동기 및 정서, 자기의 개인차, 자기와 동기 등을 위주로 학습함으로써 타인을 이해하여 효과적으로 의사소통할 수 있는 이론들을 소개하였다. 제6장에서는 대중의사소통의 종류와 이를 위한 다양한 의사전달방법 그리고 요즈음 젊은이들에게 필요한 면접의 종류와 방법에 관하여 서술하였다.

제7~8장에서는 비언어적 의사소통의 실제인 첫인상, 그리고 그에 대한 심리적 효과와 표정, 미소, 시선의 처리방법, 자세, 옷맵시, 목소리가 어떠한 영향을 미치는지와 이를 해결하기 위한 훈련에 관하여 소개하였다.

제9~12장에서는 언어적 의사소통의 실제에 있어서 다가가기, 경청과 화법, 분노 관리하기, 요청하기, 거절하는 방법, 설득하기, 칭찬하기 등의 방법과 실제에 관하여 서술하였다.

마지막으로 이를 효과적으로 해결하기 위한 언어적 의사소통의 실제에 있어서 사과하는 방법과 감사를 표현하는 방법 등과 훈련방법 등을 소개하였다.

이제까지 의사소통에 대한 여러 종류의 저술들이 쏟아져 나왔다. 이 책들은 대부분 인간의 심리적 측면만을 강조하였고 이론적인 지식에만 치우친 것이 아쉽다. 따라서 본서는 인간을 철학적인 관점에서도 살펴봄으로써 우리는 왜 인간관계를 맺어야만 하는가?에 관한 새로운 측면을 살펴봄으로써 인간관계와 인간을 새로운 시각에서 바라볼 수 있게 하였다는 것이 이 책의 특징이다.

인간은 불행을 겪기도 하고 행복을 누리기도 하면서 산다. 따라서 불행보다는 행복한 삶을 위해 노력하는 것이 더욱 유익할 것이다. 아리스토텔레스의 말처럼 인생은 '행복하기 위함'이다. 행복을 주는 요건에는 재물, 권력, 직위 등도 있겠지만 살면서 최고의 행복은 사람과의 관계가 성공적인 것이다.

살다 보면 여러 부류의 사람들을 만나게 된다. 그들과 모두 원만한 관계를 맺을 수는 없다. 그렇다고 원만한 관계를 포기하라는 말은 아니다. 단지 더욱 풍요로운 삶을 위하여 좀 더 바람직한 관계를 형성함으로써 건강한 삶을 유지하자는 것이다. 이를 위해서는 바람직한 인간관계를 형성하는 훈련과 방법을 터득하는 수밖에 없다. 이러한 방법과 훈련은 누구나 살아가면서 경험을 통해 학습하고 숙지하는 수밖에 없다.

살면서 중요한 덕목 중 하나인 원만한 인간관계는 용기를 통해 그들과 참만남을 형성하는 것이다. 우리는 그들과 상호작용하고 협력함으로써 건전한 민주시민으로서 살아가야 한다.

이를 위하여 의사소통이라는 주제를 가지고 집필하게 되었다. 개인주의가 팽배한 현대사회는 인간소외라는 위험한 시대에서 벗어나기 위해 바람직한 의사소통의 방법과 기술이 필요하다. 특히 오늘을 살아가는 젊은이들에게는 더욱 절실한 문제이다. 아무리 산업혁명의 시대에서 문명의 이기를 누린다고 해도 사람 자체를 대체할 수는 없다. 기계문명에 밀려난 현대인에게는 더욱 절실한 문제이다. 따라서 저자는 이 책을 통해 건전한 인간관계를 형성하고 사회의 일원으로 살아가는 데 이 책이 일조하기를 바란다.

아울러 미진하지만, 이 책의 출간을 허락해 주신 백산출판사 사장님 그리고 물심양면으로 도와주신 상무님, 부진한 내용임에도 항상 따뜻하게 맞아주시는 편집부장님 이하 직원에게도 감사한 마음을 전한다. 또한, 의사소통이라는 과목을 맡겨 강의하게 해주신 문성대학교 간호학과 전윤화 교수님, 이 책을 정리하는 데 힘쓴 문성대학교 간호학과 강민경, 손영채 학도에게도 감사한 마음을 전한다.

2022년 어느 가을날에

대표 저자 김숙복

차 례

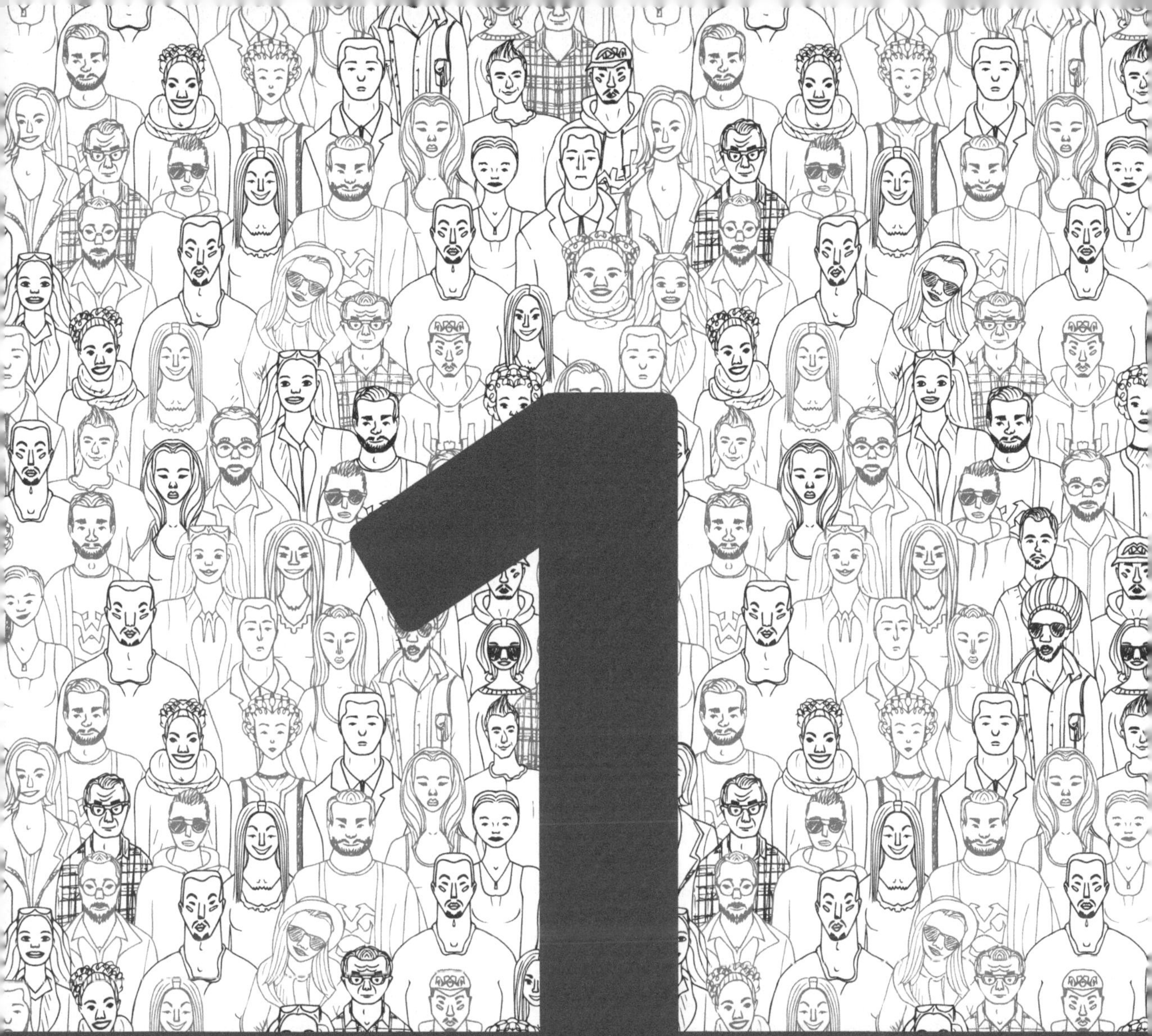

1

인간관과 의사소통

1 인간은 왜 관계를 맺으면서 살아가는가?
2 인간관계는 어떻게 정의되는가?
3 인간관계는 왜 중요한가?
4 인간관계가 대학생들에게는 어떠한 의미가 있는가?
5 현대인들은 어떠한 모습으로 인간관계를 형성하는가?

1장

인간관과 의사소통

01 인간은 왜 관계를 맺으면서 살아가는가?

인간의 삶은 매우 복잡하고 역동적이다. 이러한 삶 속에서 사는 방법을 배우고 사회에 적응하며 산다. 그러나 여기에 적응하지 못하면 사회에서 도태될 수도 있다.

현대사회는 정보화 시대라고 한다. 이것은 보는 산업의 중심이 컴퓨터에 의해 작동되고 가공처리되며 현실 세계에서 동떨어진 사회로 자리를 옮겨 간다는 뜻이다. 다시 말하면 상상 속의 일들이 현실이 되고 있다는 것이다. 이러한 사회에서 살기 위해 우리는 자기 자신은 누구인가? 하는 의문에서 첫걸음을 내디뎌야 한다.

인간은 어떠한 존재이고 왜 살고 어떤 목적을 추구하는지를 정확하게 인지해야만 현대사회에서 적응할 수 있다. 이를 위해 함께 살면서 우리가 추구해야 할 과제들을 극복하며 불필요한 갈등을 없애고 공동체적인 생활을 잘 유지하기 위해서는 무엇보다도 인간관계가 매우 중요할 것이다. 이에 대하여 아리스토텔레스(Aristoteles)는 다음과 같이 피력했다(안효자 외, 2020).

> 인간은 성염색체(XY, XX) 2개가 만나서 태어났기 때문에 '관계와 성'에 대해서 어느 누구도 자유로울 수 없다. 아리스토텔레스는 인간은 태어날 때부터 사람들과의 관계를 통한 공동체를 형성하려는 목적이 있다고 하였고, 매슬로(Maslow) 역시 인간관계를 통한 사랑과 소속감은 인간의 기본 욕구 중 하나라고 하였다.

이로 볼 때, 인간에게 관계가 얼마나 중요한 기본적인 욕구인가를 알 수 있다. 인간을 이해하기 위해서는 기본적으로 철학자들이 주장한 인간관에 대하여 먼저 이해하는 것이 도움이 될 것이다.

1 Tomas Hobbes는 인간을 어떠한 존재로 보는가?

Hobbes는 인간을 '무한한 이기적인 동물'이라 기술하고 있다. 강성렬은 다음과 같이 설명하고 있다.

> 영화 <얼라이브>에 보면 안데스산맥에서 비행기 추락사고가 일어났는데 생존자들은 다른 인간의 시체를 먹으면서 살아났지만, 그들에게 시체훼손죄를 적용하지 않았다. 왜냐하면, 자신의 생명을 보존하기 위해서는 그 외에 다른 수단이 없었기 때문이다(강성렬, 2008).

이는 모든 생명체가 자기 자신을 보존하려는 욕구나 욕망은 누구보다도 강렬하며 자기 자신을 위해선 타인의 생명을 존중할 필요성이 무시되어도 된다는 성향이 강하기 때문이다. 이는 자기 보존을 위해 인간은 어떠한 행위도 할 수 있는 내면적 본성을 지니고 있다는 의미이다.

다시 말하면 인간은 자신의 생명, 건강, 불행을 극복하기 위해서는 어떤 행위도 할 수 있다는 의미로 해석할 수 있다.

따라서 살기 위해서는 인간의 내면을 먼저 파악할 필요가 있으며 이는 결국 자기의 조화와 부조화에서 야기되는 갈등을 의미하므로 인간의 고통, 질병, 불안한 현재의 존재 상황을 바람직하고 주관적인 상호작용을 통하여 삶의 의미를 찾도록 도와주어야 한다는 것이다(Watson, 1988).

이는 삶의 과정으로서 이와 같은 인간관을 반드시 인식할 필요가 있다. 다시 말하면 현재의 경험과 개인의 경험에는 불일치가 형성된다는 사실을 인지해야 하며 인간관계를 통해 불일치에 대한 두려움을 감소시키도록 해야 한다(Watson, 1988).

이러한 인간관이 존재하는 한 바람직한 치유와 불안, 고통의 극복을 위해서는 개인과 타인과의 사이에 강력한 믿음(법)이 형성되어야 하고 서로 간에 안전한 법 장치를 마련할 필요가 있으며 실질적으로 도덕적인 행위가 이루어지도록 해야 할 것이다. 이를 행하기 위해서는 개인과 타인, 사회 구성원의 합의를 통해 새로운 인간관계의 상(像)을 만들 필요가 있다.

2 Locke는 인간을 어떠한 존재로 보는가?

Locke는 영국의 경험주의 철학자로서 사변철학을 배격하고 모든 학문의 기초를 이성이 아닌 경험을 중시하는 철학 사상가이다. 그의 철학사상은 Berkeley와 Hume에 의해 계승되었으며 오늘날의 자유주의 사상에 토대를 마련한 철학가이다. 그는 인간을 다음과 같이 적고 있다.

> 신은 공명정대하므로 모든 인간에 똑같은 관념을 부여한다. 또한, 신은 영원불변하므로 언제나 모두에게 똑같은 방법으로 그 관념을 부여한다. 이로 인해 태양은 우리를 떠나서도 존재하는 사물, 즉 물자체(物自體)가 될 수 있는 것이다(강성렬, 2008).

즉 우리에게 주어진 관념을 신과 동일한 것으로 보았으며, 다만 우리가 인식하지 못하는 것뿐이라고 설명하고 있으며 단지 후천적인 경험을 통해 알 수 있다고 보는 견해이다. 따라서 인간은 항상 스스로가 발전할 수 있다는 전제가 밑바탕에 깔려 있다. 따라서 강압적인 행위로써 인간을 억압할 뿐만 아니라 자유를 구속하는 행위를 해서는 안 된다는 것을 암시하고 있으며 인간의 자유롭고 성숙한 개성을 신장할 수 있도록 자주성과 주체성을 기르는 데 중점을 두어야 한다고 주장을 하였다.

따라서 타인과 삶을 통하여 이와 같은 신념을 항상 내재해야 하며 모든 인간관계는 경험주의적인 입장에서 고려해야 할 것이다. 따라서 인간은 탁상공론적인 지식만을 습득하여 주위 사람과 관계를 맺을 것이 아니라 타인의 성장 발달을 도울 수 있는 도우미의 역할을 잘할 수 있도록 해야 한다. 신이 우리에게 부여한 능력을 알지 못하는 것은 능력이 부족한 것이 아니라 인식하지 못할 뿐이며 우리는 다양한 인간관계의 경험을 통해 타인의 불안과 고통, 심적 부조화, 분노 등을 타인이 치유할 수 있다는 신념을 내재시킬 필요가 있다(Watson, 1988).

따라서 다양한 경험을 공유하는 것이 최고의 방법이 될 수 있다. 다시 말하면 우리는 자신의 고유한 역사로서 인과적 과거, 현재의 경험, 다양한 조건하(條件下)에서, 타자에 대한 감정을 상상할 수 있도록 기회가 주어지게 하도록 해야 할 것이다(Watson, 1988).

Watson은 이런 조건하에서는, 인간 상호 간의 간호학적 측면에서 돌봄을 예술적 행위, 즉 종합예술이라 표현하고 있다. 그는 다음과 같이 적고 있다.

> 예술로서의 행위는 한 개인이 듣거나 보거나 혹은 직관을 통하여 다른 사람의 감정을 같이 느껴서 표현할 수 있다는 전제에서 출발한다. 따라서 간호에서의 예술 행위는 간호사와 대상자 간의 상호 주관적인 관계 속에서 일어난 감정을 수용하고 표현하여 서로의 마음을 느낄 수 있는 정서의 공유에 기초한다 (Watson, 1988).

여기서 간호에서의 돌봄이란 과학적, 전문적, 윤리적임을 강조하지만 동시에 우리가 갖는 후천적 경험인 감성적, 정서적 유대관계도 함께 공유하는 것이 더욱 중요하다는 것을 의미하고 있다.

다시 말하면 학문적이고 외적인 지식의 경험을 공유하는 것이 아니라 주관적인 인격체 상호 간의 내적인 경험을 공유하면서 신체, 영혼의 내외적인 치유의 과정으로 생성할 수 있으며 루소의 경험적 인간관도 매우 유용한 것이다. Watson은 현상학적이지만 삶의 한 부분에서의 경험도 간호를 통한 돌봄을 할 수 있는 간호사의 능력이 필요로 한다는 것이다.

❸ Karl Marx는 인간을 어떠한 존재로 보는가?

Karl Marx는 급진적인 개혁가로서 인간을 변증법적 유물론으로써 규정하고 있다. 그는 인간을 하나의 물질적 존재로 규정하고 있다. 이러한 규정은 사회뿐만 아니라 인간 자체도 변증법적인 발전으로 이어진다고 하였으며 인간의 정신도 하나의 의식 속에 내재가 된 물질의 반영에 지나지 않으며 인간은 창조된 것이 아니라 물질에서 발전된 최고의 물질이라는 것이다.

그는 이에 대하여 다음과 같이 인간을 규정하고 있다.

> 인간은 사회 안에서 오직 다른 사람과의 관계에 의해서만 자기의 존재를 규정할 수 있다. 아버지가 있어서 나는 아들일 수 있고 학생이 있어 선생일 수 있다. 나를 규정하는 것은 결국 나를 둘러싼 타인들이다 (강성률, 2008).

이는 인간은 사회적 동물이며 타인의 삶 속에서 어울려 지내는 존재이며 타인을 벗어나서는 존재할 수 없는 전체의 한 부분으로서 살아가는 존재라는 것이다. 그러나 인간은 이러한 존재임을 간과함으로써 스스로 자신의 본질을 희생시켜 소외된 존재로 나아갈 수밖에 없는 존재라는 것이다.

인간은 외적인 것을 중시하는 존재로 전락하면서 스스로 인간의 자아실현을 포기하는 경향으로 나아가는 존재라는 것이다. 그와 같은 이유를 외적인 것에 지배받게 되어서 나타난 현상으로 설명하면서 다음과 같이 말했다.

> 각 개인은 불평등이 없고 자기의 가치 실현을 위해 능력이 부족한 자도 신체가 불구인 자도, 여성도, 노인도, 어린이도 각자 할 수 있는 만큼 가져가서 자신의 삶을 가꿀 수 있고, 어떤 개인도 어떤 개인을, 어떤 집단도 어떠한 집단을 억압하거나 핍박해서는 안 된다(박영식, 2008).

이는 어떠한 외적인 것이 어느새 스스로 독립적인 형태로 나타나 인간 스스로 지배하고 있다는 것이다. 따라서 외적인 것 가령, 물질, 노동, 생산과정으로부터 스스로 지배받는 존재로 전락되고 만다는 것이며 이는 곧 인간의 소외현상으로 나타나고 있다는 것이다. 오늘날 현대사회에서 나타나고 있는 인간의 소외현상을 야기(惹起)하는 근본적 원인이라는 것이다.

이를 통하여 인간은 물질의 노예가 됨으로써 주체자가 아닌 나약한 기계장치의 부속품으로 전락함과 동시에 새로운 신(神)인 돈의 노예가 되어 가진 자는 못 가진 자를 억압하며 결국은 인간의 소외현상, 현실에 대한 불안, 그로 인한 고통에 스스로 복종을 당하게 되는 존재라는 것이다.

따라서 인간은 돈이 곧 하나님이라는 사회의 불신 속에서 살아감으로써 자아의 본질을 잃어가며 인간의 참된 가치인 자유, 정의, 행복 등의 가치적인 삶으로부터 멀어져 가는 존재로 설명하고 있다. 따라서 돌봄의 대상인 현대사회에서 고독하고 소외되고 나약한 존재를 간과해서는 안 된다는 것이다. 인간의 신체는 시간과 공간에 한정되지만, 마음과 영혼은 물리적인 세계에 제한되지 않는다. 따라서 인간은 서로 돌보며 사랑하고 타인의 이해가 필요하며, 서로 사랑하는 방법이 필요하다. 돌봄과 사랑은 가장 보편적이고 중요하며 신비스러운 정신적인 힘이다(De Chardin, 1967).

타인의 돌봄이라는 상호 교호적 활동은 자기소외로부터 탈출할 수 있는 자아의 발견에 도움을 줄 수 있는 방향으로 환자, 타인 모두를 위한 자기인식, 자기 존엄, 자기조절, 자기치유의 방향으로 전개되어 물질 만능에 예속된 찌꺼기에서부터 각자의 삶에 자기실현을 위한 행복, 자유, 평등의 기쁨을 줄 수 있도록 전개되어야 할 것이다.

4 비합리주의적인 철학자들은 인간을 어떠한 존재로 보는가?

인간의 사고를 지배하는 것은 이성이나 경험이 아니라 맹목적인 의지라고 주장한 쇼펜하우어(Schopenhauer; 염세주의 철학자)나 우리가 통제할 수 없는 '무의식'이 우리의 행동과 정서를 결정짓는다고 주장한 프로이트(Freud)의 인간관이 대두되기 시작하였다.

먼저 염세주의 철학자인 Schopenhauer는 "사유나 이성에 있는 것이 아니라 의지에 있다"라고 주장하고 있다. 그에 따르면 인간은 표상 이외에 의지를 갖고 있으며, 이것으로 세계와 만난다는 것이다. 우리는 세계를 '인식'하는 것을 말하는 것이 아니라, '체험'하기도 한다는 것이다. 이는 우리가 보이지 않는 그 무엇인가에 따라 움직이는 존재이며 그것이 '의지'라는 것이다.

이에 대하여 다음과 같이 말했다(최민홍, 1980).

> 우리의 판단은 논리적 사유행위로 인해 진행되는 것이 아니라, 머리로 의식하지 못하는 심층부에서 순간적인 착상이나 결단형식으로 나타나고 있다.

이는 인간의 행위나 정서는 이성이나 반성적(反省的) 사고에 있는 것이 아니라 의지에 있으며 이러한 의지는 우리의 삶 전체가 경험의 발로가 아니라 체험, 혹은 의지의 발로에서 비롯되며 이성은 다만 행동의 방향성만 제시할 뿐이라고 한다.

이와 같은 의지는 의식과 무의식인 삶의 의지를 충동하고 있으며 특히 의식보다는 무의식이 삶의 체험에 영향을 주고 있다고 말할 수 있다. 왜냐하면, 무의식적인 발로가 우리의 행동에 왕성한 활동의 힘으로 강하게 작동하기 때문이다. 이와 같은 설명은 Freud의 성격발달에도 잘 나타나고 있는데 그는 다음과 같이 설명하고 있다.

> 무의식이란 의식에 영향을 미치기는 하나, 꿈이나 정신분석의 방법을 통하지 않고는 의식화가 되지 않는 의식을 말하며 행위 당사자의 행위 동기가 성 충동과 연관성을 갖고 있다(강성렬, 2008).

이는 자신의 행위나 동기는 우리가 전혀 느끼지 못하는 무의식을 통하여 나타나는데 Schopenhauer나 Freud는 성 충동과 가장 밀접하다고 말하고 있다. 다시 말하면 현재의 심적, 육체적 고통, 불안, 실수, 강박행위, 정신적 불안정 등은 과거의 성적 고착화로 인한 무의식적인 행동의 발로라는 것이다. 인간의 의지는 무한한 데 비해 이를 충족시키는 데 많은 제약(制約)과 고통이 따르며 이를 만족하지 못하는 경우 반드시 질병이나 고통, 불만족, 부조화가 따르기 마련이다. 따라서 타인과 만남에 있어서 반드시 이 점에 유의하여 돌봄 대상자의 요구에 응답하여 주는 데 있을 것이다.

인간은 과거의 충분하지 못한 성적 불균형을 이해하고 아픔과 고통을 이해하고 환자의 요구에 응답할 수 있는 자질을 가질 필요가 있다. 왜냐하면, 타인과 만남에 있어서 돌봄은 바로 고통을 느끼는 환자에 대한 도덕적 응답으로 나아가게 되며, 따라서 이러한 응답은 일종의 도덕적 기획이라고 말할 수 있는 것이다(S.D. Edwards, 2001).

5 실존주의적인 철학자들은 인간을 어떠한 존재로 보는가?

이제까지 논의해 온 여러 사상가의 인간관은 이성과 경험, 그리고 비합리적인 측면에서 살펴보았다. 그러나 키에르케고르(Kierkegaard) 이후 철학의 체계는 새로운 실존주의와 함께 이루어졌는데 이제까지 인간을 정신적인 존재로부터 실존적 삶의 존재로 전향이 되어 왔다는 것이다(백승균, 1987에서 재인용).

이와 같은 삶의 철학을 제기한 철학자는 Nietzsche, Bergson, Husserl, Heidegger로 이어오면서 관념적인 사상에서 삶의 철학, 혹은 생철학(生哲學)으로 전환했다는 점에서 현대철학사에서 주목할 만하다.

Nietzsche는 독일 관념론자들에게 사람들이 어떻게 망치를 가지고 철학을 하는가를 보여준 인물이며 기존의 가치와 사상을 산산조각을 내어 버렸다. 그는 기존의 철학자를, 특히 Kant를 "멍청이(Idiot)", "가장 비천한 개념의 불구자", "쾨닉스브르크의 중국놈"이라고 독설을 퍼부었으며 오늘날 생철학(生哲學)의 의미를 만들었던 인물로서 실존주의를 현대적 의미로 탄생시켰다(백승균, 1987). Bergson은 처음으로 삶의 가장 내면적인 시간 속에서 직시하여 "존재와 시간"이 같다는 것을 주장하였다. 하이데거의 주저인 『존재와 시간』이라는 저서는 Bergson에게서 차용(借用)했을지도 모른다. 여기에다 Heidegger의 스승인 Husserl에게서 이어받은 현상학적 방법을 차용(借用)하였다.

따라서 Watson의 간호 철학적 사상은 실존적 인간을 이해함으로써 출발하였으며 인간의 현존재는 초월적 본성을 지니며, 정신 활동으로써 자신을 높여가며 삶의 의미를 발견하고 통합적이며 조화로운 자아에 도달할 수 있는 존재로서 이해가 될 것이다(Watson, 1988).

이에 대하여 Watson은 다음과 같이 말했다.

> 인간을 신체적, 정신적, 감성적, 영적인 존재의 통합체로서 시간과 공간을 초월할 수 있는 존엄하고, 경외(敬畏)롭고, 신비로운 존재로서 이해하고 있다(Watson, 1988).

여기에서 보듯이 Watson은 모든 인간은 실존적인 관점에서 보듯이 타인과 만남에서의 돌봄의 이론도 인간존재는 자아를 끊임없이 초월하는 과정들 속에서 의미가 부여되며, 이것은 특히 타인과의 관계에 관한 과정에 대한 이론을 구성하는 데 중요하다고 볼 수 있다.

따라서 이 Chapter에서는 그녀의 이론으로 중심이 된 실존주의에 관한 철학적 용어들을 정리하고자 한다. 왜냐하면, 관련된 용어의 개념들을 알아야만 그녀의 사상들을 이해하는 데 도움이 되기 때문이다.

1) 불안과 절망

불안과 절망이라는 단어는 살아가면서 누구든지 느끼게 되는 감정이다. 스스로 결단을 내려야 하는 삶의 현장에서 주관적인 행위를 하는 경우 가장 먼저 다가오는 인간의 내면적인 현상이다.

이는 '나'라는 존재가 세계의 모든 것을 안다고 해도 그것을 어떻게 실천하는지는 '나'의 고유한 결단에 달려 있기 때문이다. 즉 나의 확고한 결단에 따라 새롭게 형성되는 이런 일들은 불안과 항상 결합되어 있기 때문이다.

Kierkegaard(강성렬, 2005에서 재인용)는 다음과 같이 말했다.

> 불안은 미리 앞질러 간다. 불안은 결과가 생기기 전에, 그 결과를 먼저 발견한다. 우리가 어떤 날씨가 다가오는 것을 저절로 느끼는 것처럼 그것을 느끼게 되는 것이다.

이렇게 불안은 자기도 모르게 엄습해 온다. 불안은 동물에게는 없으나 우리 인간만이 느끼는 감정이다. Heidegger는 불안과 공포를 다음과 같이 구별하고 있다.

> 공포라는 말은 우리가 일정한 위험에 대해 두려워할 때 쓰는 말이다 (…) 그러나 불안이라는 것은 우리가 현존재 자체에 대해 두려워할 때 쓰는 말이다(Was ist Metaphysika? 6, Aufl., 1951, 백승균에서 재인용).

이같이, 병이나 시험, 악한에 대한 두려움을 공포라 칭하며 이러한 공포는 위험을 없애기 위하여 어떤 조치를 할 수도 있다는 것이다. 불안이라는 것은 존재에 대한 두려움이고, 존재에 관한 두려움을 말하고 있으며 불안이 지나고 나면 "휴 아무것도 아니었어."라고 반응하게 되는 것이라는 뜻일 수도 있다.

따라서 우리는 불안을 즐길 줄도 알아야 한다. 그렇지 않으면 통속적인 향락이나 부정을 저지르기 마련이다. 이는 인간이기를 포기하는 동물적인 향락에 물든다는 뜻이다.

인간은 이와 같은 불안을 뚫고 나가야 할 운명적인 존재이다. 그렇지 않으면 자살이나 죽음에 이르는 병에 걸릴 운명에 이르기 때문이다. 인간은 이와 같은 운명적인 삶을 스스로 인지할 수 있는 존재라는 것을 분명히 각성하고 있어야 한다. 왜냐하면, 이 세상에 절망하지 않는 인간은 단 한 사람도 없기 때문이다.

2) 단독자(單獨者)

인간은 스스로 실존적인 존재를 의식하지 못하고 그저 향락과 본능에 충실하게 되며 그것을 통해 삶의 절망에 이르는 미적인 실존자(實存者)를 거쳐 윤리적인 실존을 의식하게 된다. 윤리적인 삶이란 무엇인가. 자유로운 선택이 가능하지만 자기가 혼자라는 사실을 인식할 때 불안에 접어들기 시작하는 윤리적인 실존적 존재라는 것이다. 이와 같은 존재는 누구나 해당되는 것으로서 삶에 애착을 느끼고 발버둥치며 살아가는 나약한 존재자일 뿐이다.

그러나 인간은 여기에 머물러서는 안 되는 것이며 이러한 존재는 삶의 희망을 포기한 채 살아가는 벌레 같은 존재일 뿐이다. 즉 인간이기를 포기하고 죽지도 죽을 수도 없는 운명에 처한 나약한 존재라는 것이다.

따라서 인간은 미적 실존과 윤리적인 존재임을 빠르게 인정하고 종교적인 실존 단계로 전향할 필요가 있다. 즉 자기 자신을 이겨내고 '신 앞에 홀로선 단독자(單獨者)'라는 것이다.

우리의 세상은 암울한 것, 권태, 우울, 불안, 절망, 죽음 등 어두운 그림자로 가득 차 있다. 그러나 실존주의 철학자들은 이러한 것에 머무르지는 않는다. Nietzsche는 다음과 같이 말했다.

삶에서 가장 위대한 단어는 '운명에 대한 사랑', 즉 아모르 파티(amor fati I)다. 인간은 자신의 삶에 나타난 모든 과정을 그저 견디는 데 그치는 것이 아니라, 한 걸음 더 나아가 그것을 사랑해야 한다. 그리고 '바로 이것이, 이것이 삶이었던가? 그렇다, 그렇고말고!'라고 외칠 수 있어야 한다(강성렬, 2008).

이는 운명관(運命觀)을 이야기하고 있는데 운명이라고 하는 것은 필연적으로 다가오는 것이므로 이를 인정하고 긍정적으로 받아들일 때만 인간 본래의 창조성을 발휘할 수 있다는 것으로, 인간은 이를 극복하기 위해 종교적인 실존으로 귀의할 수밖에 없는 존재라는 것이다. 따라서 우리는 영원한 구원이냐 아니면 향락을 취할 것인가를 선택함에 있어 종교 앞에서 홀로선 단독자일 뿐이다.

다시 말하면 '이것이냐, 저것이냐'라는 것은 우리의 결단을 위한 토대이고 '죽음에 이르는 병'은 초월로 가는 길잡이가 되고, 불안이나 절망은 신앙으로 돌아가는 힘이 되기 때문이다.

3) 세계, 실존, 초월자

Jaspers의 철학사상은 세계와 실존, 그리고 신(초월자)의 세 부분으로 구성되어 있는데 이는 그의 저서에도 잘 나타나 있다. 그의 대표적 저서인 『철학』의 구성도 앞에서 말했듯이 세계 정립과 실존 해명, 형이상학으로 나누어서 설명하고 있다.

이는 실존주의 철학에서 가장 기본적인 개념이자 인간존재의 의미를 파악하는 데 기본이 되는 용어이기 때문이다. 먼저 세계란 물질, 생명, 마음, 정신으로 이루어져 있으며, 각각은 우리의 학문적 대상이 되는 것이다.

실존이란 무엇인가? 이 개념은 다른 현존재처럼, 그저 존재하는 것에 그치는 것이 아니라, 존재할 수 있고, 존재하여야 한다는 것이다. 또한, 실존은 서로 간의 의사소통을 성립시키고 서로의 교제를 통해 비로소 참된 자기를 발견하고 가장 깊은 고독으로 돌아가고 이 고독들은 또다시 실존 간에 교제를 요구하게 된다(강성렬, 2008).

Heidegger는 실존을 현존재라고 해석하는데 그것은 세계 안의 존재를 말하며 이것은 공간적인 의미만은 아니고 모든 현존재의 근본 구조 자체를 뜻한다고 했다(백승균, 1987).

Watson은 이러한 실존을 간호의 목적이자, 방법으로 서술하고 있다. 즉, 간호사와 다른 인격체와의 상호관계 속에서 이루어지며 이러한 실존이 인격체 사이의 결속과 교류를 가능하게 한다는 것이다(Watson, 1988).

이것은 우리가 왜 돌봄을 받아야 하며, 어떻게 받을 것인가를 제시해 주는 것으로서 인간과 타인과 우리는 실존적 존재임을 분명히 인지하고 있어야 한다는 의미이다. 다시 말하면 인간은 실존적 존재이기 때문에 인간의 주체자로서 혹은 돌봄의 대상이 된다는 이유를 제시했다.

따라서 간호의 방법은 한 인간의 내적 세계에 관한 체험인 수면, 꿈, 환상뿐만 아니라 자기 내성, 창조적 상상, 자아에 대한 투사과정(Watson, 1988)을 포함하며, 다양한 불안이나 여러 형태의 질병이 나타나는데 대표적인 것이 승화, 억압, 투사, 전이, 합리화, 퇴행, 히스테리 등이다. 이와 같은 원인은 인간이 어느 순간에 이르면 질병으로부터 해방되려는 태도가 나타나는데 이러한 것이, 질병으로부터 도피하고자 하는 욕망이 있으므로, 치료방법인 카타르시스, 자유연상법, 심리극, 명상학습, 역할놀이 등을 사용하여 실존적 존재로의 회귀를 도와야 한다는 것이다.

또한, 실존이라는 개념은 역사성을 지니고 있다는 점이다. 다시 말하면 실존은 단순히 시간성의 제약이 아니라 미래를 내다보는 현재이기 때문이다.

그렇다면 도대체 나는 누구인가? 나의 실존은 여기에서 한계상황과 관련을 맺는다. 이에 대하여 Jaspers는 다음과 같이 설명했다(강성렬, 2008에서 재인용).

> 나는 왜 내가 이 땅에서, 어떤 특징의 부모로부터 태어났는지 그 까닭을 알지 못한다. 나에 대한 특수한 규정은 어디까지나 우연에 불과하고, 또한 내가 그 안에서 빠져나올 수 없는 나의 운명이기도 하다.

이는 인간은 자유로운 존재이기도 하지만 특정한 상황에서는 한계상황에 맞닥뜨릴 수밖에 없다는 것이다.

이러한 연유로 우리는 초월자라는 개념을 만들 수 있는데 초월자라는 것은 인간이 어떤 특수한 상황에서 인간의 나약함, 유한성을 느끼게 되는데 이러한 것은 초월자로서 나타나게 된다는 것이다. 우리 인간은 한계상황 즉 죽음, 고뇌, 싸움, 죄 등이 우리를 초월자와 대면하게 만든다는 것이다.

그러면 초월자는 어떤 식으로 실존에 나타나는 것일까? 야스퍼스는 이에 대하여 초월자란 실존에 대해 먼저 암호로 나타나며, 이러한 암호를 해독하면 초월자의 존재를 알 수 있을 것이라 했다(Watson, 1988). 여기에서 암호란 초월자의 언어로 구성되는데 초월자의 직접적 언어, 즉 실존의 절대적 의식상태에서 순간적으로 들을 수 있으며 또 다른 한편으로 예술이나 신화로서 직접 전달 가능한 언어로서 가능하며 철학적으로 전달할 수 있는 사변적인 언어이다. 따라서 초월자라는 개념은 실존을 각성하는 것이며, 즉 세계를 초월하며 이 세계의 한계를 박차고 벗어날 때 초월적인 존재, 초(超)감성적 존재인 신성의 세계라고 말할 수 있다.

4) 죽음

Heidegger는 현존재, 즉 "실존은 죽음으로 향하는 존재다"(백승균, 1987)라고 했다. 따라서 죽음이란 현존재의 모든 가능성 중에서 "가장 본래적인 가능성"인 것이다. 그는 이를 다음과 같이 설명했다.

> 죽음은 대신할 수 없다. 왜냐하면, 각각 그 자신에 의해서 이루어지기 때문이다. 죽음은 뛰어넘을 수 없다. 왜냐하면, 죽음과 함께 모든 다른 가능성이 사라지기 때문이다(백승균, 1987).

이는 '우리의 실존은 죽음과 항상 관련을 맺고 있으며 우리가 반드시 향해야 할 하나의 양식이며 삶 가운데 있는 죽음'이라는 생각을 잊어서는 안 될 것이고 지나가는 고통이나 하나의 역사적 사건으로 생각해서는 안 된다. 인간은 죽음을 통해 비로소 가장 내적으로 형성된다는 것이다. 이는 죽음이 인간의 전체성(통일성, Total Wissen)을 갖게 되는 것으로 매 순간 죽음으로 치닫고 있으며 전체성으로 가고 있다는 것을 의미하기 때문이다.

또한, 죽음을 통해서 인간은 삶의 의미를 부여한다는 것이다. 만약 죽음이 없다고 생각해 보자. 그러면 인간의 삶은 어떠할까? 인간은 욕심과 욕망, 그리고 향락을 취할 것이며 현 세계는 무질서와 혼란에 빠질 것이다. 따라서 죽음이란 단어 앞에서 인간은 가치 있는 삶을 살게 되고 자기의 본래적인 고유한 삶을 자유롭고도 책임감 있게 이끌 수 있을 것이다. 다시 말하면 자기 자신의 눈으로 죽음을 직시하면서도 서서 맞서는 사람은 실존을 각성한 사람이다.

그러므로 인간은 죽음에 대한 '선험적 결의(先驅的 決意)'를 통해 현존재로 바뀔 수 있으며 일상인이 주체적이고 능동적인 본래의 삶으로 돌아갈 수 있게 된다는 것이다.

따라서 돌봄이라는 것은 상호 교호성(交互性)을 갖고 있다는 점에서 인간의 유한성을 깨닫게 함으로써 오히려 죽음이 불안한 것이 아니라 죽음에로의 자유가 된다. 즉 죽음을 받아들이는 결단을 함으로써 참다운 현존재, 실존에 이르는 길이라는 것이 간호의 한 방법이 될 수 있다는 것이다.

5) 존재와 시간

서양철학에서 존재와 시간을 처음 다룬 인물은 교부철학의 대가인 성 아우구스티누스였다. 그는 신의 창조론을 설명하면서 시간이란 물체가 놓임으로써 물체들 사이에 공간이 형성되듯이 과거에서 현재를 거쳐 미래로 흘러가는 것이 아니고 순간으로서 현재만 존재한다는 것이다(박영식, 2008).

Heidegger에 따르면 현존재는 어떠한 실체도 아니며, 과거도, 미래도, 현재도 아니라는 것이다. 다시 말하면 현존재는 무(無)에서 피투가 되어 있어서 무(無) 속으로 들어가 있기 때문이라는 것이다. 현존재는 무에서 나와서 무(無) 속으로 들어가는 하나의 비약이란 것이다.

그는 시간을 두 가지의 "시간화(時間化) 양식"으로 설명하고 있다. 그중 하나는 비본래성(非本來性)이고 다른 하나는 본래성이다. 비본래성적(非本來性的)인 시간은 우리가 감지하고 느낄 수 있고 수량화할 수 있는 객관적 범주의 시간으로서 時, 分, 年을 의미하고 본래성의 시간이란 '실존범주'로 측정될 수 있는 주관적인 시간을 말한다. 다시 말하면 언제나 자기 앞에 존재하는 미래, 시간화(時間化)라는 것이 기존(旣在)의 짐과 죄책을 의식적으로 자기 스스로 짊어지고 있는 한 이미 과거에 내재하고 있다. 결국, 시간화란 역시 하나의 물통처럼 전체적 "현존재(現存在)"를 받아들이는 순간 속에 존재하는 것이다. 이러한 실존적 순간 속에서 시간은 멈추게 되고 거기에서 시간과 영원성이 언급될 것이다.

인간은 자신이 객관적 시간 속에 내재되어 있고, 또 그러한 시간과 함께하고 있어서 시간적이라는 것이 아니고 그와 반대로 외적 시간은 인간이 자신의 가장 내적인 현존재 내에서 시간적이라는 사실을 통해 비로소 가능해지는 것이다.

6) 탈존주의(脫存主義, Ek-sistentialismus)에로의 회귀(轉回)

Heidegger는 인간의 본질이야말로 탈존(脫存)에 있다고 한다. 존재가 탈존(脫存)하는 자로서의 인간을 탈존(脫存)하는 자 자체에 있어서 존재의 진리를 위한 파수꾼으로 삼는 한, 본질적으로 존재 자체로부터는 탈존이 중요하다(Martin, Heidegger, Platons Lehre von der Wahrheit, 1947)라고 했다. 이는 그가 존재를 설명하면서도 부정적으로 취하는 것이 매우 아이러니한 대목이라 할 수 있다.

존재개념은 유럽의 형이상학에서 그 현실적인 의미와는 아무런 관계도 갖지 않는 역할을 해왔다. 존재자가 절대자로 둔갑하고 곧 신과 같은 개념으로 사용해 왔다. 다시 말하면 신 중심이 아니라 존재가 중심이 되는, '존재가 신이다'라는 명제가 우선시되어 왔다는 것이다. 이러한 진리관(眞理觀)은 중세 이후 논리학과 논리실증주의의 대두로 인해 실체의 형이상학을 상실하였고 논리적으로 훈련된 세대에 의해 무비판적이거나 숲길로 이끌어가는 것으로서 부적당할 뿐이다.

이로써 Heidegger는 존재가 아니라 無를 대입하여 존재의 개념을 찾고자 하였는데 이는 존재의 은폐된 본질이 무(無) 속에서는 분명하다는 것이다. 하이데거 이전의 형이상학은 존재의 개념을 그르쳐 놓았다는 사실 속에서 존재가 무(無)임이 드러난다는 것이다. 즉 존재의 형이상학 모두는 무(無)의 형태가 되어버린다는 것이다(백승균, 1987). 다시 말하면 존재 자체는 그 자신의 진리 속에 가려져 버리고, 스스로 계시하지 않는다는 것이다.

따라서 존재 자체는 무(無)로 돌아가게 되는데, 이는 허무주의식, 신비주의식 존재론을 탄생시키게 된다. 하이데거는 다음과 같이 역설하고 있다.

> 존재의 역운(逆運)에서 생각한다면 니힐니즘의 허무는 존재와 함께 '무'임을 의미한다. 존재는 그 자신의 본질의 빛에 도달하지 못한다. 존재 자체의 나타남에서 존재 자체는 없다. 존재의 진리는 탈락된다. 존재의 진리는 망각되어 있다(Martin, Heidegger, Holzwege).

이는 기존의 형이상학 앞에서는 결국 역사나 자연에서 보면 모든 것은 어떠한 관계에 있어서 無와 같으며 순수하게 사실적으로 보면 무에서 끝나 좌절된다. 따라서 Heidegger는 기존의 진리관, 존재해석에 대한 이의를 제기하는데 존재란 절대적 주관도 아니고 본질, 이념 혹은 실존도 아니며 그렇다고 신도 아니다.

Heidegger는 존재란 무엇인가에 대한 궁극적인 대답에서 다음과 같이 탈존주의적 존재론을 주장하였다.

> 존재란 단지 빛의 비치임, 개방적인 것, 탈은폐하는 것이라고만 대답할 뿐이다(백승균, 1987).

이는 인간은 결국 무(無)에 맞서게 되지만, 이를 통하여 긍정적으로 향하여 가지만 결국은 부정적인 것에 떨어진다는 사실을 알아야 하며 시간의 흐름 안에 존재하고 전통에 대한 부정을 통해 자신을 이끌어야 하며 대낮보다는 밤의 예리한 면에서 여명의 세상을 볼 수 있어야 한다는 것이다.

02 인간관계는 어떻게 정의되는가?

인간은 요람(搖籃)에서 무덤까지 다양한 삶을 살아가는 존재이다. 그러한 삶을 살아가면서 혼자서 살아가는 것이 아니라 누군가와의 관계에서 살아가는 존재라는 것이다. 그리스 시대의 철학자인 아리스토텔레스(Aristoteles)는 "인간은 정치적 동물"이라고 했다. 이는 인간은 태어나자마자 누군가의 보호, 관심, 배려, 독자성 등을 통해서 죽을 때까지 살아가는 존재라는 것이다.

우리는 무인도, 산속 그리고 속세를 벗어나 혼자 살아가지 않는 한, 타인과 관계를 맺으면서 살아가기 때문이다. 즉 일생을 타인과의 공존 속에서, 인간관계의 틀 속에서 살아가면서 생활하는 존재라는 것이다.

이러한 관계는 역사적으로 볼 때 과거 산업혁명 이전에는 소극적이며 폭이 좁은 관계를 맺으면 살아가는 데 별 무리가 없을 수도 있으나 산업사회, 정보기술, 지식사회로 접어들면서 다양한 관계를 맺으면서 살아야 하고 또한 그렇게 살아야 현대적 삶에서 도태되지 않을 것이다. 왜냐하면, 산업사회에 접어들면서 인간은 소외감을 느끼며 살고 있지만, 이는 오히려 인간관계를 도외시하고 기계적인 틀에서 살아가기 때문에 인간 소외현상이 일어나기 때문이다.

오늘날 정보사회로 접어들면서 노트북이나 핸드폰과 함께 사는 것이 일상화되었지만 이러한 것이 오히려 편리함, 조급함, 신속성으로 인하여 인간이 아닌 기계의 노예가 되거나 속박되는 불완전한 삶을 이어가고 있기 때문이다. 이러한 삶 자체가 4차 산업혁명 시대를 살아가는 인간의 모습이며 오늘날 우리의 모습이라 할 수 있다. 즉 인간끼리의 관계가 아닌 기계가 수단이며, 목적이 되는 삶을 살고 있기 때문이다.

사람과의 관계에서는 반드시 사람이 필요하지만, 오히려 기계의 노예가 되고 수단이 되는 시대에 살고 있어서 스트레스나 고독감이 우리를 불안하게 한다. 예를 들면 사람과의 대화가 불안한 것이 아니라 기계와의 대화에 신경을 쓰거나 조작을 하지 못할 때 더욱 불안감이 엄습해 오고 스트레스로 인해 힘든 삶을 살아가는 처지가 되었다는 것이다.

인간관계라는 개념의 사전적 의미는 다음과 같다(안효자 외, 2021).

인간은 '사람과 사람 사이'를 뜻하는 말로 인간이라는 단어 자체가 '인간관계(人間關係)'의 뜻을 담고 있다. 사람을 뜻하는 인(人)자는 원래 일하는 사람의 옆모습을 따온 것으로 사람과 사람이 서로 기대어 둘이 서로 의지하고 받쳐주는 모습이다. 사이 간(間)은 문(門)과 태양(日)을 합친 말이다. 문 사이로 태양이 뜨는 모습, 빛이 있는 모습이다.

이것으로 보면 인간관계의 의미를 만들어낼 수 있다. 일단 사람은 혼자가 아니라는 것이다. 대상자가 있어야 한다. 왜냐하면, 혼자일 때는 관계가 일어나지 않는다는 것이다. 여기에다 간(間)은 시간, 사이 차별, 헐뜯다 등의 의미가 있어서 이를 정리하면 두 사람 이상이 함께 모여 빛을 밝히자는 것과 반대로는 갈등과 반목(反目)의 의미가 있다.

결론적으로 말하면 사람과의 사이에서 살아가는 도중에 서로가 협력하고 의지하고 조화를 이루면서 살아가는 사회적 존재라는 것이다. 이러한 사회적 존재는 서로 간의 관계를 형성함으로써 인격적인 관계를 형성하는 과정이라 볼 수 있다.

사회적 존재인 인간은 기본적으로 누군가와 관계를 맺음으로써 살아가고자 하는 욕구를 지니고 있다. 다시 말하면 인간의 존재적 욕구에 관한 설명이 Maslow(1968)의 욕구단계이론이다.

우선 인간관계라고 하는 것은 사람과 사람의 사이에서 일어나는 복합적이고 역동적인 일이기 때문에 넓게는 살아가는 데 있어서 대인관계라는 광범위한 의미와 협의(狹義)의 의미로는 인간들 사이에서 일어나는 모든 문제를 내포하고 있다. 이러한 의미에서 우리가 지구상에 나타나서 사라질 때까지의 모든 삶의 과정을 말하고 있다.

03 인간관계는 왜 중요한가?

위에서 아리스토텔레스는 인간은 정치적 동물이기 때문에 반드시 인간관계를 통해 살아가는 존재라고 말했다. 이에 대하여 안효자 외(2021)는 다음과 같이 적었다.

인간은 성염색체의 (XY, XX) 2개가 만나서 태어났기 때문에 '관계'와 '성'에 대해서 누구도 자유로울 수 없다. Aristoteles는 "인간이 태어날 때부터 사람들과의 관계를 통한 공동체를 형성하려는 목적이 있다"라고 하였다. Maslow 역시 인간관계를 통한 사랑과 소속감은 인간의 기본 욕구 중 하나라고 하였다.

이러함에서 볼 때 우리는 자기의 의지를 뒤로한 채 주위환경, 특히 다른 사람들과의 관계를 통해 사회를 살아가는 존재라는 것이다. 역으로 생각하면 혼자서는 살아갈 수 없는 운명적인 생애를 가진 것이다. 이를 해결하지 못하면 우리는 고독과 죽음을 생각하게 되고 결국은 고통 속에서 하루하루를 견뎌야 할 것이다.

아리스토텔레스의 유명한 말 "인간은 정치적 동물이다"를 원어 그대로의 의미를 살려 번역하면, '인간은 폴리스(Polis)적 동물이다'가 된다. Polis는 무엇이라고 번역하기 까다로운 단어이다. 풀어서 쓰면, 규모가 작은 나라라고 할 수 있는데, 흔히 '도시 국가'라는 번역어를 채택하기도 한다. '인간은 폴리스(Polis)적 동물이다'라는 문구를 문자 그대로 이해한다면, Polis에 사는 시민이야말로 인간이라는 문구로 읽힌다. 그렇게 보면, 아리스토텔레스는 폴리스 세계 이외의 인간은 인간으로 취급하지 않고 아테네의 해상 정복 활동을 용인한 제국주의자쯤으로 전락한다. 하지만 당연하게도 이런 해서은 본래 의도를 한참 벗어나게 할 수도 있다.

Polis적인 삶을, 시민적 덕성을, 사회적 자본을 이루며 살아가는 각 시민의 삶은 정치와 떨어질 수 없다. 왜냐하면, 정치란 공적인 영역뿐만 아니라 일상에서 어떤 가치를 지향하는 집단적 활동이며, 이는 시민들의 참여로 완성되기 때문이다. 이렇게 볼 때, 일상은 곧 정치이며, 이것이 아리스토텔레스가 '인간은 정치적 동물'이라는 말에서 표현하고자 한 바일 것이다.

이에 대한 예가 늑대소년에서 나타나고 있다. 그는 태어나서 한 번도 사람과 접촉하지 못하고 정글 속에서 늑대의 손에 의해 길러졌기 때문에 발견되었을 당시 동물에 불과하였다는 것이다. 그러다가 발견된 후 계속해서 사람과의 접촉을 시도하였지만 끝내 적응하지 못한 채 생을 마감한 것처럼 우리는 효과적인 인간관계를 형성하지 못하면 인간으로서 성장하지 못한다는 것이다. 결국은 건전한 자아 형성과 인격 발달에도 영향을 미쳐 가정, 직장, 사회에서 다양한 문제를 일으킬 수 있다.

이러한 이야기를 구체적으로 적어보면 다음과 같다.

동화 '정글북'의 이야기처럼 현실 속에서 야생동물에 의해 길러진 아이들이 길러준 동물들과 같은 행동을 하는 것을 모글리 현상이라고 하는데 실제로 1920년 인도의 한 정글에서 어느 목사 부부에 의해 두 어린이가 발견되었다. 그들의 나이는 약 두 살과 일곱 살로 추정이 되었고 발견 당시 두 어린이는 늑대와 같이 생활하고 있었으며, 늑대의 젖을 먹으면서 살았고 사지로 기어 다녔다고 한다. 늑대에게서 자라났기 때문에 언어는 물론 말을 할 수 없는 상태였으며 빛을 싫어하고 흡사 늑대와 같은 습관을 지녔다고 한다.

목사 부부는 두 아이를 발견하고 그들에게 '아말라'와 '카말라'라는 이름을 지어주었으며 인간 생활에 적응하도록 도움을 주었으나 그들을 인간 생활에 적응시키는 데는 결국 실패하였다. 예를 들면 음식은 고기나 우유만을 먹었으며, 늑대의 습성인 시각과 후각이 발달하여 먼 곳에 있는 냄새도 잘 맡았다. 당연히 사람이 다가가면 놀라서 숨거나 거부반응을 일으켰다는 것이다.

인간 생활에 적응하지 못한 동생 아말라는 불과 1년 만에 사망하고 카말라는 직립보행을 하는 데만 1년 반이 걸렸다고 한다. 언어도 어린아이의 수준 정도밖에 도달하지 못하였다. 그러나 그도 9년 후에 죽었다.

여기에서 우리는 중요한 교훈을 알 수 있다. 즉 두 아이처럼 사람이라는 존재는 보통 지능을 가지고 있어도 사회적 관계, 흔히 사회성을 가지지 못하면 인간으로서 적응할 수 없다는 것이다. 즉 '사람은 태어나서 인간으로서 성장하는 존재이고 이를 위해서는 만들어지는 존재'라는 것이다.

위에서 말했던 모글리 신드롬 또는 모글리 현상(Mowgli Syndrome)은 사람이 인간 또는 인간사회와 격리된 환경에서 성장하면 사회화 교육을 해도 인간과 소통하는 능력을 쉽게 갖추지 못하는 현상을 뜻한다.

이러한 예로 1996년 나이지리아의 한 숲에서 생후 6개월에 버려져 2년 반 동안 침팬지가 키운 아이를 발견했다. 이 아이는 곧바로 인간사회로 돌아왔지만, 말을 배우지도, 사람들과 어울리지도 못했다.

이는 영국의 러디어드 키플링이 쓴 정글북에 나오는 주인공의 이름인 모글리에서 가져와 모글리 신드롬이라 부른다(백과사전).

효과적인 인간관계를 형성하는 데 실패한다면 가정생활에서도 중요한 역할을 할 수 없다. 산업사회가 발달하면서 다양성이 혼재한 사회를 살아가는 이 시기에 아동뿐만 아니라 성인들에게도 매우 중요한 역할을 하게 된다는 것이다.

가정에서의 문제는 매우 심각하다. 물론 건전하게 가정을 이루고 삶을 풍요롭게 이루는 가정이 있는 반면에 가정불화, 이혼율 증가 그리고 가족 간 만남의 부족으로 인하여 가정이 파괴되는 것이 산업사회의 병폐라는 것이다. 따라서 어느 시대보다도 건전한 가족관계가 필요하다는 것이다. 이러한 가족관계를 유지하기 위해서도 효과적인 인간관계가 필요하다는 것이다.

인간관계의 중요성은 가정뿐만 아니라 사회, 학교 등에서도 절실하게 요구되고 있다. 가끔 뉴스에서도 회자(膾炙, 회와 구운 고기)되듯이 학교폭력, 교사와 학생의 불편한 관계 그리고 정보의 범람은 학생들이 학교생활에 적응하는 데 매우 큰 어려움을 준다는 것이다. '가치(價値) 있는 것'

을 습득하여 바람직한 행동으로 변화하는 것을 교육이라고 정의할 때 가치라는 것은 학교에서 배우는 지식이나 정보를 의미할 뿐만 아니라 건전한 인간관계 즉 타인과 소중한 경험도 포함된다는 것이다. 따라서 건전한 학교생활에서의 인간관계는 오히려 교육의 효과와 학습효과를 배가(倍加)시킬 수 있다는 것이다.

건전한 인간관계는 학교에서 벗어나 개인적인 사회적 삶에서도 매우 중요하다. 성인이 되어 직장생활로 접어들어 사회생활을 할 때도 매우 중요하다는 것이다. 오늘날 평생직장이 없다는 것은, 오히려 역으로 생각한다면 직장에서 도태된다는 의미도 포함되어 있다. 다시 말하면 직장생활에 적응하지 못한다는 것이다. 이러한 면은 개인의 삶에도 어려움을 가져오게 되지만 기업의 측면에도 엄청난 피해를 가져다줄 수 있다는 것이다. 이러한 손실은 생산성과 효율성으로 이어진다. 과거 직장에서의 생활은 기업적인 면에서 기술력을 가지고 생산성에 역점을 두었지만, 오늘날에는 인화적(人和的)인 측면이 매우 강하게 작용된다. 따라서 건전한 인간관계는 직장에서의 바람직한 적응을 통하여 개인의 풍족한 삶에 매우 필요하다.

04 인간관계가 대학생들에게는 어떠한 의미가 있는가?

인생에 있어서 모든 시기가 중요하다고는 하지만 성인이 된 이후 대학 생활의 시기는 무엇보다도 중요하다고 볼 수 있다. 왜냐하면, 인생진로를 실질적으로 설계해야 하며 졸업 후 사회에 나아갈 훈련과 교육을 받기 시작하는 시기이기 때문이다. 이러한 시기에 중요한 것은 무엇보다도 인간관계이다. 이때까지 획일적인 교육만을 받으면서 경쟁 사회에서 살아남을 생각만 했지 어떻게 살아야 하는지에 대하여 구체적인 고민을 하지 않았다고 볼 수 있다. 즉 앞만 보고 생각 없이 살아왔다고 할 수 있다.

인간관계가 대학 생활에 중요한 이유를 크게 네 가지로 설명하면 다음과 같다.

첫째, 다양한 인간관계를 형성할 수 있다는 것이다. 즉 인간관계의 폭을 넓혀가는 데 최적의 요건을 가질 수 있는데, 이는 이전의 인간관계는 경험의 폭이 작을 수밖에 없었을 것이다. 학업 위주, 성적 우선주의, 일등주의에 사로잡혀 생활하면서 폭넓은 경험을 쌓는다는 것이 우리의 교육 현실에서는 무리라는 것이다.

둘째, 다양한 갈등을 겪을 수 있는 기간이라는 것이다. 우리는 앞에서 인간관계는 "두 사람 이상이 서로 만나면서 의견을 나누는 동시에 갈등을 해소하는 목적을 가진다"라고 하였다. 즉 두 사람 이상이 관계를 갖고 살아가다 보면 반드시 갈등이 조장될 수밖에 없을 것이고 이러한 갈등은 건전한 인간관계를 통해 해소할 수 있을 것이다.

셋째, 무엇보다도 독립의 시기라고 할 수 있다. 이전 시기까지는 부모의 그늘과 보호 아래 아무런 걱정 없이 생활하였으나 이제부터는 혼자 서서히 독립을 준비할 시기라는 것이다. 이러한 독립은 정신적, 경제적, 육체적인 독립을 의미한다. 물론 육체적 독립은 이전 시기에 시작되었지만, 미래에 가정을 꾸미고 부모로부터의 의존적인 생활에서 벗어나기 위해서는 정신적, 경제적 독립은 필수라고 할 수 있다.

마지막으로 어느 시기에서의 인간관계도 중요하지만, 인생을 살아가면서 대학 생활에서의 인간관계는 무엇보다 의미 있는 영향을 줄 수 있다는 것이다. 지금은 많이 사라졌지만, 여전히 여러 곳에서 학연, 지연 등이 중요하게 영향을 준다는 것이다. 이 시기에 맺은 인간관계는 오히려 이차집단에서 인간관계에 많은 영향을 미칠지도 모른다는 것이다.

무엇보다도 학교에서의 선후배 관계는 사회생활에서 실질적으로 영향을 미치고 있다. 선후배와의 만남을 통하여 얻은 생활 정보와 경험이 자신의 난관을 헤쳐서 나가는 데 많은 도움이 될 수 있기 때문이다. 또한, 과거에는 선생님의 일방적인 지시와 통제에 의존하여 생활하였다면 대학에서의 스승인 교수들은 인생의 선배이자 협력자로서 인생의 안내자로서의 역할을 해주기 때문이다.

대학 생활은 각 지역뿐만 아니라 global 시대에서는 다양한 사람, 다양한 국가, 민족, 출신, 인종 등을 만나는 기회가 제공되는 장소라고 할 수 있다. 따라서 이들을 통하여 다양한 문화를 습득하는 기회가 주어질 수 있다. 이러한 문화의 습득은 인생의 폭을 넓혀주어서 다양한 인간관계를 형성하는 데 도움이 될 것이다.

또한, 이 시기는 이성 친구를 만나는 시기이다. 건전한 이성 관계는 건전한 인간관계에서 비롯된다. 이를 통해 결혼에 관한 생각과 관념이 재형성되기도 한다. 다시 말하면 건전한 이성 관계를 통한 새로운 결혼관과 여성관이 형성되기도 한다는 것이다. 물론 이때는 이성 친구를 포함하여 인생에 있어서 가장 많은 친구를 사귀는 시기이기도 하다. 친구들을 사귀거나 서로 알아감으로써 강한 연대감과 우정을 통하여 새로운 세계에 대한 생활에 만족감을 느끼거나 스트레스에서 오는 불안을 떨쳐버리곤 한다는 것이다.

05 현대인들은 어떠한 모습으로 인간관계를 형성하는가?

산업사회로 진입하면서 인간은 과거의 소극적인 삶에서 적극적이고 다양한 삶을 누리고 있다. 다시 말하면 다양성을 인정하며 살아가고 있는데 이러한 다양성은 다른 사람과의 인간관계의 폭이 넓어졌다는 것을 의미한다. 그러나 이것이 쉽지는 않다. 다른 사람과의 관계를 친밀하고 깊이 있는 형태로 발전시키고자 하는 소망은 그 어느 때보다 강하지만 방법을 모르거나 바쁘게 자기의 일을 하다 보면 놓치는 경향이 있다. 따라서 현대사회에서의 인간은 겉으로는 바람직하고 활발하게 살아간다고 볼 수 있지만 깊게 살펴보면 늘 외롭다는 것이다. 이러한 현대사회에서 인간관계의 특징을 살펴보자.

우선 현대사회는 물질만능주의라는 것이다. 이러한 만능주의는 과거 선비들이 누렸던 안빈낙도(安貧樂道)를 하던 삶의 가치가 물질로 옮겨갔다는 것을 의미한다. 이것은 물질을 추구하다 여유를 잃어 더욱 정신적 가치를 멀리하는 데 있다는 뜻이다.

둘째는 갈등이 조장되는 사회라는 것이다. 이러한 갈등은 사람마다 가치가 다르고 획일화된 사회가 아니라 모든 면에서 다양화가 진행되고 있다는 뜻이다. 이러한 다양성은 모든 사람이 적응하는 데 있어 각자 지향하는 삶의 가치가 다르므로 모든 면에서 충돌이 발생한다는 것이다. 이는 우리 사회에 만연되고 있음을 뜻한다.

셋째는 인간 소외현상이다. 산업화가 진행되면서 인구는 도시로 이동하고 그로 인하여 생산활동이 왕성해진 인간은 과거 어느 시대보다도 풍족하게 살고 있지만, 이것은 일에 대한 효율성과 신속성에 의한 것이다. 따라서 이에 적응하기 위하여 어느 시대보다도 경쟁 속에서 살아야 하며 경쟁에서 반드시 이겨야 한다는 것이다. 이와 같은 이유로 인하여 불필요한 시간이나 노력을 하지 않으려 하며 사람 만나는 것을 귀찮아하고 기계나 전자정보에 맡기고 있다. 따라서 이전의 시대가 인간관계를 강조하였다면 이제는 이를 대신하는 전자정보를 이용하는 관계로 변화하고 있다.

오늘날 대면보다는 비대면으로 관계를 맺고 있는 것은 사실이다. 즉 전자정보통신기술을 활용하여 사람들과 관계를 맺고 있을 뿐만 아니라 오히려 사람과의 만남을 귀찮아할 정도이다. 이러한 비대면의 활용은 주로 SNS(social networking service)를 통하여 일상적으로 일어나는 것이 현실이다. 이러한 현실은 정치, 문화행사, 경제, 산업, 교육 등의 전반적인 곳에서 이제는 일상화되고 있다. 이러한 현상이 왜 나타나는가?에 대한 궁금증을 더해가고 있다. 이러한 이유로는 익명 보장성, 즉시성, 또 다른 공간을 통한 공동체 형성의 욕구, 수평적 관계 등이 있다.

익명 보장성이라는 것은 가상 속의 공간 즉 사이버공간에서의 메시지 전달은 필요한 사람에게 전달되지만, 개인정보를 보호하는 측면에서 비밀이 보장되어 열린 공간으로 사람들을 유인할 수 있는 이점을 가지고 있다는 것이다. 따라서 누구에게나 구애받지 않고 자신의 의견을 표출할 수 있으나 익명이 보장되기 때문에 타인을 모함하거나 거짓 정보를 이용하여 위기로 몰아넣을 수 있으므로 조심해야 할 부분이 있다.

즉시성이라는 것은 현재성과 같은 것으로 볼 수 있는데 자신이 필요로 하는 정보나 원하는 것을 언제든지 만날 수 있다는 것이다. 이러한 면은 개인이 즉각적으로 반응할 수 있는데 쉽게 말하면 원하는 것과 원하지 않는 것에 의해서 대화가 항상 열려 있거나, 닫혀 있을 수 있다는 것이다.

공동체 형성의 욕구나 수평적 관계라는 측면에서 보면, 항상 누구나 들어올 수 있는 공간이 열려 있어서 공동체적 인적 교류가 이루어지며 이러한 인적 교류는 과거의 수직적 관계가 아닌 수평적 관계가 형성되기 때문에 현대인들이 좋아할 수밖에 없다는 것이다. 흔히 가상공간에서는 메시지가 중요할 뿐 누구라는 것은 대체로 관심이 없다는 것이다. 또한, 요즈음 몇몇 직장을 제외하고는 일상적인 인간관계에서는 수직적 관계를 기피하고 수평적 관계를 맺는 것이 효율적인 추세라 할 수 있다. 왜냐하면, 위에서 말한 사이버공간에서는 누가 많은 정보를 보유하고 특정한 정보를 가지느냐가 우선이기 때문이다.

그러나 사이버공간에서의 관계는 긍정적인 측면이 있지만, 부정적인 문제로 인하여 많은 사회적 문제를 양산하고 있다. 즉 잘 이용하면 우리에게 많은 유용함을 주지만 인간의 소외라든가 인간관계 약화라는 면에서는 매우 부정적인 것으로 볼 수 있다. 이러한 부정적인 면들을 하나씩 살펴보면 우선 정서적 공감이 부족하다는 것이다. 왜냐하면, 동일 정보를 위해서는 대체로 의견교환이 활발해지기는 하나 자기에게 불필요하면 과감히 배척한다는 것이다. 이들은 대면 관계가 아니라 비대면으로 이루어지는 관계라서 장소, 시간 등에 구애받지 않고 언제나 불필요하다면 버려지는 인간관계라 할 수 있다.

또 다른 부정적 영향은 사이버공간에서의 예절에 대한 올바른 교육을 받지 않아 상대방에게 상처를 주기 쉽다는 것이다. 여기에서는 정보나 인물들이 주로 공개되지 않으므로 상대방의 진실에 대한 신뢰성이 없기 때문이다. 따라서 자기 의견과 배치될 때 무작정 공격한다는 것이다. 신문지상에서 나타나듯이 자신이 아니라는 이유로 연예인, 정치인, 그리고 자기를 공격하는 사람들에게 확인되지 않은 사실들을 유포하여 타인의 인격을 심하게 훼손시키는 경향을 볼 수 있다. 즉 한 사람을 생매장하는 것도 어려운 일이 아니라는 것이다.

마지막으로 사이버공간에서는 보여주고 싶은 대로 보여주기 때문에 정체성의 혼란을 가중(加重)시키게 된다. 특히 정체성 혼란의 시기를 겪고 있는 청소년에게는 심각하다는 것이다. 다시 말하면 '실제의 나'와 '보여주고 싶은 나'를 가상으로 만들어 실제의 자신이 누구인가에 대한 구분이 되지 않는다는 것이다. 자신의 모습을 실제로 보여주기 싫어서 '가상의 나'로 포장하여 스스로 조종하고 조종당하며 이를 통해 정체성의 혼란을 겪게 된다는 것이다. 이러한 예가 사이버상의 이름인 아이디나 아바타를 통해 자신을 표현하고 있기 때문이라 할 수 있다. 이러한 면으로 볼 때 사이버공간은 순기능과 역기능을 동시에 소유한 괴물체라 볼 수 있다.

오늘날은 디지털시대라고 한다. 이러한 디지털세계는 인간관계가 참만남이 아니라 부분적이고 불완전하며 정서가 없는 기계의 발달은 우리에게 편리함을 주었으나 역으로 보면 이로 인해 우리를 더욱 속박하고 허탈감으로 몰아넣은 것이다. 특히 카카오톡, 페이스북, 트위터 등은 우리를 더 넓은 세계로 인도하였지만, 실제적인 만남은 오히려 적어져 인간을 고독 속으로 몰아넣은 괴물체라는 것이다.

인터넷 매텍스(주)에서 인터넷 이용자를 대상으로 조사한 결과 역기능적인 영향으로는 윤리, 도덕성 저하(48.1%), 인간관계 둔화(22.2%)로 나타났고, 순기능적인 면에서는 새로운 만남의 계기를 마련(29.1%), 여유로운 시간의 활용(26.4%), 정보공유(25.6%)의 순으로 나타났다. 그리고 정보화가 인간관계에 미치는 영향에 대해서는 정보화가 새로운 만남의 기회를 제공(36.6%), 인간소외(34.4%), 인간관계 둔화(24.7%)의 순으로 나타났다(조성대, 2000에서 재인용). 이를 표로 그리면 아래와 같다.

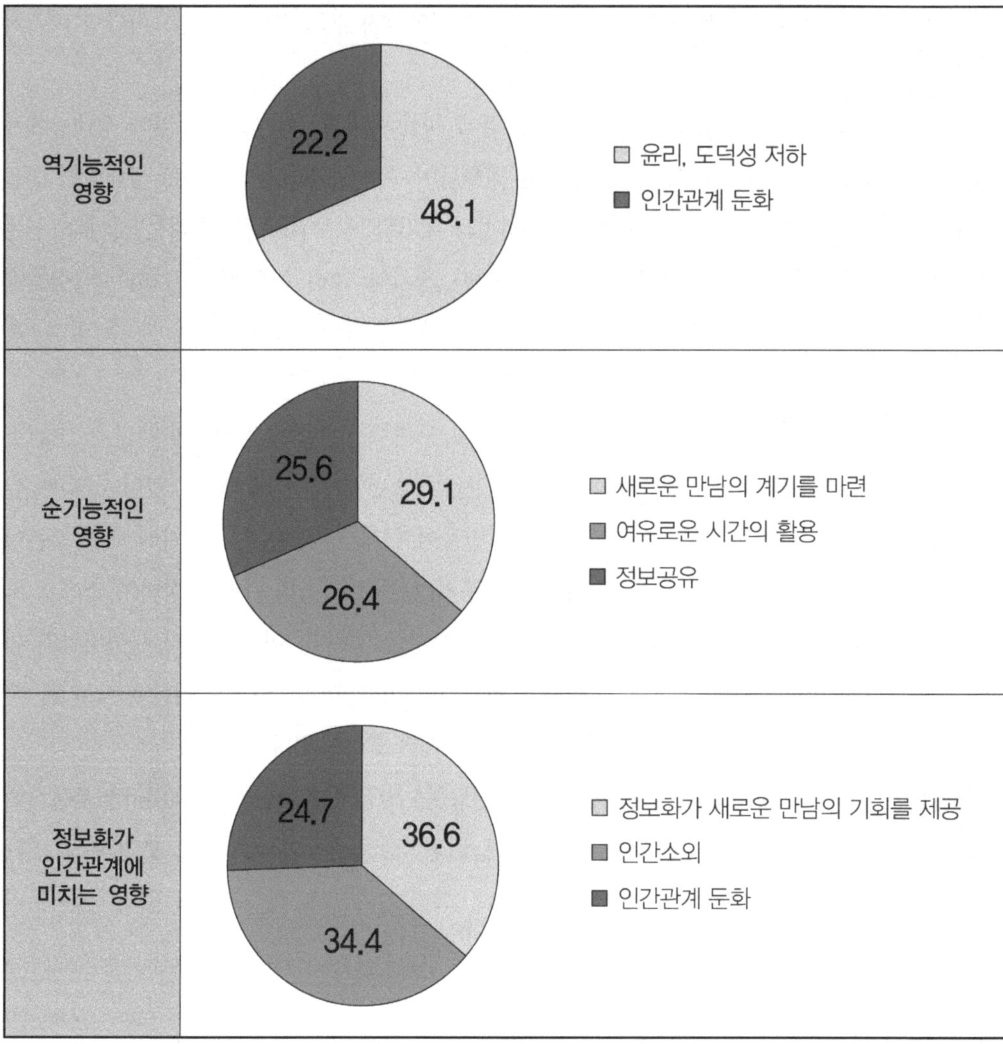

위에서 적었듯이 오늘날의 인간관계는 가상현실에서의 만남으로 인해 인간성의 상실, 고독감 등이 나타나 새로운 사회문제를 양산하여 혼란을 겪고 있다. 따라서 이러한 혼란을 피하기 위해서라도 올바른 인간관계를 형성하기 위한 새로운 방법과 교육이 뒤따라야 할 것이다. 현대사회는 인간관계의 의미를 다시 돌아보게끔 정서적, 정신적으로 친밀한 인간관계를 형성하기 위해 노력하여야 하며 이는 우리 사회가 지고 가야 할 과업이라 할 수 있다.

연습문제 1 여러분은 친구들과 바람직한 인간관계를 이루고 있는지 설명해 보자.

연습문제 2 Aristoteles의 "인간은 정치적 동물"이라는 내용을 자세히 적어보자.

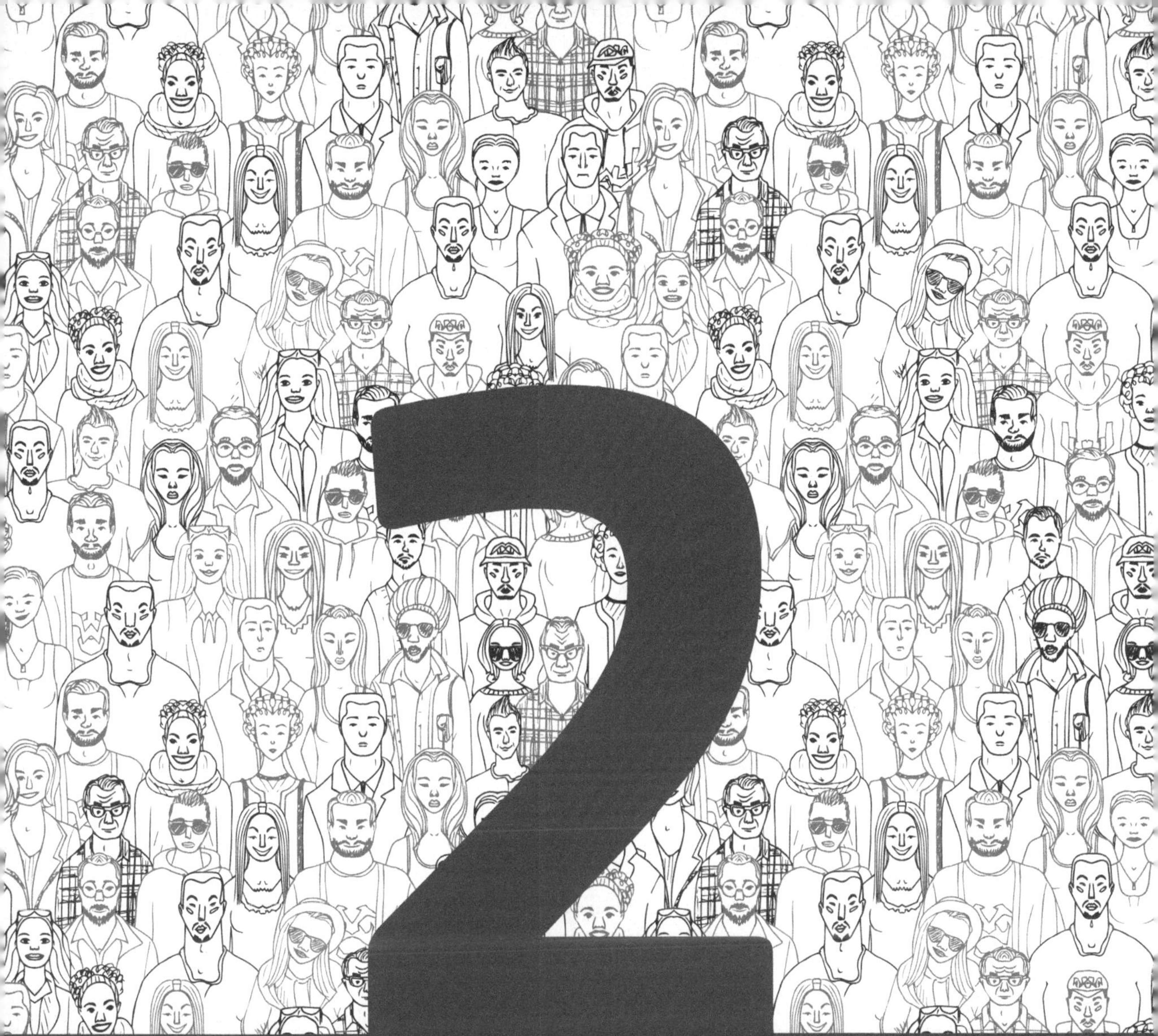

2

인간발달과 발달이론

2장

인간발달과 발달이론

01 발달의 개념과 원리

심리학에서 발달이란 "인간의 생명이 시작되는 순간부터 죽음에 이르기까지의 개인이 전 생애 동안에 연령 증가와 함께 겪어 온 모든 경험을 말한다"라고 하였다. 예를 들면 우리는 어린 시절부터 지금까지 자라오면서 심리적, 도덕적, 인지적, 신체적으로 많은 변화를 겪고 경험을 해왔다. 신체적 발달만 하더라도 유아기부터 지금까지 몸의 형태, 크기, 기능이 변화하였고, 개인적, 정서적, 사회적으로도 우리의 성격, 다른 사람과의 상호작용, 감정을 다루는 능력이 변화하였을 것이다. 이를 발달이라고 한다는 것이다.

따라서 이러한 발달은 인간이면 누구나 겪어 온 것으로 주로 양적으로 성장하여 온 것도 있지만 기능적으로 쇠퇴하기도 한다. 그러나 이러한 발달의 특징은 대부분 순차적으로 발생되며, 지속성을 가지고 있고 약물이나 피로에 의한 일시적인 변화와는 구별된다.

발달과 유사한 용어로 성장, 성숙, 학습이 있다. 이 용어들은 엄밀히 구별된다. 성장이라는 용어는 신체적인 양적 변화를 말하고 나이가 들어감에 따라 자연적으로 일어나는 변화를 말하며, 성숙이라는 용어는 구조적인 변화로서 유전적으로 결정된 방향으로 발달해 가는——태내 발달, 신경계 발달은 주로 성숙과정에 의존——변화를 말한다. 그러나 두 개념과 달리 학습은 경험이나 연습 등에 의해 일어나는 변화를 말하지만, 학습과 성숙은 상호작용하기 때문에 분리해서 설명하기는 매우 어렵다. 예를 들면 운동능력, 인지능력에서의 발달과정은 학습과 성숙 두 가지가 모두 관련이 있을 것이다(김청자, 2014).

예를 들면, 언어와 관련된 인지능력은 처음에는 누구에 의해서 말을 하는 것이 아니라 어느 시기가 되면 말을 하기 시작하지만, 그로 인하여 알게 된 언어는 주위나 특히 부모에 의한 상호작용, 즉 경험을 통해 영향을 받으면서 의존한다는 것이다. 걷는 것도 마찬가지이다. 유아들이 걷는 연습을 하지 않았다고 해서 걷지 못하는 경우는 거의 없다는 것이다. 운동능력을 획득하고 난 후에 경험과 연습을 통해 걸음이 변화되어 간다는 것이다.

결론적으로 성장은 양적, 부분적으로 변화하고, 성숙은 대개 환경과 다르게 유전적인 요소가 포함된 변화를 말하며 학습은 경험과 훈련을 통한 비교적 영속적인 변화로 정의하여 발달을 가져오는 환경적 요인을 강조하고 있다. 따라서 발달은 일련의 양적 변화와 질적 변화를 모두 포함하는 광의적인 개념이라 할 수 있다. Hurlock은 "성장과 발달을 크기의 변화, 비율의 변화, 낡은 특징의 소실, 새로운 특징의 습득 등으로 구분하고 이들이 상호작용해서 일어나는 과정을 발달(김영혜 외, 2013에서 재인용)"이라고 했다.

1 발달의 원리

위에서 말했듯이 발달이 무질서하게 일어나지는 않는다는 것이다. 어느 정도 규칙성을 가지고 있다는 것이며 규칙성을 가지고 있지 않으면 발달이 아니라는 것이다. 인간을 포함한 모든 동물은 특유의 원리와 유형에 의해 발달이 일어난다는 것이다. 이에 대하여 구광현 외는 다음과 같이 말했다.

> A. Gesll은 아동의 행동발달은 어떤 일정한 유형에 의해 변화되는 과정으로 이 유형은 경험에 의한 영향을 거의 받지는 않는다는 것이다. 따라서 모든 아동은 자기의 종족이나 문화집단의 독특하고 일반적인 계열에 따라 성장, 발달하는 경향이 있으며, 이러한 동일한 종족에서만 찾아볼 수 있는 발달의 계열은 이미 확립된 자연의 질서라고 했다(구광현 외, 2015).

사람은 대부분 이미 확립된 자연의 질서에 의해 발달을 겪게 되는데 발달의 원리는 구체적으로 다음과 같다.

▶ **발달은 일정한 방향과 순서에 따라 일어난다**

인간은 누구나 자연적으로 발달을 진행한다고 하였다. 그러나 발달의 속도는 서로가 다르게 진행될지라도 발달과정은 일정하게 진행된다는 것이다. 예를 들면 어린아이들은 앉기 시작한 후에 설 수 있듯이 시간상으로 일정한 흐름이 있다는 것이다. 이러한 순서에도 4가지의 원리가 있다.

첫째는 먼저 머리가 발달하고 난 뒤에 사지가 발달하고 팔이 먼저 발달하고 손과 손가락은 후에 발달한다는 것이다. 즉 두미(頭尾)의 방향으로 위에서 아래로 진행하는 것이 첫 번째 원리이다.

둘째는 근원(近遠)의 방향, 즉 중추에서 말초로 진행된다는 것이다. 예를 들어 신경계통을 보면 대뇌가 먼저 발달하고 난 후 점차로 말초신경이 발달하게 되는데 이러한 과정을 중심-말초 방향의 발달이라 한다는 것이다.

셋째는 전체운동에서 부분 운동으로, 전신운동에서 특수운동으로 발달한다는 것이다. 즉 운동과 함께 큰 근육에서 작은 근육으로 발달하면서 전체운동에서 분화된 미세 운동으로 발달이 이루어진다는 것이다. 예를 들면 손을 들 때와 같이 전체운동이 먼저 진화되고 난 뒤에 손이나 손가락 등의 운동이 일어난다는 것이다.

넷째는 구조의 변화가 기능의 변화보다 먼저 이루어진다는 것이다. 예를 들면 신체적 감각기능――청각, 시각――이 발달해야 언어 및 사고 등의 인지발달과 사회성 발달이 이루어질 수 있다는 것이다. 이를 종합하여 예를 들자면, 임신한 후, 어머니의 배 속에서 자라는 아이들은 머리 부분이 먼저 생기고 후에 팔과 다리, 손가락과 발가락 순으로 발달하며 태어난 후에는 골격이나 근육운동은 몸 전체로부터 시작하여 팔과 다리를 거쳐 손가락, 발가락 운동으로 발달한다는 것이다. 어린아이들은 손으로 물체를 잡기 전에는 어깨와 팔꿈치를 먼저 움직이고 후에 주먹이나 손가락을 움직일 수 있으며 정확하게 잡는 것은 제일 늦게 발달한다는 것이다.

▶ **발달은 연속적이고 불연속과정이다**

인간의 발달은 죽을 때까지 끊임없이 연속적인 변화와 불연속적으로 일어난다는 것이다. 예를 들어 신체적 변화와 같은 것은 양적인 변화를 말하며 계량화가 가능하고 불연속적인 변화는 인지발달과 같은 것이다. 이 두 가지가 발달과정에 포함된다는 것이다. 연속적인 발달의 측면에서 본다면 어느 한 종류의 발달이 이루어지려면 준비가 필요하며 또 완성된 발달은 다음 단계의 준비가 된다는 것이다.

일반적으로 신체적 발달은 연속성을 가지고 있으며 정신적인 면은 불연속성을 가지고 있다. 이러한 발달에 있어서 결정적 시기가 있는데 이러한 시기에 발달하지 못하면 발달장애를 가져와 결함을 나타내는 경우가 있다. 발달은 누적적이다. 어떤 단계에서 일어나는 현상은 또 다른 내용을 포함하게 되는데 이러한 원리는 신체적, 정신적, 사회적, 정서적 발달에 모두 영향을 미치게 된다는 것이다. 다음과 같은 예를 들 수 있다(구광현 외, 2015).

> 유아의 언어발달과정을 보면, 생후 6주의 영아는 모음만으로 이루어진 목 울림(cooing, 고양이의 그르릉 소리와 같은 것) 같은 소리를 내고 생후 6주 후의 영아는 자음을 더하여서, 옹알이(babbling)를 하다가 1년이 되면 한 단어의 말을 한다. 그리고 18개월 후에는 두 단어 문장을 사용하고, 3세가 지나면 복수형이나 과거시제를 사용할 만큼 언어능력이 발달한다.

이러한 예에서 보듯이 발달은 순서에 의해서 이루어지며 앞의 순서에서 일어난 것에 더하여 새로운 형태의 발달에 초석이 된다는 것을 알 수 있다.

▶ 발달에는 개인차(個人差)가 있다

인간은 누구나 성장하고 발달하지만, 개인에 따라 차이가 있다는 것이다. 즉 개인에 따라 속도가 있다는 것이다. 이러한 개인의 차이는 선천적인 요인과 후천적인 요인에 따라 달리 진행된다는 것이다. 선천적 요인에는 유전이 있으며, 후천적인 것은 가정, 사회, 교육, 경제, 문화적 환경 등의 영향을 받는다는 것이다.

예를 들면 아동에 따라 발달의 속도가 다르다는 것으로 어떤 아동은 다른 아동에 비해 성숙속도가 다르다는 것을 알 수 있을 것이다. 이를테면 9개월부터 걷는 아동이 있지만 15개월이 되어도 걷지 못하는 아동도 있다. 모든 개체는 제각각 독특하게 양과 질 그리고 속도를 가지고 발달해 간다는 것이다. 다시 말하면 단계별로 비약적으로 발달을 가져오는 부분도 있지만 반대로 중지되는 발달도 있다는 것이다. 특히 신체 발달에 있어서 이러한 경향이———물론 인지발달 등도 포함되지만———강하다고 볼 수 있다.

인간이 정상적인 발달과정을 거치면서 각 단계로 나타나는 위험한 상황을 '발달위기(developmental crisis)'라 하며 일시적이고 우발적인 위기를 '상황 위기(situation crisis)'라 한다(김영혜 외, 2013). 그리고 이러한 위기 중에서 어떤 한 사건이 인생 전반에 걸쳐서 영향을 주어 다음 단계로 더 이상 발전시키지 못하는 것을 '결정적 시기(critical period)'라고 한다. 다시 말하면 인간은 어떤 특정한 시기에 발달하지 못하면 위험한 상황에 직면하게 된다는 것이다.

▶ 발달은 분화되면 다시 통합되는 과정을 거친다

어떤 발달에 있어서 분화된 부분은 또다시 통합의 과정을 거친다는 것이다. 다시 말하면 협응의 과정을 거친다는 것이다. 따라서 신체구조, 운동기능, 정신기능 등의 변화는 처음에는 전체적이고 미분화된 상태에서 점차 부분적이고 특수적인 기능, 기관으로 분화하며, 그 부분적인 기능, 기관은 전체적으로 종합되어 하나의 새로운 체계로 통합되는 과정을 거친다는 것이다. 이는 미숙한 구조로부터 특정한 구조와 기능을 가진 새로운 기관이 발생하는 과정으로 발생학적인 측면에서 보면 분열이 아니라 분화라는 것이다. 예를 들면 어린아이가 컵을 잡는 행동을 잘 살펴보자. 어린아이는 처음에는 컵 잡는 방법을 몰라서 손바닥 전체를 사용하여 잡을 것이다. 다음에 손가락의 근육을 사용하는 조절능력을 배우게 되어 엄지와 검지를 사용하여 잡는 것을 알 수 있다. 이러한 행위가 분화와 통합의 과정이다. 또 하나의 예로 신생아들을 살펴보자. 그들은 처음에 신체 일부분에 자극을 주면 팔과 다리를 자기 멋대로 움직이는 경향이 있다. 그러나 시간이 지나면서 자극을 받은 부분만을 움직이게 된다는 것이다. 시간이 지남에 따라 필요 없는 부분은 동작하지 않는다는 것이다.

▶ 나이가 들어감에 따라 발달 경향과 행동의 예언은 어려워질 것이다

인간은 성장, 발달함에 따라 경험의 내용이 다양하고 환경이 변화하기 때문에 앞으로 일어날 행동과 발달 경향을 예측하는 데 어려움을 가지고 있다는 것이다. 어린아이의 경우 순차적으로 일어나는 것은 매우 일정하지만 중, 고등학교를 거치면서 환경의 영향을 많이 받기 때문에 일어날 일들을 예측하는 데 어려움이 있다. 즉 그들은 아동과 비교하면 행동반경이 매우 넓고, 다양한 인간관계를 통한 태도와 가치관 등이 매우 복잡하게 진행되기 때문이다. 따라서 신체적으로는 성숙도가 이루어졌기 때문에, 거의 영향을 받지 않아서 예언은 가능하지만 다른 부분에서의 발달은 예측하기가 매우 어렵다는 것이다.

02 발달이론

1 Piaget의 인지발달이론

스위스의 심리학자인 Piaget는 인간이 어떻게 정보를 수집하고 조직하는지와 그 과정이 어떻게 발달하는지에 대하여 연구하였다. 인지발달에 대한 그의 견해는 생애 초기에 관심의 대상이었던 생물학에서 영향을 받았다. 생물이 환경에 적응하는 과정에 대한 이해가 인간의 인지발달에도 영향을 준다는 것이다. 즉 인지를 복잡한 유기체의 복잡한 환경에 대한 생물학적 특수형태로 보았다는 것이다. 이러한 특수형태는 인간이 능동적인 탐구자로서 인체구조가 환경에 맞추어 적응하듯이 사고의 체계도 환경의 정보를 능동적으로 선택하고 해석한다는 것이다. 다시 말하면 사고의 구조도 외부세계에 맞도록 점차 발전해 나가며 이러한 적응능력은 선천적으로 가지고 태어난다는 것이다.

이러한 적응과정을 거치기 위해서 schema, assimilation, accommodation, equilibration이라는 네 가지 개념을 통해서 적용하였다. 이 개념들은 인지발달이 어떻게, 왜 일어나는지를 이를 이용하여 설명했다.

▶ 도식(schema)

먼저 도식은 인지구조가 지능과 지적 행동의 밑에 보이지 않는 '지식의 틀'을 말한다. 이것은 특정 사물이나 상황에 대한 반응으로서 반복적이며 습관적으로 수행하며 식별이 용이(用易)한 특정 행동의 계열이라는 것이다(김영혜 외, 2013). 이 도식은 이해의 틀을 말하는데 생리적으로 가지고 나오는 것이 아니라 환경과 접촉해서 반복되는 행동과 경험을 통해서 생긴다는 것이다. 유기체는 새로운 환경을 만나면 적응을 위해 마음의 구조, 즉 '스키마'를 이용하게 된다는 것이다. 신체구조도 환경에 적응하도록 다양하게 구조화되어 있듯이, 새로운 경험에 잘 적응하기 위하여 경험을 조직하는 방법이나 구조들로 조직되어 있다는 것이다. 이를 위해서 하나의 예를 들어보자.

만약 아기가 어떤 그릇을 잡았다고 가정하자. 그 아이는 그릇을 잡자마자 한 번도 경험하지 못한 '뜨거움'을 경험했다. 그 순간 아이는 울면서 그 그릇을 버릴 것이다. 이 아이는 경험을 통해 그릇이 뜨겁다는 것을 알았을 것이다. 이것을 '지각적 경험'이라 한다. 즉, 그릇 ☛ 잡는 행동 ☛ 뜨거움 ☛ 버린 행동 ☛ 우는 행동을 통해 하나의 인지구조를 만들어냈을 것이다. 이러한 경험을 통해서 앞으로 일어나는 일에 대한 행동에 있어서 적응할 수 있을 것이다. 이렇게 선천적으로 가지고 나오는 것이 아니라 태어난 후에 겪는 경험으로부터 나오는 것이다. 이는 마치 글을 읽고 '독서카드'를 만드는 것과 같다.

▶ 동화(assimilation)

동화를 설명하기 전에 예를 들어 설명하는 것이 좋을 것이다. 아이들을 데리고 어린이대공원에 갔을 때를 상상해 보자! 대공원에 가서 아이가 호랑이를 보면 '어흥'이라고 마치 아는 것처럼 외칠 것이다. 이 아이가 가지고 있는 호랑이에 대한 스키마는 다음과 같을 것이다.

호랑이의 모습 ☛ 반가움 ☛ 호랑이 소리 어흥

이렇게 호랑이에 대한 스키마를 가지고 있을 때, 그 옆에서 사자를 보았다고 가정해 보자. 그는 어떠한 반응을 일으킬까? 이 아기는 사자는 바로 옆에서 본 호랑이와 비슷하게 느껴질 것이다. 왜냐하면, 다리의 개수나 귀의 모습, 털이 있다는 점에서 호랑이를 연상하게 되어 '어흥'이라고 소리를 지를 것이다. 이 아기의 사자에 대한 새로운 경험은 인지적으로 볼 때 '어흥'이라는 색인카드에 새로운 정보를 더하는 것과 같다는 것이다. 기존의 스키마에서 새로운 정보를 더하는 것을 '동화'라고 한다. 따라서 아기는 성장하면서 새로운 경험을 기록하게 되고 후에는 변별할 수 있는 능력이 생기게 된다는 것이다.

▶ 조절(accommodation)

환경에 맞는 새로운 틀을 만드는 것을 말하는데, 새로 들어오는 경험과 정보가 없어서 동화과정이 되지 않아 새로운 스키마를 만드는 것을 말한다. 인간은 자신의 경험을 많이 가지거나 다른 것과 차별화하려면 더 많은 스키마가 필요하다는 것이다. 예를 들면 이제 막 걸음마를 시작하는 어린아이는 사자를 사슴이나 말과 구별할 줄 모르기 때문에 사슴이나 개에 대한 스키마를 만들어야 한다는 것이다. 따라서 조화와 동화는 상호 영향을 주게 되며, 동화는 조절 없이는 불가능하게 되고 조절 역시 마찬가지이다. 서로 불가분의 관계라는 것이다.

▶ **평형화(equilibration)**

평형화라는 것은 동화와 조절을 포함하여 인지적 평형을 유지하는 것을 말한다. 즉, 동화와 조절 사이의 적절한 균형을 성취하는 것이다. 동화와 조절의 통합과정이 평형화라고 보면 된다. 예를 들어보자. 어린 아동이 물속에 사는 물체를 물고기라고 배웠다고 가정해 보면 그는 물속에 다니는 물체를 볼 때마다 물고기라고 자신의 생각으로 동화를 시킨다는 것이다.

이렇게 알고 있다가 어느 날 물속에서 움직이는 잠수함을 보았다고 생각하자. 그는 기존의 물고기와 모양이나 크기가 다르다는 것을 알게 될 것이다. 이를 이상하게 생각한 아동은 기존의 체계를 변경하게 되는데 이를 조절이라고 한다는 것이다. 이때 아동은 처음에는 불평형(不平衡)의 상태로 있다가 물고기와 잠수함의 차이를 알게 되는데, 이를 평형이라 하고 적응은 환경과의 상호작용을 통해 도식이 변화하는 과정으로 동화와 조절을 통해 진행된다는 것이다.

2 Piaget의 인지발달단계

Piaget는 인지발달은 분명하면서도 질적으로 서로 다른 4단계를 거쳐서 진행한다고 가정하고 있다. 각 단계는 하나의 통합된 구조를 가지게 되고, 이러한 단계는 선행된 단계로부터 진행되며, 다음 단계를 준비하면서 그다음 단계의 구조로 통합되고 나타나는 순서는 어느 아동에게나 일정하다고 가정하고 있다.

1) 감각운동기(sensorimotor period)

이 시기는 출생하여 2세까지를 말하며, 인지발달의 가장 초기 단계이다. Piaget가 이 시기를 감각운동기라고 한 것은 감각이나 손가락을 빠는 등의 운동을 통해서 자신의 주변을 탐색한다는 것이다. 다시 말하면 아기는 감각과 운동을 통해 경험을 새롭게 조직한다는 것을 의미한다. 이 시기는 아이가 생물학적 필요를 충족하기 시작하는 운동에서 시작하여 의도적인 행동으로 발달한다는 것이다. Piaget는 감각운동기를 세부적으로 6단계로 나누었다. 이를 요약하면 다음과 같다.

제1단계 반사 운동기(0~1개월) 반사작용, 빨기 반사, 빨기 도식에 동화시킴
제2단계 1차 순환 반응기(1~4개월) 우연히 한 행동이 재미있으면 그 행동을 반복하려고 함. 신체에만 국한하여 1차라는 용어를 사용. 도식 간의 협응인 빨기-잡기 도식의 능력이 발달됨
제3단계 2차 순환 반응기(4~8개월) 흥미로운 사태를 재현하는 절차가 발달. 외부세계에 있는 대상이나 사건의 반복, 학습, 모방을 통해 시작 예) 낯익은 물건이나 일부가 보이면 물체의 위치를 예견하고 찾으나 완전히 감추면 잊어버림
제4단계 2차 반응 협응기(8~12개월) 의도적인 행동을 하고 대상 영속성을 획득. 사람과 사물을 구별. 대상 영속성의 예) 개-멍멍이, 까꿍 놀이하는 이유는 대상 영속성 때문
제5단계 3차 순환 반응기(12~18개월) 다양한 실험을 통해 새로운 관계와 결과를 탐색. 어떤 물건을 손에 넣기 위해 다른 물건을 사용
제6단계 내적 표상기(18~24개월) 눈앞에 없는 물건이나 형상에 대해 심상을 형성, 시행착오를 여러 번 하지는 않음. 5단계에서는 유아가 보는 앞에서 장난감을 숨기면 찾을 수 있으나 6단계에서는 숨기는 행동을 보여주지 않아도 찾을 수 있는 대상 영속성의 개념이 완전히 발달

2) 전조작기(preoperational period)

이 시기는 언어의 습득과 사물이나 사건을 내재화할 수 있는 능력이 생기고 보이지 않는 것을 기억하는 표상이 형성되며 이를 통해 문제해결이 가능하고 내재적인 사고가 가능하다는 것이다. 전조작기는 전 개념적 사고 단계(2~4세)와 직관적 사고 단계(4~7세)로 나눌 수 있다.

▶ 전 개념적 사고기(preconceptual thinking)

감각운동기를 거치면서 이 시기의 아동들은 표상적 사고 혹은 개념적 사고를 한다는 것이다. 조작이란 과거에 일어났던 사건을 내면화시켜 논리적 관계를 지울 수 있는 것을 뜻한다(김영혜 외, 2013)는 것이다. 이 시기의 특징은 감각 운동적인 형태가 남아 있으나 상징적 사고를 하며 놀이 활동을 통해 비언어적 상징 활동을 많이 사용하게 된다. 예를 들면 베개를 가지고 아이처럼 놀며, 막대기가 있으면 그것을 총으로 사용하기도 한다는 것이다. 이러한 가상놀이를 통하여 사회적 역할과 상호작용을 연습하는 계기가 되었다.

또한, 아이들은 자기중심적인 생각을 많이 하는 경향이 있다. 즉 자기 자신을 다른 사람의 관점에서 생각하지 못한다는 것이다. 자신이 보이는 대로 세상을 보고 있으며 생각하고 있다는 것이다. 이러한 것을 자기중심적 시각조망(egocentric visual perspective)이라고 한다.

예를 들면, 4세의 아동은 대개 자신의 오른발과 왼발은 구별할 수 있는 반면에, 친구의 오른발과 왼발은 구별하지 못한다는 것이다. 또한, 아빠의 생일 선물을 사면서 과자를 사는 경우라 할 수 있다. 이는 자기의 관점에서 보고 있다는 것이다. 이러한 사고는 특히 언어를 통해 나타나는데 아이들이 듣는 사람은 아랑곳하지 않으면서 자신과의 의사소통에 열중하는 모습을 볼 것이다. 이것을 자기중심적 언어(egocentric speech)를 사용한다는 것이다. 다른 아동과 이야기하고 있을지라도 의미 있는 정보는 없고, 전달되지도 않는 집단적 독백(collective monologue)을 한다는 것이다.

또 하나의 특징은 물활론적(物活論的)인 사고를 한다는 것이다. 이러한 사고는 생명이 없는 대상에게 생명이 있는 것처럼 생명과 감정을 불어넣는 것이다. 마치 무생물(無生物)에도 생명이 있다는 식이다. 예를 들면, "밤에 비행기가 어디로 가지?"라고 물으면 아동은 "놀러 가요"라고 답한다는 것이다.

이 시기는 물활론적(物活論的) 사고와 관련 있는 인공론적(人工論的) 사고(思考)가 있을 수 있다. 이러한 사고는 세상의 모든 사물은 자기의 목적에 맞도록 쓰려고 만들어진다는 것이다. 예를 들면 "바다가 왜 푸른가?"에 이유를 물으면 "누가 푸른색 물감으로 칠해 놓았어요."라고 답을 내린다는 것이다.

전조작기 아동은 사고를 거꾸로 하지 못하는 즉 비가역성 사고를 하는 특징이 있다는 것이다. 예를 들면 A, B컵을 두 개 놓고 같은 양의 물을 담아 컵의 양을 측정하는 실험을 하였다. A컵은 높고 좁은 컵이고, B컵은 높이가 낮고 넓은 컵이다. 이때 A, B컵에 담긴 물을 다른 컵에 따르고 두 개의 컵의 물의 양은 어느 컵의 물이 많은가?라고 물었을 때 분명히 키가 크고 좁은 컵에 물이 많이 담겨 있다고 답할 것이다. 올바르게 대답하려면 그전에 있었던 행동을 거꾸로 해야 하는데 하지 못하는 것을 말한다. 즉, 환경의 변화에도 불구하고 사물의 양이 같다는 것을 개념화하거나 보존한다는 개념에 준비가 되지 않았다는 것을 증명하고 있다.

▶ 직관적 사고기(intuitive thinking)

직관적 사고란 사물을 파악하는 수단으로 직관을 사용한다는 것이다. 예를 들면 어떤 a라는 사물을 보면 그 사물이 가지고 있는 속성을 바탕으로 사고를 한다는 것이다. 직관적 사고의 특징을 보존개념과 분류개념을 통하여 설명할 수 있다.

보존개념이라는 것은 위에서 말했듯이 사물이 모습을 달리하여도 그 양적 속성이나 실체는 바뀌지 않는 것을 말한다. 위에서 두 개의 컵을 통해 알아보았다. 전개념적 사고기에는 보존개념이 형성되지 않았으나 7세경에 이르러야 형성된다는 것이다.

유목개념은 유사성에 따라 공통된 범주를 찾아내는 능력을 말한다. Piaget는 2~5세에는 이러한 유목개념이 없었으나 5~7세에 이르면 동물 인형과 사람 인형 그리고 삼각형과 사각형을 분류하게 되었다.

서열개념은 "어느 것이 더 크다거나, 작다"라는 관계의 논리에서 출발하는 개념이다. 4~5세의 아이들은 서로 다른 크기의 물건을 주고 배열하라고 하면 배열하지 못하였고, 5~6세의 아동은 불완전하게 배열하기 시작하였으며 7세 이후에는 배열하기 시작하였다. 그러나 구체적 조작기에 이르러서야 완전하게 서열개념이 가능하다는 것이다.

3) 구체적 조작기(concrete operational period)

이 시기는 7~12세까지로 서서히 체계적인 사고가 발달하기 시작한다. 따라서 가역적 조작, 과학적 사고, 문제해결 능력이 가능하게 된다는 것이다. 즉 전조작기와 대조적으로 구체적인 문제를 해결할 수 있는 논리적 사고를 하게 되는데, 이는 경험에 의한 것보다도, 인지적 활동을 통하여 가능하다는 것이다. 구체적인 조작기의 특징은 다음과 같다.

첫째는 탈중심화가 이루어지며, 둘째는 보존개념이 형성되며, 셋째는 가역성이 생기게 되고, 넷째는 분류할 줄 안다는 것이다. 이를 예를 들어 설명하면 다음과 같다.

탈중심화는 Piaget와 Inheld의 연구에서 어린 아동들에게 모양과 크기와 색이 다른 세 개의 입체적 산을 보여주었다. 모든 방향에서 그 산의 모형을 보여준 후에 테이블 한쪽에는 아동을, 맞은편에는 인형을 앉힌다. 그런 후 아동에게 여러 개의 사진 중에, 인형 쪽에서 바라본 산의 모양이 있는 사진을 고르도록 한다. 비록 6~7세의 아동은 자신이 바라본 산과 인형이 바라본 산의 모습이 다르다는 사실만을 깨닫지만 7~9세가 되어야 사물의 다양한 측면을 생각할 수 있게 된다는 것이다(장성화, 2015에서 재인용).

가역성의 예는 찰흙 덩어리로 인형을 만들었다가 다시 흩트리면 다시 진흙으로 돌아간다는 것이며 특히 산수적 가역성이 생기는데 10+8=18이 되고 18-10=8이 된다는 것을 안다는 것이다.

보존개념이 형성되는 예로는 6세가 되면 수에 대한 보존개념이 생기고, 7~8세가 되면 면적과 질량, 11~12세가 되면 부피의 보존개념이 생기는데 이는 가역적 사고를 하기 때문에 가능하다는 것이다.

분류의 능력이 생기는 예는 아동들은 색이나 모양에 따라 분류를 한다. 예를 들어 검은색과 흰색, 동그라미와 사각형, 삼각형을 주면, 아동들은 검은색과 흰색의 두 집단으로 분류할 수 있다는 것이다. 이전 단계에서는 이러한 분류개념이 불가능하다고 하였다.

4) 형식적 조작기(formal operational stage, 12세~성인기까지 지속)

추상적 문제를 해결할 수 있는 형식적 조작기가 Piaget의 인지발달 마지막 단계이다. 이 단계에서는 문제해결에 필요한 논리적 발달과 추론능력이 발달한다. 따라서 현실에서 아무런 근거가 없는 가설적 과정과 사건에 대하여 논리적으로 추론할 수 있으며 구체적 조작기에 생긴 추론은 실제로 존재하였던 사물에 대해서만 가능한 것에 비하면 놀랄 만한 발전이라 할 수 있다.

이에 대한 실험은 Piaget와 Inheld의 연구를 통해 발표하였다(장성화, 2015에서 재인용).

> 아동들에게 양팔 저울이 균형 잡히도록 물건을 올려놓도록 하였다. 구체적 조작기 초기의 아동들은 양쪽 팔에 같은 양의 무게를 올려놓으면 된다고 생각했다. 그러나 그 시기의 아동들은 저울의 중심으로부터 떨어져 있는 거리가 중요한 요소라는 사실을 이해하지 못하였다. 10세 정도의 아동들은 지렛대의 중심에서 멀어질수록 힘이 더 강해진다는 것을 발견하였다. 그러나 구체적 조작기의 아동들은 이것을 여러 번의 시도와 실수를 통해 알아내었다. 13세나 14세가 되어서야 비로소 무게와 지렛목의 근접성이 반비례한다는 법칙을 이해하였다. 즉 가설적, 연역적, 유추적 사고를 한다.

이에 대한 예로써 설명하고자 한다. 가설적 추론은 구체적 조작기의 아동들에게 "만일 물이 없으면 어떻게 될까?"라고 질문을 던져보자. 그러면 아동들은 "목이 마를 것이다"라고 대답할 것이다. 그러나 형식적 조작기의 아동들은 "식물이나 동물 그리고 사람들이 살아갈 수 없을 것이다"라고 가정하여 답을 내놓는다는 것이다.

유추적 사고를 한다는 것은, 반성적 사고(反省的思考)를 한다는 의미이다. 예를 들면 사자에게는 털이 있듯이 새에게는 깃털이 있다. '사자-털', '새-깃털' 사이의 관계를 파악할 수 있다는 것이다.

연역적 추론은 일반성에서 구체성으로 이끄는 방법으로 귀납법과는 차원이 다르다. 예를 들면 다음과 같다.

모든 사람은 죽는다(대전제)
홍길동은 사람이다(소전제)
그러므로 홍길동은 죽는다(결론)

이는 보편적 원리인 '모든 사람은 죽는다'로부터 시작하여 '홍길동은 사람이다'라는 소전제를 통하여 대전제의 결론인 '홍길동은 죽는다"라는 결론에 도달하는 방법이라 할 수 있다(김숙복, 2019).

또한, 다음과 같은 물음이 주어질 때 아이들의 반응을 보자. "만일 모든 동물이 네 개의 다리를 갖고 책상이 네 개의 다리를 가지면 책상은 동물일까?"라는 질문을 아동들에게 한다면 어떠한 답이 나올까? 이 시기의 아동들은 연역적 추론을 할 수 있어서 동물과 책상들도 네 개의 다리를 가지고 있다손 치더라도 책상은 생명을 갖고 있지 않다는 것을 알고 동물이 아니라고 답할 것이다.

귀납적인 방법의 예는 개개로부터 구체적인 사실들을 관찰을 통해 보편적인 원리나 사실들을 밝혀내려는 논리적 방식을 말한다. 이는 다음과 같은 예로써 설명할 수 있다.

홍길동은 죽었다. 이순신도 죽었다. 김구 선생도 죽었다.
홍길동, 이순신, 김구 선생은 사람이다.
그러므로 모든 사람은 죽는다(김숙복, 2019).

위에서 보았듯이 개개의 사물들을 관찰하여 보편적인 원리나 사실들을 밝혀내어 결론에 도출함으로써 사물을 인지하는 방법이라 할 수 있으나 일반적인 한계가 있다는 것이다.

또한, 이 시기에 있어서 중요한 특징 중 하나는 '상상의 청중'이라는 것이 있는데 이것은 자신이 주위로부터 관심의 대상이라고도 생각하며, '나는 다른 친구들보다 월등하다.' 또는 '개인적 우화'로서 자신이 마음을 먹으면 다 할 수 있다는 것과 같은 감정을 지니는 자아 중심성, 우월성, 전능감(全能感) 등이 특징이라 할 수 있다.

3 Freud의 성격 및 심리사회적 발달이론

먼저 성격(性格)이라는 말을 정리해 보자. 성격(personality)이라는 단어는 라틴어의 'per(~을 통하여)'와 'sonare(말하다, 소리를 내다)'의 합성어인 'persona'에서 출발하였다. 이 말은 그리스의 극장에서 배우들이 사용하는 메가폰과 같은 것이 달린 자기의 배역을 나타내는 가면을 뜻한다(구광현 외, 2015). 이는 가면에서 말하듯이 다른 사람에게 주는 전체적인 인상으로 개인의 한 특성이라는 것이다. 이러한 성격에 대한 발달을 연구한 학자가 정신분석학을 전공한 Freud이다.

Freud는 초기의 발달 경험이 후에까지 영향을 주고 있는데 이는 심리성적발달과 관계가 있다고 하였다. 그는 인간의 성격은 타고난 역동과 이성적 통제기능 간의 대립적 갈등으로 형성된다고 하였다. 즉 인간의 강한 생물학적 충동, 즉 본능은 선천적으로 타고나며 이것을 어떤 방식으로 통제하느냐에 따른다고 말했다. Freud는 인간의 성격은 의식, 전의식, 무의식으로 구성되어 있으며, 이것으로 설명이 부족하여 뒤에 나오는 성격 구조의 세 가지 개념을 도입하였는데 이것이 발달하여 점차 심리성적발달의 5단계로 통합된다는 것이다.

1) 인간의 정신세계

Freud는 40여 년간에 걸친 연구에서 자유연상의 방법으로 인간의 무의식을 추적 연구하여 인간의 정신세계가 의식, 전의식, 무의식으로 나누어진다고 보았다. 이에 대하여 좀 더 자세하게 설명하자면, 정신세계에서 무의식은 북극의 빙산에 비교하면 약 90%가 이에 해당되며, 물 위에 뜬 부분이 의식이고 파도가 치면 오르락내리락하는 부분이 전의식이라는 것이다. 이를 그림으로 표현하면 다음과 같이 설명할 수 있다.

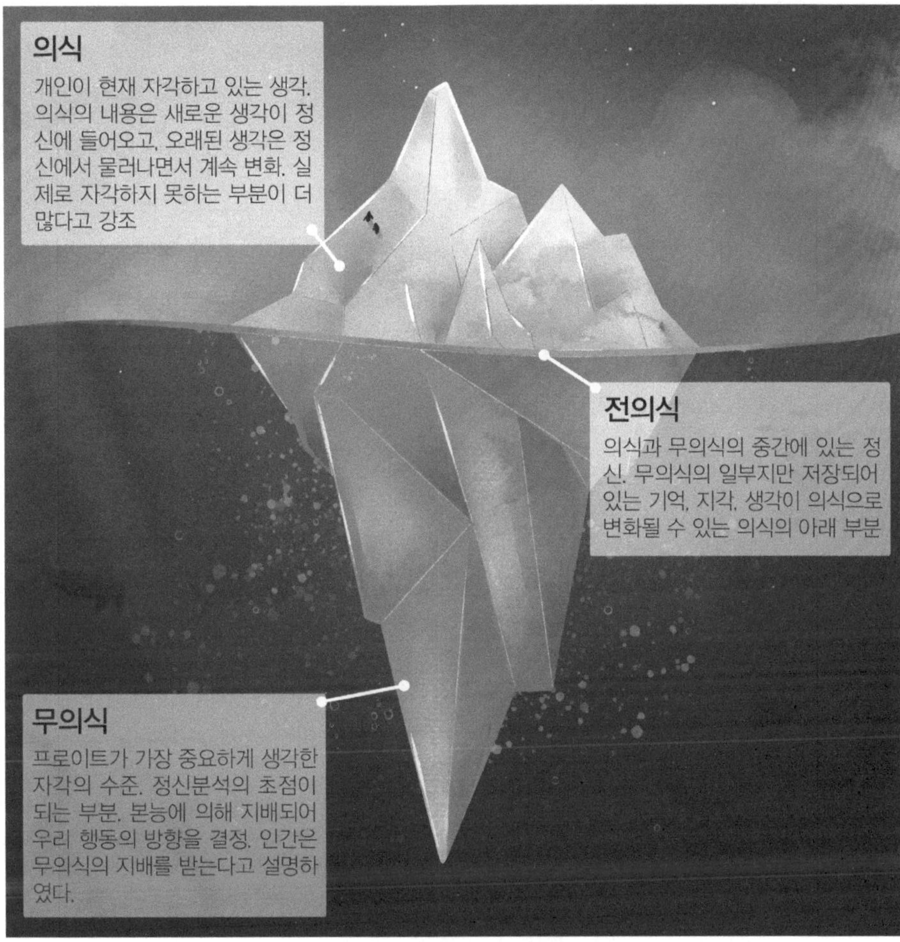

[프로이트의 기본관점]

▶ 의식(conscious)

의식이란 현재 각성하고 있는 모든 행위의 감정을 말한다. 즉 개인이 자기의 주위를 살피는 바로 그 순간에 알아차릴 수 있는 정신작용을 말한다. 이는 현실을 뜻하는 자아(ego)를 말하며 그림에서 보다시피 매우 제한된 영역에서 특정한 순간에 나타난다고 볼 수 있다. 이러한 의식은 자각을 통해 사고와 아이디어를 수용하거나 배제함으로써 잠재의식을 억압하기도 한다는 것이다(김영혜 외, 2013).

▶ 무의식(unconscious)

Freud는 무의식을 인간의 정신세계에 있어서 가장 중요하다고 보고 있다. 이는 의식 밖에 존재하므로 자신이 전혀 알지 못하는 세계를 말하고 있으며 절대 의식으로 나타나지 않는 숨어 있는 생각이나 감정을 말하고 있다. 빙산으로 비유하자면 물밑에 잠긴 부분이다.

그러나 무의식은 비록 물밑에 있지만 잠자고 있는 것이 아니라, 단지 억압으로 인하여 갇혀 있을 뿐이다. 그림에서 보듯이 의식과 무의식 사이의 전의식이 방해한다는 것이다. 따라서 무의식의 내용을 전혀 알지 못하거나 전의식을 통해 나타날 수도 있다는 것이다. 무의식의 내용은 원자아(id, 본능)와 초자아(super ego)의 영역이라 할 수 있다.

▶ 전의식(preconscious)

전의식은 어느 것에 주의를 집중하거나 노력하면 의식의 수면 위로 떠올릴 수 있으나 실패하면 물속에 잠기는 것을 말한다. 쉽게 말해 주의집중을 하면 의식으로 떠오르는 정신세계를 말한다. 이는 기억, 회상, 사고의 과정을 거쳐 의식으로 돌아오는 것이다. 즉 의식 속에는 없지만 그림에서 보듯이 무의식 속에 잠겨 있는 것이 어떠한 과정을 거쳐 의식 속으로 떠올릴 수 있는 사고나 감정을 말하는 것이다. 이러한 정신세계는 자아(ego)의 영역에 속하게 될 것이다.

2) 성격의 구조

Freud는 성격은 세 가지로 구성되어 있다고 했다. 그 구성요소는 원자아(id, 본능), 자아(ego), 초자아(super ego)인데 이것이 점차 발달하여 심리성적 5단계로 통합된다는 것이다.

▶ 원자아(id, 본능)

이것은 인간의 가장 밑바닥에 존재하는 충동과 욕구를 말한다. 즉 인간의 가장 기본적 욕구라고 할 수 있는 본능적인 충동이며 세 가지 구조 중에서 가장 먼저 발달하는데 이에 속하는 것은 음식, 배설, 물 그리고 가장 크게는 성적 쾌락, 공격적 쾌락과 같은 충동을 말한다. 이 역시 정신에너지는 무의식세계에 존재하고 있다. Freud는 이러한 정신적 에너지를 libido(리비도)라고 하는데 이러한 libido(정신분석학에서 인간 행동의 밑바탕을 이루는 성적 욕망)는 성적 욕망 에너지로 선천적으로 가지고 태어난다는 것이다.

이러한 원자아는 현실성과 도덕성을 전혀 고려하지 않고 자기만족만을 추구하게 되는데 이러한 원인은 내적으로나 외적인 자극을 받아 이 부분의 에너지가 증가되면 긴장을 유발하게 된다. 이때 원자아(id, 본능)는 즉각적인 긴장 감소를 추구하기 때문이다. 이러한 경향을 '쾌락원리(pleasure principle)'라고 부르는데 원자아의 충동은 주로 성적 본능과 공격적 본능이라고 보았다(구광현 외, 2015).

이러한 무의식적 충동은 생애 전반에 걸쳐서 일어나지만, 건전한 발달과정을 거치면서 점차 사라지고 자아 및 초자아와 관련된 에너지로 전환된다는 것이다.

▶ 자아(ego)

자아(ego, 자기를 의식한 개인)는 원자아에서 분화되는 것으로 외부세계와 만나면서 현실적 요구와 원자아의 충동을 동시에 만족시키는 것이다. 다른 말로 표현하면, '현실원리(reality principle)'에 의해 일어나게 되며 본인에게 맞는 대상이나 조건이 나타날 때까지 원자아의 긴장을 잠시 멈추는 것이다. 즉 개인이 현실에 적응하도록 현실 세계와 접촉하면서 성격을 지배하고 통제하는 중요한 기능을 가진 것이다. 인간의 성격 가운데 합리적인 측면을 가진 것으로 현실과 타협하는 능력을 의미하는데 빙산에 비유하면 수면 위에 있는 부분이다.

즉 자아는 원욕으로부터 분화된 것으로 외부세계와 직접적으로 대처하고 있으므로 바람직한 결과를 초래하지 않으면서 동시에 원욕의 충동을 만족시키는 행동을 선택하는 역할을 한다. 즉 자아는 원욕과 초자아를 모두 부분적으로 만족시키는 타협점을 찾으려 하고 있으며 주로 현실원리에 의해 작용하는데 현실원리란 적절한 대상이나 환경조건이 나타날 때까지 원욕에서 비롯된 긴장의 발산을 지연시킬 수 있는 능력을 말한다(구광현 외, 2015).

▶ 초자아(super ego)

초자아(超自我)는 상위(上位)의 자아(自我)를 감시하는 무의식적 양심을 뜻하며, 도덕, 윤리, 가치관 등을 말한다. 현실적 자아로부터 초자아가 발생하게 되며, 주위의 부모나 양육환경에 영향을 받으면서 사회적인 가치나 규범 등이 내면화된 것이다.

이러한 초자아는 자아가 현실과 부딪침으로써 발달하며 물리적 현실보다 사회적인 현실에 더욱 관심이 있으며 동성의 부모와 동일시하는 과정을 통해 발달한다는 것이다.

3) Freud의 심리성적 성격발달단계

Freud는 성격발달은 인간의 본능에서 비롯되는데 이것이 성에 영향을 받으면서 발달한다는 것이다. 즉 인간은 태어나면서부터 성인이 되기까지 성격이 영향을 미치는데 특히 5세경까지의 경험이 중요하다는 것이다. 이러한 경험을 통해 여러 단계의 심리성적 성격발달이 이루어진다는 것이다.

인간은 나이가 증가함에 따라 성의 본능인 libido가 집중되는 신체 부위가 달라지면서 발달단계가 나누어진다는 것이다. 다시 말하면 성적 발달이 입, 항문, 성기 등으로 옮겨가면서 발달단계가 나누어지는데, 구순기(혹은 구강기라고도 함), 항문기, 남근기, 잠복기, 생식기 순으로 구분할 수 있다. 특히 구순기로부터 남근기가 발달하는 5세경을 성격 형성의 결정적 시기(critical period)로 보았다는 것이다. 이러한 발달단계는 생물학적으로 예견되어 있으며 이러한 특징은 보편적으로 일정한 순서에 의해 일어난다는 것이다.

이러한 발달단계에 따라 추구하는 쾌락이 만족되어야 다음 단계로 진행되며 좌절되면 그 시기에 고착된다고 한다. 이러한 단계를 정리하면 다음과 같다.

▶ 구순기(口脣期, oral stage, 0~1세)

구순기(口脣期)에서 '口脣(구순)'이라는 단어에서 보듯이 생후 약 1년간 젖을 빠는 입술의 활동이 생활의 중심이 되는 시기라 할 수 있다. 즉 성적 에너지가 구강에 집중———입, 혀, 입술———되어 이것이 성감대가 된다는 것이다. 태어난 아이는 태어난 후 1년간 자신의 욕구를 충족시켜 주는 어머니에 대한 애착이 있다. 왜냐하면, 젖을 빠는 동안 성적 욕구를 만족시켜 주기 때문이다. 예를 들면 이 시기의 영아는 손에 잡히는 대로 입에 넣고 빨려는 행동을 보인다.

후에 영아는 입술 빠는 것을 넘어선 다음 단계인 음식을 깨물고 씹는 데서 쾌감을 느끼는데 적극적인 쾌감을 느끼는 것은 음식을 깨물어 먹는 행위이다. 이러한 시기에 욕구를 만족시키지 못하면 만족과 쾌감에 지나치게 집착하거나 몰두하게 되고 다음 단계로 넘어가지 못하여 고착화되고 만다. 이러한 현상은 손가락 빨기, 과식, 과음, 손톱을 깨물거나 수다 떨기, 빈정거리거나 남을 비판하는 등의 고착 행동으로 나타난다는 것이다.

구강기의 특징 중 하나는 대상 부재(objectless)의 상태로 어머니의 젖을 먹을 때만 편안함을 느끼며, 어머니를 자신과 분리된 개체로는 인식하지 못한다. 이러한 시기가 생후 6개월 이전이다. 이러한 상태를 Freud는 초기의 나르시시즘(primary narcissism)으로 기술했다. 이에 대하여 구광현 외(2015)는 다음과 같이 설명했다.

> narcissism은 self-love를 의미하고 연못 속에 비친 자기의 모습에 도취되어 사랑에 빠진 나르키소스(Narkissos)라는 소년에 관한 그리스 신화에서 따온 말이다. Freud는 기본적 자기도취적 상태를 유아가 외부세계에 대한 아무 관심 없이 그저 안락하고 만족감을 느끼며 잠자는 상태라 했다.

더 정확히 설명하자면, 나르시시즘(narcissism) 또는 자기애(自己愛, self-love)는 정신분석학적 용어로, 자신의 외모, 능력과 같은 어떠한 이유를 들어 지나치게 자기 자신이 뛰어나다고 믿거나 아니면 사랑하는 자기 중심성 성격 또는 행동을 말한다. 정신분석학에서는 보통 인격적인 장애 증상으로 본다. 자기의 신체에 대하여 성적 흥분을 느끼거나, 자신을 완벽한 사람으로 여기면서 환상 속에서 만족을 얻는다. 이 단어의 유래는 물에 비친 자신의 모습에 반해서 물에 빠져 죽었다는 그리스 신화에 나오는 나르키소스(Narkissos)의 이름을 따서 독일의 정신과 의사 P. 네케가 만든 용어이다(백과사전). 자기애가 너무 강한 사람이 있다. 이런 사람들은 자기애성 성격장애(NPD, Narcissistic Personality Disorder)를 갖고 있는데 그 특성은 다음과 같다.

> 첫째, 자신의 중요성에 관한 느낌을 과다하게 갖고 있다(예: 자신의 실적이나 재능을 과장하거나 충분한 실적이 없음에도 인정받기를 기대한다).
> 둘째, 성공, 권력, 재능, 아름다움 혹은 이상적인 사랑에 대한 공상에 사로잡혀 있다.
> 셋째, 자신은 특별하고 고귀하고 이상적이어서 자기처럼 수준과 지위가 높은 사람(혹은 기관)만 자기를 이해할 수 있다고 생각하며 그런 사람하고만 관계를 맺어야 한다고 생각한다.
> 넷째, 칭찬을 과도하게 요구한다.
> 다섯째, 특권의식이 있다. 남보다 특별히 좋은 대우를 받으려 하고, 남들이 자신의 기대에 조건 없이 부응하기를 바란다.
> 여섯째, 대인관계에서 상대를 수단으로 본다. 즉, 자기 자신의 목적을 달성하기 위해 타인을 이용하려는 성향이 있다.
> 일곱째, 공감능력이 결여되어, 타인의 기분과 욕구를 이해하거나 신경쓰지 않는다.
> 여덟째, 때때로 타인을 질투한다. 혹은 타인이 자신을 질투한다고 믿는다.
> 아홉째, 거만하고 오만한 행동이나 태도를 과시한다.

정신분석에 따르면 유아기에는 본능이나 관심이 주로 자기 자신에게 쏠려 있다. 많게는 청소년기까지 잡기도 한다. Freud는 이 상태를 일차적 나르시시즘이라고 했다. 나중에 자라면서 이런 본능이나 관심, 애정 등은 자기 자신에서 어머니나 누이로, 또 이성으로 점차 확대된다. 리비도가 자기 자신을 향하여 발산되는 사랑으로 일반적으로 발달과정에서 이러한 시기를 거치지만, 이 시기가 지속되거나 일단 발달한 후에는 퇴행하여 이 시기를 재현하기도 한다.

이러한 분리상태를 알아차리는 시기는 6개월이 되어서인데 어머니는 욕구를 채워주는 대상으로 알게 되고 어머니가 옆에 없거나 낯선 사람에게서는 불안해진다는 것이다. 이 시기에 영아들은 양가감정(兩價感情)과 가학감정(加虐感情)이 일어나게 되는데 어머니의 젖꼭지, 장난감을 물어뜯는 것으로 나타난다. 여기서 양가감정(兩價感情)은 논리적으로 서로 어긋나는 표상의 결합에서 오는 혼란스러운 감정으로 어떤 대상, 사람, 생각 따위에 대하여 동시에 대조적인 감정을 지니거나, 감정이 이랬다저랬다 하는 따위이다. 예를 들면, 어머니는 영아를 즉각적으로 만족시켜 주는 대상은 아니지만———온종일 바쁘고, 일함———욕구 지연에 대한 고통을 감수하는 애증(愛憎)의 관계라는 것이다.

▶ 항문기(anal stage, 1~3세)

이 시기는 정신적 에너지인 리비도가 입에서 항문으로 옮겨져 배설물의 보유와 이것을 통해 쾌감을 얻는 시기라는 것이다. 다시 말하면 배설물을 오래 참거나 배설하기도 하여 쾌감을 얻는 시기로 배변훈련을 통해 자신의 욕구를 통제하는 훈련을 받는 시기이다.

이 시기의 유아는 괄약근을 조절할 수 있는 능력이 생기는 시기이므로 배설하는 욕구를 적절히 잘 조절해 주는 것이 좋다는 것이다. 예를 들면 적절한 시기와 장소에서 배설할 때면 보상을 주거나 그렇지 않으면 통제해 주어야 한다. 따라서 부모가 적절히 통제하지 못하는 경우 성인이 되어서도 자기를 너무 억제하거나 불안감을 나타내기도 한다는 것이다.

배설을 너무 참으면 근육수축쾌감이 고착화되어 청결과 같은 강박관념을 갖게 되고, 수전노, 수집광 등의 특성이 나타나며 너무 이완된 쾌감을 맛보면 지저분하고 낭비가 심한 사람으로 변한다는 것이다. 그러나 배변훈련을 잘 받고 잘 통제된 아동은 즐거운 마음으로 행동하게 되며 후에는 창의적이고 생산적인 성인으로 진전된다는 것이다.

▶ 남근기(phallic stage, 3~5세)

어렸을 때 본인을 기억하는 사람도 있고 더러는 기억하지 못하는 사람도 있지만 자기 성기를 자주 만지곤 했을 것이다. 이 시기가 바로 남근기였다. 이 시기에 유아는 자신의 성기를 만지면 쾌감을 준다는 것을 알게 된다는 것이다. 다시 말하면 성감대가 항문에서 성기로 옮겨 가게 되며 남녀 신체의 차이나 호기심, 출생의 비밀, 부모의 성 역할에 대하여 많은 관심과 호기심을 갖게 되는 시기이다.

예를 들면 남자아이는 성적 매력을 엄마로부터 받으려 하는 현상이 생기는데 이러한 현상을 Oedipus complex라고 한다. 따라서 아빠를 경쟁자로 보고 심리적으로 갈등이 생긴다는 것이다. 여자아이는 아버지를 사랑의 대상으로 생각하며 어머니를 경쟁상대로 보는 심리적 갈등을 겪는데 이를 Electra complex라고 한다. 이러한 과정에서 동일시(identification) 현상이 나타난다. 동일시 현상은 남아는 아버지를 본받으려 하면서 어머니에 대한 성적 애정을 포기하게 되고, 여자아이는 남자와 다르다는 것을 인정하고 어머니를 닮아가려는 현상을 말한다. 이로부터 각자의 성 역할, 도덕적 태도, 가치관이 생기면서——이를 내면화라고 함——양심이 있는 초자아가 발달하기 시작한다는 것이다.

이 시기에 남근 선망과 거세 불안 현상이 생기게 되는데 남근 선망(penis envy)은 여자아이가 초기에는 엄마를 좋아하지만 자기에게는 남근이 없다는 것을 알게 되어 부러워하는 현상을 말하고, 거세 불안(castration)은 아빠가 자신이 어머니를 좋아하는 모습이나 욕구 때문에 자신의 성기를 해칠 것이라 고민하는 것을 말한다. 따라서 이 시기에 성에 대한 고착현상이 생기면 성 불감증이라든가 동성애 같은 신경성 질병을 유발하게 된다. 남성적, 공격적 성향인 과시나 거만, 공격성 등이 고착화가 적극적일 때 생겨나면 소극적으로 나타나는 남근기적 성격은 겸손하지만, 너무 오만한 성격이 나타나기도 한다. 이를 정리하면 다음과 같다. 여자아이의 경우 성관계에서는 순진하게 보이지만 경박하고 난잡하며 유혹적인 성을 가지는 것이다.

- **남근 선망(penis envy)** : 힘의 상징인 남근 선망(남자다움)에 대해 여자에게는 아기를 낳을 수 있음(여자다움)을 각인시켜야 한다.
- **Electra complex** : 여아는 아빠에 대한 애정에서 모성 섭취(아빠와 같은 남편을 얻기 위해 엄마처럼 되어야겠다)로 발달한다.
- **Oedipus complex** : 남아는 엄마에 대한 애정에서 부성 섭취(엄마와 같은 아내를 얻기 위해 아빠처럼 되어야겠다)로 발달한다.

▶ 잠복기(latency period, 5,6~11,12세)

이 시기는 성에 관한 관심을 나타내지 않는 시기이며 성적 에너지가 잠재된 상태여서 잠재기라 명명하고 있다. 성적 욕구가 철저하게 억압되어 있으며 성적 충동이나 환상들이 무의식 속으로 잠재되어 평온한 시기가 되기 때문이다. 따라서 이 시기는 일반적으로 학교에 가기 때문에 에너지의 방향을 사회에서 인정하고 수용하는 놀이, 게임, 스포츠, 지적인 활동에 관심을 둔다고 할 수 있다.

그렇다고 해서 성적인 것들이 완전히 없어지는 것이 아니라 자제를 한다는 것이다. 예를 들면 8세 아동은 여전히 또래나 여자의 몸에 더욱 관심을 보이는 것이다. 그러나 동성의 시기라고도 하는 것은, 문화적으로 가치 있는 기술을 습득하고 사회 속에서 또래 집단과 사회생활을 배우며 자신의 역할과 운동능력을 키우고 타인을 배려할 줄 아는 사회적 유대관계를 강화하는 때라는 것이다.

이 단계에서 고착현상이 일어나면 동성이 아닌 이성과의 관계가 원만해지기 어렵고 성관계를 회피하거나 공격적인 성적 관계를 취할 수 있다는 것이다.

▶ 성기기(혹은 생식기, genital stage, 12세 이후)

이 시기는 흔히 사춘기라 불리는 시기로 잠재되어 있던 성적 리비도가 다시 나타나는 시기라 할 수 있다. 즉 사춘기에 들어서면서 성적 성숙이 이루어지고 성 충동이 활발하게 일어나기 시작함으로써 관심은 이성을 향하고 있다.

따라서 진정한 이성을 찾기 시작하며 만족을 추구하는데 이 단계에서 정상적으로 발달하면 타인으로 관심을 향하게 되고 성숙하기 시작한다는 것이다. 여아는 월경을 시작하고 남아는 밤에는 사정과 선정적인 꿈을 꾼다. 성숙한 이성관계를 통하여 성적 만족을 추구하지만, 사회적, 도덕적인 장막에 가려서 대단한 정신적 노력이 필요한 시기이다.

따라서 청소년들은 성관계를 삼가고 간접적인 만족을 추구하기 위하여 예를 들면, 시 쓰기, 독서, 노래, 장애인 돕기 같은 봉사활동, 스포츠를 위시한 박애 활동과 예술 활동으로 대체하고 있다.

이 시기에 아이들은 서서히 부모 품을 벗어나 독립을 한다. 독립이라고 해서 집을 떠나는 것이 아니라 부모로부터 자유를 추구하고자 한다는 것이다. 예를 들면 아들의 경우 아버지로부터 경쟁

의식과 지배에서 벗어나고자 하며, 어머니로부터의 정신적인 유대에서 벗어나 자신의 여자를 찾는 것을 뜻한다. 딸의 경우 부모에게 벗어나 자신의 삶을 확립하고자 하는 시기이다.

우리는 위에서 Freud의 심리성적발달단계를 살펴보았다. 그는 각각의 발달에 있어서 어떠한 경험을 했느냐?에 따라 성격 형성에 영향을 주고, 이때 만족을 얻지 못하거나 지나치게 몰두하면 고착(fixation) 현상이 일어난다는 것이다. 따라서 Freud는 구순기~남근기에서의 경험 여부에 따라 성격이 형성되는 결정적 시기라는 것이다.

4) Erikson의 심리사회적 발달이론

Erikson은 심리성적 발달의 기본개념을 수용하면서 아동이 어떻게 자아 정체감을 발달시키고 사회화를 하는지에 관심을 두고 연구한 학자이다. 다시 말하면 에릭슨의 사회심리 발달의 단계는 건강하게 발전하는 인간이 태어나면서부터 어른이 되기까지 통과해야 하는 8단계를 식별하는 정신분석 이론이다. 각 단계에서, 사람이 완전히 습득하게 되면, 새로운 도전에 직면한다. 각 단계는 이전 단계의 성공적인 습득을 전제로 한다. 습득되지 않은 단계 과제는 장래의 문제로 다시 예상될 수 있다.

그는 이론에서 정체감을 중시하고 있다. 흔히 심리학에서 말하는 정체감(identity)은 상황에 따라 나타나는 주체성이나 자기 가치 등을 뜻한다. 철학적인 질문으로 생각하면 "나는 누구인가?"라는 답에 충실히 하는 것을 뜻하며 충실한 답을 가지고 모든 것을 결정하는 개인에 있어서 가장 중요한 것을 의미한다. 즉 자신만이 가지고 있는 신념 철학이라는 것이다.

Erikson은 Freud의 성격에 관하여 너무 일찍 형성된다는 5세 이전의 초기결정론과 무의식과 성적 욕구에 너무 치중한다고 비판하였다. 즉 그(Freud)는 인간을 사회적 존재로 파악하지 못하고 성의 욕구에 대한 만족과 불만족에만 더욱 관심을 가졌다는 것이다. 인간은 태어나면서부터 사회적인 만남을 통하여 다양한 경험과 그에 대한 실패로써 성격이 달라진다는 것을 너무 외면시(外面視)하였기 때문이라는 것이다.

따라서 그는 『아동과 사회』라는 책에서 인간은 태어나면서 노년에 이르기까지의 단계를 8단계로 나누면서 각 단계에서 과업을 달성해야 할 것과 못했을 경우를 제시하면서 각 단계에서의 과제의 습득을 충실하게 습득할 때에는 정상적으로 성장할 수 있으나, 그렇지 못할 시에는 심리적 위기가 올 수 있다는 심리사회적 발달이론을 제시하였다. 그러나 각 단계에서 위기가 부정적인 의미가 아니라 오히려 발달단계의 가능성을 확보하는 기회가 될 수 있다는 것이다. 예를 들면, 위기에 처한 인간이 이 위기를 긍정적으로 잘 해결한다면, 다음 단계의 변화를 경험하면서 더욱 안정된 자아 정체감을 가질 수 있다는 것이다. 인간은 누구나 각 단계에서는 심리적 위기감이 오는데 이는 어떻게 문제를 해결하느냐에 달렸다는 것이다. Erikson의 각 발달단계를 구체적으로 설명하면 다음과 같다.

▶ 신뢰감과 불신감(trust vs mistrust, 0~1세)

인간은 태어나면서 제일 먼저 만나는 사람이 엄마이다. 아이는 엄마와의 만남을 통해 사회적 생활을 시작한다는 것이다. 이 시기에 어머니가 아이의 욕구를 얼마나 만족시키느냐에 달려 있다는 것이다. 따라서 엄마의 일관성 있는 행동과 보살핌이 안정되게 진행되면 아이는 세상에 대한 신뢰감을 가지게 된다는 것이다. 그러나 안정된 보살핌과 일관되지 못한 사랑을 받고 자란 아이들은 주변 환경에 대하여 불신감과 두려움을 갖게 된다는 것이다. 즉 부모의 양육태도가 사회관계의 적응과 부적응에 결정적 영향을 미친다는 것이다. Freud의 발달단계에서는 구강기에 해당이 된다고 볼 수 있다.

▶ 자율성 대 수치, 회의감(autonomy vs shame and doubt, 2~3세)

이 단계는 굳이 Freud의 발달단계와 관련짓자면 항문기에 해당된다. 이 시기의 아동은 여러 상황에 따라 일어나는 서로 대비되는 것을 어떻게 선택하고 자신의 의지를 어떻게 표현하느냐에 따라 자율성이 발달한다. 즉 아이들은 이 시기에 신체적, 정신적 능력이 발달하는데 처음으로 많은 일을 경험함으로써 자율성이 확보된다는 것이다.

예를 들면 처음으로 배변훈련, 걷기, 탐색, 스스로 먹고 입기 등을 하면서 자신의 의지를 표현하는 언어소통을 하게 되는 시기이다. 따라서 행동하는 과정에 있어서, 실수한다든지 타인이 기대하는 행동을 원활하게 하지 못했을 때 자신의 능력에 대한 회의감, 수치감, 부끄러움을 경험하게 되어 위기감을 맛보게 된다는 것이다. 따라서 부모는 아이들의 활동이 주로 스스로 무언가를 해보는 시도로써 이해하고 실수를 너무 탓하지 말고 적절한 신뢰를 표현하여 격려해 주어야 한다는 것이다. 특히, 실수할 경우 부적절한 벌은 오히려 아이들을 위축되게 할 수 있다.

▶ 주도성 대 죄책감(initiative vs guilt, 4~5세)

이 시기는 신체적, 정신적인 능력이 매우 발달하기 시작하면서 자신의 목표나 계획을 세워 성공하고자 하는 노력이 보인다. 따라서 부모의 간섭으로부터 벗어나 복잡한 행동을 주도적으로 하려는 욕구가 매우 강하다. 이는 부모를 모방하고자 하고, 어머니가 어떤 일——빨래하기, 요리하기——을 하려고 하면 자신이 주도적으로 참여하려는 참여의식이 매우 강한 시기라는 것이다. 이러한 계획이나 목표가 자신의 의도와 맞지 않을 때 생기는 부정적인 감정으로 죄의식이 온다는 것이다. 따라서 아이들의 주도성은 지적 호기심의 발로로 이해하고 너무 비난하거나 질책하면 아이 스스로는 위축되고 자기 주도적인 활동에 있어서 죄책감을 느낀다는 것이다.

▶ 근면성 대 열등감(industry vs inferiority, 6~11세)

이 시기에는 아동이 처음으로 집을 떠나 새로운 환경에 접하게 되는 시기이다. 즉 부모의 의존에서 벗어나 사회적 기술과 초보적인 인지적 기술을 습득하게 되는 시기라 할 수 있다. 이때는 자아가 형성되는 시기로 대부분 학교라는 새로운 환경에서 또래 친구를 통해 일하게 되면서 근면성을 배우게 된다는 것이다.

따라서 이를 통해 학교에서의 교사나 친구 그리고 타인으로부터 인정받고 싶어 하는 시기라고 볼 수 있다. 특히, 학교에서의 근면성은 과제의 성과에서 나타나게 되는데 과제를 성공적으로 수행하려는 것은 교사로부터 자신을 인정받기 위함임을 알아야 한다는 것이다. 즉 인정받는다는 것은 자기 자신이 즐거움을 성취했다는 것을 의미한다.

이 시기의 아동은 읽고, 쓰고, 산수와 같은 기본적인 생산학문을 하여야 한다. 그러나 문화에 따라, 시대에 따라 실시하는 기본적인 교육은 다르다. 오늘날은 기본교육을 통해 많은 아동이 혜택을 보지만 이전의 아동들은 사냥하기, 고기 잡기, 수렵 활동, 일하기 등 다른 일을 주로 했다. 그때의 아이들과 지금의 아이들은 하는 일은 다르지만 살아가기 위한 기본적 원리는 같다는 것이다. 주도성의 단계에서 '시도'가 중요하다면 여기에서는 '얼마나 올바르게 습득'하느냐가 중요하다는 것이다.

학교에서 가장 많이 접촉하는 교사는 아동의 높은 성취와 성공을 경험할 수 있도록 학습환경을 제공하고 적합한 과제——아동이 적당하게 성공할 수 있는 과제——를 주어 일상생활에서 필요한 사회적 기술을 습득하게 해야 할 것이다. 즉 교사는 긍정적인 자아개념을 심어주기 위한 노력을 게을리하지 말아야 한다는 것이다.

이러한 기본기술과 사회적인 기술이 성공적으로 이루어지면 근면성이 발달하게 되며 반대로 자신감이 상실되어 열등감이 생기게 된다는 것이다. 이 시기에서의 근면성의 발달은 인간 생애의 전반에 걸쳐 영향을 미치게 된다는 것이다. 만약 이 시기에 근면성이 결핍될 경우 성장 과정에서 실패할 경우가 많으며, 열등감이나 부적절한 감정을 갖게 될 가능성이 있다(김희수, 2017).

▶ 정체감 대 역할혼돈(identity vs role confusion, 12~18세)

청소년기는 사회적 요구와 생물학적 성숙이 최고조에 이르는 시기이며, 이에 따른 역동의 결과로 이 시기의 특수 발달 과제가 생긴다(Erikson, 1968). 생물학적으로 볼 때 청소년기는 신체적, 성적인 성숙이 급격하게 일어나는 시기이며, 이러한 급격한 성적 성숙은 자아가 위협을 감지하는 정신분석적 원인을 제공한다. 그렇지만 청소년기의 문제는 단지 생물학적 문제에서만 유발되지는 않는다. 사회와 문화에서 요구하는 가치에 대한 갈등 역시 청소년기에 두드러진다. 현대사회에서의 청소년은 아동도 아니고 성인도 아닌 중간단계로 인식되고 있으며, 이에 따라 상충되고 모호한 요구가 증가하는 시기이다.

이러한 생물학적 변화와 사회문화적 변화는 자기 자신에 대한 근본적인 물음을 던지게 한다. 그와 동시에 청소년기는 다양한 가능성이 제시되는 시기이기도 하며, 청소년들은 이러한 가능성에 자신을 던지며, 실제로 가능성을 탐구하고, 이를 통해 어떻게 살아야 하는지에 대한 통찰을 얻는 시기이다(Erikson, 1968).

이러한 의미에서 청소년들은 이 시기에 '나는 누구이고 이 사회에서 나는 어떠한 위치에 있는가?'에 대한 개념, 즉 자아 정체감(ego identity)을 형성한다고 보았다. 즉, 많은 가능성과 불분명한 역할이라는 역할 혼미(role confusion)의 위기를 통해 자신의 위치를 찾는 시기라는 것이다. 따라서 이 시기를 '주변인', '사춘기', '질풍노도의 시기'라고도 한다는 것이다.

이 시기의 청소년들은 자기 자신에 대하여 끊임없이 물음에 응하면서 생활해 나가지만 쉽게 그 답을 찾지 못해서 고민하거나 방황을 한다는 것이다. 자신을 찾기 위한 노력은 무의식적으로 일어난다. 그러나 나도 모르게 넘어가는 것이 아니라 자신의 미래에 대한 불안감 등을 해결하지 못해 방황하면서 살아가는 과정이라는 것이다.

자아 정체성 확립에 개입되지 못하고 스스로 자기 자신을 찾기 위해 일종의 '타임아웃' 시기를 가지는 것을 심리적 유예(psychological moratorium)라고 한다. 유예기 동안의 청소년은 다양한 맥락에서 자신의 위치를 시험해 보는데, 청소년의 매우 변덕스러운 행동들은 유예기를 통해 자신의 설 곳을 찾고자 하는 능동적인 노력이라 할 수 있다. 즉, 심리적 유예(psychological moratorium)라는 것은 청년들이 자기 자신을 발견하고자 애쓰는 시기라고 할 수 있다. 이 시기에는 자아 정체감을 형성하도록 각별한 주의를 해야 할 것이다. 즉 자아 정체감을 올바르게 형성하지 않으면 자기 인생에 있어서 연속으로 혼란과 방황만이 존재한다는 것이다.

▶ 친밀감 대 고립감(intimacy vs isolation, 19세~성인 초기)

이 시기의 주요한 특징은 부모로부터의 독립과 직업 선택 이전에 배우자와의 연애와 선택, 직업 선택을 통해서 바람직한 자아 정체감이 형성된다는 것이다. 이러한 발달단계에서 뒤처진다는 것은 타인과의 만남에서도 문제가 발생한다는 것이다. 즉 친밀감이 형성되지 않는다는 것이다. 또한, 배우자의 선택과정에서도 성적·지적으로 진정한 관계 형성이 어렵다는 것이다.

무엇보다도 친구, 배우자, 자녀, 친척, 직장동료 등과 같은 사람들과 적절한 인간관계를 이루는 것이 중요하다는 것이다. 이에 실패한다면 평생 고립감에서 헤어 나오지 못할 것이다. 혹은 자아몰입(自我沒入)에 빠지는 경우가 있다는 것이다. 즉, 공동체 생활이나 인간관계를 회피하거나 어려움을 겪게 될 것이다. 원래 이 시기는 자신 이외의 상대방과 공유적 동질감을 추구하는 시기로 사회에 참여하고 자유와 책임을 통해 민주사회의 일원으로서 당당하게 살아가고자 하는 삶을 영위하려는 시기이다.

▶ 생산성 대 자기 침체(generativity vs stagnation, 35~54세, 성인기)

이 시기는 생산성을 발휘하는 시기이다. 생산성이라는 것은 사회의 일원으로 진출하여 자녀를 양육하고 직업에서도 창의적이고 업적을 인정받는 시기라는 것이다. Erikson은 중년의 사람은 과도한 자기 관심보다는 다음 세대를 돌보는 데 관심을 두는 것이 심리적으로 건전하다고 하였으며 두 사람만의 관계를 넘어서 그 밖에 타인에게로 관심이 확대된다는 것이다. 따라서 성인 후기의 특징은 창조성, 헌신성, 생산성, 다음 세대를 지도하는 데 관심과 헌신을 한다는 것이다.

생산적인 성인은 더욱 좋은 사회를 만드는 것에 헌신하며, 깨끗한 환경조성, 안정된 사회, 자유와 인간 존중의 원리를 지키기 위해 노력한다는 것이다(김희수 외, 2017). 이때 생산성이 발휘되지 못하면 침체성이 형성된다는 것이며 반대인 경우는 따분함과 지루함 그리고 빈곤한 인간관계 등이 나타난다는 것이다.

▶ 자아 통합 대 절망(integrity vs despair)

이 시기의 심리적 갈등은 노년기에서 오는 통합과 절망감을 경험하는 시기이다. 인생의 마지막 단계이다. 인생의 마지막 단계인 만큼 신체적 쇠퇴와 직업에서의 은퇴, 배우자나 친구와의 이별 등으로 인하여 오는 무력감이 최고의 적이라 할 수 있다. 따라서 인생을 차근차근 살아온 사람들은 죽음을 두려워하지 않고 통합감을 지닌다는 것이다.

절망감은 인생을 살아오면서 자신의 인생을 무의미한 것으로 느끼면 절망감에 빠지게 된다는 것이다. 따라서 이전의 7단계를 살펴보아서 가치 있게 살아온 사람은 통합성을 가지게 되고 죽음 또한 겸허하게 받아들이지만, 삶이 후회스럽다고 느끼게 되면 절망감에 빠져든다는 것이다.

통합성과 절망감의 갈등이 바람직하게 해결된다면 '지혜(wisdom)'라는 덕목이 생기게 된다는 것이다. 지혜는 죽음 앞에 직면하여 얻게 되는 인생의 의미에 대한 통찰이다. 이와 같은 지혜는 노년기의 지적인 힘일 뿐만 아니라 중요한 심리적 자원이다(김영혜 외, 2013).

[Freud와 Erikson의 성격발달이론 비교]

구분	Freud	Erickson
이론	심리성적 발달이론	심리사회적 발달이론
주요 요인(강조점)	개인에 따른 부모의 영향	자아가 형성되는 외부적, 사회적, 환경적 영향
성격발달	5세 이전의 결정적 시기, 남근기 구순기 ☛ 항문기 ☛ 남근기 ☛ 잠재기 ☛ 성기기	평생을 통해 성격이 형성, 전 단계의 발달과업에 따라 결정 신뢰와 불신 ☛ 자유성과 수치 ☛ 자주성과 회의감 ☛ 근면성과 열등감 ☛ 자아 정체감과 역할 혼미 ☛ 친밀감과 고립감 ☛ 생산성과 침체성 ☛ 자아 통합과 절망감
행동의 원인	ld, 무의식	Ego, 의식을 강조
연구 대상	정신질환자 치료	일반적이고 정상적인 사람
성격발달	부정적, 성에 너무 치우침	평생을 발달로 보는 낙관론을 제시
부적응의 원인	부모 그리고 아동과의 관계	사회적 발달의 적응과 부적응

5) Lawrence Kohlberg의 도덕발달이론

(1) 개념

도덕성 발달은 인간에게는 매우 중요한 것이다. 도덕성은 개인이 자신과 타자 간의 행동에서 옳고 그름을 평가하는 데 필요한 과정이라 할 수 있다. Kohlberg는 사람들이 실제로 도덕 문제에 어떻게 답하는가 하는 사고체제를 연구하여, 이것을 바탕으로 도덕성 발달단계를 6단계로 나누었다. 서로 다른 문화적 배경을 가진, 나이가 서로 다른 아동에게 다른 아동과 청소년들에게 도덕적 행위의 동기와 인간 생명의 가치 등 도덕성의 문제를 담고 있는 '도덕적 딜레마'를 들려주고, 그런 상태에서 "어떻게 행동을 하겠는가?", "왜 그렇게 해야 하는가"를 물었다.

이러한 도덕성은 어렸을 적인 유아기에 생기기 시작하고 도덕성은 사람마다 각자 해석과 평가가 다르다는 것이다. 일반적으로 도덕성은 사회가 가지고 있는 문화, 관습, 규범, 가치 등을 내면화함으로써 이루어진다고 보며 정신분석학적으로는 초자아의 형성과정으로 보고, 인지적 관점은 도덕성 발달이론 중 영향력이 가장 크며, 어떤 행위의 적합성과 그 이유에 대한 추론능력을 의미하고 있다. 즉, 구체적인 사태를 도덕적으로 해석하여 무슨 행동이 '옳고, 그른지'를 가려보고, 그 결과로써 어떤 특정한 행동을 하기로 선택하는 심리적 혹은 이성적 판단과정이라는 것이다(장성화, 2015).

(2) 발달단계

아래의 예는 Kohlberg와 Heinz의 딜레마로 알려진 도덕적 상황을 구성하여 피험자에게 제시하고 이에 관한 판단 및 이유를 말하도록 함으로써 일련의 도덕적 발달단계를 구성하였다.

> 유럽의 어느 부인이 무서운 암에 걸려서 거의 죽어 가고 있다. 그 병을 치료하는 데는 오직 한 가지 약밖에 없는 것으로 알려져 있었다. 이 약은 같은 마을에 사는 어느 약사가 최근에 만들어낸 라듐 종류의 약이었다. 그 약을 만드는 데는 원가도 상당히 많이 먹히는 데다가, 그 약사는 약값을 원가의 10배나 매겼다. 라듐을 200달러에 구입하여 그 약 한 제(製)를 2,000달러에 팔려고 한 것이다.
> 병든 부인의 남편인 Heinz는 돈을 구하기 위해 아는 사람들을 모두 찾아다녔으나, 그 약값의 절반밖에 안 되는 1,000달러밖에 마련하지 못했다. 할 수 없이 하인츠는 그 약사에게 가서 자기 부인이 지금 죽어 가고 있다고 설명하고 그 약을 1,000달러를 받고 팔거나 아니면 외상으로라도 자기에게 팔아주면 다음에 그 돈을 갚겠다고 간청했다. 그러나 그 약사는 "안 됩니다. 그 약은 내가 발명한 것이니 나는 그 약으

로 돈을 벌어야 되겠습니다"라는 것이다. 절망에 빠진 Heinz는 마침내 약방을 부수고 들어가 자기 부인을 위하여 약을 훔쳤다.

문) 남편은 정당한 일을 하였는가? 만약 정당하다면 왜 그러한가?에 대한 답을 통해 발달단계를 구성하게 되었다.

Kohlberg는 이러한 상황에서의 도덕적 딜레마를 제시하고 난 후의 "어떻게 하겠는가?", "왜 그렇게 해야 하는가?"를 질문하여 그 응답을 통해 3수준 6단계로 구체화하였다.

① 제1수준 : 인습 이전 수준(pre–conventional level)

제1수준은 규칙이나 선악의 개념은 있더라도 도덕적 기준은 개인의 욕구나 어떤 힘이나 권력에 의하여 강요당하는 것으로 해석된다. 이는 인습 이전 수준(pre-conventional level)의 단계이다. 이를 다시 두 단계로 나누고 있다.

- 1단계는 벌과 복종에 따라 도덕적 판단이 서는 경우이다. 다시 말하면 아동의 어떤 행동의 행위 결과가 벌을 받느냐? 아니면 칭찬을 받느냐? 혹은 누구에 의해서 명령을 하는가?에 따라 선악을 판단하는 단계이다.
- 2단계는 자신의 필요나 욕구 만족 또한 타인의 필요나 욕구를 충족시켜 주는 행위를 선악의 기준으로 판단하는 단계이다. 실례(實例)를 든다면 "네가 나한테 돈을 빌려주면 나는 너에게 노트를 빌려주마"라는 식의 상대방 요구를 들어주고 자신의 욕구를 만족시키는 형태이다. 실용적인 측면을 강조하고 있다.

② 제2수준 : 인습 수준(conventional level)

타인과의 상호작용 즉, 대인관계를 고려한 사회 지향적인 도덕성 수준이다. 이 수준에서는 자기의 집단, 사회, 국가가 요구하는 것이 무엇인가에 의해 도덕적으로 판단하는 수준을 말하고 있다.

- 3단계는 대인관계 수단과 조화로서의 도덕성을 말한다. 이는 흔히 성인들은 사회적으로 합의한 것에 의해서 도덕적으로 판단한다는 것이다. 자기 행위가 상대방을 위하여 인정받게 되는 것을 의미하고 있다. 다시 말하면 인정받는 행동이면 선한 일이라고 생각하는 단계이

다. 옳은 행위라는 것은 타인에게 기쁨을 주는 것이며 타인에게 슬픔을 주는 행위는 악이라는 생각을 가지게 된다는 것이다.

- 4단계는 법과 질서유지에 편승하느냐? 아니면 편승하지 못하느냐?에 따라 선악이 구별되는 단계라는 것이다. 즉 보편적인 사회적 요구에 따라 법과 질서를 준수하는 것에 따른 도덕적 판단을 하는 것이다. 즉 사회적 질서유지에 중요성을 느끼고 유지하고자 하는 행동의 강약에 따라 선과 악이 나누어진다는 것이다. 예를 들면, 법이나 규칙, 권위에 따라 생각하면서 행동하는 수준이라는 것이다. “나 자신이 법을 지키지 않는다면 세상은 어떻게 되겠는가?”라는 생각을 하면서 행동하는 것을 말한다.

③ **제3수준 : 인습 이후 수준**(post-conventional level)

이 수준은 전통적 방식의 선악 판단에서 벗어나 즉, 사회의 법 자체보다는 인간으로서의 기본적 원리인 양심으로 선악의 판단을 내리는 수준이다. 스스로 마음속에서 승인하는 도덕 규칙이 생겨 이에 따라 판단하고 행동하는데, 약정된 의무와 공인된 법칙에 따르다가(사회계약) 개인의 양심에 따라(도덕률) 판단하는 것이 특징이라 할 수 있다. 즉 사회계약에서 도덕률에 따라 발달한다는 것이다.

- 5단계는 법 자체는 중시되지만, 법의 사회적 유용성에 따라 법 또한 변화될———바뀔———수 있다는 것이다. 즉 사회규칙이나 법이 다를 수 있으며, 옳은 것에 관한 생각이 집단 간에 다를 수 있다는 인식이 증가함에 따라 법이나 규칙에 내재된 더욱 보편적인 원리가 있다는 생각이 발달한다는 것이다(김청자, 2014). 쉽게 말하면 학교 내에서는 법적으로 체벌이 금지되어 있다고 가정하자. 그러나 생활지도 및 학생의 인성 관리 측면에서 교육부에서 체벌을 허용한다면 그것은 도덕적으로 나쁜 것이 아니라고 본다는 것이다. 즉 사회계약을 유지하는 정도에 따라 행동하고 판단을 하고 있다.
- 6단계에서는 자신이 선택한 행위가 도덕적인 원리 즉, 양심에 따른 행위가 올바른 행위라고 판단하는 것이다. 그러나 도덕원리는 논리적이고 일관성이 있으며 모든 사람이 적용 가능한 보편적 원리가 있어야 한다. 양심의 결단으로 하는 행위라 보면 된다. 이는 시간과 공간을 초월한 보편적 원리이다. 다음은 Heinz의 행동에 대한 도덕성 발달 수준을 구체적 반응 예를 중심으로 정리한 것이다.

[Heinz의 행동에 대한 도덕성 발달 수준별 구체적 반응 예]

단계	반응의 예
단계 1 (복종과 처벌)	(괜찮다) 훔친 약값이 실제로는 200달러밖에 안 될지도 모른다. (나쁘다) 남의 것을 함부로 훔칠 수 없다. 그것은 죄다.
단계 2 (수단적 상대주의)	(괜찮다) 아내를 살리려면 훔치는 길밖에 없다. (나쁘다) 약사가 돈을 받고 약을 팔려는 것은 당연하다.
단계 3 (조화로운 대인관계 지향, 착한 아이)	(괜찮다) 이 상황에서 아내를 사랑하는 남편으로서 당연한 행동이다. (나쁘다) 자기감정이나 상황과 관계없이 규칙은 항상 지켜야 한다.
단계 4 (법과 의무, 질서 지향)	(괜찮다) 약값은 반드시 갚아야 하고, 훔친 데 대한 처벌도 받아야 한다. (나쁘다) 자기의 감정이나 상황과 관계없이 규칙은 항상 지켜야 한다.
단계 5 (사회규약)	(괜찮다) 훔치는 것이 나쁘다고 말하기 전에 전체적인 상황을 고려해야 한다. (나쁘다) 약을 훔쳐서 결과적으로 아내를 살릴 수 있지만, 목적을 위한 수단이 타당하지 못하다.
단계 6 (도덕률)	(괜찮다) 법을 준수하는 것과 생명을 구하는 것 사이에서 선택하라면 약을 훔치더라도 생명을 구해야 한다. (나쁘다) 감정이나 법에 따라 행동할 것이 아니라 한 인간으로서 무엇이 이상적인가를 생각했어야 한다.

출처 : 장성화 외, 2015

[도덕성 발달단계와 Heinz 딜레마의 관계]

<table>
<tr><th colspan="2">수준</th><th>단계</th><th>특징</th></tr>
<tr><td rowspan="2">수준 1
인습 이전 수준</td><td rowspan="2">도덕적 선악의 개념은 있으나, 준거는 권위자의 힘이나 개인적 욕구에 관련시켜 해석한다.</td><td>1단계 :
벌과 복종의 지향</td><td>권위자의 벌을 피하고 권위에 복종한다.
Heinz의 예: 법에 어긋나니까 나쁘다. 훔치는 것은 나쁘다. 벌을 받으니까 나쁘다.</td></tr>
<tr><td>2단계 :
도구적 지향</td><td>자신의 욕구충족이 도덕판단의 기준이며, 욕구배분의 동기는 있으나 자신의 욕구충족을 우선적으로 생각한다.
Heinz가 아내를 사랑해서 약을 훔치는 것이므로 정당하다. 약제사는 돈을 벌기 위해 약을 제조한 것이기 때문에 정당하다.</td></tr>
</table>

수준		단계	특징
수준 2 인습 수준	다른 사람의 상호작용을 고려한 사회지향적 가치기준을 갖는다.	3단계 : 조화로운 대인관계 지향	대인관계 및 타인의 승인을 중요시한다. Heinz가 아내의 생명을 구하려고 애썼다. 아내를 사랑했다. 약제사는 탐욕스럽다. 자신의 이익만 추구했다. 다른 사람의 생명에는 무관심하다.
		4단계 : 법과 질서의 지향	법과 질서를 준수하며 사회 속에서 개인의 의무를 다한다. Heinz가 아내를 사랑하여 약을 훔칠 수밖에 없었지만(3단계) 그는 약제사에게 약값을 치르고 감옥에 가야 한다. 안정된 사회를 위해 법은 존중해야 하기 때문(4단계)
수준 3: 인습 이후 수준	인간으로서의 기본원리에 따라 행동을 한다.	5단계 : 사회계약 정신지향	사회적 책임으로서 공리주의 및 가치 기준의 일반화를 추구한다. Heinz의 행동이 법을 초월하는 '정당한 이유'를 가지고 있지만, 이 정당한 사유에 대한 포괄적인 설명을 내리지 못하는 혼란스러운 반응을 보인다.
		6단계 : 보편적 도덕원리지향	스스로 선택한 도덕원리에 양심의 결단을 따른다. Heinz가 아내를 구하기 위해 도둑질할 법적 권리는 없지만 보다 상위의 도덕적 권리는 갖고 있다. 왜냐하면, 개인의 생명은 절대적으로 고유한 가치를 갖기 때문이다.

출처: 김희수 외, 2017

연습문제 다음을 정리하여 봅시다. 반드시 서술형으로 적으세요.

1) 프로이트의 성격발달을 정리하여 적어봅시다.

2) 프로이트와 에릭슨 이론의 궁극적인 차이점을 적어봅시다.

3

의사소통의 의미는 무엇인가?

1 무엇을 의사소통이라고 하는가?

2 의사소통의 특성에는 어떠한 것이 있는가?

3 의사소통의 유형

4 의사소통 장애요인에는 어떤 것들이 있는가?

3장

의사소통의 의미는 무엇인가?

앞에서 인간은 '정치적 동물'이라고 하였다. 이 말은 인간은 혼자서 살 수 없으며 타인과의 공존을 통해 사회생활을 한다는 것이다. 즉 인간은 누군가와의 만남을 통하여 여러 형태로 인간관계를 맺으면서 살아가고 성장한다는 것이다. 이러한 만남은 한편으로는 단순성을 지니지만, 또 한편으로는 얽히고 복잡하게 살아가게도 한다. 이러한 모습이 우리의 삶이라 할 수 있다.

따라서 인간관계는 무엇보다도 중요하다는 것을 이미 피력하였다. 인간관계를 통해서 우리는 개인적 성장, 삶의 질 결정, 그리고 자기의 정체성을 찾기도 한다. 이뿐만 아니라 이를 통해 개인의 스트레스를 해소하고 자아실현과 심리적 안정에 도움을 받고 있다.

산업사회는 다양성을 지니고 있다. 이를 위해 바람직한 인간관계는 인간으로 하여금 기본적인 욕구를 해소하고 삶을 의미 있고 보람된 인생을 찾는 데 도움이 될 뿐만 아니라 사회생활의 성공 요소로 작용할 수 있다. 그러나 이러한 다양성을 이해하는 데 느리거나 이것을 이해하지 못하고 생활할 경우 현 사회는 그를 과감하게 도태시키고 말 것이다. 여기서 도태된다는 것은 사람과의 관계가 원만하지 못하여 서로 간의 갈등을 유발하게 되고 결국 누군가는 사회에서 격리된다는 의미이다.

현대사회에서는 인간관계가 중요한데 여기서 반드시 요구되는 기술이 의사소통이라는 것이다. 타인과의 만남을 통해 인간관계를 맺지만, 필수적인 것이 언어적, 비언어적 방법으로 자신과 타인을 연결해 주는 기술이 의사소통이라는 것이다.

방송이나 회견을 시청하면 소통이라는 말을 흔히 듣게 된다. 특히 정치인들에게서 유독 많이 듣는다. 오늘날 정치인들이 양분되어 혼란을 일으키게 되는 원인이 소통의 부재 때문이다. 따라서 그들은 매일 국회 혹은 장외에서 서로 헐뜯고 심지어는 고소, 고발, 폭행까지도 일삼게 되는 것이다.

이 장에서는 인간의 생활에서 필수 불가결한 대화와 소통에 대하여 그 의미를 찾아본 후 그것을 원활하게 하는 방법과 기법 등을 살펴볼 것이다.

01 무엇을 의사소통이라고 하는가?

현대사회는 소통의 시대, 정보화의 시대라 한다. 소통이라는 말은 한자로는 疎+通이라는 의미로 막히지 않고 서로 통한다는 의미로 의사소통의 줄임말이다. 즉 뜻이 서로 통한다는 의미를 내포하고 있다.

원래 소통이라는 단어는 방송에서 쓰는 용어로 2010년부터 사용되기 시작했는데 아프리카TV, 인터넷 방송에서 주로 사용하였다. 이러한 용어는 오늘날 일부 정치가들에 의해 사용되고 있는데 이를 자신의 전유물인 양 사용하는 것이 현실이다. 즉 자신은 국민과의 소통을 중시하므로 이미지를 변신시키고 타인에게는 공격용으로 불통이라는 용어를 사용하는 것이 현실이다. 그전까지 정치인들은 대화라는 용어나 의사소통이라는 용어를 사용하였고 소통이라는 용어는 잘 사용하지 않았다.

원래 의사소통이라는 말은 영어로는 'communication'이라 하는데 라틴어의 'com'과 'uni-cation'의 합성어로 '함께하다', '공유하다'와 '하나가 되다'라는 의미로 결국은 '함께 공유해서 하나가 되는 것'을 의미하고 있다. 여기에서 유추하여 보면, 사람들 간의 감정, 태도, 의견, 정보, 경험, 사실을 공유하여 전달해서 기대한 효과를 얻고자 하는 일련의 활동으로 서로 하나가 된다는 의미이다. 즉 상호 간에 공통된 의미를 추구하기 위하여 참여하는 과정이라는 것이다. 즉 라틴어의 어원에서 말했듯이 '공동의 것으로 만들다', '나누다', '전달하다', '참여하다'라는 의미로 '기대하는 효과를 메시지를 통해서 하나가 되는 것을 말하고 있다'라고 볼 수 있다. 이에 대하여 Schramm과 NewComb은 다음과 같이 정의하였다.

의사소통을 '자극을 전달하는 과정(the process of transmitting stimuli)'이라고 하였고, '의미의 전달(conveying of meaning)'이라고 하였다(안효자 외, 2021에서 재인용).

이는 한 사람이 다른 사람에게 전달하고자 하는 의미나 메시지 그리고 자극이 다른 사람에게 미치는 활동이나 과정을 의미하나 꼭 사람과 사람 간에만 적용되는 것은 아니다. 즉 의사소통의 종류에서 살펴보듯이 개인 내 의사소통, 대인 의사소통, 그리고 집단의사소통, 매스 커뮤니케이션, 치료를 위한 치료적 의사소통 등이 있다. 따라서 개인 내 의사소통은 수준에 따라 혼자서 생각하고 반응하고 활동하는 개인 내부에서 진행되는 개인 내 의사소통이 그 예이다. 대인관계 의사소통은 한 사람이 타인에게 영향을 주고받으며 이해하는 모든 수단을 이용하는 것을 말하며, 치료적 의사소통은 사교적 인간관계가 아니라 특수한 목적을 가진 목적 지향적인 관계이며 두 사람 중 한 사람이 다른 사람에게 도움을 주어 적응하게 해주는 치료적 관계인 조력 관계(helping relationship)의 의사소통이라 했다.

이에 대하여 안효자 외(2021)는 다음과 같이 정의하였다.

치료적 의사소통이란 치료적 관계를 전제하며 의료팀-환자 관계에서 요구되는 것으로 치료적 관계의 맥락에서 행위, 사고, 느낌을 공유하고, 대상자의 욕구를 탐구하며, 문제를 해결하고 새로운 대처기술을 획득시키는 것이다.

이는 위에서 잠시 언급하였듯이 일반적으로 우리가 가지고 있는 사교적이고 일상적인 의사소통이 아니라 대상자 혹은 상대방의 건강이나 그들을 치료하는 목적을 가진 의사소통이라는 것이다.

의사소통에서 가장 필요로 하는 것이 언어라는 것이다. 그러나 꼭 언어만이 능사가 아니라는 점을 생각해야 한다. 의사전달에 있어서 언어가 대부분이라고 하지만 언어 이외에 비언어적인 요소가 분명히 있다. 즉 몸짓, 자세, 동작, 신호체계 등 모든 것을 포함하여 메시지를 전달하고 받아서 사용한다는 것이다.

따라서 의사소통이라는 개념은 '두 사람 이상의 사람들 간에 언어적, 비언어적 수단을 강구(講究)하여 정보, 사실, 경험, 감정, 태도, 신념, 가치 등에서 상호 간에 공통적인 의미를 찾아내어 공유하는 일련의 과정'을 의미한다.

02 의사소통의 특성에는 어떠한 것이 있는가?

1 의사소통은 다양한 요인에 영향을 받는다

사람과 사람이 만나서 메시지를 전달하여 서로가 공유하고 함께 나누어 언어적, 비언어적 수단을 통해 공유하는 과정을 의사소통이라고 하였듯이 두 사람 간에는 미묘한 것들이 작용한다. 다시 말하면 언어적 메시지뿐만 아니라 비언어적 요소가 많이 작용한다는 것이다. 즉 인위적 요인이 작용하지만, 또 다른 요인이 있다는 것이다. 이러한 요인을 환경적 요인이라고 말할 수 있다.

이러한 환경적 요인은 대화 시 거리, 분위기, 주위의 환경, 사람들 간의 복장과 신체적 특징 및 외모, 얼굴의 표정, 손동작, 시선처리, 음색 그리고 성격과 건강상태 등 많은 요인에 따라 의사소통에 영향을 줄 수 있다는 것이다.

즉 사람 간에 작용하는 개인의 심리적, 사회적, 물리적 요인들이 다양하게 작용하여 의사소통이 이루어지는데 이를 파악하기 힘들면 바람직한 의사전달이 일어나지 않으며 서로 다르게 작용하면 오히려 역효과가 나타날 수 있다.

2 의사소통의 수준에 따라 공감의 반응이 달라질 수 있다

이는 의사소통을 한다고 해서 모두가 같은 효과를 양산하지는 않는다는 것이다. 다시 말하면 성공적인 인간관계를 맺는 것은 아니라는 것이다. 바람직한 인간관계라고 하면 이를 통하여 친밀감을 형성하여 바람직한 삶으로 연결되어야 하는데 의사소통의 수준에 따라 인간관계의 질이 달라질 수 있다는 것이다.

아래는 관계의 질이 어떻게 달라지는가에 대한 예이다.

학생이 학업을 하는데 너무 힘들어서 "선생님은 어떠세요"라는 것을 가지고 소통하는 장면이다. 선생님(1) : 그런 생각을 없애버리고 기분을 바꾸어라! 선생님(2) : 영숙이도 마찬가지야! 다른 사람들도 다 그렇게 생각한단다. 선생님(3) : 선생님도 일이 잘 풀리지 않아 힘들단다. 그래서 골치가 아프단다. 선생님(4) : 선생님도 일이 꼬이면 다른 생각이 모두 든단다. 내가 무능해선가? 선생님(5) : 내가 하는 일에 대하여 아직도 낯설어서 미치겠다. 처음이라 그런지 너무나 힘들고 왜 일이 꼬이는지 이해가 되지 않아. 그래서 창피하고 부끄러워서 고개를 들지 못하겠어.

위의 예에서 보듯이

학생과 선생님(1)의 대화 수준은 상투적인 대화 중심으로 상대방의 의견을 그냥 대충 넘겨서 화제를 돌리고자 하는 의도가 숨겨져 있다.

학생과 선생님(2)의 대화 수준은 타인의 예를 제시하면서 자신에 대한 의견을 드러내지 않고 대화하는 수준이라 할 수 있다.

학생과 선생님(3)의 대화 수준은 타인과 일치되는 사실에는 정보를 제시하지만, 상대방의 반응을 살피면서 자기를 개방하는 스타일이다.

학생과 선생님(4)의 대화 수준은 상대방의 관심, 흥미와 일치되는 자신의 개인적 생각이나 감정, 태도 및 경험에 대한 정보를 자연스럽게 스스로가 제공하는 수준이다.

학생과 선생님(5)의 대화 수준은 (4)의 수준 이상으로 경험의 근원까지 자세히 표현하는 수준이라 할 수 있다.

이는 인간관계의 질은 의사소통을 이루는 가운데 모두가 친밀한 관계를 맺는 것이 아니라, 어떤 수준의 의사소통을 하는가에 따라 인간관계의 질이 달라진다는 것이다. 동년배나 주위 사람과의 관계를 수십 년 이어왔어도 그냥 '밥 먹었니?', '안녕' 같은 낮은 수준의 '스침'과 같은 관계가 있는 반면에 '참만남'과 같은 '있는 그대로의 나(this is me)'를 보여주는 수준의 만남도 있다는 것이다. 이는 오랫동안 만나지 않더라도 짧은 만남에서도 이루어질 수 있다. 따라서 우리는 학생과 선생님의 대화 수준에서 나타나듯이 1~5수준으로 관계의 수준을 높이도록 하여야 하며 이는 자기 노출의 수준과 관계가 있다.

❸ 의사소통은 내용, 감정, 관계를 통해 영향을 주고받는다

의사소통에 있어서 주로 영향을 받는 것은 어떠한 내용, 어떠한 감정, 어떠한 관계인가에 따라 다르다는 것이다. 주로 내용을 중시하는 인간관계는 감정과 관계를 고려하지 않고 대화 자체의 의미와 내용에만 관심을 둔다는 것이다. 이러한 의사소통을 하는 사람은 합리적이고 이성적인 사람들에 의해 나타나며 감정이 메마른 차가운 성격의 소유자로 볼 수 있다.

또한, 감정을 중시하는 수준의 대화를 하는 사람은 말과 함께 감정에 충실하며 상대방의 감정을 읽어내는 것뿐만 아니라 자신의 감정에 따라 대화가 달라질 수 있다는 것이다. 이런 사람들은 비합리성을 지닌 사람들에게 나타나는 현상으로서 주로 이성보다 감성에 치우치는 경향이 있다.

이어서 관계를 중시하는 사람들의 의사소통 수준은 상대방과의 친밀도, 호감도에 따라 달라진다는 것이다. 즉 상대방과의 사이나 맺음 정도, 알고 있는 기간 등에 의해서 의사결정에 많은 영향을 받는다는 것이다. 사람들이 대화에 있어서 세 가지를 적절하게 사용한다면 바람직한 의사소통, 인간관계가 효율적으로 이루어지지만 그렇지 못할 경우가 많다는 것이다. 이는 특히 이익집단에서 살아가는 현대인들에게서 많이 나타나는데 주로 갈등상황이나 공식적, 비공식적인 만남에서 그러하다.

03 의사소통의 유형

의사소통의 유형은 대략 언어적 의사소통과 비언어적 의사소통의 두 가지로 이루어진다. 다시 말하면 소리를 통하거나 문자를 통해 이루어지는 방식과 이외의 방식인 몸짓, 표정과 같은 언어를 사용하지 않고 의사전달을 하는 방식이 있다는 것이다. 지금부터 두 가지를 살펴보도록 하자.

1 언어적 의사소통(verbal communication)

형태가 보이지 않는 언어나 문자를 통해 의사전달을 하는 방식이 언어적 의사소통이다. 이러한 방식은 선사시대 이후 인류가 대부분 사용하였던 방식이라 할 수 있으며 대부분 교육적이나 사교적 목적으로 사용되었다고 볼 수 있다. 즉 일상생활에서 필수적으로 사용되는 의사소통이라고 할 수 있다. 이에 대하여 임숙빈 외(2018)는 다음과 같이 설명하고 있다.

> 우리는 말이나 글이라는 언어를 통해 가치나 지각 또는 정보를 주고받는다. "언어는 사람을 가장 잘 표현한다. 말을 하라. 그래야 당신을 알 수 있다"라는 격언처럼 생각이나 느낌 등 우리가 전하려는 메시지를 드러내어 표현할 수 있는 것이 언어이며, 또한, 다른 사람의 메시지를 드러내어 들을 수 있는 것이 언어라는 것이다.

이는 의사소통에 있어 가장 널리 이용하여 전달하는 것은 언어를 통해서 가능하다는 것이며 또한 그러한 언어는 그 사람의 인간 됨됨이를 볼 수 있는 기초가 될 수 있다는 것이다.

그러나 언어적 의사소통은 인간이 느끼고 생각하는 섬세한 것들을 전달하는 데 한계를 가지고 있다. 즉 언어를 사용하는 데 있어서 미묘한 차이는 곳곳에서 나타나는데 개인의 경험이나 사회적 배경, 사용방법, 감정상태에서 다른 의미로 사용될 수 있다는 것이다. 이를 위해서는 상호 간에 사용하는 어휘나 단어의 의미에 대한 공통된 이해가 반드시 결부되어야 한다는 것이다. 이것이 없으면 의사소통에는 문제가 발생할 수 있다는 것이다.

'아 다르고, 어 다르다'라는 말이 있다. 언어를 사용할 때의 미묘한 차이가 의사소통의 성공과 실패를 좌우할 수 있다는 것이다. 역으로 말하면 인간의 감정이나 상태 등의 비언어적인 요소들을 적절하게 사용할 경우 의사소통은 더욱 원활해진다는 것이다. 다음과 같은 예를 살펴보자.

> 어느 중소도시 시청의 환경과에서 시급 9,160(2022년 기준)원에 거리 청소원 00명을 모집한다는 공고를 냈는데 지원자는 아무도 없었다. 요즘같이 취업하기 힘든 시기에 왜 지원하지 않을까?라는 고민 끝에 환경과에서 모집 인원을 채우기 위하여 급료를 시간당 9,160원에 환경미화원을 모집한다는 재모집 공고를 냈는데 기대 이상으로 정원을 넘어서는 지원자가 있었다.

이러한 의미가 우리에게 주는 시사점이 있다. 우리가 언어를 사용하여 말을 할 때 언어를 표현하는 데만 초점을 맞추고 있다는 것이다. 즉 우리는 언어의 이해라는 측면을 간과하고 있다. 따라서 효과적인 의사소통을 하려면 '표현'과 '이해'라는 두 가지 측면을 고려해야 할 것이다. 다시 말하면 우리가 사용하는 언어는 누구에게나 같은 의미와 뜻이 있을 것이라 착각을 하고 있다. 누구에게나 같은 의미로 들리거나 상징하지는 않는다는 것이다. 지금부터는 언어적 의사소통에 있어서 실제적(實際的)인 장면에서 일어나는 여러 가지 요소를 설명해 보겠다.

▶ 대화(conversation)

대화라는 용어는 한 사람이 아니라 두 사람 이상이 서로 메시지를 통해 정보를 교환하는 행위를 말한다. 따라서 언어적 의사소통에 있어서 실제적인 장면에서의 가장 기본이라고 할 수 있다. 여기에는 여러 가지 대화법이 존재한다. 우선 두 사람 이상이 서로 정보를 교환하는 행위라 하였을 때 두 사람 간에 상호 노력이 있어야 할 것이다.

이는 대화를 계속하여 진행하려면 한쪽만의 일방적인 행위가 되어서는 안 된다는 것이다. 즉 한쪽이 계속 말하거나 침묵해서는 바람직한 의사소통이 이루어질 수 없다는 것이다. 한쪽이 말하면 듣는 사람이 있듯이 혹은 듣는 사람이 있으면 말하는 사람이 있듯이 상대방의 의견에 적절하게 대응해야 한다는 것이다. 이러한 행위가 반복되면, 대화는 원활하게 지속되고 정확한 정보를 주고받을 수 있을 것이다.

가장 나쁜 대화의 과정에는 자기만 계속해서 말하는 사람, 적절히 반응하지 않은 사람, 말을 제지하는 사람, 중간에 대화를 정지시키는 사람, 자기 차례를 지키지 못하고 할 말을 떠넘기는 사람 등이 있다. 이에 대하여 좋은 대화방법은 상대방을 배려해 가면서 융통성 있게 대화를 이루는 사람과 대화의 기본을 알면서 상황에 잘 대처하는 사람이 좋은 대화의 자세를 가졌다고 할 수 있다.

▶ 듣기(listening)

대화라는 용어는 한 사람이 아니라 두 사람 이상이 서로 메시지를 통해 정보를 교환하는 행위를 말한다. 여기에서 말하는 것 이상으로 듣는 것도, 매우 중요한 것이다. 즉 대화한다는 것은 말하기와 듣는 것이 동시에 진행된다는 것으로 바람직한 의사소통에 있어서 매우 중요하다.

일반인은 의사소통에 있어 착각하고 있다는 사실을 간과하고 있다. 즉 흔히 말을 잘하지 못하는 것에 대해서는 걱정과 근심을 하지만 잘 듣지 못하는 데에는 관심을 두지 않는다. 그러나 대화의 개념에 관해서 말을 했듯이 의사소통은 상호작용행위라고 했다. 따라서 상대방의 메시지를 잘 듣는 것도 매우 중요하다고 할 수 있다.

우리는 메시지를 잘 알지 못하는 경우는 대개 듣는 데 어려움을 느끼는 것이다. 다시 말하면 상대방의 얘기를 제대로 듣지 않거나 관심이 없는 경우라 할 수 있으며 이로 인하여 의사소통에 결정적 문제를 일으키게 된다는 것이다. 뒷장에서 언급하겠지만 상대방의 이야기를 주의 깊게 듣기 위해서는 다음 사항에 주의를 기울여야 할 것이다.

우선 상대방의 말에 여유를 갖고 대처해야 할 것이다. 이는 상대방이 자기의 메시지를 잘 전달하도록 충분한 기회를 제공해야 한다는 것이다. 상대방이 메시지를 충분하게 전달하지 않았는데도 본인의 성격이 급해 말에 끼어들거나 상대방 말의 약점을 잡아 그 말을 어떻게 이용할까? 하는 생각에 급급하다 보면 남의 말을 놓치는 경우가 발생할 수 있다.

둘째로 좋은 자세를 가져야 할 필요가 있다. 우리는 상대방과 대화할 때 듣기 위한 적극적인 자세를 취할 필요가 있다. 듣는 자세는 언어소통을 위해서는 중요한 요소이다. 따라서 대화를 하는 데 많은 영향을 미치므로 기분이 상할 정도의 몸부림은 가급적(可及的) 피해야 할 것이다.

셋째로 핵심을 빨리 파악해야 할 것이다. 다른 말로 하면 말하는 사람의 의도를 잘 포착해야 한다는 것이다. 공부할 때도 수업시간에 교수들의 강의에서 중요한 것이 무엇인가를 빨리 파악하는 것이 중요한 것처럼, 상대방의 대화 내용을 빨리 정리하고 파악해야 상대방에게 정확히 전달되어 의사소통에 유용할 것이다.

넷째로 상대방의 감정을 상하게 하거나 자극하지 말아야 한다. 즉 정상적인 대화를 할 경우 상대방을 배려해서 대화해야 한다. 따라서 흥분하면 정상적인 의사소통이 불가능해지므로 상대방의 말을 차분하게 듣고 반응하는 습관을 기르도록 하여야 할 것이다.

다섯째로 혼자서 결정적인 판단을 하지 말아야 한다. 즉 남의 말을 듣기 전에 상대방의 말을 판단하여 혼자서 결정하는 우(愚)를 범해서는 안 될 것이다. 상대방과 이야기할 때 '걔는 신빙성이 없는 아이야', '저 아이의 말은 30%만 믿어'라는 식의 판단을 하지 말고 판단을 유보하라는 것이다. 섣부른 판단이 오히려 대화를 막는 장벽이 될 수 있다는 것이다.

마지막으로 자기주장만 하는 것을 피하는 것이다. 다른 사람의 생각이나 사상 그리고 내용을 들으려는 생각은 아예 없이 자기중심적인 생각만을 피력하는 사람들이 의외로 대화를 주도하는 경우가 많다. 즉 대화하는 도중에 상대방의 말에는 집중하지 않고 자기 자신의 사상, 철학 등을 생각하면서 대화에 집중하면 다른 사람의 말이 쉽게 들어오지 않는다는 것이다. 따라서 자신보다 타인의 말에 집중하면서 충분히 이해한 뒤에 대화를 시작하면 의사소통이 원활하게 이루어질 것이다.

▶ 글쓰기

어렸을 때부터 매우 하기 싫은 것이 일기 쓰기였을 것이다. 그러나 의사소통에 있어서 말하면서 정보를 전달하는 것도 중요하지만, 그것에 비할 정도로 중요한 것에는 글쓰기가 있다. 글을 작성하면서 우리가 말하면서 놓치게 된 정보나 메시지를 정리하여 타인에게 전달하는 것도 오늘날 정보화 시대에 매우 중요할 것이다.

우리는 학교 교육을 시작하기 전부터 글을 쓰는 습관이 있었다. 그리고 지금도 글쓰기는 우리 생활에서 매우 필수적이다. 초등학교 시절부터 지금까지 글쓰기는 주로 숙제, 일기장, 편지, 전자우편, 발표 요지, 자기소개서, 메모, 가계부, 업무일지 등 많은 글쓰기를 하여 왔지만 별 요령 없이 의무적으로 작성하고 쓰기만 해왔다. 따라서 글쓰기 자체를 싫어하거나 기피 현상이 생긴다. 이러한 현상을 이겨내려 한다면 반드시 노력해야만 하고 요령과 주의사항을 터득하는 수밖에 없다. 이러한 행위가 반복된다면 어느 순간에 자신도 모르게 놀랄 만큼 성장할 것이다. 이를 위해서는 메모하는 습관이 필요하다.

좋은 글은 쓴다는 것은 자신의 글이 상대방에게 전달되어야 하는데 이를 위해서는 다음과 같은 요령이 필요하다.

첫째, 글을 쓰기 전 주제에 대한 깊은 사고와 수정이 필요하다는 것이다. 자신이 쓰고자 하는 글의 내용에 대하여 깊은 사고능력과 창의성이 필요하다는 것이다.

둘째, 글은 편한 마음으로 써야 한다. 글을 쓸 때 너무 창작에만 의존하면 쓰고자 하는 내용과 어긋나는 경우가 많다는 것이다. 따라서 미사여구(美辭麗句)에 신경쓰지 말고 하고자 하는 내용을 중심으로 편하게 쓰려는 마음을 가져야 할 것이다.

셋째, 상황과 대상에 따라 글을 쓰도록 하자. 이는 누구에게 무엇을, 어떤 내용을 가지고 쓰는지를 확실하게 정해야 바람직한 글이 만들어질 수 있기 때문이다.

넷째, 논리적으로 쓸 필요가 있다. 흔히 논리적으로 쓴다는 것은 매우 어려운 과정이라 할 수 있는데 이를 위해서는 주제가 원하는 내용이 무엇인지를 파악해서 필요한 경우 많은 자료를 준비하는 것이 좋다.

다섯째, 좋은 글을 쓰려면 좋은 글을 많이 읽어라. 어렸을 때 부모가 책을 많이 읽거나 읽어주는 것은, 좋은 습관을 형성시키려는 목적이 있었지만 다른 한편으로는 독서를 통해 새로운 언어나 표현능력 그리고 이를 통해 비평하는 능력을 길러주기 위함이다. 이러한 능력이 글을 쓰는 데 필요하므로 독서가 최상이라 할 수 있다.

글쓰기를 장려하는 이유는 글을 쓰는 것은 일부를 제외하고는 시간과 공간의 제약이 없다는 것이다. 따라서 언제, 어느 곳에서도 가능하고, 후에 수정, 보완할 수 있어서 정보를 체계적으로 전달하는 데 있어 매우 유용하기 때문이다. 이를 위해 친구나 연인 그리고 가족에게 편지와 같은 것을 주고받으면 상대방을 이해하는 데 도움이 될 것이며 이 또한 인간관계를 증진하는 데 매우 효율적이다.

▶ 업무 인계

직장생활이나 일상생활에서 후임자에게 전 일에 관하여 이야기하는 경우가 있다. 흔히 이것을 '업무 인계'라 한다. 이러한 업무 인계는 교대 근무자들을 중심으로 일어나거나 갑작스러운 상황에서 일어나곤 한다. 이러한 상황은 학교, 병원, 직장 등 2교대 혹은 3교대 근무하는 경우에 많이 발생하는데 대체로 이러한 경우는 주로 언어적 의사소통을 이용하여 인계 작업을 한다는 것이다.

언어적 의사소통을 하는 이유는 기록에 의한 소통의 단점인 일방적 의사소통을 보완하려는 것이다. 물론 언어적 의사소통이 필요하기는 하지만 서면이나 전자우편으로는 환자의 상황을 정확히 전달하는 것이 무리일지도 모른다. 기록에 의한 의사소통으로는 대상자의 세세(細細)함까지 전달할 수는 없을 것이다.

예를 들어 어느 병동의 암 환자를 중환자실로 간호사에게 인계하는 경우 세심한 준비사항이 필요한데 첫째는 환자 이름, 병명, 나이, 환자의 상태를 분명하게 알려야 하며, 두 번째는 환자에 대한 전반적인 설명, 담당 의사의 의학적인 처방 및 간호사의 처치 기록, 환자에게 제공된 정보 등을 분명하게 인계내용으로 제공해야 한다. 그러기 위해서는 물리적 거리를 줄여서 분명한 의사전달이 되었는지 혹은 의사전달의 반응이 확인되어야 한다는 것이다.

인계는 흔히 업무가 끝난 뒤에 하는 것으로 착각하고 있다. 분명히 말하지만, 인계는 근무 중에 이루어져야 한다는 것을 분명히 알아야 한다. 따라서 근무하는 동안 근무 중에 일어난 일들을 후속 근무자에게 필요하다면 기록하여 전달할 필요가 있다. 따라서 인계의 방법과 내용은 미리 정하여 후임 근무자에게 전달하는 것이 좋으며 단순한 업무뿐만 아니라 필요하다면 근무자가 필요로 하는 부분들을 세세하게 알려줄 필요가 있다. 특히 병원에서 근무하는 간호사들에게는 더욱 필요한 요소이다.

중요한 것은 근무 인계를 받는 사람들의 자세도 중요하다는 것이다. 인계하여 주는 사람의 정보를 세심하게 들으려는 마음 자세를 가져야 할 것이다. 이러한 자세를 갖지 못할 경우, 인계내용을 정확히 몰라 업무수행을 하는 데 어려움이 있어서 다른 사람들에게 피해를 양산하는 일이 발생하기 때문이다. 병원에서 근무하는 간호사의 경우 이는 환자의 생명과 관계되므로 특히 이러한 노력이 필요하다는 것이다. 이러한 과정에 있어서 인계에 대하여 이해하는 것이 부족하거나 의문사항이 있을 경우에서는 반드시 질문을 통하여 해결할 필요가 있다.

또한, 동료들 간에 인계할 때 유의사항이 있다. 즉 인계하는 과정에서 동료 간이나 동료와 상사 혹은 동료와 후배 간에는 반드시 예의와 상대방에 대한 배려 그리고 서로 간의 격려를 통해 업무에 불편이 없는 환경을 조성해 주어야 하며 근무에 대한 수고 인사를 건네는 아름다운 문화가 조성되어야 할 것이다.

이는 이전까지는 주로 업무를 중심으로 인수인계를 하다 보니 감정적 충돌이나 질타, 충고와 같은 비인간적인 면을 중심으로 진행되어 온 것이 현실이다. 그러다 보니 이전 근무자들의 어려움이나 수고스러움은 아랑곳하지 않고 업무가 잘못되었을 경우 화를 내거나 욕을 하거나 비난하는 일들이 종종 벌어지곤 한다. 간호사들은 물론 의사와 협조하여 환자를 치료하는 게 우선순위라고 하지만 자신과 자신의 동료 관계도 매우 중요하다는 것이다. 따라서 서로 간의 격려와 배려가 무엇보다도 매우 중요하다고 볼 수 있다.

결론적으로 말하면 교대근무 시 인계할 때는 상대방이 알아볼 수 있도록 깔끔하게 정리할 필요가 있고 현재 진행 중인 업무도 반드시 후임자에게 전달해야 하며 상대방에 대해 '수고한다'는 따뜻한 격려와 배려가 우선이 되어야 한다는 것이다.

▶ 환자에 대한 면담

흔히 면담이라는 말은 어떠한 문제가 발생될 때 이루어지는 활동이라 오해하고 있다. 그러나 문제가 발생될 때만 이루어지는 것이 아니라 항상 이루어지는 과정이라 생각하면 될 것이다. 일반적으로 우리는 면담을 매우 기피하는 경향이 있어서 혼자 해결하려다 더욱 낭패를 보는 경향이 있다. 누구나 그러한 경우를 경험해 보았을 것이다.

그러나 환자와의 면담은 목적이 분명하게 있어야 한다. 그냥 만남 즉 '스침'의 단계가 아니라 면담을 통해 환자의 건강상태나 신상정보를 파악하고 그에 합당한 업무를 실행해야 한다. 예를 들면 환자와의 면담을 통해 알레르기 반응이나 약물 반응 그리고 불편함 등과 같은 사항도 알아야 하기 때문이다.

따라서 면담하는 데 있어 몇 가지 주의사항을 유념할 필요가 있다.

첫째는 면담을 위한 환경을 조성해야 할 것이다. 특히 목소리나 분위기, 그리고 면담 사항의 중요도에 따라 공간문제 등도 배려해야 할 것이다.

둘째는 대상자를 존중해야 한다는 것이다. 대상자는 일반적으로 아픔으로 인한 '사회적 약자'라는 것이다. 따라서 상대방에게 상처가 되는 말, 행동 등에 대하여 세심한 배려가 필요하다는 것이다. 그들은 심적으로 허약한 상태이므로 언행을 조심해야 할 필요가 있다.

셋째는 물리적 거리를 최소화할 필요가 있다. 환자와의 밀착으로 안심과 안정을 최대로 하여 질문을 던지면서 반응을 보고 그 반응을 환자 앞에서 기록(메모 정도)하는 것이 바람직하다. 이를 위해 양식이 비치되어 있으면 면담 양식을 활용하여 환자와의 질문과 대답을 기록하는 것이 좋다. 기록할 때 주의할 점은 기록을 중심으로 면담이 이루어져서는 안 된다는 것이다. 면담은 치료라는 목적이 분명하므로 질문을 통해 환자의 상태를 최대한 알아내야 하므로, 기록에만 방점을 찍는다면 정보 획득에 실패할 우려가 있으며 환자와의 신뢰감을 형성하는 데 어려움을 겪을 것이다.

넷째는 지나치게 형식적인 태도는 삼가야 한다. 병원에서 의사, 간호사와의 첫 만남을 상기해 보면 인간미라고는 조금도 찾아볼 수 없는 경우를 종종 경험하곤 한다. 물론 치료라는 만남이지만 질문 자체가 너무 형식적이라는 것이다. 미리 질문지를 만들어 오다 보니 세계에서 가장 빠른 면담이 이루어지는 데서 매우 불쾌한 면도 있다. 오래 기다려서 몇 분 안에 면담을 마치다 보니 상대적으로 박탈감과 황당함이 든다는 것이다.

따라서 면담이 끝나면 하고 싶은 이야기를 할 수 있도록 기회를 제공해 줄 필요가 있다. 물론 환자들은 개인적으로 숨기고 싶은 이야기를 빼놓고 하는 경우가 있지만, 이는 치료에 도움이 되지 않기에 스스로 말할 기회를 제공할 필요가 있다는 것이다. 물론 환자의 권리를 상기시키면서 말이다.

2 비언어적 의사소통(nonverbal communication)

비언어적 의사소통은 언어 이외의 방법을 이용하여 타인에게 정확한 메시지를 전달하는 것을 말한다. 다시 말하면 말과 글을 제외한 의사전달을 뜻한다. 비언어적 의사소통은 언어적 의사소통의 한계를 보조나 보완해 주는 역할을 한다. 예를 들면 표정, gesture, 외모, 첫인상, 행동, 자세를 포함하여 음성의 크기, 악센트, 속도 등으로 상대방과 의사소통을 위한 보조의 수단으로 역할을 한다. 어쩌면 이것을 통해 언어적 의사소통보다 더욱 효과적으로 상대방과 의사소통이 이루어지는지도 모를 일이다.

특히 이러한 언어전달방식은 감정이나 정서적인 면을 상대방에게 드러내어 말하고자 하는 의도를 더욱 구체적으로 전달하는 것이다. 따라서 개인의 감정이나 태도가 의식적인 것도 있지만 대부분 무의식적이고 본능적인 면에 충실하여 의사소통의 과정을 효과적, 구체적으로 훨씬 정확하게 전달할 수 있다. Mehrabian에 의하면 누군가와 첫 대면을 했을 때 상대방에 대한 인상이나 호감을 결정짓는 요인은, 효과적인 의사소통에서 언어적 의사소통에 7%, 청각적 요소가 38%, 시각적 요소가 55%의 영향을 미친다고 보고하였다(김경희 외, 2019에서 재인용).

Albert Mehrabian에서 나타나듯이, 비언어적 요소인 표정, 말투, 동작 등과 같은 것은 소리를 위주로 하는 언어적 요소보다 매우 크게 작용한다고 볼 수 있다. 이를 Mehrabian법칙이라 한다. 다시 말하면 언어적 의사소통보다도 비언어적인 요소가 의사소통에 더욱 영향을 준다는 것이다. 왜냐하면, 말하는 사람이 언어적 행위와 비언어적인 행위가 일치하지 않을 때 타인에게 영향을 주는 것은 비언어적 요소에 더욱 신빙성이 있다는 것이다. 비언어적 의사소통의 형태에 관하여 살펴보기로 하자.

▶ 침묵

우리는 대화할 때 상대방이 아무 말을 하지 않고 침묵으로 일관한다면 매우 당황스러울 것이다. 다시 말하면 침묵은 상대방을 매우 곤혹스럽게 하고 그로 인하여 이를 메우려고 노력하게 할 것이다.

그러나 침묵 또한 의사소통에 있어 필수적 요소 중 하나라고 인식할 필요가 있다. 우리는 침묵이 대화를 중단시킨다고 생각하는 경향이 많으나 잘못된 생각이다. 침묵 역시 나름대로 의미가 있다는 것을 재빠르게 파악할 필요가 있다는 것이다. 역으로 말하면 의사소통에 있어 침묵을 적절하게 사용할 필요가 있으며 오히려 효과적인 의사소통에 도움이 되기도 한다는 것이다. 이는 상대방과 대화하는 첫 번째 관문이 경청이라고 할 때 반드시 침묵이 선행되어야 한다는 것이다. 상황에 따라 침묵의 의미를 파악하여 대화를 진행할 필요가 있다. 철수와 영희의 대화 장면에서 다음과 같은 상황을 파악해 보자.

철수(1) : 영희야, 내일 바다에 갈까?
영희(2) : (……)
철수(3) : (화가 많이 남) 대답을 해봐, 내 말이 말 같지 않아 무시하니?
영희(4) : (……)
철수(5) : (……)
영희(6) : (……)

우리는 철수와 영희의 대화에서 침묵의 경우가 서로 다르다는 것을 의미한다고 볼 수 있다. 각각의 침묵에는 서로 함축된 의미가 내포되어 있고 여기에 다른 비언어적인 요소인 표정, 감정, 자세 등을 함께 사용하는 경우에는 또 다른 의미 혹은 정확한 의미를 나타낼 수 있다는 것이다. 따라서 상대방의 침묵 의도를 분명하게 이해하고 파악하는 훈련이 필요하다는 것이다.

▶ 표정

사람의 모든 의도는 그 사람의 표정을 읽어보면 알 수 있듯이 그 사람의 감정, 정서 등이 모두 나타나 있다. 즉 사람의 자연적인 정서를 나타내는 비언어적 요소의 대표격이라 보면 된다. 따라서 의사소통에서 무엇보다도 중요하다는 것이다.

미국의 유명한 심리학자인 Albert Mehrabian은 위에서 말했듯이 시각적 요소가 55%를 차지하듯이 대화할 때 상대방의 표정을 보면 상대방이 나의 말을 경청하고 있는지 혹은 아닌지를 파악할 수 있다는 것이다.

우리는 그 사람의 표정을 보면 복합적인 심리상태나 신상을 파악할 수 있다. 예를 들어 신상정보에서는 그 사람의 나이, 건강, 성격, 신분 정도 등을 알 수 있으며 심리상태는 감정상태, 놀람, 공포, 증오, 애정, 질투, 수치심 등을, 그리고 얼굴 형태인 웃는 얼굴, 우는 얼굴, 찡그린 얼굴, 충격받았을 경우의 얼굴에 따라서 다르다는 것을 알 수 있다는 것이다.

대화할 때 상대방과 비슷한 표정을 맞추면서 대화하는 것이 오히려 효율적일 수 있다. 상대방의 기분과 너무 차이나는 경우에는 이질감을 나타내어 오히려 역효과가 나타날 수 있기 때문이다. 그리고 유의할 것은 대화의 내용과 표정이 반드시 일치해야 한다. 예를 들면 "영희야, 너를 만나서 매우 즐거워!"라고 하면서 찡그리는 경우나, "철수야, 오늘 날씨가 너무 좋아!" 하면서 미소를 짓지 않고 두려움에 떠는 표정일 때는 상대방을 더욱 혼란스럽게 할 수 있다는 것이다.

▶ 시선처리(눈맞춤, 눈맞추기)

시선처리는 사람의 감정이나 느낌, 관심의 정도, 이해 등을 가장 빠르고 정확하게 반영해 주기 때문에 대화 중에는 반드시 조심할 필요가 있다. 물론 경찰 조사나 심문을 받을 경우를 제외하고는 상대방의 눈높이에 맞추는 것이 매우 중요하다. 왜냐하면, 사교적 의사소통에 필요한 비언어적 의사소통의 한 유형이기 때문이다.

우리는 상대방에 관한 관심이나 이해도가 높으면 눈을 맞추는 경향이 있고, 싫거나 관심이 없으면 대개 시선을 피하는 경우가 많다. 또한, 사랑하는 사람, 혹은 적대감이 있는 사람 등과의 시선처리는 다를 것이다.

신뢰감을 주기 위해서는 눈을 자주 움직이지 말며, 정직함을 주기 위해서는 시선을 고정하는 것이 좋다. 따라서 인간관계에 있어서 시선은 적절하게 상대방에게 맞추는 것 역시 매우 중요하다. 눈을 똑바로 바라보는 경우는 '지금 당신의 말을 잘 듣고 있으니 이야기를 계속하세요'라는 의미가 담겨 있으므로 상대방에게 도움이 될 수 있다. 따라서 처음에는 시선을 피하지 말고 상대방의 이마, 입, 머리 등을 번갈아 보면서 천천히 시선처리를 늘려나가는 것이 좋다.

▶ 몸짓

대화 중에는 손, 발, 팔, 머리 등을 움직이면서 메시지를 전달함으로써 상대방에게 더욱 표현을 잘할 수 있다. 이는 상대방에게 더욱 강렬하게 전달될 수 있기 때문이다. 따라서 일반적으로 긍정일 때는 얼굴을 끄덕이고, 부정일 때는 머리를 좌우로 흔드는 것이 하나의 예가 될 수 있다. 그러나 이러한 몸짓 하나하나는 문화와 습관에 따라 달라질 수 있다는 것을 유념할 필요가 있다.

몸짓의 움직임에 따라 의사소통이 일어나는 예를 살펴보면 우선 대화 중에 팔짱을 끼거나 다리를 꼬거나, 상대방에게 몸을 기울이는 자세를 취하거나, 몸을 뒤로 젖히는 자세 등은 상대방에 따라 호감의 정도를 보이거나 습관일 수 있다는 것이다. 특히 몸을 뒤로 젖히는 자세는 조심하는 것이 좋다. 왜냐하면, 이러한 자세는 타인에게 '당신의 얘기는 듣고 싶지 않아요'라는 폐쇄적인 마음이 포함되어 있기 때문이다. 따라서 "당신의 얘기는 무엇이든지 관심이 있어요, 그러니 무슨 이야기든지 하십시오!"라는 자세로 상대방 쪽으로 몸을 살짝 기울이는 개방된 자세를 취하는 것이 의사소통에 있어서 바람직할 것이다.

▶ 목소리(음성)

대화하는 도중 상대방에게 의미 있는 메시지를 전달하기 위해서는 특정 부분에서는 음성의 역할, 즉 음성의 높낮이, 크기, 속도, 리듬, 억양, 강약, 침묵, 웃음, 중얼거림, 기침 소리, 신음 등과 같은 소리로 반응하는 것이 좋다. 의사소통에 있어서 다양한 정보를 제공하기 때문이라는 것이다. 여기에는 '음(…)', '어(…)'와 같은 약간 더듬거리는 말투도 포함된다는 것이다. 이러한 것을, 음성적 단서라고 하는데 특히 상대방의 정서, 감정 등을 알아차리고 특별한 정보를 제공하는 데 단서가 된다는 것이다.

예를 들어 대화 중에는 상대방의 말의 속도와 보조를 맞추는 것이 매우 좋다. 왜냐하면, 너무 빠르거나 느리면 상대방의 감정에 있어서 답답하거나 정보를 알아차리는 데 어려움을 겪게 만드는 경우가 있기 때문이다. 다시 말하면 확신에 찬 어조로 빨리 말하는 사람은 energy가 넘쳐, 설득력이 있어서 신뢰를 주는 것 같아도 화가 났거나 흥분상태로 받아들여진다. 그러나 너무 빠른 속도로 말하는 사람은 상대방에게 긴장감을 주거나 불안하게 할 수 있으며, 반면에 속도가 느린 사람은 열의가 없어 보이며 무언가 모르게 슬퍼하거나 서글픈 인상을 주어 의사소통에 어려움을 겪을 경우도 있을 것이다.

또한, 소리의 크기에서도 마찬가지이다, 소리가 너무 크면 적대감이나 감정이 상해 충돌하고자 하는 인상을 줄 수 있고, 너무 작으면 정보를 전하는 데 어려움이 있다. 따라서 중후하고 낮은 목소리는 상대방에게 신뢰감을 줄 수 있어 효율적이라 할 수 있다.

말의 높낮이는 상대방에게 중요한 변화를 줄 때 중요하다. 즉, 정보의 내용, 강조가 필요한 부분에는 변화를 주는 것이 이상적이다. 이러한 예는 웅변가에게 필요하다. 즉 강조할 부분에는 특히 높낮이를 조절하여 상대방을 이해시키는 것이 좋다. 따라서 상대방에 대한 존중, 배려, 개방, 주의집중을 하는 데 소리의 높낮이만큼 중요한 것이 없다는 것이다.

목소리를 바꾸는 것은 매우 어려운 일이다. 그러나 속도, 크기, 강약, 리듬, 억양 등은 훈련을 통해서 충분히 바꿀 수 있다. 따라서 바람직한 의사소통을 위해서는 비언어적 의사소통을 활용하되 충분한 연습과 반복을 통해 훈련하는 것이 최선이라 할 수 있다.

▶ 강세와 억양

음절이나 단어 또는 어절에 부가되는 말의 세기를 강세 혹은 악센트라고 한다. 말에 있어서 악센트를 사용하는 경우는 어떤 말에 있어서 강조하거나 대조하는 경우에 사용하는데 어디에 방점을 두느냐에 따라 달리 해석될 수 있다는 것이다. 다음의 예를 보면 알 수 있을 것이다.

- 철수야, 여기서 무엇을 하고 있니?(이름)
- 영희야, 여기서 무엇을 하고 있니?(장소)
- 순희야, 여기서 무엇을 하고 있니?(동작)

위의 예에서 이름에 강조를 두는 것과 장소에 두는 것 그리고 동작에 두는 것의 표현은 다르다는 것이다.

억양에서도 마찬가지이다. 같은 문장이라도 억양의 상승과 하강에 따라 뜻이 변화한다는 것이다. 예를 들어 "철수야, 너 서울에 가봤어?"라는 말에는 상승과 하강에 따라 평서문, 감탄문, 의문문 등의 표현이 달라질 수 있다는 것이다.

▶ 접촉

비언어적 의사소통에 있어서 가장 개인적으로 필요한 것은 타인과 관계를 맺을 때 접촉을 통해 관심, 공감, 돌봄을 표현하거나 전달하는 것이다. 예를 들어 상대방의 어깨를 살짝 만지거나 가벼운 손의 접촉은 나에게 호감이 있다는 것을 뜻한다. 즉 상대방이 나에게 신뢰감이나 격려 등을 표현함으로써 의사소통이 훨씬 빠르게 이루어진다는 것을 느끼게 할 것이다.

그러나 접촉에 대한 개인적인 반응은 문화, 나이, 성별, 관계의 정도 그리고 문화적 배경에 영향을 받는다. 여기서 주의할 점은 상대방과 접촉할 때 조심해야 하는데 잘못 하면 성추행범으로 오해받을 수 있는 소지가 있기 때문이다.

흔히 접촉을 통해 우리는 상대방에 대한 감정과 태도를 엿볼 수 있다. 접촉은 타인과의 인간관계에서 가장 일차적인 행동의 유형이라 할 수 있는데 친밀감을 형성하기 위해 손을 만진다든가 몸을 기대는 행위 등을 통한 신체적 접촉으로써 이루어진다고 볼 수 있다. 따라서 강한 애정을 표현하는 데 있어, 지배와 종속을 표현하는 데 사용된다고 볼 수 있다.

▶ 옷차림

시각적으로 좋게 보이는 사람이 타인과의 관계에서도 유리할 것이다. 다시 말하면 언어와 동작 등 비언어적인 요소도 중요하지만, 그 사람의 외면적으로 보이는 모습이 자신에게 와 닿을수록 타인과의 관계도 가까이 다가갈 수 있는 유리함을 가지고 있다는 것이다.

따라서 타인과의 관계 형성에 도움이 되는 것은 겉으로 나타나는 모습이 중요한데 그것을 나타내주는 것이 옷차림이라는 것이다. 즉 상대방이 입고 있는 옷차림이나 장신구 등은 상대방의 정서나 감정, 태도를 나타낸다고 볼 수 있다. 그것이 의도하든 의도하지 않든 간에 타인과의 관계에 영향을 미치게 한다.

상대방이 입고 있는 의복의 종류, 디자인 상표, 품질, 색깔 등은 그 사람의 신상에 대해 어느 정도를 알려주기 때문에 언어적 의사소통에서 전달되지 못하는 미세한 부분의 정보를 전달하기도 한다. 예를 들어 결혼식, 장례식, 세미나, 출근복 등은 그 사람의 공적 활동에 대한 태도를 나타내므로 모임에 참석할 때 적절하고 적당한 옷차림을 갖추는 것이 좋다.

▶ 개인 공간 및 물리적 거리

의사소통에 있어서 가장 중요한 요소가 상대방이라 할 때 그 사람과 어디에 있느냐? 어느 정도의 거리를 두느냐?도 매우 중요한 비언어적 의사소통에 영향을 미친다. 다시 말하면 대화를 나눌 때 상대방과의 거리, 공간 등이 매우 중요하다고 할 수 있다는 것이다. 우리는 상대방과 대화할 때 심리적 거리에 따라 정보나 정서, 감정을 전달하는 데 차이가 있다. 이를 물리적 거리라고 한다. 이러한 물리적 거리에는 친밀한 거리, 개인적 거리, 사회적 거리, 공적 거리의 네 종류가 있다(Edward Hall, 1959).

우선 '친밀한 거리'는 주로 사랑하는 관계, 부부, 아이를 양육하는 어머니와 아기의 거리를 말하는데 이들은 두 사람과의 거리가 가까울수록 상호관계가 매우 좋다는 것이다. 이들의 거리는 수치상으로는 대략 0~45나 60cm이다.

'개인적 거리'는 친구, 가족, 동료와 같이 매우 가까운 관계의 거리의 정도를 나타낸다. 이들의 거리는 주로 신체접촉이 가능한 거리로 친밀하게 대화를 나눌 수 있는 거리로 45나 60cm~1.2m 정도가 알맞을 것이다.

'사회적 거리'는 공적 활동의 거리로서 주로 사업이나 모임을 할 때의 거리로 '사교적 거리'라고도 말한다. 이들의 물리적 거리는 1.2~3.6m 정도가 알맞을 것이다.

'공적 거리'는 주로 많은 대중 앞에서 말하는 거리를 칭한다. 주로 연설이나 강의에서의 대화의 거리로 3.6m 이상이 될 수 있으나 너무 거리가 멀면 정보를 전달하는 데 어려움이 많아 다른 전달 도구가 필요할 수도 있다.

이러한 물리적 거리는 대화하는 사람들 간에 관계 정도를 나타내므로 사회문화적 규범과 법 등을 고려하여 적절한 거리를 두는 것이 매우 좋다.

04 의사소통 장애요인에는 어떤 것들이 있는가?

장애(障礙)라는 말은 일반적으로 어떤 사물의 진행을 가로막아 거치적거리게 하거나 충분한 기능을 하지 못하는 것을 의미한다. 즉 한자어로 해석하면 '가로막을 障'과 '거리끼고 장애가 되는 礙'로 구성되어 있다. 이를 풀이하면 장애란 '가로막아서 거치적거림'을 의미한다.

국어사전에서 보면 첫째, 어떤 사물의 진행을 가로막아 거치적거리게 하거나 충분한 기능을 하지 못하게 함. 또는 그런 일. 둘째, 신체 기관이 본래의 제 기능을 하지 못하거나 정신 능력에 결함이 있는 상태. 셋째, 유선통신이나 무선통신에서 유효 신호의 전송을 방해하는 잡음이나 혼신 따위의 물리적 현상 등의 뜻을 의미한다.

일반적으로 어려움이나 방해를 뜻하는 'obstacle', 'barrier', 'hindrance', 'hurdle', 'stumbling block' 등이 있으며, 신체적, 정신적 결함을 내포한 'disability', 'defect', 'impediment', 'impairment', 'disorder'라는 표현이 있다.

한편 장애와 유사한 용어로는 장해(障害)라는 용어가 있는데 이는 "하고자 하는 일을 막아서 방해함, 또는 그런 것"의 의미로써, 산업재해 사전에서는 "업무상의 사유에 의해 부상(負傷)을 입거나, 질병에 걸려 치유된 이후에도 신체 등에 영구적으로 남게 되는 노동력 상실이나 감소 상태"로 정의되고 있다. 일본에서는 장애를 "장해(障害)", "장해인(障害人)"이라는 말을 쓰고 있다(변호걸 외, 2017에서 재인용).

여기서 의사소통의 장애라는 말은 정신적, 신체적으로 문제가 있는 것을 의미하는 것이 아니라 의사소통에 있어서 정보나 메시지가 사실 그대로 전달되지 않고 잘못 전달되거나 왜곡되어 상대방과의 소통이 이루어지지 않는 경우를 말한다.

의사소통의 일반적 모형은 말하는 사람, 즉 話者, 송신자와 듣는 사람인 수신자 혹은 청자(聽者) 그리고 메시지(언어적, 비언어적)와 상호작용이 필요하다는 것이다. 화자는 상대방에게 전하고자 하는 메시지를 수신자에게 전달할 것이다. 물론 이러한 메시지는 말, 글자, 그림, 동작 등을 통하여 전달될 것이다. 이에 반하여 聽者(청자)는 전달된 상호체계인 메시지를 듣고 이해하여 다시 화자에게 전달한다. 이러한 과정에서 문제가 생기는 것을 의사소통의 장애라는 표현을 쓰고 있다.

따라서 의사소통의 장애요인은 화자, 청자, 메시지 등으로 인하여 일어나게 되는 것이 분명하다. 여기에서 하나 더 추가해야 할 것은 메시지를 전달하고 받는 과정에서의 상황도 여기에 포함된다는 것이다. 그러나 상황적인 측면에서는 언어적 의사소통과 비언어적인 의사소통에서 설명하였다. 따라서 이 chapter에서는 개인적인 측면에서 살펴보고자 한다. 왜냐하면, 의사소통은 상호작용 간에 일어나므로 각 역할이 뒤바뀔 수 있기 때문이다. 다시 말하면 화자와 청자의 역할이 서로 바뀔 수 있기 때문이다.

1 송신자(간호학적 측면에서는 치료자) 측에서의 문제요인

첫째는 의사소통에 대하여 확실하게 인지되어 있지 않은 경우가 이에 해당된다. 다시 말하면 의사소통 기법에 대하여 미숙하거나 인지하지 못하는 경우이다. 의사소통의 기법에는 효율적인 의사소통 기법과 비효율적인 의사소통 기법이 있다. 따라서 전달자는 다양한 의사소통의 기법과 중요성 그리고 관련된 경험이나 정보를 최대한 활용할 필요가 있다.

둘째는 상대방에 대한 부정적인 측면에서 벗어나야 한다는 것이다. 다시 말하면 상대방에 대한 고정관념과 선입견을 버려야 한다는 것이다. 예를 들면 우리는 '여자는 다 그래, 고집불통이고 감정적이야'라는 고정관념과 선입관(先入觀)이 있다. 이러한 주관적인 생각을 버려야 한다는 것이다. 이를 위해서는 판단을 중지할 수 있어야 한다. '판단중지'라는 것은 고대 그리스의 철학자 피론[Pyrrhon(?BC 360~?BC 270)이 회의파(懷疑派)의 대표자로서 사물의 본래 성질은 인간이 인식할 수 없는 것이라 주장하고, 판단을 멈추어서 마음의 평안을 얻어야 한다고 역설하였다]과 피론주의자(Pyrrhonist)들이 사용했던 용어로 멈춘다는 의미인데, 그들이 보통 '멈춘다'라고 했을 때는 논리의 전개를 멈추라는 의미였다.

예를 들면 "이게 이럴 수도 있고 저럴 수도 있는데 이렇게 이야기를 하다 보면 이렇게 되고 저렇게 이야기를 하다 보면 저렇게 되고, 그러니까 귀에 걸면 귀걸이고 코에 걸면 코걸이고 눈이 하얀색인데 눈은 물이 얼어서 된 거고 물은 시꺼먼데 그럼 눈도 까만 거 아니냐고." 이런 것들에 진저리가 났던 회의주의자들은 이렇게 '그만하라'라는 의미로 그렇게 사용해 왔다. 이를 에포케(epoché, epokhḗ, ε π ο χ η)라고 한다. 고대 그리스 철학에서 판단중지(判斷中止)를 뜻하는 말이다. 고대 그리스어의 에페케인(삼가다, 멈추다)에서 유래되었다. 회의론자는 어떠한 생각에도 반론(反論)을 제기할 수 있으므로, 판단을 중지해야만 한다고 하여 이를 에포케(epoché)라 불렀다.

따라서 상대방을 만났을 때 먼저 평가를 미루어야 한다는 것이다. 왜냐하면, 인간의 사고에는 형식의 틀이 존재하기 때문이다. 이를 무시해서는 안 될 것이다.

셋째는 개인적인 내적 갈등이 원인이라는 것이다. 개인에게 인격이나 심리적 갈등이 있는 경우 상대방에게 집중하기 어려워서 정확한 메시지나 정보를 전달하기가 쉽지 않다는 것이다. 또한, 전달받는 자도 마찬가지이다. 이런 경우에는, 자신의 내적 갈등을 먼저 제거한 후에 대상자에게 접근하거나 시간약속이 된 경우는 다른 날이나 다른 시간으로 변경하는 것이 바람직하다.

넷째는 쉬운 말로 하지 않고 전문적인 용어를 사용한다는 데서 기인한다. 주로 일상적인 생활의 관점에서 대화하는 것이 아니라 상대방을 무시하고 알아들을 수 없는 약어를 사용하거나 전문용어를 사용하는 경우에 흔히 일어난다. 따라서 상대방이 이해하기 쉬운 용어를 사용하여 적절하게 이해시키는 것이 바람직하다. 흔히 의사와 환자 간에 일어나는 경우이다.

다섯째로 상대방이 대화에서 방어적인 태도를 보이거나 방어기제를 사용하는 경우이다. 다시 말하면 어떠한 상황이 발생하였을 때 상대방에게 책임을 돌리거나 자신의 책임을 회피하는 경우라 할 수 있다. 예를 들면 상대방에게 "전화를 여러 번 했는데 왜 안 받으세요?"라고 하였을 때 "갑자기 일이 바빠서 받을 수가 없었습니다"라고 하는 경우이다. 이러한 경우는 "죄송합니다. 사정이 있어서요"라고 하는 편이 좋다. 앞의 경우는 일이 생겨서 그러니 이유를 묻지 말라는 식의 표현될 수 있다는 것이다.

여섯째로는 겉으로 드러나지는 않지만, 속에는 다른 뜻을 품은 경우가 있다는 것이다. 이를 '잠재적 의도'라고 한다. 겉으로는 편하게 대하지만 속에는 증오심이 내재되어 있어서 시비를 걸거나 자신이 원하는 대로 대화하려는 것이다.

2 수신자(간호학적 측면에서는 대상자) 측에서의 문제요인

첫째는 치료자의 관점에서와 마찬가지로 선입관과 고정관념을 버릴 필요가 있다는 것이다. 즉 수신자도 치료자에 대한 거부감과 선입견 그리고 고정관념을 가지고 있어서 치료자가 전달하는 중요한 메시지를 듣지 않아 왜곡되는 경우가 생긴다는 것이다. 이러한 수신자와 수신자 간의 잘못된 의사소통은 치료적 관계를 오히려 악화시킬 수 있을 것이다.

둘째는 의사소통의 장애 중에서 특히 지각의 장애를 가지고 있는 경우이다. 특히 정신적, 신체적으로 지각장애가 있는 경우에는 쉽게 상처를 받을 수 있으므로 주의해야 한다. 따라서 듣고 말하는 상황에서는 앞뒤의 맥락이 주제와 벗어났을 때 특히 더 유의할 필요가 있다.

셋째는 자신이 과거에 경험했던 일들이 자신에게 남겨져 있어서 왜곡하여 받아들이거나 남의 말을 들으려 하지 않거나 먼저 선입관을 가지고 판단하는 경우이다. 이는 전이 감정과 관련이 있는데 전이(transference)라는 것은, 말 그대로 자신의 감정이 타인에게 그대로 옮겨지는 것을 말한다고 볼 수 있다.

예를 들면 과거 운동부 시절에 코치나 감독으로부터 혼나거나 매를 맞은 경우는 다른 코치나 감독을 만났을 때도 그대로 전이되어 '과거의 감독도 그랬으니 너도 똑같을 거야'라는 생각이 그대로 투사되는 경우라 할 수 있다.

넷째는 대화에서 가장 많이 나타나는 경우로 이해와 표현의 부족에서 기인한다. 이러한 부족은 훈련의 부족뿐만 아니라 선천적 부족에서 나타나는 경우라 할 수 있다. 그리고 어렸을 때부터 자라온 환경의 영향 때문인 경우도 있다.

특히 동양권에서 사는 사람들에게서 흔히 나타나는 현상으로 '말을 아끼는 문화'의 영향을 받을 수 있다는 것이다. 물론 이해하고 표현하는 것은 훈련과 연습을 통해 극복해야 한다.

마지막으로 방어기제가 원인이 될 수 있다. 사람들은 흔히 자기 위주의 생각으로 메시지를 확인하려는 경향이 있다. 따라서 이러한 생각이 다른 사람들의 말을 왜곡해서 받아들여지는 경우라는 것이다. 예를 들어 살찐 사람은 건강하다는 '살찐 사람은 많이 먹고 운동을 하지 않는다'라는 생각을 굳게 갖고 있어서 상대방이 살찐 것에 대한 이유를 부정함으로써 자신을 옹호하려는 경향이 다분히 있다.

연습문제 다양한 몸짓과 의미를 알아보자. 다음의 장면을 연출하여 봅시다. 이러한 장면이 무엇을 의미하는가를 한번 작성하여 봅시다. 흉내 내는 그림을 그리면서 적어보는 것도 재미있습니다.

1) 어깨 으쓱이기

2) 엄지를 치켜세우기

3) 손바닥을 위로 향해 펼쳐 보이기

4) 팔짱 끼기

5) 손을 움켜쥐고 내리치기

6) 다리 꼬기

7) 몸 돌리기

8) 뒷머리 긁적이기

9) 이마에 손대기

4

의사소통 모델과 효과적인 의사소통방법

1 의사소통 모델
2 의사소통의 장애요인
3 의사소통의 개발
4 상황과 대상에 따른 의사표현법

4장

의사소통 모델과 효과적인 의사소통방법

01 의사소통 모델

의사소통은 한 사람이 하는 것이 아니라고 앞에서 언급하였다. 즉 두 사람 이상의 사이에서 발생이 되고, 언어적, 비언어적인 상징을 통하여 전달되며, 메시지(사실, 정보, 의견, 의미, 사고와 감정)를 교환하는 상호작용으로써 이에 대한 이해를 통한 피드백 과정이라는 것이다.

따라서 혼자만의 과정이 아니라 '같이', 혹은 '함께'가 중요한 요소라 할 수 있다. 즉 혼자만이 아니라는 것이다. 혼자만의 의사소통을 '중얼거림', '독백'이라는 말로 대신할 수 있을 것이다. 이를 토대로 정리하여 보면 '의사소통은 송신자(送信者, 전달자)가 수신자(受信者, 전달받는 사람)에게 일방적으로 상징적 메시지를 전달하고 받는 과정이 아니라 상대방과의 상호과정을 통하여 메시지를 교환하는 과정"이라고 할 수 있다.

성공적인 의사소통이 되려면 전달자는 자신이 가진 정보를 수신자에게 이해하기 쉽게 전달해야 하며, 상대방에게 전달될 때 상대방이 어떻게 받아들이는지에 대해 고민할 필요가 있는 것이다. 4장에서는 성공적이고 효과적인 의사소통을 위해서, 필요한 기본적인 모형과 용어를 이해하는 데 목적이 있다.

의사소통에 관한 기본적인 모델은 다음과 같다.

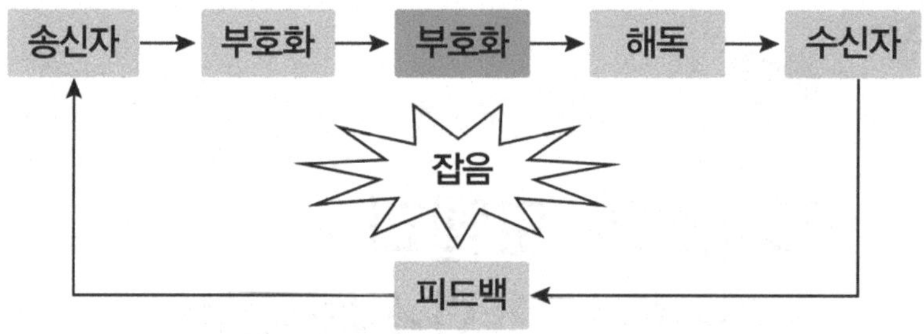

일반적으로 사용하고 있는 의사소통 모형에는 Shannon과 Weaver, 그리고 Schramm의 모형이 있다. 이 모형의 기본요소는 송신자, 부호화, 전달내용, 경로(매체), 해석, 수신자, 피드백 및 전달에 방해되는 잡음 등으로 집단이나 개인 간에 일어날 수 있는 모든 상황을 고려해서 만들었다. 이에 대한 용어를 정의하면 다음과 같다.

▶ 송신자

송신자는 자기가 가진 메시지나 정보를 상대방에게 전달하는 사람을 말한다. 예를 들면 영희와 영순이가 다음과 같은 대화를 한다고 하자.

영희 : 너 오늘 몇 시에 수업을 마치니?
영순 : 5시에 마쳐.
영희 : 수업 마치면 우리 노래방에 갈까?
영순 : 아니, 노래방보다 시험준비 때문에 도서관에 가야 할 것 같아.
영희 : 그래, 나도 같이 가면 안 되겠니?
영순 : 좋아.

위의 대화 내용으로 본다면 영희와 영순이는 동시에 전달자가 되면서 수신자가 된다는 것이다. 이는 두 사람의 상호과정이 의사소통이라고 보았을 때 서로가 의사전달을 하고 전달받는 사람이 된다는 것이다. 이로 볼 때 전달자(송신자)는 자신이 가지고 있는 메시지를 정확하게 이해하고 내용을 부호화하여 수신자에게 전달해서 이해시켜야 한다는 것이다. 만약 전달자가 자신이 의도한 대로 전달되지 않는다면 이 과정 중에 무엇인가 잘못되어 있다는 것이며 의사소통에 어려움이 있을 것이다.

▶ 부호화

부호화(符號化, encoding)는 원래 컴퓨터를 이용해 영상, 이미지, 소리 데이터를 생성할 때 데이터의 양을 줄이기 위해 데이터를 코드화하고 압축하는 것이다. 표준화, 보안, 처리속도 향상, 저장공간 절약 등을 위해서 정보의 형태나 형식을 다른 형태나 형식으로 변환하는 것이다. 마찬가지로 부호기(符號機) 또는 인코더(encoder)는 부호화를 수행하는 장치나 회로, 컴퓨터 소프트웨어, 알고리즘(algorithm)을 말하며, 인코더는 부호화를 수행하는 사람을 말하기도 한다. 국어사전을 보면 주어진 정보를 어떤 표준적인 형태로 변환하거나 거꾸로 변환함을 뜻한다.

부호화(符號化)를 위해서는 전달자의 의도나 생각 그리고 정보를 전달 가능한 상태로 변환해 주는 데 필요한 수단이 필요하다. 그것을 상징체계라고 하는데 이러한 것에는 말, 언어, 문자, 표정, 감정, 정서, 눈빛, 인상, 말의 속도, 억양, 말의 세기, 자세, gesture와 같은 언어적 상징과 비언어적 상징이 있다. 따라서 의사소통을 하려면 이 두 가지를 적절하게 사용해야 한다. 특히 gesture를 취하는 경우는 나라별로 달라서 주의할 필요가 있다. 여기에서는 나라별로 유의할 내용을 살펴보았다.

세계인이 유의해야 할 gesture 중 우선 얼굴 부분에 유의해야 할 내용은 다음과 같다.

- 눈 깜박이기 : 대만에서는 다른 사람을 향해 눈을 껌박이는 것은, 무례한 짓으로 간주된다.
- 윙크하기 : 호주에서는 우정을 표시하기 위해 윙크하더라도 여성을 향하는 것은 적절치 못한 gesture로 여긴다.
- 눈썹 올리기 : 페루에서는 '돈이나 내게 지불하라!'는 뜻이 있다.
- 눈꺼풀 당기기 : 유럽과 몇몇 라틴 아메리카에서는 '경계하라' 또는 '나는 경계하고 있다'는 뜻이 있다.
- 귀 튕기기 : 이탈리아에서는 근처에 있는 '남자가 여자 같다'라는 것을 나타내기도 한다.
- 귀 잡기 : 인도에서는 후회하거나 성실성을 나타낸다. 브라질에서는 비슷한 gesture가 이해하고 있음을 표시한다.
- 코 때리기 : 영국에선 비밀이나 은밀함을 나타내며, 이탈리아에서는 다정한 충고를 의미한다.
- 코 흔들기 : 푸에르토리코에서는 '무슨 일이 있느냐'는 뜻을 가진다.
- 엄지로 코 밀기 : 유럽에서 가장 많이 알려져 있으며 조롱을 의미한다. 양손을 이용하여 강조하기도 한다.
- 코에 원 그리기 : 전형적인 미국의 OK 사인이 코 위로 덧붙여지는 경우 콜롬비아에서는 화제의 사람이 '동성연애자'임을 나타낸다.
- 뺨을 손가락으로 누르기 : 이탈리아에서는 칭찬을 나타내는 gesture이다.
- 뺨 두드리기 : 그리스, 이탈리아, 스페인에서는 '매력적이다'를, 유고에서는 '성공'을 의미하고 있으나

다른 곳에서는 '아프다', '가늘다' 등을 의미하기도 한다.

- 손끝에 키스하기 : 유럽 여러 나라와 라틴 아메리카 여러 나라에서 널리 사용되는 것으로 '오, 아름답다'를 의미하며 그 대상은 여자에서 축구선수 등과 같은 사람부터 포도주에 이르기까지 다양하다.
- 턱 두드리기 : 이탈리아에서는 '별로 흥미가 없다'라거나, '꺼져버리라'라는 의미로 쓰인다. 그러나 브라질이나 파라과이에서는 '모르겠다'라는 뜻으로 통한다.
- 머리 기울이기 : 파라과이에서 머리를 뒤로 기울이는 것은 '잊어버렸다'를 의미한다.

▶ 메시지(message)

메시지(message, 문화어: 메세지, 통보)는 컴퓨터 통신에서 객체의 뜻으로 쓰이는 것이 보통이다. 정보를 제공하는 것을 말하기도 하며, 정보 그 자체를 뜻하기도 한다. 그러므로 메시지의 뜻은 사용되는 환경에 따라 달라진다. 이 용어는 정보와 그것의 형식 둘 다 해당할 수 있다. 메시지는 communiqué라고도 하는데 이것은 공문서라는 뜻이며 발음은 '코뮈니케'라고 한다. 대한민국에서 '메세지'라는 표현이 쓰이기도 하지만 이는 '메시지'의 잘못된 표현이다.

의사소통에서, 메시지는 보내는 사람이 받는 사람에게 제공하는 정보를 말한다. 공통된 정의는 다음과 같다.

어떠한 통신수단으로 전송에 적합한 형태로 준비된, 분명하거나 비밀의 언어로 간략하게 표현한 생각이나 개념을 말하고, 시작과 끝이 정의되어 있거나 암시되어 있는 어느 정도의 정보나 분명하거나 암호화된 언어로 표현되고, 전자 통신 시스템의 전송을 위해 지정된 포맷으로 준비된 데이터 시스템을 가리키는 말인 기록 정보 등을 말하고 있다.

메시지는 의사소통 모델의 주된 개념이다. 메시지에는 두 가지 종류, 즉 언어적 메시지(verbal)와 비언어적(nonverbal) 메시지로 나눌 수 있다(의사소통에도 언어적 의사소통과 비언어적 의사소통으로 나눌 수 있다).

언어적 메시지는 언어나 소리를 사용하여 정보를 주고받는 것이다. 예를 들면, 대면 의사소통(face-to-face communication)으로서 전화나 우편, 음성 메일, SNS 등이 이에 속한다. 비언어적 메시지는 낱말이나 언어를 사용하는 것보다 행동으로 뜻을 주고받는 것이다. 예를 들면 개인이 취하는 몸의 신호와 동작 그리고 표정 등으로 의사를 전달하는 것이다.

의사소통 모델에서 메시지는 보내는 사람으로부터 '매개체(vehicle)'를 이용하여 받는 사람에게 전달되는 것이다. 의사소통 매개체의 종류는 문어(글로 쓰는 것), 구어(말하는 것), 그림(그림을 그리는 것)으로 나눌 수 있다(『글로벌 세계대백과사전』).

메시지는 전달자가 수신자에게 전하고 싶어 하는 것을 부호화한 것이라고 보면 된다. 따라서 전달할 내용이 명확할수록 의사소통은 원활해질 수 있다는 것이다. 이러하기 위해서는 전하고자 하는 객관적인 정보뿐만 아니라 정서, 감정, 의미, 내용 등이 정확하게 포함되어 있는 메시지가 의사소통에는 효율적이라는 것이다.

▶ Channel(매체, 경로)

매체는 사전적 의미로는 어떤 작용을 한쪽에서 다른 쪽으로 전달하는 물체 또는 그런 수단을 말한다. 우리는 매체라고 하면 대중매체(大衆媒體)라는 용어가 익숙하듯이, 신문, 잡지, 영화, 텔레비전 따위와 같이 많은 사람에게 대량으로 정보와 사상을 전달하는 매체가 있다. 쉽게 말해 의사소통의 경로라고 생각하면 된다.

의사소통은 사람과 사람 사이의 의사 혹은 감정의 소통으로 '보유하고 있는 생각 혹은 뜻이 서로 통함'의 의미가 있으며, 둘 이상의 개인이 공동의 목표를 위하여 일련의 활동체계를 형성하고 유지하기 위해 메시지를 주고받는 것으로 볼 수 있다. 의사소통은 사람이 집단생활을 해내기 위해서는 반드시 보유하고 있어야 하는 능력이다. 사람 간에 소통을 위해 사용되는 매체로는 말을 통한 의사소통, 글을 통한 의사소통, 비언어적 의사소통 등이 있다(gesture, 자세, 표정, 억양, 노래, 춤).

위와 같은 요인들로써 의사소통이 가능하지 않은 사람들을 위해서 많은 기구와 치료법이 개발되는 중이고 개발되어 일반적인 소통을 하는 데에는 대부분 문제가 없다. 언어능력이 발달하지 않은 동물의 경우 호르몬이나 울음소리, 변과 요(尿)의 냄새로 의사소통하고 있다. 현대사회의 경우에는 인터넷이 발달함으로써 직접적인 소통 외에도 포털사이트, 인스타그램과 같은 소셜네트워크서비스로도 불특정 다수와 의사소통을 할 수 있다.

위에서 보듯이 의사소통을 하는 데에는 사람들이 직접 만나서 하는 방법인 면담, 회의, 대화를 통한 직접적 경로(direct channel)나, 메신저, 카카오톡, 눈, 트위터, e-mail, 페이스북, 전자결제, 화상회의, 전화, 편지 등과 같은 방법인 간접경로(indirect channel)를 사용할 수도 있다.

그러므로 메시지를 전달하고자 하는 내용과 의미에 따라 적합한 매체를 사용해야 할 것이다. 메시지 전달에 적합한 것을 선택함에 따라 의사소통이 더욱 유용해진다. 예를 들면 사랑하는 연인에게 어떠한 매체를 사용하느냐에 따라 효과가 다르다는 것이다. 상황에 따라 적절한 매체를 이용해야 할 것이다. 즉 전달내용이 무엇이냐에 따라 매체선정이 달라져야 하며 효과적인 의사소통이 이루어질 수 있다는 것이다.

▶ 해석 및 수신자

의사소통이 원활하게 이루어지지 않는 원인에는 여러 가지가 있다. 그중에서 전달자의 메시지가 아무리 올바르게 전달되었다고 해도 수신자가 정확하게 이해하지 못하거나 해석하는 데 어려움이 있으면 의사소통에 실패하는 경우라 할 수 있다. 따라서 효과적인 의사소통이 되려면 송신자가 전달하고자 하는 메시지가 유용한 매체를 통하여 수신자에게 정확하게 해석되어 전달하고자 하는 내용이 수신자에게 정확하게 받아들여져야 한다는 것이다.

그러나 전달자에 의해 전달된 내용이 수신자에게는 자신의 경험, 가치관, 신념, 지식, 역량, 학업 수준에 따라 자신에 맞게 이 메시지를 해석하고 수용한다는 것이다. 따라서 수신자는 전달자가 의도한 내용을 해석하고 수용할 수 있는 태도를 보여야 할 필요가 있다. 만약 전달된 내용을 잘 알아듣지 못한다면 "다시 설명해 주세요."라고 간곡하게 요청해야 할 것이다.

▶ 피드백(feedback)

한국어로는 '되먹임'이라는 표준어로 대체할 수 있고 학술 용어로도 사용되고 있지만, 어감 때문인지 공과 계열, 행정 계열 교과서 등에서는 피드백(feedback)이나 환류(還流)로 쓰고 있다. 한자로는 궤환(軌還)이라고도 한다. 두 개 이상의 주체에서, 한쪽의 활동영향을 다른 쪽이 받고 그 결과에 대한 반응을 원래 쪽으로 돌려주어 새로운 활동에 반영시키는 순환적 활동을 의미하고 있다.

의사소통에서의 피드백(feedback)은 전달자에 의해서 전달된 내용이 수신자에 의해서 받아들여진 반응으로 전달자에게 되돌려주는 것을 말한다. 다시 말하면 의사소통의 결과를 말한다. 피드백이 중요한 것은 자신이 보내준 전달내용에 반응하지 않거나 돌아오는 반응이 늦다면 의사소통은 실패로 끝나는 것이다. 심한 경우에, 인간관계가 악화될 수 있을 것이다.

우리는 상대방에게서 전달받은 메시지에 대하여 수시로 즉각적인 반응을 할 필요가 있다. 물론 너무 즉각적이면 대화가 끊어질 수도 있지만, 즉각적인 반응은 인간관계를 유지하고 강화하는 데 매우 중요하다. 예를 들면, 사랑하는 사람이 전화했을 때 한쪽이 묵묵히 있다면, 두 연인의 사이는 오래가지 못할 것이다. 말하는 사람은 오히려 많은 생각에 잠길 것이다.

특히 성격이 급한 대한민국 사회에서는 더욱 필요로 한다. '만만디' 문화를 가지고 있는 중국과 달리 한국 사회는 '빨리빨리'라는 문화를 가지고 있기 때문이다. 즉 모든 것에서 빠르게 결과를 도출하고 해결하려는 경향이 기성세대나 신세대에게는 더욱 중요하다. 전자기계 시대에 사는 요즈음의 신세대들은 더욱 그러할 것이다. '기다림의 미학'에 대하여 모르는 세대이기 때문이다.

전달자가 전달한 내용에 대하여 수신자가 반응하지 않을 경우를 상상해 보자. 여러분은 어떠한 기분일까? 상대방에게서 무응답과 아예 무시를 당한다면 결국은 인간관계가 소원(疏遠)해질 수 밖에 없을 것이다.

> 철수와 영희는 매우 사랑하는 사이이고 몇 달 뒤 결혼할 예정이다. 그들은 결혼에 대한 부푼 꿈을 가지고 생활하던 중, 드디어 양가 부모님을 모시고 상견례를 마치고 혼수 준비를 하던 중에 불협화음이 일어났다. 철수는 집안이 가난하여 최소한으로 결혼식을 올리려는 입장이다. 따라서 혼수품도 최대로 아끼려는 입장이다. 그러나 영희는 일생에 한 번 있는 결혼을 화려하게 하려는 뜻이 있어서 결혼식장에서부터 혼수품까지 철수의 의도를 물어보지 않은 채 일방적으로 결혼식을 준비하려 하였다.
> 결국, 철수는 의견 차이로 인하여 영희에게 결혼에 대하여 다시 생각하기로 하였다. 그러던 중 철수는 자기의 생각이 담긴 내용을 전달하고자 여러 가지 방법을 통해 시도해 보았으나 영희는 이를 무시하고 전화조차 받지 않았다.

- 여러분은 이러한 상황에 처했을 때 어떤 경로로 자기의 생각을 상대방에게 전달하겠는가?
- 의사소통에 있어서 두 사람은 각자의 기분이 어떨지를 생각해 보자.
- 철수와 영희는 미래에 어떻게 변할지를 생각해 보자.
- 당신이 수신자라면 이 메시지를 어떻게 해석할 것인가? 그리고 어떻게 피드백을 할 것인가?

02 의사소통의 장애요인

이제까지 의사소통이라는 개념과 모델 그리고 각 용어에 대하여 살펴보았다. 그러나 살면서 원활하게 의사소통만을 하기에는 여러 가지 요인으로 인하여 제약을 받기도 한다. 이러한 의사소통에 제약을 받는 것이, 위의 그림에서 밝혔듯이 잡음(noise)이라는 표현을 쓰고 있다.

따라서 효과적인 인간관계를 유지하기 위해서는 바람직한 의사소통이 필요한데 결국은 이와 같은 잡음을 없애는 것이 의사소통에 더욱 유용할 것이다. 이러한 잡음의 종류에는 무엇이 있고 어떻게 제거해야 하는지를 이제부터 논의할 것이다. 우선 잡음은 첫째, 인지적, 심리적 잡음과 물리적, 환경적 잡음으로 구분할 필요가 있다.

1 인지적, 심리적 잡음

▶ 왜곡(歪曲)

왜곡(歪曲)이라는 단어는 사전적 용어로는 사실과 다르게 해석하거나 그릇되게 함을 말한다. 즉 말이나 글의 의미를 잘못 알아듣거나 일부러 다른 뜻으로 해석하는 행위이다. 후자의 경우 상대방의 주장 혹은 상대방 자체를 순간적으로 바보로 만들기 편하며 있지도 않은 말이나 사실을 처음부터 지어내는 것보다 더 효과적으로 주변 사람들을 현혹하고 인정받을 수 있어서 현실에서든 키배(키보드 배틀)에서든 자주 애용된다.

왜곡은 쉽지만, 왜곡에 대한 반박은 어려워서 상대방이 즉석에서 '그런 해석은 왜곡'이라고 해도 그게 왜 왜곡된 해석인지 빠르게 되받아치지 못할 경우, 그 왜곡된 해석은 그대로 주변 사람들에게 먹혀들어 간다. 물론 훌륭하게 되받아친다면 왜곡을 주장하던 사람은 순식간에 얼간이가 되고 말 것이다.

그냥 지나가다 만만해 보이는 사람이 보이면 가서 그 사람(들)이 하는 말을 듣고 신나게 왜곡+아는 척을 해서 일부러 개소리를 늘어놓으며 시비를 걸거나 화나게 하는 것도 꽤 효과적인 방법인데 이게 바로 트롤링(trolling, 인터넷 토론방에서 남들의 화를 부추기기 위해 보낸 메시지. 이런 메시지를 보내는 사람)이라 할 수 있다.

우리는 자신의 경험이나 동기에 의존하여 상대방의 메시지를 해석하거나 판단하는 경향이 있는데 여기에는 선입견, 자신의 가치관, 편견, 고집, 아집, 선호도, 고정관념 등에 따라 전달자의 내용을 곡해하거나 왜곡하는 경향이 있다. 이러한 왜곡은 결국에는 의사소통에서 심각한 결과를 양산하게 된다는 것이다.

▶ **무관심**

전달자가 내용을 아무리 정확하게 전달하였더라도 수신자가 일방적으로 전달자의 내용에 대하여 무관심하거나 주의집중이 되지 않을 경우가 종종 있다. 즉 주의집중하지 않는 경우는 의사소통에 있어서 매우 큰 장애가 되어 결국은 상대방이 언짢아지게 된다. 이러한 경우의 예를 들어 보자.

철수 : 오늘 의사소통 수업이 몇 교시에 있니? 영희 : (……) 철수 : 오늘 과제는 뭐니? 영희 : (먼 곳을 응시하면서 시를 읊으며 생각에 잠긴다.) 철수 : (신경질 내며 자리를 뜬다.)

위에서 보았듯이 두 사람 사이에 의사소통이 이루어지지 않는 경우를 볼 수 있다. 앞에서도 말했듯이 의사소통은 언어적일 뿐만 아니라 비언어적 의사소통에서도 일어날 수 있는 경우로 유의할 필요가 있다.

▶ **불신**

대화한다는 것은 사무적인 것뿐만 아니라 일상적인 내용을 가지고 소통하는 경우가 많을 것이다. 사무적이든 일상적 대화이든 서로가 믿지 못하는 상태라면 대화 자체가 무산될 것이다. 물론 대화는 이루어지겠지만 '뒤통수 맞는 식'으로 돌아올 것이기 때문이다. 왜냐하면, 상대방을 믿지 않는다면 전달하는 메시지가 정확하지 않을뿐더러 "쟤는 거짓말만 하는 애야"라고 인식되면 겉으로만 듣는 상황이 발생하기 때문이다. 이러한 경우에 수신자는 상대방의 말에 신빙성이 없고 편견이 있어서 정확한 의사전달이 이루어지지 않는다. 이에 대한 예로는 이솝 우화인 "양치기 소년과 늑대"에 나타나 있다.

어느 시골에 양치기 소년이 살았다. 매일 양치기하는 소년은 무료함을 달래기 위하여 재미있는 묘안을 지어내어 동네 사람들을 놀리기로 마음을 먹었다. 어느 날 양치기 소년은 "늑대가 쳐들어왔어요"라고 외쳤다. 그러니 마을 사람들이 도와주려고 몰려왔다. 그러나 동네 주민들이 몰려오니 양치기 소년은 "거짓말"이라고 이야기했다.
그다음 날 양치기 소년은 또 심심하여 "늑대가 쳐들어왔어요"라고 또다시 외쳤다. 그러자 동네 사람들이 몰려왔으나 거짓말이라는 것을 알고는 실망한 나머지 돌아갔다. 양치기 소년은 그것을 매우 재밌어했다. 따라서 몇 번이고 그 같은 행위를 되풀이하였다.
그러나 며칠 후에 진짜 늑대가 나타났다. 양치기 소년은 "늑대가 쳐들어왔어요"라고 또다시 외쳤다. 그러나 동네 사람들은 그 외침이 거짓말이라 생각해서 도와주려 하지 않았다. 결국은 과거 거짓말의 전력 때문에 양들을 늑대로부터 보호하지 못하고 모두 잃은 결과를 가져왔다.

▶ 감정상태

인간은 이성적인 동물이라 하지만 감정을 완전히 배제할 수는 없다. 그러나 이러한 감정을 자제할 수 있는 존재가 인간이라 할 수 있다. 여기서는 철학적으로 '감정이 먼저다, 이성이 우선이다'라는 것을 논하기 전에 감정적인 측면에서 논의해 보자.

인간이 감정과 정서라는 측면을 가지고 있는 것은 사실이다. 우리는 어떤 행위를 하는 데 있어서 감정을 조절할 필요가 있다. 감정이 너무 격해지면 어떤 일을 하는 데 있어 일을 망치는 경우가 허다하기 때문이다. 감정이 격한 상태라면 송신과 수신이 잘되지 않는다. 이러한 예는 '정치판'이나 '말다툼' 과정에서 많이 나타난다. 흥분을 자제할 필요가 있다는 것이다.

▶ 조언 및 평가

우리는 의사소통을 할 때 상대방의 이야기를 듣고는 본인이 가진 생각으로 평가하고 조언하려는 성향이 다분히 있다. 즉, 자신을 위주로 생각하고 조언하려는 경향이다. 의사소통하는 데 있어서 전달자의 내용을 수용하거나 이해하는 측면이 부족하여 의사소통이 일방적으로 흐르는 경향이 있다는 것이다. 이러한 성향은 공감, 수용 능력이 부족하기 때문이다. 이것은 이미 자신의 머릿속에 답이 정해져 있어서 다른 말이 들어오지는 않기 때문이다. 이미 조언과 충고가 머릿속을 지배하기 때문이다. 대다수 사람은 대화할 때 이러한 성향이 나타나고 있다.

2 물리적, 환경적 잡음

▶ 정보격차

개인마다 경제적, 사회적, 교육적으로 많은 수준 격차가 존재한다. 이로 인하여 정보를 가지고 있는 능력이 다소 차이가 있다는 것이다. 이러한 차이로 인하여 의사소통에 문제가 발생할 수 있다는 것이다. 이를 정보격차(digital divide)라고 하는데 "새로운 정보기술에 접근할 수 있는 능력을 보유한 자와 그렇지 못한 자와의 격차(이재희 외, 2018)"를 말하고 있다.

과거 우리나라에서도 농촌과 도시에서는——지금은 격차가 많이 줄어들었지만——교육, 문화, 경제적으로 정보격차가 매우 심각하였다. 예를 들면 높은 경제적 차이 때문에 아이들은 학원이라든가 또 다른 교육을 통하여 도시 아이들과의 학업 격차가 농촌 아이들보다 높은 것은 사실이었다. 이는 편지나 일기 쓰는 것을 보아도 알 수 있고, 영어성적을 보아도 쉽게 알 수 있다. 이러한 정보격차는 또 다른 사회문제를 심각하게 양산한다는 것이다. 다시 말하면 정보격차로 인하여 '부의 대물림'이 가능하다는 것이다.

▶ 누락

이와 같은 정보격차로 인하여 전달자에게도 문제점이 발견된다. 다시 말하면 정보를 전달하는 전달자는 자신의 능력이 부족하여 정확한 메시지를 생략하고 전달할 수 있기 때문이다. 이러한 경우도 해당이 되겠지만 매체를 선정하는 과정에서 잘못 선정함으로 인하여 정보가 누락되는 경우가 있다. 바람직한 의사소통을 위해서는 의사소통 능력을 함양할 수 있는 훈련이 필요하다. 이러한 훈련을 위해서는 듣기, 쓰기, 말하기 등의 제대로 된 훈련이 필요하다는 것이다.

▶ 타이밍(timing)

인생을 살다 보면 항상 적기가 있다. 해야 할 시점과 하지 말아야 할 시점, 천천히 할 때와 신속성을 요구할 때, 빠르게 할 것과 느리게 할 때가 있다는 것이다. 이를 타이밍이라고 하는데 '즉각성', '적시성'이라고도 한다. 다시 말하면 말을 전달하더라도 '해야 할 때'가 있다는 것이다. 이러한 '때'는 시간, 환경, 상황 등 모든 것에 해당이 된다. 정보가 아무리 중요해도 수신자에게 필요한 시기에 메시지를 제대로 전달해야 할 것이다. 다음과 같은 예를 살펴보자.

교수 : (시험실시 1주일 전) 정 대표, 이번 기말고사의 요점을 보내니 학생들에게 전달하렴.
대표 : 예, 알겠습니다.
학생 : (시험실시 하루 전) 교수님, 기말고사가 너무 어려우니 요점 좀 정리해 주세요.
교수 : 무슨 소리야? 일주일 전에 대표한테 요점정리를 해서 보냈는데.
교수 : (대표에게 전화하여) 너는 학생들에게 아직도 요점정리를 전달하지 않았니?
대표 : 아직 시간이 남아서 전달 못 했습니다. 오늘 하겠습니다.
교수 : (……)

위와 같은 내용으로 볼 때 타이밍이 중요하다는 것이다. 시간적 압박에 쫓기다 보면 내용에 집중할 수 없고 기분을 망치게 되어 중요한 정보를 놓치기 쉽다는 것이다.

▶ **환경적 요인**

원활한 소통을 위해서는 물리적 환경도 중요하지만 대화할 분위기가 조성되어야 한다. 여기에는 많은 요인이 있는데, 대화 시 옆 사람의 시끄러운 소리, 강의 시 잡상인 소리, 잡담, 분진, 온도, 조명, 비행기 소리, 전화 소리 등, 이러한 환경이 대화를 방해한다. 이러한 경우는 주변 환경이 열악해서 원활한 의사소통이 어려워진다. 조용한 분위기, 주변 환경 등이 조용하고 편안함을 주어야 대화가 수월할 수 있다.

03 의사소통의 개발

인간이 의사소통을 잘하는 것은 태생적인 경우도 있지만, 분명히 소수에 불과하다. 이는 노력과 훈련을 통해 가능하다는 것이다. 존 로크가 '백지설'을 주장했듯이 인간은 태어날 때 아무것도 갖고 나오지는 않았고 이는 교육과 훈련을 통해서 가능하다는 것이다.

> 백지설(theory of tabula rasa)이란 인간이 출생할 때는 악과 선 어떤 본성을 가지고 태어나지 않고, 후천적으로 만나게 되는 환경의 자극을 수동적으로 받아들일 수 있는 태세만 갖추고 태어난다는 주장이다. 중국의 고자(告子)는 인성에 관해 성선설을 주장하는 맹자와 논쟁을 벌여 "인성은 본래 선도 아니고, 악도 아니며, 다만 교육하기 나름으로 그 어느 것으로도 될 수 있다"고 하였다. 즉, 인성은 마치 빙빙 도는 물과 같아서 어떤 방향성을 가지고 있는 것이 아니라 동방으로 트면 동으로 흐르고, 서방으로 트면 서로 흐른다는 것이다. 환경이 어떻게 열리느냐에 따라 변할 수 있는 수동성을 얘기한 것이다(고명수, 2018).

인간의 의사소통에 문제가 있다는 것은 무언가 모자라는 점이 있다는 것이다. 우리는 그것을 빨리 파악해야 할 것이다. 예를 들면 본인은 집중력이 없어서 남의 얘기를 흘려보낸다거나 기억하지 못한다는 하소연을 친구에게 했다고 가정해 보자. 즉 남들보다 메시지를 정확하게 이해하지 못하는 경우이다.

본인은 이러한 약점을 보완하기 위해 다른 사람들의 이야기를 듣거나 책을 읽을 때 항상 메모하는 습관을 갖기 위해 노력하였다. 친구는 자신의 의사소통이 모자라는 부분을 정확히 인지하여 보완하려는 노력과 개발하기 위한 훈련을 집중적으로 하였다. 그 결과 자신의 문제점을 어느 정도 극복할 수 있었다고 하였다. 이러한 경우를 극복을 위해서는 자신의 문제점을 객관적으로 분석해야 하며 타인을 이해하려는 노력과 조직의 구성원으로서 조직 분위기를 개선하기 위한 노력도 필요하다는 것이다.

1 효과적인 의사소통을 위한 기본태도

▶ 사람과 사랑

세상을 살아가는 데 있어 가장 중요한 것은 사람과의 관계이다. 혼자 사는 것이 아니라 사람과의 관계 속에서 살기 때문이다. 여기에는 반드시 타인을 배려하고 이해하는 사랑이 꼭 필요하다는 것이다. 이것이 의사소통에 있어 기본이라는 것이다.

따라서 타인에 대한 배려와 존중 그리고 이해와 사랑이 서로 간에 충족된다면 갈등을 풀어 나가는 데 큰 도움이 된다는 것이다. 타인의 생각을 존중하고 배려해야만 바람직한 의사소통이 이루어지고 함께 사는 세상이 될 것이다. 결국은 사람과 사랑이 결합되어야 할 것이다.

▶ 열린 마음과 용기

학문하는 경우나 의사소통하는 데 있어서 항상 열린 마음이 필요하다는 것이다. 사람들에게는 항상 고집, 아집, 편견 등이 내재되어 있어 모든 일에서 발전하지 못하는 경우가 있다. 의사소통에서도 마찬가지이다. 우리는 타인의 말을 자신의 기준에 맞추어 해석하고 이것을 지식이라고 착각하는 경우가 있다. 즉 남의 말을 듣지 않고 생각하고 해석함으로써 오류를 범하는 경우가 허다하다. 이러한 오류는 결국 갈등을 양산하게 된다는 것이다.

따라서 일상생활에서 닫힌 마음이 아니라 열린 마음을 갖는 자세가 필요하다는 것이다. 이러한 열린 마음에는 남의 것을 받아줄 수 있는 용기 있는 자세가 필요하다는 것이다. 생활에서뿐만 아니라 학문하는 태도에도 필요하다. 이러한 마음가짐과 태도는 자기 자신을 한층 더 발전시키는 계기가 될 것이다. 일상생활에서, 학문하는 데서 다양성을 인정해야 한다는 것이다.

▶ 듣기 기술

의사소통에 있어서 말하는 기술도 필요하지만 이에 못지않게 듣는 기술도 필요하다는 것이다. 이를 경청이라 해도 무방할 것이다. 후에 경청이라는 단원에서 자세히 설명하겠지만 원활한 의사소통을 하는 데 있어서 듣기의 중요성을 강조한 잭 우드는 "어떤 찬사에도 마음의 문을 열지 않은 사람일지라도 자신의 이야기를 진지하게 들어주는 사람에게는 마음을 빼앗기게 된다"는 것이다(이경리, 2014). 다시 말하면 원활한 의사소통을 하는 사람은 듣기 기술이 있다는 것을 대변해 주는 말이다.

의사소통을 저해하는 요인에는 잘 듣지 않는 데 있다는 것이다. 흔히 인간은 상대가 하는 말 중에서 자신에게 유리한 말만을 듣고 불리한 말은 생략해 버리는 경향이 있다. 따라서 들을 사람의 마음이 닫혀 있다면 먼저 그의 마음을 연 다음에 말해야 한다는 것이다.

▶ 감탄

의사소통에 있어서 중요한 것이 상대방의 말을 잘 경청하는 것이지만 이에 관한 적절한 반응 또한 매우 중요하다. 즉 공감의 한 부분으로 감탄이 있다. 말을 하는 가운데 한마디의 감탄사가 매우 효과적일 수 있다. 감탄사는 서로를 가깝게 해주고 마음을 열어주는 데 매우 유용한 방법이라는 것이다. 감탄(感歎)이라는 말의 사전적 용어는 마음속 깊이 느껴 탄복함을 말한다.

따라서 감탄사는 크게 세 가지로 분류할 수 있다. 첫째, 감정 감탄사로 기쁨, 놀람 등을 나타내는 것 둘째, 의지 감탄사로 말하는 사람의 의지를 나타내는 것, 그리고 입버릇 감탄사로 말하는 습관이나 입버릇 때문에 불필요하게 자꾸 사용하거나 말을 하기에 더듬거릴 때 사용하는 감탄사가 있다. 따라서 의사소통을 할 때 상황에 따라 적절히 사용하는 것도 좋다.

2 효과적인 의사소통 행동

▶ 상대방의 말을 자르지 말자

이야기하는 도중에 상대방이 참견하면 의사소통 과정에서 매우 기분이 나쁠 수 있다. 왜냐하면, 자신의 말이 이어지지 않고 다음 말을 하는 데 정리가 되지 않기 때문이다. 이야기하는 도중에 상대방의 말을 자르는 것은 예의에 어긋난다. 따라서 상대방이 말을 마칠 때까지 기다렸다가 자신의 말을 하는 것이 중요하다. 이같이 하려면 다음과 같은 원칙을 지킬 필요가 있다.

첫째, 대부분을 듣는 데 집중하고 가능한 한 말을 아끼는 것이 좋다. 예를 들면 70% 정도만 듣고 나머지 30%는 이에 반응하도록 한다. "귀가 두 개이고 입이 하나인 이유는 의사소통의 7:3 원리이다(이경리, 2014)."

둘째, 질문할 때도 상대방이 말을 마친 후에 하는 것이 좋다. 왜냐하면, 말하는 사람의 흐름을 끊을 수 있기 때문이다.

▶ 관심을 유지하자

대화하는 과정에서 상대방의 말을 주의 깊고 적극적이고 관심 있게 듣는 습관이 필요하다. 이야기하는 과정에서 진부(陳腐)하고 재미없거나 자신이 알고 있는 내용이라도 끝까지 들어주는 자세가 필요하다.

가령 "재미있네", "어, 진짜", "오, 그래", "그래서", "속상했겠네", "어떻게 됐어?", "다시 한번 얘기해 봐", "한번 들어보자" 등의 말을 사용함으로써 자연스럽게 관심을 보여주는 것도 하나의 방법이라 할 수 있다. 이러한 방법을 '대화의 열쇠'라고 하는데 이는 상대방이 자연스럽게 자신의 감정이나 내용을 표현할 수 있게 유도할 수 있는 질문이다.

▶ 평가, 조언, 충고를 미루자

앞에서 말했듯이 인간은 상대방의 말을 주의 깊게 듣지도 않으면서 자신의 사고나 경험 그리고 행동 등을 근거로 하여 자기 자신이나 타인의 행동을 판단하려는 성향이 있다. 그들의 특징은 상대방이 이야기하는 도중에도 온통 가슴속에는 다른 생각으로 가득해서 미리 이야기할 준비가 되어 있다는 것이다. 즉 어떻게 하면 공격할 수 있는 결점을 찾아 그것을 집요하게 추궁할지를 생각한다는 것이다. 그러다가 주의 깊게 듣지 않아서 사실을 잘못 알거나 편견, 왜곡, 아집에 빠져 정리된 대화가 이어지지 않아 또다시 질문하는 우(愚)를 범한다는 것이다.

제대로 의사소통을 하려면, 위에서 설명한 대로 잘 듣고 관심을 기울이고 자신의 적절한 감정을 반영하여 대화를 유도하는 것이 좋으며, 상대방의 감정이나 의견에 대하여 이해할 준비가 되어야 한다는 것이다. 따라서 상대방의 말을 끊지 말고 모두 듣고 난 뒤에 질문하되 충고나 판단 그리고 조언을 할 필요가 있다.

▶ 표현하는 훈련을 키우자

상대방의 말을 듣고 난 후에는 반드시 반응해야 하는데 언어적, 비언어적 방법으로 표현하는 것이 매우 좋다. 그러나 일부 사람들은 자신의 감정을 표현하는 데 인색하다. 인색한 것이 아니라 표현하는 훈련이 되지 않아 매우 서툴다는 것이다. 우리는 상대방과 대화할 때 대화가 중단되거나 상대방이 반응을 보이지 않으면 자신의 메시지가 잘 전달되었는지 매우 궁금해질 것이고 오히려 답답할 것이다.

따라서 자신이나 상대방의 이러한 답답함을 해소하기 위해서도 적절한 반응을 보이는 것이 예의라고 할 수 있다. 이러한 것을 '표현하기'라고 한다. 표현하는 방법으로는 눈맞춤이나 가까이 마주 다가가기 그리고 대화하거나 표정에 변화를 주거나, 고개를 끄덕이는 등 상대방에게 반응하고 있다는 것을 표시해야 한다는 것이다. 이러한 표현은 훈련과 노력을 통해 가능해진다는 것이다.

▶ '1, 2, 3 화법'을 활용하자

현대는 대화의 시대, 설득의 시대이다. 대화란 글자 그대로 '나'와 '너'가 서로 주고받는 말이다. 혼자 이야기하는 것은 독백이거나 설교이고, 침묵은 대화의 단절을 의미한다. 서투른 대화 때문에, 많은 사람이 인간관계, 특히 비즈니스에서 손해를 본다. 이런 문제를 해결할 수 있는 대화의 공식인 끌리는 사람이 되는 '1, 2, 3 화법'이 있다.

① 1분 이내로 이야기를 끝내자

현대인은 장광설(長廣舌)을 싫어한다. 한 말을 되풀이해 길게 늘어놓으면 설교밖에 되지 않는다. 따라서 자신의 말은 상대의 말을 끌어내기 위한 문제 제기 정도로 짧게 하는 것이 좋다.

② 2분 이상 상대가 말하게 하자

사람은 누구나 자기의 이야기를 하려고 한다. 내가 적게 말하는 것이 상대에게 존중받고 있다는 기분을 느끼게 해주고, 화자(話者)의 측면에서는 화제 고갈이나 말솜씨를 염려할 필요가 없어질 것이다.

③ 3번 이상 긍정의 맞장구를 치자

대화는 상대가 반응을 보일 때 활기를 띤다. 반응이 없으면 말할 기분이 나지 않는다. '그렇군요', '그래서요?', '어머!', '저도요' 등의 말로 3번 이상 맞장구를 치면 상대는 더욱 신이 나서 말하게 된다(김양호, 『성공하는 사람은 화술이 다르다』 중에서).

결론적으로 말하면, 1, 2, 3 화법은 핵심적인 말로 1분만 말하라. 상대방의 말을 2분간 들어라. 3분간 맞장구를 치라는 것이다.

3 현대사회에서 의사표현능력의 중요성

▶ 의사표현능력의 개념과 중요성

의사표현능력이라는 용어는 화자(話者)가 자신의 사상이나 생각 그리고 정서나 감정 등을 수용자에게 잘 표현하는 능력을 말한다. 오늘날 현대사회는 자기 PR시대, 혹은 자기표현의 시대라고 한다. 자기를 표현하기 위하여 언어적, 비언어적 능력을 동원하여 자신을 드러내고 싶어 하는 시대라고 할 수 있다. 이러한 시대에 자기를 나타내는 가장 대표적인 방법이 '말하기'라고 볼 수 있다.

현대인은 누구나 조직의 일원으로 살아가고 있다. 이러한 조직 생활에서 필요한 부분이 개인적인 면에서는 의사표현이라고 본다. 따라서 자신의 능력을 표현하기 위해서는 효과적인 의사표현능력을 갖추어야만 한다. 이러한 능력을 갖추지 못한다면 아무리 지식이 많고 공부를 많이 하였다고 하여도 사람들은 그의 능력을 제대로 알 수 없고 결국은 무능력자로 낙인될 것이다.

오늘날은 과거와 다르다. 과거에 능력은 출신이나 배경 그리고 신분이 그의 능력을 좌우하다시피 하였다. 예를 들면 그의 능력은 어느 가문이며, 그의 부모는 벼슬을 어디까지 하였으며, 어느 학교, 어느 과, 재산은 얼마만큼 소유하였는지가 주요한 능력의 기준이 되었다.

그러나 오늘날은 철저한 자신의 능력주의를 원하고 있다. 물론 개인적, 사회적 배경에도 관심을 두고는 있지만, 개인의 능력이나 인격을 합리적으로 판단하는 시대로 변화하고 있다. 예를 들면 오늘날은 미디어의 시대라고 한다. 어떤 일을 하는 경우 미디어의 힘을 빌려 자신의 능력을 보여주게 되는데 이러한 능력은 '말하기', 즉 얼마나 논리적이고 합리적으로 판단하고 생각해서 말하는지가 개인의 능력을 평가한다. 대표적인 것이 선거라고 할 수 있다.

대한민국은 몇 년에 한 번씩 선거를 치른다. 대통령 선거, 국회의원 선거, 광역자치단체 및 지방의원 선거 등 선거의 시대에 살고 있다고 보아도 과언이 아니다. 이러한 선거를 가만히 들여다보면 누가 말하기를 잘하는지의 싸움이라 하겠다. 도덕성이든 학벌이든 개의치 않고 논리적으로 상대방을 격파하는 모습을 보면 우리 국민이 즐거워——대한민국은 진흙탕이지만——할 것이다. 과거 그리스 시대의 소피스트들이 한 것처럼 그런 사회가 오는 것이다. 따라서 선거유세를 하는 동안이나, TV 방송을 통해서 그들은 자신을 내보이려고 얼마나 노력하는지를 보자. 심지어 의사표현능력을 키우기 위해 과외까지 하는 형국이다. 그들의 말 한마디 한마디에 수많은 유권자의 표가 움직이기 때문이다.

선거뿐만 아니라 학생들은 대학을 졸업하고 사회에 진출하기 위해서 거쳐야 할 것이 있는데 입사시험이다. 서류전형을 끝내면 곧이어 다가오는 것이 면접이다. 오늘날에는 직원을 채용할 때 면접의 비율을 높이는 경향이 있다. 이러한 경향은 그들의 역량을 평가하기 위한 수단이라 볼 수 있다. 이러한 능력에 따라 사람들은 "똑똑하다", "능력이 있다", 그렇지 못할 경우는 "처지는 사람", "별로인 사람", "능력이 없는 사람"으로 평가하고 판단할 수도 있다.

의사표현능력의 한 예를 들어보자.

1970년대 선배 A씨는 우수한 성적으로 S대 경영학과를 졸업한 뒤 미국으로 유학을 떠나 박사학위를 취득하고 국내의 유명한 대학에서 어렵게 교수로 재직하게 되었다. 그러나 그는 항상 학생들로부터의 평가에서 밀려나게 되었고 심지어 교수평가에서도 하위권으로 밀려갔다.
이러한 상황이 계속되자, 그는 심한 스트레스로 인하여 일 년에 몇 차례 병원 신세를 지게 되었다. 다른 동료들은 유명한 대학, 외국의 유명한 학교에서 우수한 성적을 받았음에도 불구하고 학교생활에 적응하지 못하는 이유를 알지 못하였다. 또한, 학생들에게 외면당하는 이유에 대해서도 모르는 것이었다.
이러한 이유를 모르자 그러한 원인이 무엇인지를 알기 위하여 후배 B씨에게 상담을 요청했다. 후배 B씨는 그러한 원인에 대해서 금방 알아차리게 되었다. 비록 선배 A씨가 아무리 똑똑하고 출신이 좋아도 가르치는 능력에 문제가 있었다는 것이다. 즉 내용을 전달하는 표현능력에서 원인을 찾을 수 있었다.

사람은 아무리 총명하고 높은 지식을 가지고 있다고 해도 그것을 마음속에만 품어서는 소용없다는 것이다. 자신의 마음속에 품은 것을 상황에 따라 효과적으로 표현할 수 있는 능력이 필요하다는 것이다. 자기가 가지고 있는 지식과 사고는 "세 치 혓바닥에 달려 있다"라는 말이 있듯이 메시지를 상대방에게 얼마나 잘 전달하는가에 따라 그 사람의 신뢰도와 평가가 달라져 능력의 유무가 기준이 될 수 있다는 것이다.

▶ 아무리 능력이 좋아도 다수의 사람을 이해시키기는 어려움(설득의 필요성)

인간은 아무리 유능해도 본인의 이상과 목표를 달성하기 위해 노력해야 한다. 즉 자신이 원하는 방향으로 상대방을 끌어들여 움직이게 하기 위해서는 도움이나 협조를 요청해야 하는 순간이 있다. 이러할 경우 설득이 필요하다는 것이다. 즉 다른 사람과의 상호작용을 통해 자신이 원하는 방향으로 움직여서 지지와 동의를 받기 위해 이해시키는 과정을 설득이라 할 수 있다. 우리는 이러한 설득의 기술을 익히도록 노력해야 한다. 카네기는 설득을 "사람과 사람 사이의 상호작용을 통하여 다른 사람의 태도나 행동을 변화시키는 과정"이라고 정의했다.

역사적으로 볼 때 미국에서의 명연설가이면서 정치력으로 국민을 이끌어간 케네디 대통령, 마틴 루터킹 목사, 링컨 대통령, 넬슨 만델라 등은 명연설로 유명한 정치인이면서 인권운동가이다. 그들이 그 분야에서 성공할 수 있었던 건 말하기를 비롯한 설득력 있는 논리로써 국민을 이끌 수 있었기 때문이다.

특히 링컨 대통령은 게티즈버그 연설에서 272개의 단어로 '국민의, 국민에 의한, 국민을 위한 정치'라는 명언을 통해 미국 역사상 최고의 연설로써 존경받을 수 있었고, "우리는 그들의 업적을 결코 잊을 수 없을 것"이라면서 '헌신'과 '결의'라는 표현을 쓰면서 국민에게 감동을 주었다는 것이다.

그날은 북군 희생자의 추도식 연설이었는데 처음에 링컨은 연설을 부탁받지 않았으나 당시 최고의 웅변가로 칭송받던 에드워드 에버렛이 추모연설을 하고 링컨에게는 헌사(獻辭)만을 부탁했다고 한다. 그 결과 2분간 링컨의 연설은 미국 역사상 최고의 연설로 평가받았다. 마틴 루터킹 목사는 "나에게는 꿈이 있습니다"라는 연설로 미국 인권의 획기적인 전환점을 가져오게 하였다.

우리 사회에는 설득과정이 부족한 것이 사실이다. 정치나 사회, 친구 관계에서 보면 "저 아이는 우리 편이 아니야?", "저 아이는 상대편이야"라고 찍어서 대화조차 시도하지 않는 경향이 있다. 정치판에서도 마찬가지이다. 요즈음 한국 사회에서 정치를 살펴보면 설득이라는 용어 자체가 없다. 아무리 민주주의가 다수결의 원칙이라 하지만 다수가 소수를 설득하기는커녕, 소수의 표를 가지고 협박하는 상황이 한국 사회의 정치판에서 나타나고 있다. 민주정치는 표로써 협박할 수 없다. 설득하고 양보하고 배려하여 국민을 위한 정치를 하는 것이 원칙이라 할 때 정치인들은 누구보다도 설득의 기술을 배우도록 노력해야 한다.

설득이 상호작용을 통해 일어난다면, 설득자(說得者)와 피설득자(彼說得者) 간에 의사소통이 원활해져야 가능해진다. 이러한 의사소통이 이루어지기 위해서는 행동의 변화를 일으키기 위한 여러 가지 요소 중에서 특히 언어(말하기)가 중요하다. 이러한 언어의 수단은 상대방에게 이해와 공감을 주어 행동에 영향을 미쳐서 변화를 일으키는 가장 기본적 요소가 될 수 있다는 것이다. 이렇게 볼 때 설득은 본질적으로는 다음과 같은 효과를 전제(前提)하고 있다(이재희 외, 2018).

- 상대가 긍정하도록 만드는 것이다.
- 상대가 행동하도록 만드는 일이다.
- 상대의 자발적인 의사를 유발하여야 한다.
- 단순한 동의가 아니라 상대의 동기를 자극하여 무리 없이 상대를 자기가 생각하는 방향으로 향하게 하는 의식적인 노력이다.

로렌츠가 제시한 정보전달 과정을 보면 무엇인가를 얻기 위한 과정이 얼마나 어려운 일인지를 보여주고 있다.

말했다고 해서	들은 것은 아니다.
들었다고 해서	이해한 것은 아니다.
이해했다고 해서	동의한 것은 아니다.
기억했다고 해서	적용한 것은 아니다.
적용했다고 해서	행동이 변한 것은 아니다.

[로렌츠가 제시한 정보전달과정]

위 도표 안에서 중요한 것은 반드시 "말했다고 해서 상대방의 행동이 변한 것은 아니다"라는 대목이다. 즉 설득에는 매우 어려운 과정을 거쳐야 한다는 것이다.

여기에서 보듯이 설득하는 사람이 얼마나 주의를 기울여야 설득의 주목적인 자신의 행동으로 변화하는지를 알 수 있다. 여기에서 보듯이 설득자가 정확하지 못할 시에는, 전혀 다른 결과를 양산한다는 것이다. 즉 상대방은 설득자가 의도했거나 기대했던 방향이 아닌 전혀 엉뚱한 방향으로 갈 수 있다. 이 도식은 상대방을 설득하기 위해 어떠한 노력을 할 것이며 이러한 노력을 통해 설득에 주력해야 함을 말하고 있다.

다음은 설득의 과정이 어떻게 되는지 아래의 그림을 보도록 하자.

주의 → 이해 → 납득 → 결정 → 실행

먼저, 설득자의 말을 경청하여 상대방이 다가오는 즉 귀를 기울이는 과정으로 주의단계라고 할 수 있다. 설득하기 위해서는 상대방을 유인하여 들으려는 자세를 가지도록 하는 것이 무엇보다 중요하다.

이어서 이해단계는 전달자 혹은 설득자의 메시지가 어떠한 의미를 포함하고 있는지 상대방이 알아차리고 긍정하는 단계로 설득자에게 논리성이 있어야 한다는 것이다. 단지 이해단계라고 해서 동조나 공감을 표시하지는 않는다는 것이다.

세 번째는 '납득(納得)'의 단계로 설득하는 사람의 말을 듣고 말 그대로 판단하는 단계이다. 이때 설득자의 말의 내용이 가치가 있는지, 없는지를 판단하는 단계라고 보면 된다. 이후 결정의 단계에서는 설득자의 내용을 이해하고 납득(納得)한 후 본인이 받아들일지 아니면 말아야 할지를 결정하는 단계이다.

마지막은 실행단계로 설득자의 말을 주의하고, 이해하여 납득이 되었는지를 그리고 결정되었다면 그것을 행동으로 옮기는 단계라고 할 수 있다. 만약 설득자의 내용을 결정해서 행동으로 변화가 생겼다면 설득되었다는 것을 의미하고 실행하지 못했을 경우 설득에는 실패하였다고 볼 수 있다.

아리스토텔레스는 설득을 3요소로 제시하였다. 이는 상대방을 설득하기 위해 어떻게 해야 하는가에 대한 제시이다.

첫째, 설득자의 인격이나 인품 둘째, 상대방의 감정 충동, 마지막으로 상황에 맞는 언어 구사(표현)이다. 이를 자세히 설명하자면, 설득자의 인격이나 인품이라는 것은 만약 듣는 사람이 말하는 사람에게 호감이나 긍정적인 인상이 있다면, 설득자의 말에 관심을 가지고 귀를 기울인다는 것이다. 따라서 이성적으로 판단하게 하는 것도 좋은 방법이지만 감정을 충동하여 상황에 따라 구사하는 언어도 달라져야 할 것이다.

여기에서는 설득력 있는 의사표현을 알아보자.

첫째, 'Yes'를 유도하기 위하여 미리 가벼운 대화를 통해 설득 분위기를 조성해야 할 것이다. 이러한 분위기를 이어나가면 본 대화 시 상대방은 기분이 좋아져 설득될 확률이 높아질 것이다.

둘째, 대비 효과를 이용하여 인간 심리를 이용하자는 것이다. 대비 효과는 일반적인 기준과 제시된 조건을 제시하여 그것을 평가하고자 하는 인간 심리를 이용하자는 것이다. 즉, 상대방에게 상식에 벗어나는 조건과 자기가 제시하고자 하는 조건을 동시에 제시하는 데 주로 영업활동에서 많이 사용하는 방법이다. 상대방은 큰 손해를 입기보다는 작은 손해를 감당하고자 하는 심리에서 비교적 손해가 적은 쪽을 택하기 때문이다.

셋째, 침묵을 지키는 사람의 참여도를 높여야 한다. 이러한 방법은 직장 내에서 부하직원을 다루는 방법이다. 예를 들면 실수한 부하직원을 직접 혼내지 않고 다른 부하직원을 벌함으로써 깨우치게 만드는 방법이다.

넷째, 심리적 간격을 좁히기 위해 친근감 있는 호칭을 사용한다. 이는 고의적이라는 인상을 피해야 한다. 호칭을 사용할 때 의식적으로 존경어를 사용할 때와 사용하지 않을 때가 심리적 거리에 많은 영향을 줄 것이다.

다섯째, 권위 있는 사람의 말이나 작품을 인용하라는 것이다. 자기의 말을 정당화하기 위해서는 유명한 사람의 예를 들어 제시하는 것이 설득력이 있다는 것이다.

여섯째, 때로는 자신의 약점을 노출하여 심리적 거리를 좁혀야 한다. 이는 약점을 보면 상대방이 쉽게 다가오는 경우가 많다는 것이다. 일시적으로 상대방이 설득자보다 우월하다는 것을 보여주라는 것이다.

일곱째, 자신의 잘못도 인정하는 것이 좋다. 자기주장을 일단 양보하고 의견의 일치를 보이는 자세를 취한다. 이러한 이유는 상대방이 갖는 공격적인 요소를 사전에 차단하는 효과를 보이며 분위기를 역전시켜 주도권을 확보하는 데 도움이 된다는 것이다. 이러한 방법은 공격형의 사람과 자신의 의견만을 옳고 다른 사람의 말은 무조건 반대하는 사람들에게 쓰면 매우 효과적이라는 것이다.

여덟째, 일방적으로 설득당한다는 느낌을 받지 않도록 상대방의 자발적인 의지를 자극할 필요가 있다는 것이다.

아홉째, 동조 심리를 이용하여 설득하라는 것이다. 사람은 대부분 같은 행동을 하고 싶어 하는 경향이 있다. 공동의 적을 만들어 방어하면 매우 효과적이다. '우리'라는 단어를 이때 사용하면 된다는 것이다.

04 상황과 대상에 따른 의사표현법

1 상황과 목적에 따른 의사표현법

▶ 상대방의 잘못을 지적할 때

우리는 때때로 상대방이 잘못한 일을 지적할 때가 있다. 그러나 한국인의 정서상 남이 싫어하는 말은 좀처럼 하지 않는 경우가 허다하다. 이는 잘못된 것이다. 친한 친구일수록 상대방의 잘못을 확실하게 지적해 주는 것이 옳다고 할 수 있다. 또한, 의사표현을 할 때 애매하고 모호한 말을 사용해서는 안 된다. 여기서 애매하다는 말은 희미하여 확실하지 못함을 뜻하며 이것인지 저것인지 명확하지 않아 한 개념이 다른 개념과 충분히 구별되지 못함을 말한다. 예를 들면, "이 문제에 대한 정부의 태도는 애매(曖昧)하다"가 될 수 있다. 모호하다는 말은 '말이나 태도가 흐리터분하여 분명하지 않다'를 뜻하는 말로 말하는 대상이 지칭하는 범위가 불분명한 경우를 의미한다. '모호(模糊)하다'라는 용어는 '애매하다'와 유의어이다. ex) "나는 키가 크다", "돈이 많다" 등. 여기서 "키가 크다"라는 말은 어느 정도로 크다는 것인지, 돈이 많다는 말은 어느 정도로 많다는 것인지 드러나지 않기 때문에 모호한 표현이 될 수 있다.

모호한 설득은 설득력을 잃을 뿐만 아니라 분명하게 잘못된 부분만을 지적할 필요가 있다. 지나간 일이나 다른 사항들과 연결시켜 나무라는 것은 오히려 역효과를 가져올 수 있다.

▶ 상대방을 칭찬할 때

"칭찬은 고래를 춤추게 한다"라는 말이 있다. 상대방을 즐겁게 하는 것에는 칭찬이 최고라는 것이다. 그러나 상대방을 기쁘게 하려고 지나치게 칭찬하는 것은 피해야 한다. 지나친 칭찬은 아부가 될 수 있어 오히려 기분이 나빠질 수 있기 때문이다. 처음 만나는 사람에게 "인상이 매우 좋습니다"라고 먼저 말하면 상대방은 대화를 시작하는 데 마음을 열고 응할 것이다. 어떤 일을 칭찬할 때 구체적으로 하는 것이 좋다. 특히 업무적으로 칭찬하는 경우엔 구체적인 결과를 가지고 하는 것이 좋다. 그래야 모든 일에 책임감을 가지고 임하기 때문이다.

▶ 상대방에게 부탁할 때, 거절할 때

사회생활을 하면서 혼자서 일을 처리하는 데 무리라고 느껴지면 타인에게 도움을 요청하는 경우가 생긴다. 부탁할 경우 먼저 부탁해도 되는지 상대방에게 사정을 말해야 하고 그런 다음 부탁 이유와 내용을 정확하게 전달해야 한다. 그러나 상대방에게 무리한 부탁은 피해야 한다. 상대방이 거절할 경우 그 자리에서 피하고 싶은 내색을 하지 않는 것이 예의라 할 수 있다.

거절할 때도 마찬가지이다. 먼저 "도움이 되지 못해서 죄송합니다"라는 말로 사과한 뒤에 이유를 충분히 설명해 줄 필요가 있다. 그러나 한계를 넘어선 부탁은 단호하게 거부해야 한다. 그러나 인간관계 측면에서 다음을 생각하여 감정을 상하게 하면 안 될 것이다.

▶ 지시하거나 설득할 경우

누구에게나 마찬가지로 어떤 일을 지시할 때는 분명한 메시지로써 구체적으로 하는 것이 좋다. 예를 들어 "철수야, 0월 0일까지 무엇을, 어떻게, 누구에게" 등을 구체적으로 제시하는 것이 좋다. 또한, 구체적으로 하더라도 강압적으로 하는 것보다는 부드러운 표현을 사용하여 전달하는 것이 효과적이다. 예를 들면 "report를 0일까지 제출하라!"라고 하기보다는 "0일까지는 최선을 다해서 제출해 주시기 바랍니다"라고 정중히 하는 것이 좋다.

상대방을 설득할 때도 일방적으로 강요해서는 안 되며 서로가 손해를 보지 않는다는 이미지를 심어주어 설득하는 것이 좋다. 설득할 때 상대방이 손해라는 인상을 주어서는 안 된다는 것이며 상대방의 이점에 대하여 분명하게 설명해 주어야 한다는 것이다.

▶ 충고하거나 질책할 때

우리는 누구나 실수할 때가 있다. 이러한 실수는 본인에게는 충격적이다. 따라서 실수에 대한 충고는 상황에 따라 상대방이 받아들일 수 있을 때 해야 할 것이다. 또한, 실수를 지적할 때는 관계가 좋은 사람이 하는 것이 좋을 것이다. 그렇지 않으면 거부반응이나 방어적인 자세를 취하게 되기 때문이다. 충고할 때도 예의를 지키는 것이 좋다. 상대방도 인간이기 때문이다.

질책하는 경우에 칭찬과 격려의 말을 섞어서 하는 것이 좋을 것이다. 이러한 화법을 샌드위치 화법이라 하는데 칭찬을 가운데 두고 칭찬의 말과 격려의 말을 덧붙이는 형식의 화법이 유용하다. 직접적인 화법으로 한 비난은 관계를 악화시켜 감정대립이나 다툼으로 이어질 소지가 있다는 것이다. 따라서 '칭찬의 말 + 질책의 말 + 격려의 말'을 적절하게 이용하는 것이 좋다.

2 원활한 의사표현을 위한 지침

원활한 의사표현을 위해서는 몇 가지 지침이 있다. 가장 우선시되는 것은 상대방의 마음을 열고 마음을 읽을 줄을 알아야 한다. 메시지를 정확하게 전달하는 것도 중요하지만 상대방이 전달된 메시지를 느끼는 것이 달라지기 때문이다. 따라서 똑같은 메시지라도 어떠한 방법으로 전달하느냐에 따라 미묘한 감정의 차이가 있다. 여기서는 이러한 기법을 위한 몇 가지를 설명하도록 하겠다.

▶ 독서를 생활화하자

표현하는 데 있어 무엇보다도 중요한 것은 표현력과 어휘력이다. 어휘력이라고 해서 많은 언어를 익히는 것도 중요하지만, 알고 있는 단어를 어떻게 사용하느냐가 문제이다. 이를 위해서는 표현력과 어휘력이 필요한데 이를 활용하는 데는 독서만큼 중요한 것이 없다는 것이다. 유창하게 말하는 것, 즉 어휘력과 표현력은 모두 책에 있다는 것이다. 핵심은 구체적으로 짚되 표현은 간결한 것이 좋기 때문이다.

▶ 듣는 습관을 기르자

의사표현하는 데 있어 목적에 맞는 상대방의 말을 잘 경청해야 한다. 따라서 상대방의 말을 듣는 경우 그 사람의 인격, 성품, 습관 등을 미리 파악할 필요가 있다.

대화할 때 우리는 너무 성급하게 행동하는 경우가 종종 있을 것이다. 남의 말을 다 듣기도 전에 무슨 말을 해야 할지를 결정해 버리는 사람들이 있다. 아무리 이야기를 하고 싶어도 상대방의 이야기를 끝까지 듣고 난 뒤에 자신의 의견을 피력하는 것이 좋다.

▶ 공감하라

대화하는 경우 상대방의 말에 반응하는 것이 매우 중요하다. 이러한 반응은 대화를 계속 이어주는 촉매 역할을 한다는 것이다. 이러한 방법으로는 공감이 최고라고 할 수 있다. 상대방이 말하는 도중 그 사람의 말에 맞장구를 쳐주거나 고개를 끄덕이는 등 상대방의 감정을 이해하는 것이 친근감이나 안정감을 주기 때문이다. 예를 들어 "그랬어", "아", "그래그래" 등 감탄사나 맞장구를 치거나 가벼운 의견 제시를 하면 상대방은 자신의 말을 듣고 있다고 확신하기 때문에 즐거운 대화가 될 것이다.

▶ 자신을 낮추어라

대화 시에는 상대방을 존중할 필요가 있다. 즉, 상대를 깔보거나 잘난 척을 하면 상대는 대화의 문을 닫으려고 할 것이다. 잘난 척은 상대방에게 부담을 주기 때문이다. 따라서 내면적으로는 자신감을 가지고 대화하되 자신을 낮출 필요가 있다. 예를 들면 대화 내내 자기 자랑만 늘어놓으면 상대는 대하기가 부담스럽고 껄끄럽다고 느끼기 때문에 상대방이 기피하는 경우를 볼 수 있다. 훌륭한 사람일수록 자신을 낮추는 습관을 마음속으로 가져야 한다. "벼는 익을수록 고개를 숙인다"라는 말이 있다. 자신을 낮추자.

연습문제 1 사랑하는 사람과 이야기할 때 어떤 분위기(환경)가 필요한지를 생각해 보자.

연습문제 2 "양치기 소년과 늑대"의 우화를 읽고 생각해 보자.

연습문제 3 의사소통할 때 다양한 매체에 대하여 조사를 해보자.

5

개인과 타인을 이해하기

1 사람마다 무언가 다른 차이가 있다(개인차)

2 자기의 개인차

3 자기와 동기

5장

개인과 타인을 이해하기

01 사람마다 무언가 다른 차이가 있다(개인차)

▶ 남자아이와 여자아이

> 날씨가 좋은 어느 날 운동장에서 두 사람이 내기를 하였다. 남자아이는 경기에서 지는 아이가 이긴 아이에게 맛있는 피자를 사주기로 하였다. 남자아이가 운동 종목으로 씨름을 제안하자 여자아이는 매우 당황하였으나 이미 동의한지라 어쩔 수 없이 시합에 응했다. 결과는 뻔했다. 대체로, 남자와 여자는 힘과 근육이 워낙 차이가 나는지라 남자아이는 씨름에서 쉽게 이기고 말았다. 그리하여 여자아이에게 맛있는 피자를 얻어먹을 수 있었다.
> 집에 온 여자아이는 억울하여 잠을 이루지 못하고 분풀이를 하기로 하였다. 다음 날 여자아이는 자신에게 유리한 경기가 무엇인가를 고민하다 여자들에게 유리한 공기놀이를 하는데 30점을 먼저 하는 쪽이 승리하도록 하였으며 여자아이는 전날과 마찬가지로 맛있는 피자를 먹기로 하였다. 이 역시 결과는 여자아이가 유리하였기에 쉽게 이길 수 있었다.

위의 내용으로 볼 때 재미있는 사실들이 숨어 있다. 남자아이와 여자아이는 경기하는 데는 동의를 하였으나 자기에게 신체적으로 유리한 게임을 통하여 욕심을 채우게 되었다. 이러한 경우는 상대방에 대한 배려가 없어서 결국은 서로에게 상처를 입히는 결과를 양산하게 된다. 두 아이의 예에서 보면, 결국 서로는 무언가 다르다는 것을 인지하지 못했다는 것이다.

결국, 인간은 "서로가 차이가 있을 것이다"라는 것을 인정하는 데 소홀했다는 뜻이다. 이를 '개인차'라고 한다. 인간은 자기만의 개성이 있다고 볼 수 있다. 이러한 개성은 타고난 것도 있지만 후천적으로 생겨난 것도 있다. 그러나 인간은 모두가 똑같이 가지고 있는 것은 없다. 무언가 자기만의 고유함이 있다는 것이다. 이러한 자기만의 개성을 어떻게 표현하고 행동하는가에 따라 사회생활에서 타인과의 관계에 영향을 미칠 것이다. 다시 말하면 이러한 개성을 어떻게 발휘하느냐에 따라 사회적 삶은 달라질 수 있다는 것이다.

위에서 말한 각자가 가지고 있는 고유한 것을 '개인차'라고 규정짓는다면 이는 신체적, 환경적, 사회적인 모든 것에서 나타나고 있다는 것이다. 다시 말하면 이러한 차이는 신체적, 환경적 차이에서 오는 것뿐만 아니라 사회적, 문화적, 성격 등에서도 차이가 발생할 수 있다는 것이다. 이를 통틀어 '개인차'라고 할 수 있다. 이러한 개인차는 서로가 '다를(differ)' 뿐이지 이를 통해 '차별'해서는 안 된다는 것이다. 다시 말하면 '틀린(wrong)' 것과는 별개라고 할 수 있다.

여기서 개인차를 논하는 이유는 사람마다 다르다는 것은 생활하는 모습이 다르다는 것이며 따라서 표현이나 행동이 다르다는 것을 의미한다. 예를 들면 오른손잡이와 왼손잡이가 밥을 먹는 것과 마찬가지라고 보면 된다는 것이다. 이러한 개인차는 생활에 있어서 서로 오해와 갈등 현상을 가져오기도 하는데 결국 이는 의사소통과 관련이 있다는 것이다.

따라서 우리는 사회생활을 하는 데 있어서 '나'를 이해하고 '타인'을 이해하는 것이 무엇보다 중요하다고 볼 수 있다. 건강한 인간관계를 가지기 위해서는 그중에서 성격을 이해하는 것이 중요하다는 것이다. 왜냐하면, 대부분은 자신과 맞는 동류의 사람들에게 매혹을 가지기 때문이다. 즉 동류의 사람들과는 의사소통이 더 쉽다는 것이다. 같은 성격의 소유자에게서 편안함과 친숙함을 더 느끼기 때문이다.

'인간은 정치적 동물'이라고 하였듯이 사회라는 울타리를 통하여 개인의 삶을 의지하고 있다. 이는 개성을 가진 사람들이 모여 울타리를 만들어 살아가는 존재라는 것과 일맥상통한다. 따라서 조화로운 관계를 통하여 살아가야 한다. 인간은 혼자 살 수 있는 존재가 아니라 가정에서, 학교에서, 사회에서, 직장에서 개성을 가진 사람들이 모여 조화로운 삶을 이어가는 존재라고 할 수 있다. 즉 '관계를 맺고 살아가는 사람'들의 모임이라고 할 수 있다. 따라서 바람직한 인간관계를 맺기 위해서는 의사소통이 필요한데 이를 위해서는 개인들이 가지고 있는 차이와 자신이 가지고 있는 개인에 대해 살펴볼 필요가 있다는 것이다. 이것이 의사소통에 영향을 주기 때문이다. 먼저 인간의 특성에 대하여 살펴보기로 하자.

1 동기와 정서

'우리는 왜 먹는가?', '우리는 왜 다른 사람을 추월해야만 하는가?', '왜 사람은 공격적인가?'라는 물음에 대한 답을 찾아보기로 하자. 이에 대한 답을 찾기 위해 심리학자들은 동기, 욕구, 보상과 같은 개념을 사용하기도 한다. 동기는 목표를 향해 우리를 끌어가는 힘과 행동을 추구하는 원인이라고 말한다. 이러한 동기는 직접 보고 측정이 불가능하여 이를 '가정된 상태'라고 하며 이것은 행동에서 추론된다는 것이다.

심리학자들은 이를 생리적, 심리적 욕구라는 관점에서 말하고 있는데, 이러한 것의 동기는 대개 욕구, 추동, 보상의 형태를 취하며 이것 또한 행동을 통해 추론된다는 것이다. 이를 주장한 학자가 Maslow이다. 그는 인간을 동기화하는 기본적 욕구와 충동을 계층적, 위계적으로 설명하였다. Maslow는 사람들도 개인의 성장을 위한 의식적인 욕망 때문에 동기부여가 된다고 믿었으며 사람들이 개인적인 성취를 위해 고통, 굶주림, 많은 종류의 긴장을 참는다는 것이다. 따라서 자기실현을 위한 능력에 의해 다른 동물과 구별되며 우리가 존재할 수 있다고 믿는다는 것은 자기실현을 위해 노력해야 한다는 뜻이다.

Maslow는 자기실현이 배고픈 것만큼 인간에게 중요한 욕구이지만 자기실현의 욕구는 많은 돈을 가지고 살더라도 사람들에게 피아니스트, 최고경영자 등의 사람이 되기 위해 노력하도록 강요하고 있다는 것이다. Maslow는 인간의 욕구를 단계별로 체계화하였다. 이를 '욕구 위계(hierarchy of needs)'라고 하는데 굶주림과 산소와 같은 생리적 욕구에서부터 자기실현에 이르기까지 다양하게 체계화시켰다(김연자 외, 2020년에서 재인용).

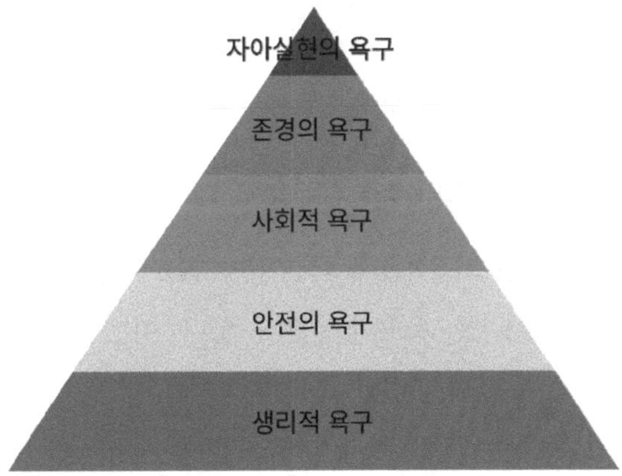

1) 생리적 욕구(physiological needs)

우리가 생존하기 위해서는 생리적 욕구를 충족시킬 필요가 있다는 것이다. 예를 들면 산소, 음식, 물, 통증 회피, 온도, 굶주림, 갈증, 비타민 등 신체적 결핍을 줄이려는 경향이 있다는 것이다. 이러한 신체적 결핍을 해소하지 않으면 이를 해소하기 위한 욕구가 나타나는 것이다.

이러한 신체적 결핍을 해소하지 않으면 특히 정서적 측면에서도 나타나기 때문에 무엇보다도 중요하다는 것이다. 욕구는 추동(drive)을 일으키게 된다는 것이며 오랫동안 채워주지 않을 때 우리의 행동을 더 자극하는 경향이 있다는 것이다.

그러나 심리적 욕구에는 성취, 힘, 자존감, 사회적 인정, 소속에 대한 욕구가 있다. 심리적 욕구가 반드시 결핍상태에 근거하지는 않으며 성공에 대한 욕구를 가진 사람은 이미 성공적인 성과의 역사가 있다. 승인, 성취, 소속에 대한 심리적 욕구도 마찬가지로 추동이 있는데, 배고프면 먹으려고 추동을 느끼는 것처럼 앞서 나가려는 추동이 있다. 이는 보상과 관련이 있다는 것이다. 보상은 욕구를 충족시킬 수 있다거나 그 자체로 바람직한 대상, 사람 또한, 상황이다. 돈, 음식, 성적으로 매력 있는 사람, 사회적 승인 및 관심은 모두 보상으로 작용할 수 있다(김연자 외, 2020).

2) 안전의 욕구(safety needs)

인간은 타인에 대한 친근감을 통하여 스스로 보호, 안정, 질서유지, 부정적 정서로부터 자신을 보호하려는 욕구를 지니고 있다는 것이다. 즉 자신을 일관되게 믿게 함으로써 친근감을 유지하려 하며 심리적, 신체적으로 불안해지는 것을 막고자 하는 것이다. 예를 들면 낯선 곳에 갔을 때 아는 사람이나 지도가 없을 경우는 매우 불안을 느낄 수 있는데 이것은 안전의 욕구가 결핍된 경우라 볼 수 있다.

3) 사랑과 소속감의 욕구(belongness & love needs, 사회적 욕구)

3)의 욕구는 위의 1), 2) 욕구가 조화롭게 이루어진 다음에 발전된다. 타인과 친밀한 관계를 맺고 사랑을 하고 사랑받고 싶어 하는 욕구라고 할 수 있다. 이는 사회적, 인격적 욕구로 친밀함, 우정, 남에게 받아들여지는 수용 등과 관련된 욕구이다. 예를 들면 유아기(乳兒期) 시절에 부모나 주위로부터 적절하게 사랑을 받은 인간은 자라면서도 원만한 사람으로 성장하여 타인과의 관계에

서 긍정적인 능력이 생겨 쉽게 좌절하거나 절망하지 않고 타인과 성숙한 관계를 이룬다는 것이다.

4) 자기존중의 욕구(self-esteem needs, 존경의 욕구)

이것은 타인으로부터 존경받고 싶어 하는 욕구라고 볼 수 있다. 이러한 존경의 욕구가 강해지면 스스로가 유능해지고자 하며 이를 통해 타인으로부터 존경과 명성을 얻기 위해 노력한다는 것이다. 즉 인간은 누구나 타인으로부터 자신의 말과 행동을 인정받고 싶어 하는데 이것이 받아들여지면 자존감이 높아지고 자기가 유능하다고 믿는다는 것이다. 그러나 반대가 되면 열등감에 사로잡혀 쉽게 헤어나지 못한다는 것이다.

이러한 것을 자아효능감(self-efficacy)이라 하는데, 이는 '스스로의 신념'을 말한다. 자신의 신념이 높게 나타나면 높은 목표를 세우고 어려움이 생기면 끈기 있게 대처하지만, 반대로 나타날 경우, 문제 상황이 발생하면 과제를 회피하거나 쉽게 포기할 것이다. 이는 동기 수준과 관련이 있다.

5) 자기실현의 욕구(self-actualization needs)

Maslow의 이론에서 가장 높은 단계이다. 즉 욕구 5단계인 생리적 ☛ 안전 ☛ 사회적 ☛ 존경 ☛ 자아실현 중 최상의 단계로 잠재력을 발휘하여 자신의 강점과 단점을 받아들여 자발적으로 되고자 하는 것이다. 이러한 자아실현은 인간관계에서 상대방의 모든 문제를 자신의 성장을 위한 기회로 삼고, 지혜롭게 해결할 수 있는 능력을 의미한다는 것이다.

예를 들면 미, 진리, 정의, 우정, 민주주의 등 '가치(價値) 있는 것'을 위하여 성취하고자 하는 욕구로서 생산적인 활동을 통해 사회에 기여하고자 하는 욕구라고 할 수 있다.

위에서 말한 여러 가지 욕구는 사람마다 모두 다르게 나타난다는 것이다. 따라서 인간관계를 통한 의사소통에 있어서 매우 유념해야 할 것이다. 따라서 우리는 서로의 차이를 빠르게 파악하여 어느 것에 주의해야 할지를 결정하여 적절하게 소통해야 할 것이다.

▶ 생물학적 차이

인간은 생물학적으로도 같지는 않다. 다시 말하면 쌍둥이라고 해도 모든 게 같지는 않다는 것이다. 예를 들면 인간은 누구나 두 가지 혹은 흔치는 않지만, 양성을 모두 가진 것 중에서 하나로 태어나고 있다. 그러나 성이 같다고는 할지라도 다른 신체적 차이, 즉 몸무게, 키, 얼굴 형태, 머리 모양, 두뇌 등에서 많은 차이가 있다는 것이다. 또한, 후천적인 영향으로 인하여 다르게 행동할 수도 있다.

특히 생물학적 특성에서 남, 여의 차이는 행동적인 측면에서 보면 확연히 다름을 발견할 수 있다. 남자아이는 여자아이보다 성격이 활발하고 체계화 지수가 높은 데 비하여, 여자아이는 정서적으로 공감 능력이 높게 나타나고 있다(임숙빈 외, 2018). 체계화는 사물을 분석, 탐색, 작동, 작동 법칙을 알아내는 능력체계를 말한다.

쉽게 말하면 사물에 대한 이해는 여성보다 남성이 높다는 것을 의미하며, 다른 사람에 대한 정서나 감성, 생각을 읽어내는 능력과 반응 능력은 여성이 남성보다 높다는 것을 알 수 있다. 따라서 공감의 대상은 사람이며, 체계화의 대상은 사물이라고 보면 이해될 것이다. 따라서 공간지각 능력에서는 남성이 여성보다 높으며, 언어능력은 여성이 남성보다 높게 나타난다는 것이다. 이에 대하여 Baron-Cohen과 그의 연구진이 발표한 것에 의하면 남아는 뇌의 우반구가 발달하는데 이는 테스토스테론이 많기 때문이라는 것이다. 따라서 좌반구는 느리게 발달한다고 밝혔다(임숙빈 외, 2018에서 재인용). 이로 볼 때 남자는 우뇌, 여자는 좌뇌가 발달하는데 공간 능력과 지각 능력은 우뇌가, 그리고 공감능력에 필요한 능력은 좌뇌가 담당한다는 것이다.

예를 들면, 특수한 직종에서 필요한 공간, 지각 능력에 대한 문제들을 풀어보았을 때 대체로 여성보다 남성에게서 높은 점수가 나오는 것도 똑같은 경우라고 볼 수 있다. 모두가 그렇지는 않지만(……), 구체적으로 남아들의 특징을 살펴보면, 퍼즐, 문제해결, 사물의 핵심을 파악하는 그림 그리기, 이미지에 대한 종합적인 사고능력, 조립식 장난감 맞추기, 지도 파악능력(독도법, 讀圖法), 설계도 파악능력 등은 남성이 우세하다는 것이다.

그러나 언어기능에서 여성이 우수하다는 것은 남성들은 자라면서 좌뇌와 우뇌를 각각의 기능에 따라 따로 사용하는 경향이 있어서 필요한 부분만 작게 사용한다는 것이다. 예를 들면 어떤 언어를 사용한다고 가정하면, 그리고 어떤 내용에 대하여 공감할 때를 가정한다면 여기에 따라 좌뇌의 언어 부위만을 그리고 우뇌 공감 부분의 작은 부위만을 사용한다는 것이다.

그러나 여성들은 남성과 비교하여 또 다른 장점이 있는데 남성들은 좌, 우뇌를 따로 사용하므로 체계화에는 도움이 되지만, 여성들은 좌, 우뇌를 연결하는 뇌량(腦梁)이 훨씬 발달해서 공감과 언어를 사용하는 데 유리하다는 것이다. 따라서 여자의 뇌는 자랄수록 이 부분이 더욱 발달하는 경향이 있다는 것이다.

이를 종합하여 보면 다음과 같이 정리할 수 있다(임숙빈 외, 2018).

남자들의 체계화 능력은 전문적인 일을 할 때는 유익하지만, 다른 사람과 상호작용을 할 때는 별로 도움이 되지 않고 공감 능력이 떨어지므로 원만한 상호작용이 어려울 수 있다.
Deaux의 연구에서 남자들은 사물을 볼 때 망원경을 보듯이 멀리까지 정확하게 보고, 공간지각능력까지 뛰어나 지도를 보고 길을 찾거나 주차하는 데 유능했다. 이에 비해 여자는 주변 시야가 넓어서 한 번에 넓은 곳을 훑어볼 수 있으므로 사물의 위치, 공간적 관계에 대한 기억을 잘하며, 어떤 일을 줬을 때 일의 순서를 정해서 수행하는 능력이 훨씬 뛰어났다. 물론 모든 남자, 여자가 똑같다는 뜻은 아니다.

이는 남자들은 어떤 특정한 일에 있어서 매우 우수하지만 반면에 주어진 일에 있어서 꼼꼼하게 한다는 것을 의미한다. 따라서 남, 여는 다 같지는 않지만, 신체적으로 분명하게 차이가 존재한다고 볼 수 있다. 이에 대한 차이에서 보듯이 일상생활 어떤 분야에 있어서 분명한 차이가 존재하므로 서로 간의 불통으로 인하여 갈등의 여지를 없애려면 확실하게 성별에 관한 차이를 정확히 이해하고 서로를 배려하고 존중하는 마음가짐이 우선이라 할 수 있다. 이에 대한 예로써 남자와 여자가 100m 달리기의 결과를 본 뒤에 나눈 대화의 내용이다.

철수 : 영희야, 너 기록이 얼마나 나왔니?
영희 : 괜찮은 기록이야. 19초를 끊었어.
철수 : 그것밖에 안 되니? 난 12초 나왔거든.
영희 : (기가 차서) 너하고는 말하기 싫어.

두 사람의 대화 내용을 보면 처음에는 대화하다, 영희가 갑자기 “말하기 싫어”라는 의사를 전달했다. 이는 두 사람 간 의사소통의 단절이 무엇 때문에 발생한 것인지를 생각해 보면 알 수 있을 것이다.

여기에서 보면 여자와 남자는 분명하게 신체적 차이가 존재한다고 보아야 한다. 기본적으로 남자는 여자에 비해 근육 발달에 있어서 유리함을 가지고 있다. 따라서 운동경기만 보아도 여자보다 남성들이 훨씬 유리하다고 볼 수 있다는 것이다. 30년 전에 남, 여 테니스 선수가 성별 대결을 한 적이 있다. 물론 두 사람은 세계 1위에 있는 유명한 테니스 스타이지만 결과는 우리가 예상한 대로 남자 테니스 선수의 승리였다. 이런 성 대결을 하는 것은 이해가 되지 않지만, 스포츠에 관한 호기심과 이벤트로써 이해가 되었다.

과거 일상생활에서는, 오늘날은 과거에 비해 심하지는 않지만, 모든 것이 남자 위주로 흘러가거나 편향된 인식이 심했음이 분명하게 드러난다. 예를 들면, 지금 세대는 아니지만, 이전의 세대들은 아이들이 왼손으로 밥을 먹거나 글씨를 쓸 때 왼손을 사용하면 매우 혼내거나, 이를 바로잡기 위해 어른들과 갈등이 유발되기도 하였다. 왜냐하면, 어른들은 이러한 행위는 장애라고 생각하거나 남에게 차별을 보이면 불이익을 당한다고 보았기 때문이다. 지금 생각하면 씁쓸하다. 왜냐하면, 이것은 개인차일 뿐 장애가 아니며 이로 인해 차별받지 않는 것이 분명하기 때문이다. 오히려 희소해서 장려를 하기에 더욱 유용한 가치를 가질지도 모른다는 것이다.

한 예로 프로야구가 생겨났을 무렵, 왼손 타자는 매우 드물었다. 이들은 부모의 강요나 훈련을 통해 바로잡았을 것이다. 오늘날에는 오른손을 사용하는 타자와 왼손을 쓰는 타자가 모두 있다. 각자의 맡은 일에 유용하기 때문이다. 이제 개인차를 인정하고 굳이 막으려는 부모는 없다. 이들의 강점을 살리는 방법을 택하여 서로를 배려하고 이해하고 존중하는 마음만 있다면 사회생활에는 어려움이 없을 것이다.

모든 사람은 분명 개인차가 있다. 따라서 이러한 개인차를 분명하게 인지하는 것이 필요하다. 문제는 이러한 개인차를 어떻게 하면 극대화할 수 있는가에 대한 답이라 할 수 있다. 이러한 개인차를 바로잡는 데는 시간과 갈등이 유발될 수 있다. 이것을 방지하기 위해서는 먼저 다가가서 자신과 타인을 이해하고 모두에게 차이가 있음을 이해시키도록 해야 할 것이다. 또한, 자기 위주가 아닌 타인을 배려하고 존중하는 마음을 갖는 것이 중요하다.

02 자기의 개인차

1 자의식

인간관계를 맺는 데 있어 주체가 되는 것은 흔히 사고와 행위라고 생각한다. 이는 개인의 내부적 상황과 관계적 상황에서 이루어지는데 자기와 다른 자신만이 가지고 있는 사고나 감정, 정서 등이 있다는 것과 다른 사람들이 나와 다르다는 것을 느끼는 것들이 우리의 사고와 감정, 정서 그리고 행동에 많은 영향을 미친다는 것을 알아야 한다. 이것을 느끼려면 우선 자신이 누구인가에 대해 알아볼 필요가 있다. 이를 스스로 인지하는 것을 '자의식(self-awareness)'이라고 하는데, 쉽게 말하면 자기 내면의 세계와 타인의 세계에 대한 지식이나 태도에 주의 집중하는 것을 말한다고 볼 수 있다.

이러한 '자의식(self-awareness)'은 개인적인 특질로서 개인차가 있을 수도 있다. 왜냐하면 '자의식'은 주관적 혹은 객관적으로 구분할 수 있는데 이것의 차이는 자신이 직접 관찰하고 경험함으로써 생기는 것과 자신이 가지고 있는 정서나 행동, 감정 등을 타인과 비교하여 즉 사회적 기준과 관습 그리고 도덕 등과 비교하여 생기는 것이다. 전자를 주관적 자의식이라 하고, 후자를 객관적 자의식이라 구분할 수 있다.

이러한 개인차는 하나의 성격 특질로써 나타나는데 자신의 내부에 지속적인 관심을 두는 사적 자기의식이 높은 사람은 사적인 특성, 사고 및 감정 그리고 가치 등에 관심을 둔다. 이들은 주로 자기의식에 있어서 대개 자기중심적인 요구를 반영하는 동기가 자신의 신념이나 주관적 규범이며 사고나 태도, 행동에 더욱 주안점을 둔다. 사적 의식을 중요시하는 이들은 주로 일관성 있는 행동을 하는 편이라고 할 수 있다.

이와 반대로 공적 자기(public self)를 중요시하는 사람은 자신을 중심으로 하는 것이 아니라 타인이 "나를 어떻게 보느냐?"에 더욱 관심을 보이는 것이다. 이러한 유형의 사람들은 공적 자기의식은 사회적 존재로서의 자기, 즉 외모, 행동, 정서, 자기표현 등을 타인의 기준으로 평가하는데 초점을 두고 있다. 가령 '내가 타인에게 어떻게 보일지 걱정이다', '내가 집을 나서기 전에 최종적으로 하는 일은 거울을 보는 것이다'와 같이 나 자신이 주가 아니라 타인이 주가 된다는 것이다(서여주, 2020).

다시 말하면 이들은 자신이 타인과 사고를 달리하는 경우 자신의 내적 상태가 중요한 요소가 되지 않는다는 것이다. 따라서 그들의 사고와 행동은 사회의 문화, 관습에 따라 바뀌므로 일관성 면에서는 사적 자기의식을 가진 사람에 비하여 상대적으로 낮음을 알 수 있다.

따라서 심리적 장애인 자기의식 과잉(excessive self-consciousness)은 자기의식이 지나치게 많거나 높을수록 올 수 있으며, 이는 강박증, 대인 민감증, 우울 및 불안을 가져온다. 이것이 최고조에 달하면 공포증과 정신증을 유발할 수 있다고 하였다(서여주, 2020).

2 자기 복잡성(self-complexity)

흔히 '나는 누구인가?'라는 물음에 스스로 답할 때 여러분은 무엇을 기준으로 답하는가? 여기에 답하려면 다양한 기준이 있어서 어느 것을 중심으로 전개할 것인지를 먼저 유념해야 할 것이다. 이에 대한 기준은 다양한데 대표적으로 다양한 사회적 역할, 대인관계, 성격특성, 감정, 정서, 추구하는 삶의 목표, 가치, 경험의 활동 등을 나열할 수 있을 것이다. 이러한 기준 중에서 하나 내지 두 가지를 선택하는 사람이 있는 반면에 이것 모두 선택하여 고려하는 사람도 있을 것이다. 이를 자기 복잡성(self-complexity)이라 한다. 다시 말하면 다양한 가운데서 대표되는 자기 측면(self-aspects)이라 볼 수 있다.

자기 측면(self-aspects)은 자기가 가지고 있는 구체적인 사건이나 정보, 행동, 능력, 관계, 기대, 신체 등을 포함하는 자기관련 인식을 포함한다는 것이다. 더욱 구체적으로 말하면 이를 통해 나타나는 자기 도식이라 할 수 있다.

이에 관해 서여주(2020)는 복잡성에 대해서 다음과 같이 적었다.

자기 복잡성(self-complexity)에는 두 가지가 있는데 그 하나는 자기 측면(self-aspects)의 개수이고, 또 하나는 중첩 정도로서 자기 복잡성(self-complexity)을 측정할 수 있다는 것이다. 이러한 중첩 정도는 다양한 자기의 모습들이 서로 얼마나 비슷한지 혹은 다른지를 나타내고 있다.

이를 통해 살펴보면 자기 측면(self-aspects)이 서로 많이 포함되어 있다면 다른 측면에 파급효과를 주므로 자기 복잡성(self-complexity)이 낮게 나타나며, 자기 측면(self-aspects) 사이에 중첩 정도가 낮을수록 자기 복잡성(self-complexity)이 높게 나타난다고 볼 수 있다.

3 자기검색(self monitoring)

누구나 타인과의 생활에서 '성공적인 삶'을 살고 싶어 하는 욕망이 있을 것이다. '성공적인 삶'이 물질적 가치이든 정신적 가치이든 그리고 높은 직위든 간에 추구하는 것은 사람마다 다를 것이다. 그러나 이것이 필요한 이유는 혼자 사는 것이 아니라 공동체에서 살아야 하기 때문이다. 혼자 사는 사람은 이것이 필요 없을지도 모른다.

공동체에서 살아야 한다는 것은 타인의 기대나 염려 등에 맞추어 살아야 한다는 것이고 이를 통해 타인에게 깊은 인상을 각인시킬 필요가 있을 것이다. 이를 위해 사람들은 자신이 한 행동이 사회나 문화, 관습 그리고 타인에 의해 각인되고 평가받도록 스스로가 삶을 갖추어 가도록 하는 전략적인 방법을 선택하게 되어 있다. 이를 Snyder는 자기검색(self monitoring)이라 하였다. 그는 다음과 같이 정의하였다.

> 자기검색(self monitoring)은 자신의 행동이 사회적으로 적절하다고 평가받기 위해 의식적으로 자기관찰, 자기통제 및 자기관리를 하는 전략이다. 구체적인 행동에 대한 자기검색(self monitoring)은 타인이 수용할 만큼 얼마나 적절하게 표현하는가의 문제로, 다양한 상황적 조건에 따라 적합한 행동을 잘 수행할 수 있는가를 가지고 평가할 수 있다.
> 따라서 자기검색(self monitoring)은 사회적 상황에서 자신의 표현과 타인의 표현을 조화시키기 위해 여러 상황적 단서에 맞추어 자신의 행동을 조절하고 관리하는 능력이라고 할 수 있다(서여주, 2020에서 재인용).

이로 볼 때 자기검색(self monitoring)은 사회에 적응하고 성공적인 삶을 살아가는 데 필수적 요소라 할 수 있다. 흔히 자기검색을 잘하는 사람과 하지 못하는 사람은 환경변화에 따른 대처능력이 다를 것이다. 예를 들면 자기검색(self monitoring)을 잘하는 사람은 자신의 행동에 있어서 즉, 자신이 접하는 행동, 사건, 인간관계, 직업을 찾는 일과 같은 것에 적절하게 대처하는 능력이 낮은 사람보다 훨씬 유리하며 적극적인 삶을 찾고자 하는 사람들이다. 즉 자기에게 필요한 사회적 정보 등을 능동적으로 찾으려는 의지가 있고 자기 자신을 표현하는 데 있어 혹은 자신을 타인에게 어떻게 보여야 하는지에 대하여 민감하게 작용하여 그러한 것을――상황 단서라는 말이 옳을지도 모름――자기과시를 위한 자기방어적 수단으로 사용하기도 한다는 것이다.

이와 반대로 낮은 수준에 머무르는 자기검색(self monitoring)을 하는 사람은 타인이 나를 어떻게 생각하는지에 대한 정보에는 관심을 두지 않으며 행동 면에서도 자기 위주로 결정한다. 따라서 사회적 변화에 적절하게 대처하지 못하며 비효율적인 면을 가지고 있다. 그러나 자기검색(self monitoring)을 지나치게 잘하고 높은 것만이 능사가 아니라는 것이다. 왜냐하면, 그들은 내적 통제나 자의식이 모자라서 장기적 목표를 수립하는 데 어려움을 겪을 수 있고 즉각적인 보상에만 반응하는 경향이 있을 수도 있다는 것이다.

03 자기와 동기

1 행위 주체자로서의 동기

1) 자기조절(self-control)

인간은 사회나 타인으로부터 혹은 환경에 따라 행동하려는 경향이 있는데, 항상 하고 싶은 대로 행동하는 것은 아니다. 다시 말하면 환경이나 사회적 요구 그리고 타인으로부터의 요구에 반응하는 것에는 적절한 수준이 있다는 것이다. 이를 자기조절이라 할 수 있다. 이에 대하여 서여주(2020)는 다음과 같이 정의하였다.

> 자기조절(self-control)이란 환경의 요구에 따라 행동을 시작하고 멈추는 것에서부터 시작하여 사회적, 교육적 활동에 이르기까지 자기 행동의 빈도, 빈도와 지속성을 조절할 수 있는 능력을 의미한다(서여주, 2020에서 재인용).

다시 말하면 이는 우리가 무엇인가를 하려고 하는 데 있어 멈추고 조절하게 하는 억제조절이라 할 수 있다. 즉 유혹이나 충동으로부터 감정, 사고, 행동을 조절하는 능력을 말한다. 이는 집행기능(executive function)의 하나로서, 특정 목적을 달성하기 위한 행동을 조절하는 데 필요한 인지처리(cognitive process)라 할 수 있다는 것이다.

자기조절 이론(self-control)에 가장 큰 영향을 미친 사람은 사회심리학자인 로이 바우마이스터(Baumeister, R.F.)이며, 그는 자아 고갈(ego depletion)이라는 개념을 통해 한정된 능력 안에서 자기조절이 가능하다는 것을 설명했다. 바우마이스터가 주장하는 자기조절의 네 가지 요소는 기준, 동기, 감시, 의지이다. 그는 자기조절이 이 네 가지 요소 사이에서 상호작용을 하며 복잡하고 다면적인 과정을 거친다고 주장했다.

자기조절에는 4가지 요소가 있다.

첫째, 바람직한 행동의 기준(Standards)
둘째, 그 기준에 도달하기 위한 동기(Motivation)
셋째, 기준에 어긋나는 상황과 생각들을 위한 감시(Monitoring)
마지막으로, 자기통제를 위한 내적 의지(Willpower)

자기조절을 위해서는 위 네 개의 요소가 모두 필요하다는 주장도 있지만, 서로 어느 정도 대체될 수 있다고 보기도 한다. 예를 들어, 동기가 부족하다 해도 동기가 부족한 양만큼 의지가 더 크다면 자기조절에 성공하기도 한다.

자기조절은 무한정 일어날 수 있는 것이 아니다. 뇌 속에 있는 한정된 자원을 바탕으로 그 자원이 고갈되기 전까지 자기조절이 가능한 것이다. 자기조절 이론은 충동 조절과 단기적 욕망의 관리, 그리고 통제, 고통, 목표 성취, 동기 등의 인지적인 왜곡에도 적용될 수 있다. 잘못된 행동이나 실패 등은 자기조절이 기준에 못 미쳤거나 제대로 이루어지지 않았다고 볼 수 있다.

자기조절이 잘 이루어지지 못하는 사람 중에, 충동을 억제하지 못하는 사람들은 즉각적인 욕구를 억제하지 못하고 실행에 옮긴다. 폭력적 성향이 있는 사람은 그 순간의 행동을 제어하지 못하고 범죄자가 되기도 하며, 폭력적 성향이 없는 사람은 충동적 구매로 재정적인 어려움을 겪는다든지, 대인관계에 문제를 일으키며 사회생활에 적응하지 못하는 결과를 초래할 수도 있다. 이러한 자기조절 실패는 의학적인 도움을 받을 수도 있지만, 무엇보다 환자의 의지가 없다면 의사의 치료나 조언도 그 효과를 제대로 발휘할 수 없다. 이에 의학에서도 '자기조절'은 중요한 화두이다. 즉, 자기조절 이론은 개인의 정서 안정성 및 성취 등에 큰 영향을 주는 중요한 요소로 여겨져 왔으며 여전히 많은 심리학자, 교육자들이 그 중요성에 많은 관심을 가지고 있다.

그에 따르면, 자기조절은 '생성 ☛ 평가 ☛ 학습'의 단계를 거친다. 각 단계는 자신만의 동기, 행동 및 발달 등을 통해 서로 간에 상호작용을 한다는 것이다.

제일 먼저 자기조절의 생성단계는 의사결정이 내려지기 이전에 나타나는 단계이다. 이 단계에서 개인은 자신이 선택할 수 있는 대안들을 창출한다. 이 단계는 개인이 어떤 것을 달성하기를 원하지만, 어떻게 착수해야 하는지를 알지 못할 때 나타난다. 또, 개인이 어떤 내적 단서나 외부 환경적인 단서에 직면할 때 시작되기도 한다. 정보단서는 사람들이 목표를 설정하는 과정에 착수하도록 만들며 목표달성을 위해 선택 가능한 대안들은 기억 속에서 인출되거나 유추를 통해서 구성되거나 인과 추리 방식에 의해 구성되거나, 조언을 구하여 얻어진다. 이후, 개인에게 구체화된 선택 대안들이 제시되면 평가단계가 시작된다고 볼 수 있다.

이후 개인이 의사결정을 내릴 때 나타나는 자기조절의 단계는 '평가단계'이다. 평가단계에서 개인은 먼저 각 선택 대안의 '이해득실'을 확인하는데, (선택 대안의 차원) 다음으로, 개인은 차원들을 조합하고 각 선택 대안의 우열을 가리는 몇 가지 전략을 구사한다. 즉 가장 나쁜 것에서 가장 좋은 것까지 순위를 매기기도 한다. 이 중, 최상의 대안을 선택하게 한다.

마지막으로, 의사결정이 내려진 이후에 나타나는 자기조절 단계는 '학습단계'이다. 이때 개인은 자신의 선택 대안이 실행되고 개인은 본래의 목표 달성 정도를 관찰한다. 나아가 선택 대안의 성공 혹은 실패를 확인하고 이런 정보를 기억 속에 저장하고 학습하게 된다. 이때, 자기조절을 잘하는 사람과 못 하는 사람의 구분은 정보 단서를 해석하는 능력의 정확성에 있는 것이 아니라, 실수로부터 학습하는 능력에 있다.

인간은 행동할 때 자기조절을 하고 있으며, 이러한 능력은 행동하고자 하는 목표나 목표를 이루기 위하여 노력하고 있으며, 다른 것에 대한 상황판단———비록 외부적인 제한이 있더라도———에 따라 비교적 안정되고 일정한 방향으로 수행할 수 있다. 이것은 자신의 행동에 대한 끝없는 자기검색과 획득한 자기평가를 통하고, 자기 강화를 통해 자기조절을 사용한다는 것이다. 자기 강화는, 적절한 행동에 대한 보상이 확실할 때 일어난다고 보면 된다.

따라서 자기조절에 성공한 사람은 어떤 일을 하는 데 있어서 과제를 수행할 수 있는 능력이 높으며, 고차원적인 인지기능에도 탁월한 능력을 발휘하며 과제에 대한 목표나 목적을 달성하는 것도 쉽고, 바람직한 인간관계를 생성할 수 있으며 이를 통해 정신적, 육체적으로도 스트레스를 받는 일이 적어 건강한 삶을 살아가는 데 유리하다는 것이다. 반면에 자기조절에 실패한 사람은 쉽게 흥분하며, 계획성이 없고, 즉흥적으로 모든 일을 처리하며 실패할 확률이 높아서 개인적, 사회적으로 문제를 일으키는 원인이 된다는 것이다. 이를 범죄의 유형별로 보면 대다수가 자기조절의 부족이나 실패에서 오는 경우라 할 수 있다.

위의 예를 보면 인지능력이 필요한 과제 수준뿐만 아니라, 감정이나 정서에도 꽤 많은 영향을 미친다. 이러한 정서에 대한 자기조절능력은 결국 인간관계에도 영향을 미치게 되어 개인적인 면이나 사회적인 면에서도 건강한 삶을 영위하는 데 많은 도움이 된다는 것이다.

위에서 말했듯이 자기 강화는 보상을 받기 위해 과업이나 관계를 이루고자 한다. 다시 말하면 성공적인 과업과 관계를 이루고자 함은 강력한 보상이 필요하기 때문이며 이는 Maslow의 욕구이론에서 설명하였듯이 생리적 욕구 등과 같은 강력한 동기를 잠시 놓아둠으로써 미래에 더욱 건강한 삶을 추구하기 위하여 감정이나 행동을 조절하고 사회나 개인에게 소속되어 인정받도록 노력해야 할 것이다. 이를 위해 관계적 측면에서 자신이 가지고 있는 부정적 정서나 감정 등은 되도록 자제해야 할 것이다. 이를 위해서는 자기효능감이 필요하다.

2) 자기효능감(自己效能感, self-efficacy)

어떤 일을 하는 데 있어 자신을 통제해야 한다고 하였다. 이는 건전한 사회생활을 하는 데 있어서 자신이 속한 단체나 사회에 소속되어 인정받고 싶어 하는 욕구가 있기 때문이라는 것이다. 이를 위해서는 의사결정을 하는 데 있어서 필요한 개인의 요소인 인지적, 행동적 그리고 정서적인 것들을 잘 활용할 필요가 있으며 이를 통해 자기조절에 필요 없는 요소들을 잘 다루는 능력을 길러야 한다는 것이다. 이를 자기조절이라 한다고 했다. 이 과정 중에 나타나는 것이 자기효능감(自己效能感, self-efficacy)이라 할 수 있다.

심리학에서 자기효능감(自己效能感, self-efficacy)은 어떤 상황에서 적절한 행동을 할 수 있다는 기대와 신념이다. 캐나다의 심리학자 앨버트 밴듀라(Albert Bandura)가 제시한 개념이다. 자기효능감은 자기 효능성에 대한 기대(expectation of self-efficacy), 자기 효능성에 대한 신념(belief of self-efficacy)이라 한다. 자기효능감이 해야 할 일을 아는 것과는 같지 않다. 자기효능감을 측정할 때, 개개인은 그들의 기술과 이러한 기술들을 실행으로 옮기는 그들의 역량들을 평가한다(백과사전, 서동미, 2009).

이에 대하여 서여주(2020)는 다음과 같이 정의하였다.

자기효능감이란 자신의 수행이 긍정적인 결과를 가져올 것이라 믿으므로 목표를 달성하기 위해 지속적으로 시도할 가능성을 높이는 심리적 특성을 말한다.

이들 이론과 연구들에 따르면 자기효능감은 주로 영역 특수적인 구조라고 제안된다. 따라서 교과서로부터 추론을 끌어내는 것, 화학 방정식을 해결(balancing)하는 것, 분수 문제를 푸는 것, 트랙에서 특정한 횟수를 뛰는 것 등에 대하여 자기효능감을 말하는 것은 의미 있는 일이다. Smith와 Fouad는 자기효능감, 목표 그리고 결과 기대가 하위영역에 대해 세부적이라는 것을 밝혀내고, 영역을 넘어서는 거의 일반화되지 않는다는 것을 보여주었다.

자기효능감은 자기개념(self-concept)과 명백히 구분된다. 자기개념은 환경에 대한 해석과 경험을 통해 형성된 스스로에 대한 총체적인 자기 지각을 의미한다. 또한, 자기개념은 중요한 타인들에 의한 강화와 평가에 강력하게 의존한다. 자기효능감은 특정한 역량에 대한 지각을 의미한다. 자기개념은 서로 다른 영역에 대한 효능감을 포함한 포괄적인 자기인식이다.

자기효능감은 학생의 역량에 부분적으로 의존하고 있다. 일반적으로, 우수한 학생들은 낮은 역량의 학생들과 비교해 보았을 때, 학습에 대해 더욱 효능감을 느낀다. 하지만 자기효능감이 역량과 같지는 않다.

개인이 얻게 되는 정보가 자기효능감에 자동으로 영향을 끼치지는 않지만, 인지적으로는 평가를 받는다. 자기효능감을 평가하는 것은 사람들이 개인적, 행동적, 그리고 환경적 요소들에 따른 공헌을 측정하고 종합할 수 있는 추론적인 과정이다. 자기효능감을 평가하면서, 학생들은 역량, 투입된 노력, 과제의 난이도, 교사의 지원, 그리고 성공과 실패의 수와 패턴을 요소로써 고려할 수 있다(백과사전).

이로 보았을 때 우리는 자기효능감이 매우 중요하다는 사실을 알 수 있다. 사람에 따라 다르지만, 일반적으로 어려운 상황에 직면하여 이겨냈을 때 자기효능감이 높게 나타난다. 이러한 효능감은 결국 동기라든가 인지적 요소 그리고 행동을 최적화시킬 수 있다는 것이다. 이는 자신이 할 수 있다는 믿음은 결국 성공할 확률이 있다는 것을 의미하며 결과에도 좋은 영향을 미칠 수 있기 때문이다.

이러한 자기효능감은 정신 건강에도 매우 좋다는 것이다. 즉 스트레스를 많이 받았을 때 자기효능감이 높으면 적응하는 데 많은 도움이 된다는 것이다. 현대사회는 많은 스트레스로 인하여 고통을 받는다고 해도 과언이 아니다. 이는 인류에게 가장 위협이 되는 장애의 하나라고 볼 수 있다.

스트레스(stress)의 개념은 다양하게 사용된다. 먼저 물리학에서는 가해지는 압력, 긴장, 힘 등으로 사용되며, 생리학에서는 신체상의 반응에 영향을 주는 것을 기술하기 위한 개념으로서 압력이 쌓이는 것이나 근육 긴장으로 인한 피로와 같은 것을 가리킨다. 심리학에서는 정신적, 신체적 체제의 경성(arousal, 警醒, 정신을 차려 그릇된 행동을 하지 않도록 타일러 깨우침)을 가리키는 개념으로 만약 경성의 상태가 지속되는 경우 체제를 피로하게 하거나 손상을 입힘으로써 부적응의 상태나 질병에 이르게 하는 것을 가리키고 있다(이성진 외, 2007).

위에서 말했듯이 자기효능감이 높은 사람은 어떤 일에 관하여 성공할 수 있다는 신념 때문에 도전적이며 어려운 문제에 접했을 때 노력하면 된다는 성향이 강해 해결능력이 높다고 하였다. 따라서 스트레스를 이겨내는 능력 또한 자기효능감이 없는 사람보다 훨씬 강하다는 것이다. 즉 두려워하기보다는 할 만한 것이라는 믿음성이 강하기 때문에 스스로 이겨낼 수 있는 경향이 강하다는 것이다.

2 자기고양 관련 동기

1) 자아존중감(self-esteem)의 고저

인간은 존엄성을 가지고 태어났다. 따라서 누구에게도 차별받아서는 안 되고 역으로 타인을 차별하면 안 되는 존재이다. 이렇듯 인간은 소중하고 고귀하고 평등한 존재이다.

따라서 누구나 자신에 대한 믿음을 갖고 소중한 삶을 이어가야 하는 존재라고 할 수 있다. 이렇듯 인간은 자신을 소중하게 여기고 남으로부터 사랑받으며 존중받을 존재라는 것이다. 이를 자아존중감이라 한다.

인본주의 심리학(humanistic psychology)의 대가 칼 로저스(Carl Rogers, 1902~1987)는 많은 사람이 자신을 경멸하고 자신은 무가치하고 사랑받을 수 없다고 생각하는 문제의 기원에 대해 이론화하였다. 때문에, 로저스는 내담자에게 무조건적 수용을 보이는 것의 중요성을 신뢰하였고, 이것이 행해지면 내담자의 자존감을 상승시킬 수 있었다. 내담자의 치료 회기 동안, 로저스는 어떠한 일이 있어도 긍정적인 존경을 제공하였다. 사실 그때 이후로 자존감 개념은 인본주의 심리학에서는 만인에 대한 불가탈적 권리(inalienable right, 不可脫的 權利)로서 접근하기 시작하였다. 이는 다음의 문장으로 요약할 수 있다.

> 모든 인간은 예외 없이 인간이라는 사실만으로도 다른 모든 사람의 무조건적 존중을 받아 마땅하다. 인간은 자기 자신을 존중하고 타인으로부터 존중받아 마땅하다(백과사전).

자아존중감(自我尊重感, self-esteem)이란 자신이 사랑받을 만한 가치가 있는 소중한 존재이고 어떤 성과를 이루어낼 만한 유능한 사람이라고 믿는 마음이다. 결론적으로 말하면 자기 자신에 관한 가치를 알면서 동시에 다른 사람과 비교하여 훌륭하고 우수하고 바람직한 인간이라고 생각하는 주관적인 생각을 말한다. 자아존중감이 있는 사람은 정체성을 제대로 확립할 수 있고, 정체성이 제대로 확립된 사람은 자아존중감을 가질 수 있다.

자아존중감은 객관적이고 중립적인 판단이라기보다 주관적인 느낌이다. 자신을 객관화하는 것은 자아존중감을 가지는 첫 단추이다. 간단히 자존감(自尊感)으로도 부른다. 이 용어는 미국의 의사이자 철학자인 윌리엄 제임스가 1890년대에 처음 사용하였다(윤대현, 2011). 이와 유사한 용어에는 자존심이 있다. 분명히 이야기하지만 두 용어에는 차이가 있다. 혼동해서 사용하지 말아야 하기에 두 용어를 구분해 보자.

> 자존감이라는 개념이 자존심과 혼동되어 쓰이는 경우가 있다. 자존감과 자존심은 자신에 대한 긍정이라는 공통점이 있지만, 자존감은 '있는 그대로의 모습에 대한 긍정'을 뜻하고 자존심은 '경쟁 속에서의 긍정'을 뜻하는 등의 차이가 있다.

자존심과 자존감은 모두 자신을 좋게 평가하고 사랑하는 마음이다. 그러나 자존심은 타인과의 경쟁 속에서 얻는 긍정이며 자존감은 있는 그대로의 자신을 받아들이는 긍정이다. 이에 따라 자존심은 끝없이 타인과 경쟁해야 존재할 수 있으며 패배할 경우 무한정 곤두박질을 친다. 반면 자존감은 자신에 대한 확고한 사랑과 믿음이기에 경쟁상황에 따라 급격하게 변하지 않는다.

이러한 자존감은 어려서부터 만들어진다. 흔히 유아기 시절에 매우 강하게 나타나며 자라면서 현실과 접촉하며 얻는 경험과 또래 친구를 통해 자신을 비교, 평가하면서 스스로 조정을 거친다고 볼 수 있다.

무엇보다도 자존감은 양육과정에서 생기게 되는데 아이는 부모의 가치관에 영향을 받을 수 있고 양육자와의 관계 속에서 자기효능감을 익힌다는 것이다. 이러한 시절에 생긴 자존감은 성인이 되어서도 영향을 미치고 흔치는 않지만, 양육자가 다수일 경우 양육자 간에 다툼의 소지가 있을 경우 아이들의 자존감은 낮게 형성되기 때문에 양육에 신경을 써야 한다는 것이다. 따라서 공동체 생활에 있어서 의견 충돌이 일어날 경우, 아이들 앞에서 갈등이나 이해에 대하여 합리적으로 해결하려는 모습을 보여줄 필요가 있다.

양육상태에서도 자존감이 영향을 받지만, 또 하나는 경험에서도 자존감이 영향을 받는다는 것이다. 즉 살아가는 과정이나 살아왔던 경험을 통해서도 자존감 형성에 영향을 미친다는 것이다. 삶에서 어떠한 긍정적 경험과 부정적 경험을 하였느냐에 따라 자존감은 변한다. 단순 부정적 경험이나 트라우마가 자존감에 상처를 입히며 외상후 스트레스 장애로 이어지는 이유는 이러한 경험에 따른 유동성 때문이다(선안남, 2011).

자아존중감은 학업 성적, leadership, 위기극복능력, 대인관계 등 삶의 많은 영역에 영향을 미친다. 특히 대인관계는 자아존중감과 정비례하는 모습을 보인다.

대한민국의 서울과 경기도권에 거주하는 고등학교 1학년생을 대상으로 조사한 결과, 자아존중감이 가장 높은 그룹은 89.3%가 대인관계 최고 수준의 그룹에 속했다. 반면 자아존중감이 낮은 그룹은 78.0%가 대인관계 수준 역시 낮게 나타났다. 마찬가지로 중간 그룹은 가장 많은 69.7%가 중간 정도의 대인관계 수준을 보였다(이주연, 2011).

자아존중감은 대인관계뿐만 아니라 자기판단에도 영향을 미친다. 자아존중감이 높은 사람들은 자기 주장적인 경향이 있어 한계와 마주한 상황에서 자신의 판단을 확신하고 이를 표현한다. 반면에 자아존중감이 낮은 사람들은 자신의 판단에 자신감이 없으며 자신이 처한 상황에 대해 영향을 주기 힘들다고 생각한다.

자존감이 있는 경우는 합리적이고 주도적인 의사 결정력이 생기고, 부정적 심리를 경험할 가능성이 낮아지거나, 경험하더라도 비교적 쉽게 극복을 한다. 그러나 자존감이 과잉된 경우는 우월감 등의 부정적 심리 경험에 노출될 가능성이 크고(김지영, 2017), 타인의 비판이나 평가를 부정적으로 받아들이며 더 나아가 공격적인 모습을 보일 수 있다(선안남, 2011).

자존감이 낮을 경우는, 우울, 불안, 열등감, 분노, 공포 등의 부정적 심리 경험에 노출될 가능성이 크고, 의사결정에 의존적이거나 불확실한 태도를 보일 수 있다. 우울감에서 벗어나고자 과도한 음주를 하거나 비정상적 식습관을 가질 수도 있다. 열등감이나 자격지심으로 공격적인 모습을 보이기도 한다. 심하면 우울증이 생기거나 자살 등의 극단적인 방법을 선택하기도 한다.

자아존중감이 높은 사람은 자신의 가치를 인정하기 때문에 자신감이 있다. 자신감은 자신의 능력과 해결해야 할 과제의 난이도를 비교함으로써 형성된다. 예를 들어 자신의 능력에 비해서 과제의 난이도가 위일 경우는 자신감이 떨어진다. 한편 자신의 능력을 실제보다 과대평가하는 경우 자신감이 지나치게 높아진다. 이 상태를 자만 상태라고 한다.

예를 들면 높은 자아존중감이 형성된 사람은 자신의 가치를 높게 여기기 때문에 무엇보다도 정신적으로 건강하며 이를 통해 삶의 만족도가 높으며 대인관계도 우수하고 학업 수행능력 면에서도 낮은 사람보다 우수하다는 것이다(서여주, 2020). 따라서 심리적으로 불안하거나 과한 스트레스를 통해 정신 건강에 이상이 있을 때 무엇보다도 자신을 존중하는 마음을 갖는 것이 최선의 대처방법이다. 즉 자아존중감을 회복시키는 것이 무엇보다도 우선이 되어야 한다는 것이다. 여기서 정리하여 보자.

자존감이 높은 경우는 건강한 자존감을 가진 사람들이라 볼 수 있다. 그들의 특징은 다음과 같다.

- 어떤 가치관이나 원칙에 대하여 굳은 신념을 가지고 있고, 그 반대되는 것이 나타나도 지키려는 준비가 되어 있으며, 경험에 따라 그것을 수정할 만큼 안정감을 느끼고 있음
- 최선의 선택이라 생각하는 것에 따라 행동할 줄 알며, 자신의 판단을 신뢰하고, 자신의 선택을 타인이 좋아하지 않아도 자신은 죄책감을 느끼지 않음
- 과거에 일어난 일을 과도하게 괴로워하거나 미래에 일어날 일을 지나치게 걱정하느라 시간 낭비를 하지 않는다. 이들은 과거에서 배우고 미래를 계획하지만, 현재를 살고 있다.
- 자신의 문제해결 능력을 완전히 신뢰하면서도 실패와 고난 이후에도 결코 주저하지 않는다. 필요하면 타인에게 도움을 요청한다.
- 존엄(dignity)에 있어 타인과 동등하다고 생각하며 타인보다 우월하거나 열등하다고 생각하지 않는다. 반면 특정 재능이나 개인적 명성, 재정 수준에서 각자 차이가 있다는 것도 수용한다.
- 타인들 혹은 우정을 나누고 있는 사람들에게 있어, 자신이 어떻게 관심을 일으키고 가치 있는 사람이 될 수 있는지를 잘 알고 있다.
- 타인의 조종(manipulation)에 대해 저항하고, 적절하고 이로울 때만 타인과 협력한다.
- 부정적이든 긍정적이든 각자 서로 다른 내면의 느낌이나 충동이 있다는 것을 인정하고 수용하며, 자신이 선택할 때만 이러한 충동들을 타인에게 드러내고 있다.
- 다양한 활동들을 즐길 줄 안다.
- 타인의 감정과 욕구에 민감하다. 널리 수용되고 있는 사회적 규칙을 존중하며, 타인에게 손해를 끼칠 정도로 자신의 권리나 번영할 욕구를 주장하지 않는다.
- 고난이 닥쳤을 때 해결책을 찾으려 노력하거나 자신의 불만을 언어로 표현할 줄 알지만, 자신이나 타인을 과소평가하지 않는다.

자존감이 낮은 사람들의 경우 이의 원인은 다양하지만, 유전적 요인, 외모나 체중, 정신 건강 문제, 사회경제적 지위(socioeconomic status), 중요한 감정적 경험, 사회 낙인(social stigma), 동조 압력(peer pressure), 왕따(bullying) 등의 특징이 있다. 자존감이 낮은 경우 다음과 같은 특징을 보인다.

- 엄중한 자기비판(self-criticism)과 불만족
- 비판이나 공격받는 느낌으로 인한 분노와 함께 보이는 비판에 대한 과민반응(hypersensitivity)
- 만성적 우유부단(chronic indecision)과 실수에 대한 지나친 두려움
- 타인을 지나치게 기쁘게 해야 하거나 요청을 거절하지 못하는 성격
- 완벽주의 : 완벽에 도달하지 못했을 때 좌절감을 느낌
- 신경증 수준의 죄책감(neurotic guilt) : 과거 실수에 휘둘리거나 과장함
- 명확한 이유 없이 보이는 변덕스런 호전성(floating hostility)과 방어행동 및 짜증
- 비관주의(pessimism)와 부정적인 전망

- 질투, 화를 돋움, 혹은 분노
- 일시적 고난을 영원히 지속되거나 참을 수 없는 것으로 여김

자존감이 낮으면 자신에게도 비판적이다. 자기 가치를 평가할 때, 타인의 인정이나 칭찬에 휘둘린다. 일부는 성공을 기준으로 호감을 측정하기도 한다. 이들은 성공하면 자기를 인정하지만 실패하면 자기를 인정하지 않는다. 만성적으로 자존감이 낮은 사람들은 정신질환을 앓을 위험성이 높다. 그리고 이러한 행동은 정신질환 증상을 형성하는 데 밀접하게 연관되어 있다.

2) 자기편향성이 있는 경우

흔히 우리는 때로는 정확하게 판단하는 데 힘이 들 때가 있을 것이다. 우리의 인지기능은 완벽하지도 않고 다양한 요인들에 의해 올바른 사고를 하지 못하는 경우가 많기 때문이다. 대개는 편견, 무지, 사고의 고착화, 아집 등이 이에 대한 요인이라 볼 수 있다. 따라서 어떤 것에 대하여 사고의 경우 중립적이고 객관성을 유지하기보다는 편향적이고 자기 주관성을 가지는 경향이 있다는 것이다. 다시 말하면 어느 한쪽에 치우치는 경향이 다분히 있다는 것을 말한다.

예를 들면 자신을 타인과 비교할 때 이러한 경향이 많이 생기는데 정확한 판단 없이 자신이 타인보다 낫다고 착각하고 있다는 것이다. 물론 이러한 편향성은 긍정적, 부정적일 수도 있다는 것이다. 흔히 이러한 편향은 자기가 타인보다 낫다고 판단함으로써 왜곡하는 경향이 있다. 즉 현실을 받아들이지 않는 경향이다.

이러한 것을 자기 고양편향(self-enhancing bias)이라고 하는데 이러한 편향성을 맞추는 것이, 매우 어렵다는 것이다. 자기 고양적 편견은 어떤 단체의 성공을 자신으로 인한 것으로 돌리는 반면에, 실패할 경우 다른 구성원을 탓하려는 경향을 말한다. 일반적으로 자기 고양적 편견은 공동체 사회에서 성공을 자신의 입신양명을 위해 가로채려는 반면, 실패의 책임을 회피하려는 모양으로 자주 발견할 수 있다. 이러한 편견이 유쾌한 정서와 결합되면 더욱 증가된다. 따라서 너무 지나치지 않을 경우 개인의 정신건강과 더불어 대인관계에 긍정적인 역할을 한다는 것이다.

예를 들어 설명하자면, 스포츠나 타인을 지도하는 데서도 나타난다. 자신의 지도방식은 절대적으로 옳으며 다른 지도자와 비교했을 때 자신의 지도내용이나 경기운영, 선수 관리 등이 비교우위에 있다는 생각이 문제임을 지적한다. 이러함에도 불구하고, 지도자의 대부분은 자신의 방식이

최고라 생각하며 최선임을 강조하는 것도 이 같은 경우라 할 수 있다.

이러한 편향은 스포츠지도자뿐만 아니라 인간에게서 보편적으로 나타나는 사회 지각의 특징이다. 따라서 긍정적인 착각은 나는 타인보다 외계(外界)를 더 잘 통제할 수 있다는 자기통제 착각, 자신의 미래를 실제보다 더 긍정적으로 예측하는 비현실적 낙관주의, 자신을 타인보다 높게 평가하는 경향인 자기 고양편향 등 일상생활에서 널리 퍼져 있다는 것이다.

자기 고양편향은 긍정적 착각 중에 가장 흔하게 나타나는 현상으로서 치명적인 병에 걸린 환자들이 다른 환자에 비해 자신의 예후(豫後)가 좋을 것으로 생각하거나, 다른 사람이 거짓말을 할 확률을 자신의 3배로 평가하는 등 자신이 중요하다고 여기는 분야에 선별적으로 나타나고 있다. 따라서 이러한 위험성을 인식해야 할 필요성이 있다. 그렇다면 개개인의 소통은 물론 조직 전체의 소통역량에 도움이 될 수 있을 것이다.

흔히 부풀려진 자기평가는 기준이 비교적 확실한 부분에서는 즉 지능에서는 잘 나타나지 않고 모호한 기준이 있는 도덕성에서 잘 나타나는 경향이 있다. 예를 들어 성적이 낮을 경우 확실하게 자기평가가 부풀려진 것이 나타나지만 도덕적인 문제 즉 '노인에게 자리를 양보해야 한다'라는 것은 상대적으로 주관적인 성향이 강하기 때문에 자기의 평가가 관대해질 필요가 있다는 것이다.

여기에서 이것은 자기 불구화(self-handicapping)로 나타나고 있다. 자기 불구화는 사람들이 귀인 편향———이 이론은 사람들이 자신 또는 타인의 행동원인을 설명하는 방식에 대한 것임———을 통하여 자아존중감을 유지할 수 있으며 위협을 받을 때 그 상황을 회피함으로써 자기를 보호하기도 한다는 것이다.

귀인(歸因, attribution)은 '원인 귀착'의 줄임말로서, 한 개인이 타인의 행동이나 사건의 원인을 어떻게 설명하는지와 관련이 있는 말이다. 예를 들어 컵을 실수로 떨어뜨려 깨뜨렸을 때, 옆에 있는 사람과 부딪혔기 때문에 떨어뜨렸다고 생각할 수도 있고, 자신이 너무 덜렁대서 깨뜨렸다고 생각할 수도 있다. 이처럼 하나의 결과를 놓고도 원인으로 생각하는 것은 개인에 따라 다를 수 있으며, 다양한 귀인이 나타난다.

인간은 사건을 인식할 때 원인을 따져본다. 귀인 이론은 사람들이 사건들의 원인을 따지는 방법을 두 가지로 나누었다. 그 하나는 '외적 요인' 또는 '환경적 요인'으로 원인을 돌리는 것(날씨 등)이고, 나머지 하나는 '내적 요인' 또는 '기질적 요인'으로 원인을 돌리는 것(지능 수준, 발생한 사건에 대한 책임 등)이다.

다른 사람들의 행동에 대하여 설명할 때 관찰자는 상황 요인들의 영향에 대해서는 과소평가하고 행위자의 내적, 기질적인 요인들의 영향은 과대평가하는 것을 기본적 귀인 오류(fundamental attribution error, FAE)라고 한다. 다시 말하면 다른 사람들의 행동원인들은 그 사람이 처한 상황의 조건에 원인을 두기보다는 사람의 성격이나 동기, 태도, 신념 등으로 귀착하는 경향성을 가지고 있다는 것이다. 그러한 이유는 사람들이 다른 사람을 관찰할 때 상황보다는 개인에 초점을 맞추는 데 그 원인이 있을 것이다. 기본적 귀인 오류는 자신의 행동을 설명할 때는 잘 나타나지 않으며, 서구 사회나 현대사회에서 이러한 현상이 더 잘 관찰되는 것으로 알려져 있다.

실험 참가자들에게 피델 카스트로(Fidel Castro)에 대해 찬성 또는 반대하는 내용의 글을 읽게 하고, 그 글을 쓴 사람들이 카스트로에 대해 갖고 있을지도 모르는 태도를 추정하게 했다. 글의 필자들이 자신 생각을 그대로 썼다고 묘사된 조건에서 참가자들은 당연히 글의 내용에 일치하는 방향으로 필자들의 태도를 추정했다. 하지만 글의 필자들이 자신 생각에 따라 쓴 것이 아니라 지시받은 내용의 글을 썼을 뿐이라고 묘사된 조건에서도, 참가자들은 여전히 필자들이 카스트로에 대해 글의 내용과 일치하는 방향의 태도(즉 카스트로에 대해 찬성하는 글에서는 찬성하는 태도, 반대하는 글에서는 반대하는 태도)를 가졌을 것이라 추정을 했다.

일상생활의 예로는 다음과 같은 상황을 들 수 있다. 한 운전자가 신호등이 빨간 불인데도 그냥 사거리를 지나쳐 버리는 다른 운전자를 보았다면, FAE에 따르면 그 운전자가 성격이 난폭하거나 운전에 서투르다는 추론을 할 것이다. 하지만 그 운전자는 환자를 태우고 병원에 가는 도중일 수도 있으므로 추론이 틀릴 가능성도 있다는 것이다.

'기본적 귀인 오류'라는 명칭은 사회심리학자인 리 로스(Lee Ross)가 존스와 해리스의 실험 결과에 붙인 이름이다. '기본적'이라는 표현이 붙은 이유는 리 로스가 이 현상을 매우 보편적이고 근본적인 사회심리학적 현상이라고 보았기 때문이다. 대니얼 길버트(Daniel Gilbert)와 같은 학자는 이 현상을 대응 편향(correspondence bias)이라고 부르는데, 학자에 따라서는 이 두 현상이 서로 구분되어야 하며 기본적 귀인 오류는 대응 편향의 설명 중 하나라고 말하기도 한다.

3) 인상관리이론

우리는 어떤 행위를 하는 경우 자신과 관련된 사람들에게 어떠한 이미지를 주기 위하여 자신의 이미지를 관리하고자 노력할 것이다. 이를 연구한 것이 인상관리이론이다. 사람들은 사회생활을 통하여 다양한 역할과 행동을 수행하는 데 이러한 결과는 상황과 타인에 의해서 달라질 수 있다는 것이다. 즉 자신의 목표를——그것이 물질이든, 정신적이든, 심리적이든——달성하기 위하여 자신의 이미지를 관리하면서 타인을 설득하려고 한다는 것이다. 이러한 이미지인 자신의 인상은 역시 마찬가지로 의도적이며 목표지향적인 편향성을 갖고 있다는 것이다.

이를 구체적으로 설명하면, 인상관리이론은 사람들이 특별한 목적을 달성하기 위하여 그들의 이미지를 타인들에게 어떻게 제시하는지를 다루는 이론이다. 인상관리이론의 연구는 대부분 타인에게 자신을 보이는 경우, 가장 기본적인 목표가 사회적 승인의 획득에 있다고 가정하고 있다. 즉, 다른 사람들에게 바람직한 인상을 심어줌으로써 사람들은 적극적으로 어떤 특정한 사회적 정체성을 창조하고 개선하며 유지해 간다고 보는 것이다.

즉 인상관리는 폭넓게 받아들여지는 정의가 존재하는 개념은 아니지만, 사회심리학에서는 자주 사용되는 개념이며, 완전한 동의어는 아니지만, 자기현시라고 부르기도 한다. 즉 자기현시(自己顯示)의 의미는 남에게 자기를 나타내 보이는 것을 말하며, 남에게서 인정받으려는 욕구나 자기를 실제 이상으로 나타내려는 강한 욕구에서 비롯된다.

일반적으로 인상관리의 동기는 인상관리자가 왜 이미지를 조작하려고 하는가에 초점을 맞춘다. 동기적 측면에서, 사람들은 남보다 좋은 인상을 창조함으로써 타인의 호감을 얻고 이에 따른 인정, 지원, 동조와 나아가서는 타인에 대한 권력까지 획득하고자 한다. 또한, 어떠한 결정이나 행위의 실패로 인해 당혹스러운 상황에 있게 될 경우는 인상관리의 동기가 높아지게 되며, 손상된 이미지의 복구를 위해 '인상관리'를 시도하게 된다는 것이다.

인상관리 이론가들은 사람들이 그들의 태도와 다른 방식으로 공적인 표현을 하는 경우에 긴장이 생긴다고 보았다. 이는 긴장이 부조화적(不調和的)인 인식에서 생겨나기보다는 자신이 타인들에게 일관적이지 못하게 보인다는 그들의 지식에서 생기게 된다. 이러한 사람들은 즉시 그들의 행동과 태도에서 일관성을 다시 회복하여 타인들에게 조심스럽게 그들의 인상을 심어주려고 시도할 것이다. 즉, 사형제도를 옹호하도록 유도된 사람은 타인에게 일관성과 신뢰감 등의 이미지를 심어주기 위하여 사형제도에 찬성한다고 말한다는 것을 이야기하고 있다.

한편, 인상 동기화에는 특정 인상이 목표달성에 미치는 영향인 특정 인상과 목표와의 관련성, 인상관리를 통해 달성하고자 하는 목표의 가치, 현재 이미지와 인상관리를 통해 얻고자 하는 이미지 간의 불일치 정도가 영향을 미치고 있다.

인간은 목표를 달성하기 위해서는 어떤 상황에서도 자신의 행동을 조절하여 상대방에게 알려주는 자기 제시(self-presentation)를 한다. 자기 제시(self-presentation)는 자신이 타인에게 보여주는 인상에 대하여 관리하도록 시도하는 것이라고 볼 수 있으며 타인이 자신을 어떻게 평가하는지 또한, 그 평가에 대하여 끊임없이 관심을 가지면서 좋은 이미지를 전달하려고 노력하는 것이다. 따라서 개인은 타인에 대하여 자신에 대한 좋은 인상을 주려고 하지만 그것이 잘못되었을 때 대인 불안이 생기게 될 것이다.

이러한 자기 제시는 의식적, 무의식적 행동으로서 자신의 이미지가 타인에게 어떻게 비추어지는가에 관해 조절하려는 것으로 타인과의 상호과정에서 자신의 이미지를 조절하여 원하는 인상을 타인에게 주려는 것이다. 이렇게 하기 위해서는 분명히 자기검색을 거쳐야 하며——목소리, 옷차림, 외모, 첫인상 등과 같은 여러 가지를 이용하여 자신의 인상을 전달할 수 있는——타인에게 긍정적인 인상을 주고자 하는 동기가 발생하였다면, 자신이 만들고자 하는 인상의 유형을 결정하고 그러한 인상을 만들기 위한 행동을 어떻게 하여야 하는지에 대하여 자기 제시의 방법을 결정할 필요가 있다.

이러한 전략이 이루어지면 이에 대한 전술이 필요하다. 이러한 전술은 상사에 대한 아부라든가 아랫사람에 대한 위협, 간청, 자기 노출, 과시, 과장과 같은 행위를 통해 자기의 인상을 관리하는 것이다. 이러한 행위를 통해 윗사람에게 강력한 인상을 주게 되어 자신에 대한 호의적인 의식을 통해 진급이라든지 승진을 얻고자 한다는 것이다. 이러한 것이 인상관리를 성공적으로 한 사람들의 특징이라 할 수 있다.

연습문제 1 남자아이와 여자아이의 예(例)를 읽은 뒤 소감문을 작성하여 보시오.

연습문제 2 자신과 타인은 어떤 면에서 차이가 있는지 설명해 보자.

연습문제 3 자신의 인상에 대한 이미지를 관리하기 위해 어떻게 해야 하는지를 자세히 설명해 보자.

연습문제 4 바람직한 대학 생활을 하기 위하여 자기조절을 해야 할 것을 적어보시오.

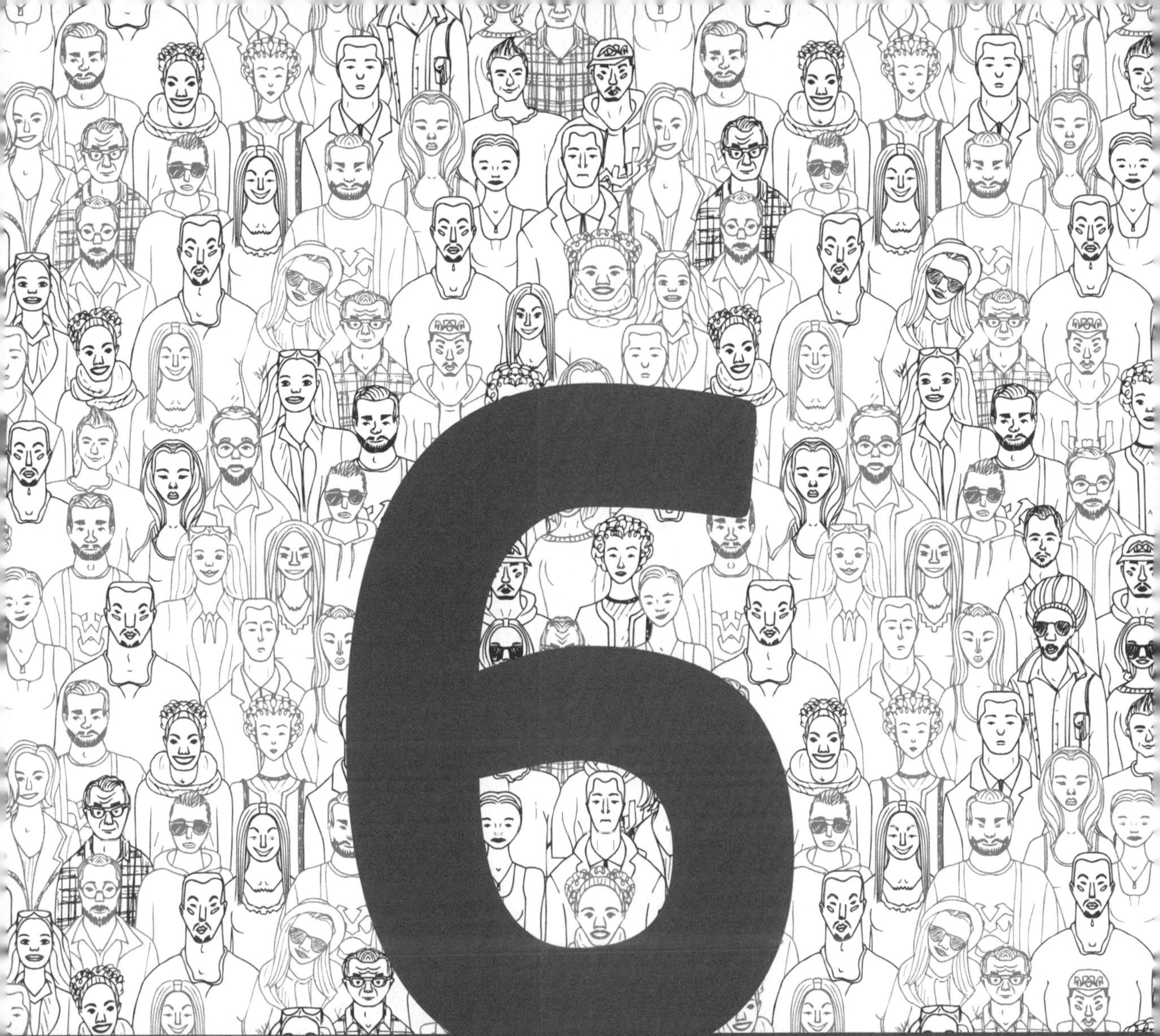

6

대중의사소통

6장

대중의사소통

의사소통은 서로의 생각과 감정을 말, 행동, 글 등을 통해 주고받는 것을 말한다. 의사소통이 원활하다는 것은 자신이 전달하고자 하는 의미가 상대방에게 잘 이해되고 받아들여지며, 또 상대방이 전달하고자 하는 의미가 자신에게 잘 이해되고 받아들여지는 상태를 말한다. 사람들은 의사소통을 통해 서로 간의 사랑을 확인할 수 있고 애정과 결속력을 높일 수 있다. 서로에 대한 이해를 바탕으로 차이를 인정하고, 갈등을 해결할 수 있다.

과거에는 도로교통이 불편하여 의사소통 수단으로 파발이나 봉수(烽燧)를 사용했다. 말을 타고 소식을 전했던 방법을 파발이라 하였고, 봉수(烽燧)는 높은 산에 봉수대를 설치하여 낮에는 연기, 나라에 위급한 일이 발생하였을 경우 밤에는 불로 알리는 방법이라 할 수 있다. 위급한 상황에 따라 연기나 불의 수가 달라졌다. 평상시에는 한 개였고, 적이 출현하면 두 개, 적이 국경에 접근하면 세 개, 적이 국경을 돌파하면 네 개, 적과 접전이 이루어지면 다섯 개를 피웠다고 할 수 있다.

이후에는 전자통신의 발달로 인하여 다양한 의사소통의 수단이 발달하였는데 가장 대표적인 것이 전화였다. 초기의 전화는 교환원이 전화를 연결해 주었기 때문에 떨어져 있는 사람과 직접 이야기를 나눌 수 있다는 점에서 파발이나 봉수(烽燧)보다 편리하였다. 지금은 휴대전화, 화상전화, 전자우편, 인터넷 등을 이용하여 언제 어디서나 소식을 빠르게 전할 수 있게 되었다.

학교나 보건의료분야에 종사하는 사람들은 타인 앞에서 공식적으로 의사소통할 기회가 많을 것이다. 대중 의사소통(Public Communication)은 자신의 의견을 제시하거나, 정보를 제공하거나, 다른 의견에 관하여 토론을 하거나, 면접 때 자신을 표현하거나 생각을 발표하는 것 등이 이에 속한다(임숙빈 외, 2018).

특히 보건의료분야나 교육에서의 상황은 집단이나 대중을 상대로 건강에 대한 정보를 전달하거나 건강증진사업을 수행하고자 할 때 대중매체를 활용하는 것이 중요하다. 대중매체의 활용은 다수의 사람에게 공적인 구조 속에서 이루어지기 때문이다. 의사소통의 기본적인 원칙에는 자기 자신, 개인 및 소집단, 조직 의사소통이 있으며, 이러한 차원에는 공중 의사소통과 대중 의사소통이 있다. 공중 의사소통(Public Communication)은 대중 의사소통(Mass Communication)보다는 소규모이며 참여도가 직접적이라는 면에서 유리하다는 것이다.

매체가 의사소통에 사용된 것은 북(drum), 전보(telegram)로 진전되어 사진, 인쇄물, 전화, 녹음, 영화 그리고 유비쿼터스(ubiquitous), 컴퓨터, 인터넷, 빔 프로젝터, 페이스북, 전자우편, 인스타그램 등이 있다. 여기서는 이 두 가지를 혼용하여 사용하도록 할 것이다.

01 발표

발표는 한 사람이 여러 사람에게 자기의 생각을 전달하는 의사소통의 한 방법이다. 보통 대학에서 행하는 발표는 언뜻 보기에는 한 사람이 일방적으로 말하는 형식이지만 그렇다고 대중과의 소통과 감정의 교감이 없는 것은 아니다. 따라서 대중들의 수준과 관심을 살펴야 하며 발표할 때는 자신이 준비한 내용을 청중의 반응에 따라 적절하게 조절해야 할 것이다.

발표준비의 첫 단계는 도입단계로서 학습자의 동기를 유발하고 발표의 목적을 분명하게 해줄 필요가 있다. 우리는 발표를 할 때, 청중의 반응에는 관심이 없고 단순히 시간만 보내자는 식으로 정보를 전달하는 경우가 많다. 학교에서도 마찬가지이다.

발표할 때는 처음이 중요하다. 대중의 분위기를 잡는 것이 무엇보다도 중요할 것이다. 그러기 위해서는 처음부터 내용을 전달하기보다는 최근의 이슈를 꺼내어 공감대를 형성하는 것이 중요할 것이다. 이러기 위해서는 다양한 매체를 이용하는 것도 괜찮을 것이다. 시청각 매체를 활용하여 분명한 메시지를 전달할 필요가 있다.

발표의 유형은 두 가지로 나누는데, 하나는 설득 위주의 발표이고 다른 하나는 정보전달 위주로 발표하는 것이다. 설득 위주의 발표는 발표자의 말을 듣고 자신의 행동을 변화시키는 것을 목표로 하고 있다. 따라서 발표자는 정확한 내용을 섭렵하여 자신의 정보에 믿음을 주어야 할 것이다. 정보전달의 발표는 이를 듣는 대중에게 자신의 메시지를 전달하고 그들의 이해를 돕는 데 있을 것이다. 따라서 그들의 이해를 돕기 위해서는 진부(陳腐)한 내용보다는 그들이 관심 있어 하는 내용을 중심으로 대중들의 관심을 구해야 할 것이다.

본격적으로 발표하는 경우를 전개 단계라고 한다면, 이 부분에서는 발표내용을 제시하는 단계라고 할 수 있다. 이 단계에서는 대중들에게 전달할 내용의 핵심적인 부분을 중점적으로 설명해야 한다는 것이다. 발표는 일반적으로 혼자서 다수를 대상으로 하여서 내용이 지루하거나 재미가 없으면 주의 집중력이 떨어지는 경우가 많다. 이 단계에서는 집중력이 떨어지지 않도록 다양한 방법이 필요할 것이다.

▶ 다양하게 자극하자

일정한 수준의 음성과 몸동작은 청중들에게 지루함을 줄 수 있다는 것이다. 따라서 높고 낮은 목소리나 약간의 몸동작은 대중들의 주의 집중력을 높이는 데 매우 효과적이라 할 수 있다. 특히 목소리에서 신경을 쓰는 분야는 발음의 정확성이 중요하다. 부정확한 발음은 오히려 대중들에게 짜증감을 느끼게 하거나 메시지를 올바르게 전달할 수 없다는 것이다. 물론 목소리의 크기, 말의 속도, 적절한 억양과 소리의 변화도 중요할 것이다.

몸동작도 발표에 있어서 중요하다. 듣는 사람들에게 골고루 시선을 두어야 하며 몸동작을 적절하게 표현하고 있는지 등을 점검할 필요가 있다.

▶ 다양한 의사전달 방법

발표는 목소리로 표현한다는 잘못된 관념에서 벗어날 필요가 있다. 언어적 방법 이외에도 비언어적 방법을 모두 사용하는 것이 좋다는 것이다. 즉 다양한 매체를 활용해야 한다는 것을 의미하고 다양한 매체로는 슬라이드, 그래프, 사진, 동영상 등의 시청각 자료를 사용하는 것이 청중들의 주의를 끄는 방법이 될 것이다. 그러나 과도한 사용은 오히려 주의력을 산만하게 하여 집중력을 떨어뜨리는 경향이 있다.

▶ 신체적 활동에 신경을 쓰자

발표자가 대중에게 발표할 때는 꼿꼿하게 서거나 앉아서 발표하는 것은 좋지 않다. 중심에서 약간 기울이면서 발표하는 것이 주의를 끄는 데 효과적이라는 것이다. 발표하는 시간이 50분 정도라면 청중들은 쉽게 피로감과 졸음을 느끼기 때문에 몸의 변화를 약간 주는 것이 더욱 효과적이라는 것이다. 만약 대중들을 모아놓고 강의할 때는, 가끔 자리를 옮겨 학습자들 사이의 공간을 이동하면서 말하는 것이 졸음과 피로감을 없애는 데 유용하다.

▶ 적절한 유머를 사용하자

발표는 대개 딱딱하게 느껴진다. 유명한 강사들은 대개 주어진 시간 내에 청중들을 웃기고 울리는 경향이 있다. 이것은 수업의 지루함을 없애기 위한 하나의 전략이라 볼 수 있다. 따라서 1시간 동안 메시지를 계속 전달하는 것은 무리이다. 어떤 내용을 전달받는 청중들은 어떤 계기를 통해 그 내용을 이해하는 측면이 있다. 그 많은 내용을 모두 기억하기가 어렵기 때문이다. 따라서 중점적인 내용에 적절한 유머를 섞어서 전달한다면 기억하기가 매우 쉬우면서, 오래 기억하게 할 수도 있을 것이다. 그러나 주제와 거리가 먼 유머를 한다면 오히려 주의를 분산시키는 결과를 가져오므로 유머를 사용할 때 유의할 필요가 있다.

▶ 열정적으로 하자

발표자는 전달할 내용을 확실하게 숙지할 필요가 있다. 따라서 준비에 충실해야 한다. 모든 일에 완벽함을 기하면서 전달할 내용에 열정을 더하면 청중들은 그 내용에 몰두하게 될 것이다. 발표자의 어설픔은 오히려 주의를 집중하는 데 어려움을 줄 수 있다.

여기에 첨가하여 중요한 내용을 알기 쉽게 종이에 적어주거나 칠판을 사용하거나 빔 프로젝터(Beam projector) 등을 이용하는 것도 괜찮은 방법이다. 이러한 방법을 사용하는 것은 발표를 잠시 멈추게 하여 오히려 청중들에게 약간의 쉬는 시간을 주기 때문이다. 이러한 효과를 '브레이크 효과'라고 한다.

시청각 교육을 할 때는 발표가 끊기게 하는 것에 유의할 필요가 있다. 따라서 사전에 장비를 미리 설치하거나 장비를 꼼꼼하게 준비하고 점검해야 한다. 청중들을 장기간 쉬게 하면 후속으로 수업에 임하는 데 어려움을 느낄 수 있다.

▶ 발표한다는 것은 공적 활동(公的活動)이다

타인에게 발표한다는 것은 사적인 일이 아니다. 따라서 문법에 맞지 않는 표현이나 비속어라든가, 요즈음 청소년들이 사용하는 줄임말 등을 사용하면 안 된다. 예를 들어 '알바(아르바이트)', '과사(학과 사무실)에 갔다' 등은 청중들이 알아듣기 매우 힘들기 때문이다. 또한, 확신이 없는 말도 삼갈 필요가 있다. 예를 들면 '~같아요' 등이다.

또한, 중요한 것은 발표할 때 너무 긴 시간을 할애하는 것은 매우 좋지 않다. 정해진 시간에 마치도록 점검과 연습을 할 필요가 있다. 발표가 끝나면 청중들에게 질문하는 시간을 충분히 주어 궁금증을 해결하도록 유도할 필요가 있다.

때때로 질문은 궁금증을 풀어주는 효과도 있지만, 강조, 확인, 기분전환의 효과를 줄 수 있기 때문이다. 발표 위주로 진행하면 산만해질 수 있으므로 때로는 질문을 통해 청중들을 긴장시킬 필요가 있다.

▶ 발표는 의사전달에 있어 최고의 방법이 될 수 없다

발표는 짧은 시간에 많은 사람에게 메시지를 전달하는 데 있어 매우 효과적이다. 따라서 발표자의 능력이 메시지의 전달에 많은 영향을 준다는 데는 이견이 없을 것이다. 그러나 청중들의 수준이나 능력을 무시하고 전달하여 수동적으로 받아들이게 되므로 세심한 주의가 필요하다는 것이다. 이러한 주의가 결여되면 메시지 전달에 실패하기 때문이다. 이는 발표자의 개인 능력에 너무 영향을 받기 때문에 능동적이지 못하다. 이는 제한된 시간에 주로 언어를 사용하여 메시지를 전달하기 때문에 내용을 비판하거나 스스로 문제를 해결하는 데 있어 어려움이 있다는 것이다.

02 토의

1915년 Parker에 의해 발전시킨 것으로 토의 혹은 토론은 문답법을 개선하기 위해 많이 사용한 방법이다. 주로 문답법의 한계를 극복하기 위해 중요한 메시지를 전달하기 위함이다. 토의는 회화나 대화와는 다르다. 비교적 다수의 사람이 모여 문제를 해결하는 방식이라 할 수 있다. 즉 토론은 다수의 사람이 모여 쟁점이 되는 사안에 대하여 논리적이고 설득력 있게 서로 생각을 견주어 서로의 의견을 교환함으로써 이루어지는 공적인 말하기다(신나민 외, 2019).

토론의 장점은 자기의 의견을 상대방에게 전달하여 상대를 설득하는 것을 목표로 하지만 설득당하지 않는다고 해서 실망할 필요는 없다는 것이다. 그 자체로서 의미가 있기 때문이다. 왜냐하면, 토의는 상대방과의 상호작용을 통하여 문제를 해결하는 형태라서 자신과 상대방의 논리적 대화를 통한 경청만으로도 의사소통에 많은 도움이 된다는 것이다.

토의법의 주요 단계는 계획과 준비 그리고 시작과 진행, 마무리, 사후활동으로 운영된다. 따라서 각 단계에 따라 세심한 주의가 있어야 토의를 성공리에 마칠 수 있다. 이를 위해서는 개방적인 의사소통과 협조적인 분위기 그리고 구성원들의 민주적인 태도가 필요하다.

첫째, 계획 및 준비단계에서는 토의 목적이나 순서 토론자에게 준비하게 하여 논의할 사항들을 정리해 두는 것이 있다. 또한, 좌석의 배치라든가 환경 등을 미리 정비할 필요가 있다.

둘째, 시작과 진행 단계로서 토의 목적을 참석자들에게 설명해 주고 토의주제를 참석자들에게 제시하거나 브레인스토밍을 통해 주제를 선정하고 질문을 명확히 하여 토의를 촉진시킬 필요가 있다. 또한, 다양한 기자재를 사용하거나 논의된 주요 사항을 기록하며 주제를 벗어나지 않게 방향을 조정할 필요가 있다.

셋째, 마무리 단계로서 주요 사항을 종합하고 요약하며 타당한 것을 선택해야 하며 토의활동 후에 전개할 사후활동들을 계획하고 필요한 경우 목적, 결론, 토의 내용을 기록해 두는 것이 좋다.

마지막으로 토의 결과를 반드시 정리 배포할 필요가 있으며 토의 활동에 대해 발표할 기회를 제공하거나 선택된 해결책을 실제로 적용해 보는 것도 좋다.

이러한 단계를 거치면서 토의가 진행되는데 여기서 가장 중요한 것은 참석자들이 주제에 대한 개념을 명확히 공유할 필요가 있으며, 팀별로 토의하는 경우 기조 발제문을 통해 각 팀의 입장표

명을 최초로 하게 되고 청중들에게 토론의 주제가 무엇을 의미하는지, 왜 중요한지를 이해시킬 수 있으며, 상대방과 상반되는 논점을 분명히 밝힘으로써 원활한 토론이 가능해진다(임숙빈 외, 2018).

그리고 토의과정 중에서 상대방이나 청중들에게 문제를 제기할 때는 "~에 대해 어떻게 생각하십니까?"라는 표현보다 상대방의 논리에 대한 다른 생각이나 주장의 비현실성 같은 것을 근거로 상대방에게 질문을 던지는 것이 매우 효과적이라 할 수 있다. 즉 막연한 질문을 피하라는 의미이다. 한편으로는 토론을 통한 결과를 수용하는 자세도 필요하다.

03 대중매체와 보건의사소통

보건의료분야에서도 대중과 의사소통할 때 매체를 활용하는 경우가 많다. 왜냐하면, 대상자의 건강증진과 질병 치료, 재활을 촉진하게 하거나, 예방을 위하여 여러 기관에서 건강교육을 수행하기 때문이다. 예를 들면, 금연, 성인병, 치매 예방, 임산부의 산전 관리 교육 등이 보건소나 주민센터를 통해 활발하게 일어나기 때문이다. 그러나 매체를 활용할 때 주의 깊게 다루어야 할 것이다.

예를 들면 청소년의 경우 모방 학습하는 경향이 뚜렷하기 때문에 대중매체에 의해서 흡연, 폭력, 음주, 마약 등이 노출된다면 우려스러운 결과를 낳을 수 있다는 것이다. 따라서 다양한 메시지를 적절하게 개발하는 것이 중요하다는 것이다. 예를 들어 국민을 대상으로 하는 건강증진에 관한 캠페인을 할 경우, 매체를 통한 홍보 활동과 동반하면 지역사회주민에 대한 홍보와 지식전달이 상호보완적일 수 있기 때문이다. 병원에서도 마찬가지이다. 현재 치료와 관리를 위해 외래 환자들에게 교육하고 있을 것이다. 예를 들면, 혈압환자의 경우 질병 관리를 위해 약 복용방법, 식사 조절, 운동, 혈당측정방법과 내용, 주의할 점, 약의 효과와 부작용, 병원을 방문할 날짜 및 시간 등을 교육할 것이다.

환자들이나 대상자들을 교육할 때 학력, 건강상태 등을 살펴서 교육해야 하고 사용하는 언어도 쉬운 말을 사용해야 한다. 일반적인 사람들은 여전히 병원에서 말하는 내용을 너무 어려워한다는 것이다. 또한, 교육 중에 어려운 문제가 발생하면 교육용 책자나 쉬운 그림을 통해서 혹은 비디오나 시청각교재를 사용하는 것도 좋다.

따라서 건강에 대한 메시지를 만들 때도 보건의료 관계자들을 참여시키는 것이 좋다. 건강캠페인을 만들고자 할 때도 마찬가지이다. 보통 병원이나 지역단체에서 교육하는 경우 면대면 교육이나 전화상담 혹은 집단교육을 통해서 하는 경우가 많다. 이러한 경우는 대상자의 인격을 존중하는 것은 물론이고 환자의 절실한 마음을 진실하게 살펴야 할 필요가 있다. 집단으로 교육을 할 때도 일반적으로 강의가 진행되는데 메시지를 쉽게 그리고 설명과 해설을 동시에 해주는 것이 좋다. 또한, 질문을 받으면서 그들의 궁금증을 해결하는 방법도 효과적일 수 있다.

▶ 건강캠페인(Campaign)

어느 한 집단이 필요로 하여 상대집단을 이해시키려는 것이 캠페인이라고 볼 수 있다. 캠페인의 정의는 사회·정치적 목적 따위를 위하여 조직적이고도 지속으로 행하는 운동이라 할 수 있다(백과사전). 주로 공익적으로 사용하는 형태이다. 공익홍보캠페인은 한 집단이 의사소통을 통해 다른 집단의 믿음이나 행동에 영향을 끼치려는 활동으로 대중매체의 경로를 이용한 공익메시지의 전파과정이다(한국간호연구학회 편, 2019). 따라서 대한민국의 국민건강을 위한 여론과 건강 인식을 전파하기 위하여 신문, 방송 등을 이용하는 것이다.

대한민국의 건강에 대한 캠페인은 6.25를 거치면서 국가사업의 一環(일환)으로 건강문제에 대한 새로운 인식을 심어주기 위하여 1960년대부터 시행해 왔다. 요즘과 마찬가지로 주요 사업의 대상은 흡연, 음주, 비만, 마약 등과 같이 현대사회에서 벌어지는 심각한 사회문제를 예방하기 위해 실시했던 것이고 AIDS, Corona Virus와 같은 위험성과 이의 예방을 위한 교육을 오늘날까지 꾸준하게 실시하고 있다.

이러한 캠페인은 1970년대에는 인쇄물이나 시청각 자료를 활용하였으며, 1980년대에는 마케팅 차원으로 의사소통방법을 사용하였고, 1990년대에는 전략적인 시대로 참여자와 함께 메시지를 창작하고 공유하는 시대를 거쳐 2000년대에 이르러서는 각종 서비스가 통합되어 한곳에서 서비스를 이용하게 되었다.

오늘날 주로 활용하는 매체는 Radio, TV, pamphlet과 같은 인쇄물과 전광판, 노래, 영화, 그림, 지하철광고, 지역신문, 인터넷, 우편, 잡지 등이다. 이러한 매체의 장점은 좀 더 친숙하게 메시지를 국민에게 전달하려는 것이다.

이러한 건강캠페인과 시행에는 각종 매체를 통한 의료메시지의 전달과 사업의 실효성을 높이는 전략개발의 방법이 있어야 하는데 미국질병관리본부와 국립암센터에서는 다음과 같은 단계가 요구되어야 한다는 것이다. 따라서 국민의 건강을 증진하기 위하여 개인이 의사결정을 하는 데 영향을 줄 수 있는 효과적인 캠페인은 다음과 같다(한국간호연구학회 편, 2019).

배경 정보를 검토하여 문제 정의(어떤 문제가 있는지, 주요 안건은 무엇인가?) 의사 전달 목표 설정(달성하고자 하는 목표는 무엇인가?) 대상자 분석 및 분류(누구에게 목표가 도달할 것인가?) 메시지 개념 개발 및 사전 테스트(우리는 무엇을 말하고 싶은가?) 의사소통 경로 선택(어느 경로로 말하고 싶은가?) 메시지 및 제작물 선택과 생산 및 사전 테스트(어떻게 말하고 싶은가?) 홍보계획 수립과 제작(어떻게 사용할 것인가?) 의사소통 전략의 구현과 과정 평가 수행(현장에서 실시) 결과 및 영향 평가 수행(얼마나 잘 수행했는가?)

위에서 밝혔듯이 각종 매체를 통한 메시지를 전달함으로써 사업의 효과를 높이는 것이 캠페인의 전략이며 어떠한 특정한 결과를 산출하기 위하여 캠페인을 활용하고 있다.

캠페인의 효과를 산출하는 방법으로는 설문 조사나 실험 모형 방법이 있는데 주로 캠페인이 효과를 나타내지 못하는 경우는 대중에게 메시지 전달이 실패했거나 주의를 끌지 못하는 경우이다.

▶ 면접

누구나 살아가는 데 있어 결정의 순간이 있다. 이는 불교 용어로 '찰나(刹那)'라고 한다. 찰나는 불교에서 '극히 짧은 시간'을 뜻한다. 산스크리트어에서 '순간'이라는 뜻을 가진 '크샤나(산스크리트어: क्षण , kṣaṇa)'를 음역한 것이다. 『아비달마대비바사론(阿毘達磨大毘婆沙論)』 권136에 따르면, 120의 찰나를 1달 찰나(一怛刹那: tat-ksana, 순간의 시간, 약 1.6초), 60달 찰나를 1납박(一臘縛: lava, 頃刻의 뜻, 약 96초), 30납박을 1모호율다(一牟呼栗多: muhūrta, 약 48분), 30모호율다를 1주야(一晝夜: 24시간)로 하고 있으므로, 이에 따르면 1찰나는 75분의 1초(약 0.013초)에 해당한다. 그러나 이설도 있다. 불교에서는 모든 것이 1찰나마다 생겼다가 멸하고, 멸했다가 생기면서 계속되어 나간다고 가르치는데, 이것을 찰나생멸(刹那生滅), 찰나무상(刹那無常)이라고 한다(백과사전).

인생에 있어서 누구나 자신의 능력을 발현하기 위해 순간마다 최선을 다해야 할 것이다. '진실의 순간(Moment of Truth)'이라는 말이 있다. 이것은 투우로 유명한 스페인의 한 투우장에서 나온 말이다. 맹수도 한 마리의 초식동물을 사냥할 때 최선을 다한다는 말이 있듯이 투우사는 마지막 결전에 임할 때 이제까지 훈련한 것을 토대로 최선을 다함으로써 패배자로 낙인찍히지 않으려 한다는 것이다. 패배자가 된다는 것은 곧 죽음을 뜻하기 때문이다. 이것이 결정적 순간이라는 것이다. 우리에게도 마찬가지이다. 진실의 순간에서 마주하는 질문이 분명히 있을 것이다. 이것이 면접이다. 이에 대하여 다음과 같이 부연 설명을 할 수 있다.

> 스칸디나비아 항공사의 CEO 얀 칼슨이 이 말을 인용합니다. 고객이 판단한 마지막 순간, 1980년대 얀 칼슨은 15초 정도가 걸린다고 보았습니다. 내가 물건을 들고 15초 동안 살핀 후 '괜히 왔어, 별로야', 아니면 '좋아, 이걸로 사보자' 이렇게 결론을 내리는 시간입니다. 기업에서 일하는 자체가 '진실의 순간'이라고 말합니다. 고객이 들어와서 우리 물건을 살 것인가? 아니면 다른 회사의 물건을 살 것인가? 사지는 않더라도 우리 물건을 보고 잘 왔다고 느끼는 것인가? 괜히 왔다고 느끼는 것인가? 마지막 판단하는 이 순간이 바로 진실한 순간이라는 것이다(박창욱 외, 2020).

30년 전의 진실한 순간은 2000년도에 들어와서는 매우 줄어들었을 것이다. 말콤 글래드웰이 쓴 『블랭크』라는 책에 '2초의 힘'이라는 부제가 붙어 있듯이 요즈음 모든 상황을 판단하는 시간은 2초로 줄었다는 것이다. 이러한 2초의 모든 판단이 비록 틀렸다손 치더라도 '진실의 순간'이라는 것이다. 따라서 입사 시험에서 합격시켜야 할지 혹은 탈락시켜야 할지를 판단하는 것도 면접관에게는 '진실의 순간'이라는 것이다.

▶ 면접도 첫눈에 반하도록 하자

면접은 나에 대한 일정한 질문에 답함으로써 자신을 알리는 것이다. 즉 자신의 능력을 타인에게 제시함으로써 자신을 상품화하는 것이다. 따라서 일정한 시간 내에 첫눈에 반하게 해야 한다는 것이다. 만약 취업을 위한 면접이라면 면접의 목적을 생각하고 준비하여 주제나 질문을 예상하여 상대방에게 자신의 능력을 보여줄 수 있도록 해야 한다는 것이다. 대략 자기소개서에 대한 답변, 가치관, 학창시절의 내용이나 지망하게 된 계기, 업무에 관한 일 등을 예상하여 질문에 답변할 수 있도록 만반의 준비를 해야 할 것이다.

▶ 능동적인 자세로 임하라

일단 입사원서를 넣고 나서 면접에 임했을 때 장소에 들어가는 순간부터 매우 중요하다. 면접 장소에 들어가면 면접관을 처음 보았을 때 당황하기 쉬울 것이다. 따라서 면접관이 자리에 앉으라고 지시할 때까지는 기다리는 것이 좋고 표정은 밝고 침착하며 패기 있는 자세가 알맞을 것이다.

처음 면접관들이 질문할 경우 당황하지 말고 차근차근 답변하되, 모르는 질문에는 "잘 모르겠다"라고 분명하게 답변하는 것이 좋다. 모르는 것을 계속 머뭇거리면 나중에는 거짓말이 될 수 있기 때문이다. 자신의 강점은 살려 최대한 자신 있게 답변해야 하며 단점을 장점으로 변환할 수 있도록 솔직하게 보완하는 답변이 최고라고 할 수 있다. 따라서 자기소개서부터 답변할 수 있도록 숙지하는 것이 좋다.

▶ 주어진 시간에 최선을 다하라

면접은 대략 많은 시간이 주어지지는 않는다. 그 짧은 순간에 '진실한 순간'이 되어야 한다는 것이다. 주어진 시간 내에 자신이 가지고 있는 능력을 모두 보여주는 것이 좋지만 시간상 그렇지 못하면 성실한 자세를 취하는 것이 좋다. 면접관들은 대개 질문을 던져놓고 작은 부분까지 살피는 경우가 흔하기 때문이다. 면접에 임하는 사람들은 세심한 부분까지 놓치지 말고 긴장하여 주의를 기울이도록 하며 자신감을 가지고 준비, 연습하여 성공적인 면접을 할 수 있도록 최선을 다하자는 것이다.

▶ 면접에는 정확한 답이 있다고 생각하지 마라

대체로 면접관들은 자신보다 다양한 성격과 경험 그리고 다양한 나이를 가진 사람들로 구성되어 있다. 면접에 임하는 사람들은 그들에게 앉아서도 좋은 느낌을 줄 수 있도록 노력해야 한다. 따라서 '어떠한 정답이 있을 거라는 생각에서 벗어나야' 한다. 큰 원칙을 가지고 답변하되 구체적인 답을 만드는 것이 효과적이라는 것이다.

▶ 면접은 면접 장소에 도착하는 순간부터 장소를 벗어날 때까지 행한다고 생각하라

통상 면접은 면접 장소 안에서만 이루어지는 것으로 알고 있을 것이다. 면접의 종류에서 보듯이 집단면접, 임원면접, 실무면접, PT 등이 있지만 이것만 면접이 아니라는 것이다. 물론 위의 면접에서 대부분 결정된다지만 면접관이 도착해서 시작된다고 보면 된다. 즉 면접장 이외에서의 행동거지 하나하나가 체크되고 있다고 보면 된다는 것이다. 예를 들면 면접의 시작 무렵과 끝날 무렵에서의 절차, 교통비를 받는 것 등의 사소한 것까지도 주의를 기울여야 한다는 것이다. 이 순간의 행동이 이전까지의 면접에 치명적인 결과를 초래할 수 있기 때문이다. "인사를 잘 안 한다", "너무 시끄럽다", "휴대폰을 너무 오래 본다", "품행이 불량스럽다", "예절이 없다" 등을 관찰할 수도 있다는 것이다. 즉 들어가서 나올 때까지 그리고 면접장을 완전히 벗어날 때까지는 조심하고 유의하라는 의미이다.

▶ 갑(甲)의 위치에서 행하라

우리는 어느 곳이든 모르는 장소에 가면 심리적으로 위축되는 것이 사실이다. 면접 장소라면 더욱 압박감이 몰려들 것이다. 왜냐하면, 자신에 대한 정보는 자기소개서를 보았기 때문에 정보가 노출되어 있고, 자신은 그들의 정보를 전혀 모르기 때문이다. 이를 '힘의 우위'에서 지고 있다고 말한다. 그러나 생각을 바꾸면 이해가 될 것이다. '나도 그들에 대하여 아무것도 모르기 때문에, 자신감 있게 말하면 된다'라는 생각으로 전환해야 심리적 위치에서 벗어날 수 있다는 것이다.

물론 면접관들은 자신의 합격 여부에 관여되어 있기에, 갑의 위치에 있다. 그러나 인터뷰를 통한 자신감은 자신을 갑으로 바꿀 수 있다는 것이다. 따라서 회사나 타인의 정보를 철저하게 준비하여 동등하게 대화하라는 것이다. '나 자신의 상품을 그들에게 보여주자', 나를 뽑지 않으면 당신이 손해다'라는 자신감이 필요하다는 것이다. 따라서 이러한 자신감은 자신의 부족함을 보완해주고 자신감을 통한 유연함은 오히려 플러스로 작용할 수 있다는 것이다.

▶ 솔직하게 답하라

위에서 자신감을 가지고 능동적인 자세로 면접에 임해야 한다고 말했다. 간혹 "월급은 얼마면 일하시겠습니까?"라는 질문을 받는다면 여러분은 어떻게 답변하겠습니까?

이러한 물음에 대한 답을 여러분은 각자 생각해 보아야 할 것이다. 여기에는 여러 가지 답변이 나올 것이다. 가장 좋지 않은 답변이 "연봉은 관계가 없습니다. 선발만 해주세요"라는 것이다. 흔히 취업이 급한 사람들은 그 간절함으로 인하여 악의가 없는 거짓말을 하는 경우가 대부분이다. "월급은 얼마든 괜찮습니다", "어느 부서든 상관이 없습니다", "입사하면 조직에 충성을 다하겠습니다", 심지어 "뼈를 묻겠습니다"라는 말을 아무 거리낌 없이 한다. 이러한 말들은 요즈음 면접관들에게는 말도 안 되는 거짓말이며 너무나 식상(食傷)한 말이다. 차라리 답변은 "최소한 월급은 이 정도면 좋겠습니다"라든가 "저는 이러한 분야에 적성과 능력이 있으니 00부서로 보내주시면 최선을 다하겠습니다"라는 식의 답변이 효과적일 수 있다.

04 면접의 유형과 충실한 대비

면접은 위에서 말했듯이 면접자와 지원자가 얼굴을 맞대고 상호작용 또는 의사소통하는 과정이며, 이 과정에서 대화와 관찰을 통해 상대방으로부터 정보를 탐색하고 평가하는 과정이다(한수정 외, 2020). 따라서 면접은 지원자 상대방과 직접 소통하는 것이므로 다른 곳에서 발견하지 못한 것들을 확인하고 살펴보는 기능이 있다. 요즈음 추세로는 서류전형, 필기시험보다 더 중요시하는 부분이라 하겠다. 여기에서는 면접의 유형과 종류에 대하여 알아보기로 하자.

1 presentation interview : PT면접

presentation interview란 면접관을 대상으로 주어진 주제에 대해 자신이 가지고 있는 생각이나 아이디어를 시각 자료를 활용하여 설득하는 면접 방식이다. 즉 한 주제를 가지고 주어진 시간 안에 발표를 준비하고 면접관들 앞에서 발표와 질의응답의 과정을 거치는 면접의 유형이라 할 수 있다. 발표자가 자신이 가지고 있는 생각, 의견, 경험 등을 주어진 시간 안에 효과적으로 전달하여 설득하는 communication 방법이다.

요즘은 회사에서 불필요한 보여주기식 PT를 지양하는 추세이기 때문에 입사 이후에는 프레젠

테이션 능력을 뽐낼 기회는 많지 않을 수도 있다. 그러나 여전히 많이 사용하는 면접의 유형이라 할 수 있다.

기존의 인성 면접에서 알기 힘든 지원자의 기획력, 창의력, 발표력 및 직무 관련 지식, 문제해결 능력 등을 알아보는 시간이라 할 수 있다. 짧은 시간 내에 한 번에 파악할 수 있기 때문이다. 기업에서는 의사 전달력, 논리력, 성향, 전문성을 모두 파악할 수 있는 면접전형으로 PT 면접을 활용하고 있다. 주어진 시간 안에 주제를 파악하고, 자신이 알고 있고 생각하는 바를 논리적으로 설득력 있게 전달할 수 있어야 한다.

사람들은 '파워포인트' 기술이 presentation 기술의 핵심이라 생각하지만, 절대 그렇지 않다. 발표자의 대부분은 '파워포인트'에 의지해 단순히 읽어 내려가기 바쁘다. 이러한 것이 좋은 발표는 될 수 없다. 좋은 발표는 청중과의 교감이 필요하다.

presentation을 잘하는 사람과 못 하는 사람을 구분하는 가장 큰 요인은 바로 연습하는 데 얼마나 많은 시간과 에너지를 사용했느냐에 있다. '연습은 실전처럼'이라는 말이 있다. 군인들이 실제 발생할 수 있는 상황을 상정하여 반복적인 훈련을 하는 이유도 실전에서도 훈련 때처럼 하기 위함이다.

성공적으로 presentation을 하고 싶다면 실제처럼 자료를 준비하고 시간을 측정하면서 처음부터 끝까지 해봐야 한다. 머릿속으로 작은 소리로 앉아서 하는 연습도 중요하지만 결국 참석자들 앞에서 해야 하므로 실제 발표 현장과 같은 상황이라고 생각해서 하는 연습이 정말 중요하다.

실제처럼 목소리와 몸동작도 해보고 어느 부분에서 말이 좀 꼬이는지, 어떤 내용을 전달하기 어려운지 부단한 연습을 통해서 개선해 나가고 최종적인 버전을 완성해야 한다(서울뉴스 통신). 따라서 PT 면접에서 보여주는 역량은 다음과 같다.

첫째는 직무적합도, 둘째는 문제해결 능력, 셋째는 준비성, 넷째는 논리력, 다섯째는 communication 능력, 여섯째는 순발력을 본다는 것이다.

PT 면접은 두 가지로 나누어볼 수 있다.

첫째는 면접 당일 주제를 받은 경우이고, 둘째는 면접일 전 주제를 정해준 경우이다. 면접 당일 주제를 받을 때는 주제에 대해 생각하며, 전하고자 하는 메시지와 목표를 분명히 해야 한다. 주어진 시간을 참고하여 시간 분배를 어떻게 할지 생각해 봐야 한다. 주어진 시간이 얼마 되지 않는 만큼 아주 구체적인 데이터는 활용할 수 없을 수도 있다. 스마트폰을 통해 나의 논리를 뒷받침할 수 있는 구체적인 데이터를 빠르게 검색해 내는 것도 능력이 될 것이다. 면접일 전에 주제를 정해주는 경우는 추가로 전문성과 논리성 그리고 설득력이 중요하다. 주제를 명확히 분석하고 기업의 환경, 현황, 문제에 관한 해결방안까지 제공하는 것이 좋다. 아래는 발표하는 동안의 주의사항이니, 유념하도록 하자.

첫째, 발표하는 동안에는 보통 목소리보다 큰 소리로 그리고 자신감 있는 목소리로 해야 한다.
둘째, 여유를 가지고 적당한 속도를 유지하며 말해야 한다.
셋째, 모호하거나 확신이 없는 말은 면접관에게 부정적인 인상을 주므로 삼가야 한다. 예를 들면 "잘 모르겠지만", "아마도", "글쎄요"라는 말은 되도록 삼가자는 것이다.
넷째, 시선은 면접관에게 골고루 향하도록 한다. 면접관의 눈을 중심으로 맞추는 것이 좋다.
다섯째, 바른 자세를 취하도록 하고 적절한 gesture를 사용하여 중요한 부분을 나타내도록 하여야 할 것이다.
여섯째, 말을 할 때 끝까지 힘있게 말해야 한다. 즉 말끝을 흐리거나 죽이지 말라는 것이다. 중요한 핵심은 목소리를 강조하는 것도 의사전달에 있어 효과적이다.

이러한 면접에 성공하기 위해서는 유형별 주제를 논리적으로 구성해야 하는데 이러한 방법은 서론, 본론, 결론으로 구성하는 것이 좋으며 서론에는 면접관에게 어필이 가능한 주제에 대한 문제점을, 본론에는 주어진 주제에 대한 원인을 분석하고 해결방안을 몇 가지 제시하며, 결론에는 전체적인 내용을 간략히 정리한 후 해당 방안을 선택하였을 경우 기대효과와 자신의 신념과 포부를 전달하는 것이 좋다. 이를 위해서는 다음과 같은 것들에 유의하자.

먼저 연습을 통해 실전을 익히는 데 중점을 두고, 지식보다는 논리적 연결이 중요하다. 또한, 사회적 issue(서로 다투는 중요한 점. '논쟁거리', '논점', '쟁점'), trend와 연결하며, 질문에 당황하지 말고 순발력을 길러야 하며, 기발한 발상도 제시하라. 지원자가 어떻게 문제를 해결해 나가는가를 종합적으로 평가하며 과제 분석과정에서 논리적인 사고와 창의성 그리고 발표과정에서는 의사 전달력을 평가하는 것이다.

2 그룹토의(discussion) 면접(토론 면접)

이러한 면접방법은 사회자에 의해 진행되며 참석인원은 4~8명 정도로 구성된다. 물론 구성인원이 딱히 정해진 것은 없으나 대략 이 정도의 인원으로 구성되어야 토론하는 데 효과적이라는 것이다. 따라서 면접관은 토의과정을 전체적으로 관찰하면서 평가하는 것이며, 또 하나는 면접관이 사회자가 되어 구성원들을 이끌면서 개입하는 방법이다. 이러한 방법은 주로 대기업에서 사용하나 일반적인 기업에서 흔한 일은 아니다. 보통 두 개조 이상으로 지원자를 분류하여 주어진 주제를 가지고 정해진 시간 안에 토론하고 평가하는 면접방법이다.

토론 면접을 성공적으로 수행하기 위해서는 다음과 같이 주의를 해야 좋을 것이다.

첫째, 주제에 대하여 발표할 때는 항상 두괄식으로 한다. 즉, 결론을 먼저 발표하고 난 후에 근거를 제시하는 것이 좋다. 왜냐하면, 개인에게 충분한 토론시간이 부여되지 않을 경우가 있기 때문이다.
둘째, 상대방의 의견을 끝까지 듣는 것이 좋다. 즉 경청하는 태도를 보여야 한다는 것이다. 이것이 상대방에 대한 배려라는 것이다. 또한, 경청하는 도중에 필요한 부분은 memo를 하는 것이 좋다.
셋째, 공감하는 부분에 있어서 고개를 끄덕이는 gesture를 사용해야 한다. 혹은 다른 공감의 표시도 괜찮을 것이다.
넷째, 경청 후 상대방 의견을 반박해야 하는 경우 화법은 "Yes-But" 화법을 사용하라. 상대방에게 예의를 지키는 것이 면접관에게는 효과적이다. 예를 들면, "말씀 잘 들었습니다", "그러나 저는 이렇게 생각합니다" 혹은 "그러나 저의 생각은 다릅니다"라고 하여야 자기의 의견을 분명하게 전달할 수 있다는 것이다.
마지막으로 감정적인 태도를 버려야 한다. 다시 말하면 상대방의 발언에 관한 논박을 할 때 존중을 표시한 후 상대방이 오해한 부분에 대해서 부연 설명해 주는 것이 훌륭한 방법이다. 감정적인 발언을 삼가자는 것이다. 또한, 상대방의 의견이 논리적이고 합리적이라면 수용하고 공감하는 태도를 보여야 할 것이다.

무엇보다도 토론 면접에서는 상대방의 의견에 최대한 예의를 갖추어 배려하면서 논리적인 답변을 준비하여 대처하는 것이 좋다.

3 압박 면접(pressure interview)

압박 면접은 일반적으로 위압적, 부정적 태도로 악의적 질문을 하는, 일종의 'manner가 나쁜 면접'을 말한다. 상대방의 약점을 주로 질문하여, 혹은 전혀 예상하지 못했던 질문을 던지고, 지원자의 창의력, 임기응변, 순발력, 문제해결능력, 스트레스 극복능력을 종합적으로 파악하는 면접이다.

압박 면접의 특징은 면접관이 상대방에게 곤란한 질문이나 정답이 난해한 질문을 던짐으로써 상대방을 스트레스로 몰아넣는 방법이다. 주로 묻는 것은 개인의 약점을 파고드는 경우가 많다. 예를 들면, "학창시절에 학점이 낮은데 왜 공부를 하지 않았나요?", "당신의 인상착의는 홍보부에 맞지 않는데 왜 지원했나요?" 이러한 질문을 받으면 당황하게 될 것이다. 이 순간은 면접이 진행되므로 감정적으로 기분이 상하더라도 유연하게 대처할 필요가 있다.

또한, 개인의 순발력을 알아보려 질문을 하는 경우가 있다. 예를 들면, "다른 대학도 원서를 냈나요?", "오후 5시에 애인과 약속이 있는데 갑자기 어머니가 대구공항에 가서 손님을 모시고 오라!는 부탁을 했을 때 당신은 어떤 선택을 하나요?" 등과 같은 질문의 형태이다. 이러한 질문에 대한 답변은 정답이 없기에 가치관이나 개성에 따라 재치 있게 답변하면 된다는 것이다.

압박 면접을 받는 경우 주의할 것은 그들의 페이스에 말리지 말아야 한다는 것이다. 면접관들의 목적은 유능한 사람을 선발하고 필요로 하지 않는 사람은 탈락시키는 것이다. 가령, 말꼬리를 잡거나, 비난하거나, 약점을 공격하는 등에 의해 상대방에게 기술을 펼치더라도 속임수에 걸려서는 안 된다는 것이다. 면접관은 탈락자를 선발하는 기술자임을 잊어서는 안 된다. 또한, 당황하지 말고 차분하게 답변에 응해야 할 것이다. 순간적으로 기분 나쁜 질문이라도 순간적으로 불쾌해하거나 표정이 굳어지면 안 된다.

특히 표정 변화에 민감해져야 한다. 답변이 애매하더라도 "잘 모르겠다"라는 식의 대답은 효과적이지 못하다. 정답이 아니더라도 재치 있게 자신의 목표나 자신의 가치를 중심으로 이야기하는 것이 매우 효과적이라고 할 수 있다.

인간은 긴장감이 있을 때 진실한 모습이 나타난다고 한다. 특히 압박 면접은 이러한 경우를 보기 위해서이다. 지원자가 얼마나 임기응변에 잘 대처하는지 등의 대처능력, 문제해결능력, 대담성, 적극성 등의 다양한 모습을 보기 위해 실시한다는 것이다. 그러니 당황하지 말고 진실한 모습을 보여주도록 노력해야 할 것이다. 단점이 나타났을 경우 솔직히 인정하고 그 단점을 보완하기 위한 노력을 이야기하는 데 집중해야 한다는 것이다.

압박 면접에 있어서 질문에 대한 대답은 "Yes-But" 화법을 사용해야 하며 약점에 대해서도 인정하되 단점을 보완하는 사항들을 제시하며 반론하는 것이 매우 좋을 것이다.

4 블라인드 면접(blind interview)

블라인드 면접은 말 그대로 면접 내에서 이력서의 내용이 blind되어 하나도 반영되지 않는 방식이다. 이력서를 받아 spec(specification의 준말)을 보고 1차로 거른 뒤, 면접단계에 들어간 지원자들 대상에선 spec 관련 질문을 하지 않는 정책이다. 면접단계에선 지원자의 소신과 결정, 의지를 보고 선발하는 방식이다.

blind interview를 하는 이유는 과거 spec만 보고 뽑은 인재들이 문제점을 가지고 있었기 때문이다. "젊은 사원을 뽑아놨더니 다른 회사로 이직해 가버리질 않나?", "학벌 좋은 사원을 뽑아놨더니 그거 믿고 까불고 다른 사원들에 비하여 업무가 부실하지 않나?" 등이다. 따라서 입사지원자의 기본 spec보다는 입사지원자의 마음가짐을 더 중요한 기준으로 잡고 선발하기 위해 blind 면접을 하는 것이다. blind 면접에 성공하기 위해서는 자신의 spec보다는 자신이 회사에 어떻게 기여(寄與)할 수 있는가?에 대한 설명을 하는 것이 아주 중요하다. 그리고 blind 면접의 경우 면접관들이 각종 돌발상황 등에 관하여 묻는 경우가 많다. 이 경우 질문에 어떻게 대처하느냐로 점수를 매겨 합격 여부를 결정하고 있다(강수돌, "'김예슬 선언'과 오늘의 대학", 오마이뉴스, 2010).

blind 면접을 하는 경우 다음과 같은 발언을 하면 면접은 바로 중단되며 해당 발언을 한 입사지원자는 그 자리에서 탈락되기 때문에 조심해야 해야 할 것이다.

> 첫째, 자신의 출신지나 가족, 혈연, 출신학교, 학력사항 등을 언급하는 것
> 둘째, 자신의 나이를 언급하는 것도 안 된다. 회사에 따라선 이름도 말하지 못하게 하는 곳도 있다. 2020년 들어 블라인드를 강화함으로 인해 이름도 말하지 못하도록 하는 곳이 대부분이다. 따라서 00번 지원자라고만 호칭해야 함
> 셋째, 자신의 자격증, 토익 성적 등의 spec을 언급하는 것. 자격증 언급이 꼭 금지되진 않는다. 토익 성적 말했다 영어 면접 당하는 경우가 있다. 한마디로 자기 신상 개인정보를 언급하면 탈락
> 넷째, 자신의 이름이나 수험번호, 회사 경력이나 학력조차 언급하면 탈락하는 지방 공기업도 있음

블라인드 면접에서 위와 같은 spec자가 합격하는 것은 오히려 불가능에 가깝다. 블라인드 면접은 위와 같은 spec 지원자를 위한 면접이 절대 아니기 때문이다. 처음부터 위와 같은 spec자라면 그만큼 관련 직무에 대한 능력과 경력이 못 미친다는 것을 의미하기에 어떤 면접 방식을 사용해도 합격하기 매우 어렵다. 블라인드 채용은 spec을 보지 않는 것이 아니라, spec의 우선순위를 다르게 볼 뿐이다. 블라인드 채용으로 학벌이 좋지 못하더라도 합격하는 경우는 당연히 기본적으로 저 spec자가 아닌 경우가 많으며, 직무에 대한 적합성도 높은 편이다. 이런 사람은 명문대에 진학했어도 성공했을 것이다. 만약 위와 같은 spec자가 정상적인 기업의 블라인드 면접에 합격했다면 그것은 99.9% 부정 취업이다.

spec이 낮은 대학에선 이력서 자체를 받지 않는다. 기업체는 자신들이 원하는 상위권 대학에 입사설명회를 열고 이력서를 받는다. 해당 대학 소속이 아니라면 이력서도 받지 않는다. 서구권에선 해당 기업에 먼저 취직한 선배가 후배를 추천해 주어야 이력서를 낼 수 있다. 이런 기업의 인사들은 본인부터 명문대 출신이고, 동문이 아니면 관심을 주지 않는다. 토익, 토플 점수, 대학 학점, 평점, 공인된 자격증 등 정량적인 spec을 서류에 기재하게 만들고, 수준 이하의 spec은 1차 서류전형에서 걸러낸다. 결국, 아무리 블라인드 채용이고 학벌 등을 안 보더라도 특별한 경우가 아닌 이상 서류를 통과할 정도의 정량적인 spec은 당연히 필요하다.

적성검사로 지능과 순발력을 검사한다. 적성검사는 물론 지능이 높으면 조금만 공부해도 합격할지 모르지만, 대부분 지원자들은 그렇지 않기에 적성검사에 합격하기 위해 더욱 노력해야 한다. 따라서 위와 같은 spec인데 노력하려는 자세가 없는 지원자의 경우 불합격할 가능성이 상당하다.

학벌, 나이, 집안 배경만 빼고 직무와 관련된 다양한 경력을 물어본다. 최소 1개 이상의 직장 경력, 직무 관련 대외활동, 컴퓨터 활용능력, 한국사 등과 같은 포괄적인 부분부터 직무와 관련된 것까지 여러 개의 자격증, 토익 최소 850~900점 정도의 어학 점수(외국 관련 직무는 제2외국어 실력도 요구), 공모전, 대회 입상기록 등을 기본으로 갖춰야 서류 통과가 될 정도로 블라인드 면접 시행 전보다 취업 체감 정도가 높아졌다. 간단히 말해, 예전에는 출신학교가 안 좋으면 좋은 곳에 취직할 수 없었지만, 이제는 돈 없으면 아무리 출신학교가 좋아도 spec을 쌓지도 못하고, 자연히 좋은 곳으로 취직이 안 되는 세상이다(황경상, "길 잃은 88만원 세대 온몸으로 '저항 선언'", 경향신문, 2010).

5 AI 면접(artificial intelligence interview)

AI 면접은 사람이 면접관으로 참석하는 것이 아니라 AI가 빅데이터에 따라서 지원자를 평가하는 방식이다. 이러한 방법은 뇌신경과학 논문, 심리학 전문가, 인사 담당자의 DB, 기존 고(高)성과자(成果者)의 데이터를 학습하여 만들어졌다. AI가 언어와 비언어 요인을 종합적으로 분석하는 것이 특징이라 할 수 있다.

지원자가 자기소개 및 질문에 대해 답변한 동영상을 바탕으로 AI가 지원자의 표정 변화, 목소리 톤 등의 비언어적 요소들을 분석하여 점수화하는 방식이다. 예를 들면, 얼굴의 68포인트를 인식하여 안면 표정과 움직임, 감정 등을 분석하고, 심장박동, 혈류량, 혈압에 따른 맥박의 변화, 얼굴색 변화 등을 분석하며, 음성의 1/1000초까지 추출, 톤, 크기, 속도, 음색 등을 분석하여 음성을 텍스트로 변환(STT), 핵심 키워드와 긍정적, 부정적 단어 분석을 통해 점수화한다는 것이다. 이러한 결과의 분석률은 82%의 정확도로 지원자의 미래 성과를 예측할 수 있다. 이러한 방법에 대해 구체적으로 살펴보면 다음과 같다.

▶ 웹캠, 음성체크 + 안면등록

AI 면접에 들어가기 전, 마이크와 웹캠 등의 상태를 점검할 필요가 있다. 웹캠의 경우 높이가 너무 높거나 반대로 너무 낮으면 화면에 내 얼굴이 이상하게 나올 수 있으니 적절한 높이로 고정하는 것이 필요하다. 각도의 중요성은 우리가 셀카를 찍을 때 많이 느낄 것이다. 나의 자신감을 위해, AI 면접의 성공을 위해 캠 높이를 잘 설정해야 한다. 마이크 또한 음성 크기를 잘 점검해야 하는데 크지도, 작지도 않고 적절하게 세팅해야 할 것이다.

실제 AI 면접을 응시하기 수일 전부터 체크가 가능하니 사전에 상태를 파악하여 장비가 고장이 났다면, 사거나 빌려오는 등의 대처가 필요하다. 이후 안면등록을 하면 본격적인 AI 면접에 들어간다.

▶ 기본질문

기본질문은 3개로 시작되는데 첫째, 자기소개 둘째, 지원동기(회사/직무) 셋째, 장단점에 대한 것이다. 질문 시간은 30초, 답변은 90초를 주는데 별거 아니라고 생각하면 큰 오산이다. 이 질문이 사전 준비가 가능한 질문이기에 가볍게 대하지 말아야 한다는 것이다. 완벽하게 준비할 필요가 있다.

▶ 탐색 질문

탐색 질문은 기존의 인성검사와 유사하다고 생각하면 된다. 성향을 파악하는 질문지가 나오고 내가 해당하는 정도를 체크하면 된다(매우 그렇다, 그렇다, 그런 편이다 등). 답변에서 크게 4가지 '솔직함, 일관성, 조직 적합성, 신속함'에 유의해야 한다.

답변할 때 개인의 성향에 관한 질문은 정답이 없기에 솔직하게 말해도 된다. 예를 들면, '나는 과정보다 결과를 더 중요하게 여기고 있는가?'라는 질문이다. 그리고 성향을 솔직하게 말해야 나의 답변이 일관성을 띠고, 평가 결과를 신뢰할 수 있으며 AI 면접에서 좋은 결과를 기대할 수 있다. 신뢰도를 확인하는 차원에서 나오는 문제에도 솔직하게 답해야 한다. 예를 들면, 다음과 같은 질문이다.

> '나는 한 번도 약속을 어긴 적이 없다.'
> '내가 세운 계획은 반드시 성공한다.'

위의 질문은 사람이라면 최소한 한 번은 약속을 어기기도 하고, 계획을 지키지 못한 경험이 있을 텐데 면접이라고 해서 부인해서는 안 되고 솔직하게 답해야 신뢰성이 있다고 볼 수 있다. 기계와 면접을 보고 있다는 것을 인식해야 한다. 그러나 모든 질문에 솔직하게 답하는 것이 최선은 아닐 것이다. 조직 적합성을 확인하는 질문에서는 조직의 일원으로서 문제가 없다는 답변을 제시하여야 한다. 예를 들어, '나는 윗분에 대하여 분노를 참을 수 없을 때가 있다'와 같은 질문에 '그렇다'라고 답변한다면 조직 생활에서 다른 구성원들에게, 혹은 고객이나 조직 외부 사람들에게 부적절한 행동이 되기 때문에 이러한 조직 적합성 확인 질문에서는 내가 실제 그런 특성이 있을지라도, 그것을 약화시키거나 조직에 긍정적인 특성으로 답하는 것이 좋다. 마지막으로, 탐색 질문은 주어진 시간이 매우 짧아서 각 문항당 1초 내외로 빠르게 푸는 것이 필요하다.

▶ 상황 질문

탐색 질문 후에는 상황 질문의 차례이다. 어떠한 상황에 직면했을 때 지원자는 어떻게 대처할 것인지를 묻는 것이 상황 질문이다. 다시 말하면 상황 판단능력을 묻는 말이다. 즉, 상황 질문은 말 그대로 특정 상황이 있다고 가정하였을 때 이 상황에서 어떻게 할 것인지에 대한 질문에 답하는 것이다. 준비시간과 답변시간은 각각 60초가 주어지니 순발력과 판단력이 있어야 할 것이다. 예를 들면 다음과 같은 질문에 대한 답을 요구하는 것이다.

- 솔직하다고 믿고 있는 친구가 거짓말하는 것을 우연히 들었을 때 당신은 어떻게 하겠습니까?
- 약속에 항상 늦는 친구와 만나기로 약속했는데 또 늦는다고 하면 어떻게 말하겠습니까?
- 과거의 연인관계였던 10년 만에 만난 여자친구가 보험에 가입해 달라고 권유한다면 어떻게

얘기하겠습니까?

- 여자친구와의 중요한 약속이 있어 며칠 전에 정해놓았는데 윗분이 갑자기 회식하면서 회의하자고 한다. 당신은 윗사람에게 어떻게 이야기하겠습니까?
- 가끔 연락을 주고받는 친구가 갑자기 돈을 천만 원을 빌려달라고 하면 어떻게 얘기하겠습니까?
- 과장님과 회식하다가 우연히 여직원 앞에서 지퍼가 내려져 있는 것을 발견하였을 때 과장님께 어떻게 말하겠습니까?

위의 질문들은 지원자나 당신이 질문을 받았다고 생각해 보면 매우 난처하다고 느낄 것이다. 이전 단계까지는 그리 어렵지 않았기 때문에 쉽게 면접을 치렀지만, 이 상황 질문 단계부터 당황하는 지원자들이 있다는 것이다. 그렇지만 이러한 질문에 답변할 때 기계 앞——컴퓨터——이라고 생각해서는 안 되며 실제로 사람과 이야기하듯이 대화체를 사용하여 답변하되, 어색함을 표현해서는 안 된다. 왜냐하면, 컴퓨터의 빅데이터가 이러한 것을 감지하고 있기 때문이다. 즉 사람이 없어서 로봇과 같은 연기가 나올 수 있으니 상황 질문에서는 표정과 어투를 그 상황에 어울리도록 더 신경써야 한다. 상대방에게 실제로 대화하는 것을 가정하기에 표정, 어투, 내용은 상대방에 대한 배려가 있어야겠고 이후 상황에 얼마나 적절하게 대응하는지에 집중해야 할 것이다.

▶ 뇌과학 게임

AI 면접을 치르는 지원자들이 가장 힘들어하는 것이 게임 부분인데 그중에서도 뇌과학 게임이다. 이 게임은 지원 직군별로 보게 되는 게임의 개수와 유형이 다른데, 보통 5~7개의 게임을 수행하게 된다.

뇌과학 게임이 끝나면 감정 선택이 있는데 사람과 표정 사진을 보여주면서 그 사진의 사람이 현재 어떠한 감정상태인지를 짧은 시간 내에 선택하는 게임이다. 여기에는 무표정, 놀람, 슬픔, 분노, 경멸, 공포, 혐오, 기쁨 등 다양한 선택지가 주어지는데 이 표정을 정확하게 알아내는 것이 쉽지는 않다. 이러한 경우에 아무런 대비 없이 임한다면 당황할 것이다. 그러나 이는 연습으로써 대비할 수 있는데 사람의 표정이 가진 특징을 미리 파악하고, 스스로 거울에서 표정 연습을 하면 큰 어려움이 없을 것이다. 보편적인 사람 표정의 특징은 다음과 같다.

분노 : 노려보는 눈, 미간의 찌푸림, 입술 모양 일자로 얇아짐
놀람 : 눈썹이 올라가고, 눈이 커지고, 입이 크게 벌어짐
혐오 : 콧잔등이 찌그러지고, 팔자 주름이 가장 선명해짐
슬픔 : 눈썹/눈꺼풀이 아래로 처지고, 입꼬리도 아래로 처짐. 초점을 잃음
공포 : 눈이 커지며 앞 눈썹이 올라가고 입이 벌어짐
기쁨 : 눈가 주름이 많아지고, 두 뺨과 입술 끝이 올라감
경멸 : 입술 끝이 당겨지며 한쪽 얼굴만 올라감
무표정 : 근육의 변화가 없음

▶ 심층 구조화 질문

뇌과학 게임이 끝나면 앞서 게임을 진행하며 축적된 데이터를 바탕으로 심층 구조화 질문이 출제된다. 주로 단답형으로 제시하는데 그 답에 대한 꼬리 질문이 계속 이어진다는 것이다. 예를 들면, '더 좋은 성과를 만들기 위해 가장 중요한 것이 무엇이라고 생각합니까?'의 질문이 나오고 대답을 한다면 이어서 '그것을 위해 어떤 행동을 하시겠습니까?', '행동 결과에 대체로 만족하는 편입니까?' 등의 후속 질문이 있으니 주의해야 할 것이다. 답변을 생각할 시간과 답변할 시간을 각각 60초를 주는데 순발력을 발휘할 시간이다. 사전 준비를 할 수 없으므로 시간 내에 빠르게 정리해서 질문에 답해야 하기 때문이다.

위에서 AI 면접에 대하여 알아보았다. 압박 면접은 기존의 대면 면접에서 면접관의 주관적 판단이 개입되어 공정성에 대한 논란이 있었던 것이 사실이다. AI 면접은 뇌신경과학을 기본으로 추출된 역량을 기본으로 알맞은 인재를 선발하기 위한 인재 선발 도구라고 할 수 있다. 이러한 선발 도구는 5단계로 구성되어 있는데, 1단계는 기본질문, 2단계는 탐색 질문(인성검사), 3단계는 상황제시형 질문, 4단계는 게임, 5단계는 심층 구조화 질문(개인 맞춤형 질문)으로 되어 있지만, 면접과 인성검사를 동시에 본다고 생각하면 복잡하다는 느낌에서 벗어날 수 있다.

▶ AI 면접에 관한 Tip

성공하기 위해서는 다음과 같은 요소가 필요하다. 즉 준비과정이 필요하다는 것이다. 이를 위해서는 어려워하지 말고 준비과정은 대면 면접과 비슷하다고 생각하면 될 것이다.

첫째, 조용한 공간을 이용하라. 왜냐하면, 면접시간이 대면 면접보다 많이 소요되는데 약 90분

정도이다. 따라서 90분 동안 집중이 가능하고 주변의 방해를 받지 않는 장소를 선택할 필요가 있다. 인터넷을 사용하기 때문에, 인터넷 사용 여부와 신호, 끊김에 반드시 유의해야 할 것이다.

둘째, 카메라를 의식하라. 이 말은 기계에 알맞고, 단정하게 보이도록 노력해야 한다는 것이다. 기계가 당신의 표정, 옷차림, hair style 등 모든 것을 체크하기 때문이다. 따라서 단정한 복장――셔츠나 블라우스, 정장은 아니더라도――을 입는 것이 면접관들에게 연출될 수 있기 때문이다. 또한, 카메라 렌즈나 모니터가 면접관이라 생각하고 대화하듯 시선처리를 하면 좋다.

셋째, 표정 연습을 하라. 즉 AI 면접도 면접의 한 방법이다. 따라서 비록 기계일지라도 면접관에게 미소와 같이 호감도를 높일 수 있는 연습을 해야 할 것이다. 이러한 연습은 거울을 보면서 혼자서도 할 수 있다.

넷째, 논리적이고 합리적인 답변을 준비하라. 즉 질문에 대해 답변할 시에는 자신감이 결여되어서는 안 될 것이다. 따라서 자신감을 바탕으로 질문에 대하여 최대한의 판단력과 순발력을 발휘하되 말끝을 흐리지 말고 명료한 발음으로 체계적으로 답변해야 할 것이다. 더불어 끝까지 힘주어 자신 있게 대답하자.

6 실무면접

이를 다른 용어로 표현하면 직무면접이라고도 한다. 말 그대로 업무능력을 갖추었는지를 평가하는 것이다. 여기에서의 면접관은 주로 자기가 지원한 업무팀의 부서장이나 팀장이 참여하게 되는데 주로 공통으로 업무에 필요한 기본업무능력 및 특정 직무를 수행하는 데 필요한 능력들을 묻는 면접 방식이다. 이러한 질문의 예시는 다음과 같다.

병원이 당신을 뽑아야 하는 이유가 무엇입니까?
직무와 관련된 프로젝트에 관하여 설명해 보시오.
인생의 role-model은 누구이며, 이유는 무엇인가?
팀원 간에 갈등이 생긴다면 어떻게 해결하겠는가?
우리 병원에 대하여 비판해 보시오.
우리 병원과 직무에 관하여 관심을 가진 것은 언제부터인가?
다른 병원에 지원하지 않고 우리 병원에 지원한 특별한 이유는 무엇인가?
학업 이외에 가장 힘들었던 경험을 말해 보시오.

첫 월급을 타면 무엇을 할 것인가?
친구를 사귈 때 가장 우선시하는 것은 무엇인가? 등

위에서 보듯이 질문의 답은 직무능력과 보편적인 논리적 사고, 문제해결능력, 창의력, 커뮤니케이션 능력 등을 묻고 답하는 형태이다.

7 인성 면접(personality interview)

인성 면접은 직장인으로서 가져야 할 기본적인 인성을 갖추고 있는지와 해당 직장의 핵심 가치와 얼마나 맞는지에 대하여 평가하는 방식이다. 인성 면접은 가장 기본적인 면접이면서 가장 중요한 면접이라 할 수 있다. 따라서 개인이 가지고 있는 보편적인 인성과 해당 병원의 핵심 가치를 소유하고 있는지에 대하여 직접 묻거나 특정 가치가 발휘된 경험이나 가상상황에서 예상 행동을 파악할 수 있는 질문을 많이 한다. 인성 질문에 대해서 첫째, 자기소개 둘째, 지원동기 셋째, 마지막 말 등을 위주로 질문하는 경우가 많다.

첫째, 자기소개서가 매우 중요하다. 따라서 핵심 키워드를 이용해 구체적인 이야기(story)로 구성하여 쓰는 것이 현명하다. 따라서 나만의 경력이나 경험을 통해 직무 적합성에 대하여 어필해야 하며 '나만의 소신'을 밝히는 것이 좋다.

둘째, 지원동기는 항상 어렵지만, 이 역시도 매우 중요하다. 어려울 시에는 지원하는 직장에 대한 분석을 통해 인재상을 참고하는 것이 좋다. 나만의 경험을 통한 안정된 story를 구성하여 쓴다면 더욱 효과적일 수 있다. 따라서 시간 내에 최대한 구체적이고 인상적이며 vision이 있는 지원동기를 밝히는 것이 좋다.

셋째, 해당 직장에 관한 '나만의 노력'이라든가 '역량' 그리고 중요한 사항을 놓친 부분들을 정리하여 이야기하는 것이 효과가 있다.

인성은 개인이 사회적으로 역할 수행을 함에 있어 취하는 공적 성격으로 여러 환경에 대응함으로써 나타나는 행동, 태도, 동기, 인생관, 정서 등을 말한다. 이러한 내용을 질문지 형식으로 답하는 경우가 있지만, 면접에서 직접 질문을 하는 경우가 있다.

중요한 것은 인성검사를 하는 경우가 있는데 문항별로 각 기업이 판단하는 기준이 다르므로 학습해서 준비되지 않은 부분이 있다는 것에 유념해야 할 것이다. 예를 들면, '내가 만나는 사람이라고 다 좋아하지는 않는다', '사람들에게 진실을 이해시키기 위해서는 토론을 많이 해야 한다'라는 답변은 기업의 종류에 따라 선호도가 다르다는 것이다.

이외에도 상황면접, 임원면접 등이 있다. 어떠한 면접에 임하든 주어진 시간 안에 자신의 가능성을 보이기 위해 최선을 다하여 성실하게 임해야 할 것이다. 더욱 중요한 것은, 자신에 대한 믿음과 철저한 준비 그리고 연습을 통하여 최선을 다하는 것이다.

05 인터넷 의사소통(internet communication)

현대 산업사회에서의 주요한 특징 중 하나는 인간의 삶이 다양하게 변화했다는 것이다. 물론, 물질의 풍요와 삶의 질을 풍족하게 하는 데 일조하였으나 무엇보다도 인간관계라는 측면에서 본다면 정치, 경제, 문화, 교육 등에서 커다란 변혁을 가져오게 되었다는 것이다. 특히 인터넷의 발달은 세계를 하나로 엮었으며 이를 통해 국경 없는 국가를 형성하게 되었다.

이러한 것을 가능하게 한 수단이 E-Mail과 문자서비스, Facebook, Twitter, Blog, Discussion, Kakao story, Instagram 등이라 하겠다. 이렇게 된 것은, 전 세계를 하나로 연결한 인터넷의 발달 덕분이라는 것이다. '인터넷은 우리에게 어떠한 미디어인가?' Mass media인지 Face to face media인지 구분하기 어렵다.

따라서 인터넷은 오늘날 가장 중요한 미디어라 할 수 있다. 짧은 기간 동안 우리의 정치, 경제, 문화 영역에서 중요한 미디어로 자리 잡은 인터넷은 커뮤니케이션 매체로써뿐만 아니라 쇼핑, 주식, 홍보, 의료 등 일상생활의 공간으로, 전 세계 고객을 대상으로 펼치고 있는 마케팅, 비즈니스의 공간이 되었다. 인터넷은 지금까지의 미디어와는 현저한 차이를 나타낸다.

인터넷은 초기에 전문가들끼리 문서를 교환한다거나, 메일을 주고받는 통신수단으로 주로 사용되었다. 인터넷은 처음에 Mass media로서 기능을 수행하는 데 있어 많은 기술적 제약이 따랐다는 점도 Face to face media에 관한 연구가 많은 이유로 설명될 수 있다. 예를 들어 월드와이드

웹이 등장하기 전에는 이용자들이 컴퓨터상에 제목만 나열되어 있는 정보를 보면서 어떤 내용이 중요한 것인지 판단할 수 없었고, 그 속에서 보고 싶은 정보를 찾기가 매우 어려웠다. 그러나 월드와이드웹이 보급되면서 인터넷 사이트들은 인쇄미디어처럼 중요도에 따라 정보의 제목이나 크기를 다르게 편집해 제공하고 있으며, 텔레비전처럼 동영상과 sound까지 서비스하고 있다. 그 결과 컴퓨터에 익숙하지 않은 사람도 그림으로 된 아이콘을 클릭하면서 궁금한 정보를 쉽게 찾아볼 수 있게 되었다. 이것은 인터넷이 많은 사람이 이용하는 Mass media가 될 수 있는 기술적 기반이 마련되었음을 의미한다. 이를 통하여 인터넷으로 의사소통을 하게 되었다. 과거의 면대면 의사소통에서 오늘날에는 비대면 의사소통으로서의 변화를 가져오게 되었다는 것이다. 이러한 변화로 인하여 우리가 알지 못하는 다양한 문자나 언어를 통해 짧은 시간에 의사소통하는 방법도 생겨나기 시작하였다는 것이다. 얼마 전 인터넷을 검색하다가 재미있는 것을 발견하였다. 이를 소개하면 다음과 같다.

몇 주 전 한 예능 프로그램에서 한글날을 맞이해 아주 특별한 기획을 시도했다. 30대 후반과 40대 중반으로 이루어진 출연자들과 청소년들의 '카카오톡' 대화를 시도한 것. 물론 출연자들은 자신들의 정체를 숨겨야 했다. 기획을 직접 진행한 이들도 출연자들과 10대 청소년들과의 의사소통이 제대로 이루어질지, 금방 정체가 탄로 나진 않을지 의문을 품은 상태에서 촬영이 시작되었다. 대화가 시작됨과 동시에 출연자들이 알아듣지 못할 단어들이 10대들에게서 쏟아져 나왔고, 출연자들은 사전에 이미 10대들이 자주 사용하는 인터넷 언어에 대해 간단한 교육을 거쳤음에도 불구하고 그들과의 대화에 난항을 겪어 진땀을 뺐다.
'ㅎㄷㄷ'——'후덜덜'의 줄임말로 매우 놀랍거나 두려운 모양을 표현하는 말을 "후두둑"이라고 해석하거나, '사진 ㄱ'——사진 Go. 사진 '전송해 줘'라는 의미를 파악하지 못해 신속하게 의사소통을 전개하지 못하는 상황이 발생하기도 했다. 이 프로그램이 시청자들을 웃게 하는 예능 프로그램임을 감안(勘案)하면, 방송으로 사용하기 아주 좋은 장면이 그려진 것임에는 틀림이 없지만, 이에 대해 조금만 진지하게 생각해 보면 웃어넘길 수 있는 상황만은 아닐 것이다.
'잔차 타고 샤방샤방하게 자퇴하다'라는 말을 들으면 가장 먼저 무슨 생각이 드는가? 샤방샤방이라는 단어는 본디 눈이 부실 정도로 반짝반짝하거나 그 모양새가 몹시나 아름다운 것을 뜻하는 단어이다. 그렇다면 '잔차'는 무슨 뜻인가? 또 '자퇴하다'는 우리가 알고 있는 '자진 퇴학'의 뜻이 맞는 것인가?
건강을 위해 자전거를 즐기는 문화가 확산되면서 지난 8월 인터넷상에는 '자전거 인터넷 용어'라는 용어집까지 등장했다. 이 용어집에 근거하여 '잔차 타고 샤방샤방하게 자퇴하다'라는 말을 해석하면, '자전거를 타고 주변의 풍경을 감상하며 느긋하게 퇴근하다'라는 뜻이 된다. 이 자전거 인터넷 용어집에는 이 단어들뿐만 아니라 자장구, 짐승(JS), 철티비 등의 뜻을 추측하기 어려운 단어들이 무수히 등장한다(백과사전).

인터넷의 발달로 더욱 발달하기 시작한 스마트폰(smartphone)의 증가로 사람과 사람 사이에는 언제, 어디서나 연결이 되었고 이로 인한 새로운 인간관계가 형성되기 시작했다. 스마트폰(smartphone)은 소프트웨어의 호환성이 높고, 전화가 가능한 휴대전화와 컴퓨팅 기능을 하나로 통합한 모바일 장치다. 스마트폰은 표준화된 인터페이스와 플랫폼에 기반한 운영체제로 종합 구성한 전화 통신기기로 볼 수 있으며, 전자우편, 인터넷 검색, 텍스트를 읽고, 쓰고 저장하기, 추가적인 앱(app) 설치로, 응용기기로의 기능을 사용할 수 있고 내장형 키보드나 외장 USB 키보드, 외부 출력 가능한 VGA 단자, HDMI 단자로 확장기기가 연결되는 소형 컴퓨터로도 사용할 수 있다. 또한, 무선 인터넷 접속기능을 이용하여 인터넷 및 인트라넷에 직접 접속할 수 있을 뿐만 아니라 그룹웨어로의 연동이 가능하다.

또한, 무료 및 유료 앱, 다양한 앱을 사용자의 상황에 맞추어 선택 및 설치할 수 있고, 스마트폰 사용자가 원하는 애플리케이션을 직접 제작할 수도 있는 점, 그리고 같은 운영체제를 가진 스마트폰 간에 애플리케이션을 공유할 수 있다는 점 등도 기존 피처폰(Feature Phone)이 갖지 않은 장점이다. 그리고 이러한 기구들 상호 간에 정보가 공유되고 기업체들이나 관공서 등이 웹사이트와 앱을 동시에 가지고 있어서 서로가 정보를 교환하게 되었다.

하지만 스마트폰 과다 사용으로 인한 거북목증후군, 스마트폰 중독 등 여러 가지 다른 단점이 나타날 수 있다. 스마트폰 중독은 이 기계에 너무나 몰입되어 지나치게 의존하는 상태를 말한다. 신조어로는 스몸비(smombie)라고 하는데 이 말은 스마트폰(smartphone)과 좀비(zombie)의 합성어이다. 이 말은 스마트폰을 보면서 걷는 사람을 말한다. 중독 현상을 살펴보면 다음과 같다.

첫째, '디지털 격리 증후군(Digital isolation syndrome)'이 나타난다는 것이다. 이는 이러한 통신기구에 너무 의존하여 대면 소통을 회피하는 현상을 말한다. 따라서 직접 만나는 것보다 스마트폰으로 소통하는 것이 편리하다고 느끼는 것으로 직접 만나서도 대면을 피하면서 스마트폰만 바라보는 상태를 말한다.

둘째, '팝콘브레인(popcorn brain)' 현상이 나타나는 것이다. 다시 말하면 현실 세계에서는 느리고 천천히 움직이면서 약한 자극에는 두뇌가 느리게 반응하는 현상이다. 반면에 스마트폰이나 게임 또는 동영상을 지나치게 보거나, 즐기게 되면서 빠르고 강한 자극에는 두뇌의 속도가 매우 빠르게 반응하는 것을 말한다. 즉, 첨단 디지털기기에 익숙한 나머지 뇌가 현실에 무감각 또는 무기력해지는 현상을 말한다.

셋째, '수면장애(sleep disorder)'가 발생하고 있다. 온종일 스마트폰에 너무 의지하다 보니 수면시간이 줄어들면서 숙면을 제대로 취하지 못하는 상태이다. 즉 잠을 청하는데 편안한 숙면을 제대로 취하지 못하고 스마트폰만 계속 접하며 생활하는 가운데 두뇌의 자극만을 남겨놓기 때문이다. 특히 스마트폰에서 나오는 광선의 색상 중 블루라이트로 인하여 수면을 유도하는 멜라토닌 호르몬 분비가 억제되어서 발생하는 수면장애도 있다.

넷째, '안구건조증(xerophthalmia)'을 가져올 수도 있다는 것이다. 안구건조증이란 디스플레이를 너무나 오래 보다 보니 눈을 깜빡이는 횟수가 줄어 눈물이 안구 표면에 공급되지 않는 현상을 말한다.

다섯째, 시력 저하가 발생할 수 있다. 즉 기계를 근거리에서 보니 근시가 진행되고 눈의 피로도가 빨리 진행되어 안구건조증과 함께 오는 경우라 할 수 있다.

여섯째, '거북목증후군(Turtle syndrome)'이 올 수 있다. 이는 스마트폰을 사용하며 보다 보니 오랜 시간 눈높이보다 아래를 내려다보면서 목의 'C커브'를 망치게 되어 거북목 모양으로 변형된다는 것이다. 이로 인하여, 두통이나 어깨통증, 허리통증 같은 통증이 발생된다는 문제점이 있다.

일곱째, '신체의 바이오리듬(biorhythm)'이 깨지는 현상이다. 즉 낮에는 피곤하고 밤에는 활발한 운동이 지속되어 삶의 균형이 깨지게 된다는 것이다.

마지막으로 언어발달과 집중력 학습의 저하가 올 수 있으며 거리를 다니면서 휴대폰을 보다가 안전문제가 생기게 된다는 것이다.

아침에 출근, 오후에 퇴근하면서 버스나 지하철을 타면 모두 거북목을 하고 핸드폰에 몰두한 모습을 접하게 된다. 이제는 자연스러운 현상이라 할 수 있다. 이제 핸드폰이 없으면 왠지 불안한 모습을 보이게 된다는 것이다. 이를 예방하려면 가벼운 취미활동을 하는 게 좋다. 예를 들면, 수영이나 테니스 그리고 개인 운동을 하는 것이 매우 효과적이다. 핸드폰을 멀리하는 것이 좋으며 일정한 시간을 정해서 사용하거나 수면을 할 때도 일정한 시간에 자는 것이 좋다.

하여간 이러한 의사소통방식으로 시간에 구애받지 않고 문자나 이모티콘을 사용하여 감정을 주고받으며 여러 사람과 동시에 대화할 수 있고 본인이나 타인의 정보를 공유할 수 있는 장점이 있다. 따라서 오늘날 어린이부터 노인에 이르기까지 많은 사람이 사용한다는 것이다.

그러나 많은 사용에도 불구하고 지나치게 언어를 축소하거나 문법에 맞지 않는 문구를 사용하고 있어서 세대 간이나 또래 친구들 간에 정확한 의사소통이 이루어지지 않는다는 것이다. 더욱 큰 사회적 문제는 인터넷상의 대화 시 예절을 지키지 않아서——욕설, 비난, 왕따 등——의사소통은커녕 오히려 사회적 거리감만 양산하는 실정이다.

인간은 사회적 동물이라고 한 철학자가 말했다. 이는 사람과 사람 간에 원활한 관계를 통하여 살아가는 존재라는 것이다. 그러나 오늘날에는 산업, 과학 등의 발달로 모든 분야의 대면 관계에서 비대면으로 넘어가는 과도기적 시기이다. 이러한 시기가 도래한 것은 바로 인터넷의 발달 덕분으로 도움이 된 것은 사실이지만, 직접적인 교류를 통한 의사소통을 너무 회피하는 것 같아서 문제라는 것이다. 실례로 학교에서 생활하다 보면 학생들이 서로 근거리에 있어도 말을 하지 않고 서로 메시지로 소통하는 것을 볼 수 있다. 물론 기계의 발달로 편리함을 추구하는 것은 당연하지만, 너무 과도한 사용으로 인한 인간 소외화라는 거대한 문제를 낳고 있다는 것이다. 이러한 현상은 병원, 학교, 기업체 등 모든 곳에서 일어나고 있다.

▶ 전자우편(E-Mail)

오늘날 우리는 모든 분야에서 인터넷의 편리함을 맛보고 있다. 이는 아무리 먼 거리라도 언제든 친구나 부모님 그리고 보고 싶은 사람들, 업무 등에서 많은 도움을 받으며 살고 있다. 지금 인터넷 없는 세상은 생각하기조차 하기 힘든 세상이 되어버렸다.

지구촌 어디라도 인터넷을 사용하여 서류, 모든 업무, 편지, 그림, 동영상 등을 보내 의사소통을 하는 시대가 도래되었다. 전자우편 혹은 이메일(e-mail)은 컴퓨터 통신망(주로 인터넷)을 통해 편지를 주고받을 수 있는 시스템과 해당 편지를 일컫는다. 마이크로소프트에서는 전자 메일(electronic mail)이라는 용어를 사용한다. 전자 메일은 현실에서 사용되는 우편물과 같이 인터넷에서 상호 간에 메시지를 교환할 수 있는 인터넷상의 편지 송수신 서비스이다. 우편물을 전달하기 위해서는 상대방의 우편번호, 주소, 이름과 자기 주소와 이름 등을 알아야 하듯이 전자 메일을 사용하기 위해서는 자신의 전자 메일 주소와 상대방의 전자 메일 주소를 알아야 한다.

전자우편은 컴퓨터 통신망을 이용해 주고받는 편지로 주로 이메일이라고 하는데 문서, 그림, 음성, 동영상 등의 자료를 다수의 컴퓨터 통신망 사용자나 특정 집단, 개인에게 신속하게 동시에 전송할 수 있다. 또한, 수신한 전자우편을 열람, 인쇄, 저장, 편집 및 회신 전달을 할 수 있어 정보화 시대의 유력한 의사소통 수단으로 나타나기 시작했다. 또한, 시간과 비용이 최소화됨으로써 서로 관련된 사람들과 더욱 친숙해지고 휴대전화와 무선 노트북의 사용으로 시간과 장소를 초월하여 언제 어디서나 자료를 공유하는 의사소통이 가능하게 된 것이다.

여기서도 마찬가지이다. 글자를 아는 사람 이외에도 사용하기 편리해서 매우 유용하나 사용자들 간의 잘못으로 인하여 많은 사회적 문제가 야기되고 있다는 것이다. 따라서 이메일을 보낼 시에도 타인에 대한 예의를 지켜야 한다. 처음 작성할 때 반드시 인사말과 맺음말을 꼭 써야 하고 첨부파일 자료를 보내는 경우라도 보내는 목적과 인사말 및 자료에 관한 설명을 첨가하면 훌륭한 메일이 되어 얼굴 붉히는 일이 없어질 것이다. 다음에 소개하는 내용은 500병상 이상 병원의 '개인정보보호위원회' 의무화에 대한 지침서이다.

> **500병상 이상 병원 '개인정보보호委' 의무화**
> 의료기관의 정보보안 강화를 위해 대형 병원들로 하여 개인정보보호위원회를 구성토록 하는 내용의 guideline이 마련됐다. 보건복지가족부(현, 보건복지부)는 16일 의료기관이 개인정보 해킹을 위한 사이버 공격 대상이 될 수 있다는 점을 감안(勘案)하여 진료 정보보호를 위해 500병상 이상 의료기관을 대상으로 한 기술·물리적 정보보호 지침을 마련했다고 밝혔다.
> guideline은 500병상 이상 의료기관은 상설기구로 개인정보보호와 보안 점검, 예방조치 등을 담당하는 5인 이상의 개인정보보호위원회를 설치하고 개인정보보호 및 보안 업무를 총괄 관리할 실무책임자를 최소 1명 두도록 했다. 1,000병상 이상의 병원은 2명 이상을 둬야 한다.
> guideline은 또 개인정보보호 외부 안전진단과 정보시스템 운영 및 보안 관리, 네트워크 및 로그 관리(log management), 사용자 인증 및 접근 권한 관리, 침해사고 예방 및 대응 등 실무지침을 담고 있다.
> guideline은 복지부 홈페이지(www.mw.go.kr)에서 다운로드를 받을 수 있다(김영번, 2010).

위 지침서는 이메일의 사용은 매우 편리하고 용이(用易)하지만, 이에 대한 부작용과 사회적 문제들을 막기 위하여 만든 것이다. 이러한 사회적인 문제는 첫째, 개인의 정보를 보호하기 위함이다. 이메일은 컴퓨터를 통하여 정보를 주고받기 때문에 개인의 정보가 누출될 확률이 높다는 것이다. 둘째, 기관의 기밀이 새어나갈 수 있어 국가나 기업에 있어서 상당한 손해를 끼치게 된다는 것이다. 마지막으로 해킹에 노출될 위험에 처할 수 있다는 것이다. 해킹의 위험성은 이제 전쟁의 수준으로 각 나라에서는 이에 대한 인력과 대책을 마련하고 있다. 따라서 이러한 보안을 강화하기 위하여 기관, 기업, 병원, 학교 등 모든 분야에서 내상자의 정보보호를 위한 지침이 마련되어 실시하고 있으며 특정 기관에서는 이에 관한 교육을 하고 있다.

▶ 문자서비스와 메신저

오늘날 핸드폰이 급속하게 보급되어 온 국민이 사용하게 되었다. 모르긴 해도 대한민국의 핸드폰 보급률은 전 세계적으로 알려져 있을 정도이다. 따라서 핸드폰이 보급되면서 단문의 문자서비스(short message service, SMS)를 이용하여 서로 간의 통신 즉 의사소통이 이루어지는 시대라는 것이다.

핸드폰은 '휴대(携帶, 손에 들거나 몸에 지님)'와 '텔레폰(telephone, 전화)'의 합성어로써 개인용 휴대전화를 일컫는 말 중의 하나이다. 이것이 최근에는 카카오톡과 같은 모바일 인스턴트메신저(mobile instant messenger, MIM)를 이용하는 경향이 많아졌다. 즉 모바일 네트워크를 이용하여 채팅, 영상통화, 음성, 사진과 동영상 공유, 위치 정보 등을 제공하는 service를 MIM이라 할 수 있다.

과거에는 주로 직접 만나서 대화할 때 상대방의 모든 것———표정, gesture, 목소리, 감정, 정서———이 나타났다. 그러나 오늘날 문자서비스의 보급으로 이러한 것을 보완하기 위하여 다양한 기법이 나타나기 시작했는데 그것이 이모티콘이다. 이모티콘이 나타나기 전에는 문자를 활용하거나 도형을 이용하여 감정을 전달하려 했으나 이를 보완한 것이 이모티콘이라는 것이다. 즉 '시각언어'라는 것이다.

이모티콘(Emoticon) 혹은 순화 용어로 그림말은 메타 커뮤니케이션의 일종으로, 문자를 이용하여 만들어낸 감정을 나타내는 기호들을 일컫는다. 또한, 언어마다 사용하는 문자가 달라 조금씩 차이를 보이기도 한다. 작은 각도라도 엄청난 감정의 차이를 보여준다. 간단한 기호들이 모여서 만들어진 이모티콘도 있다. 서양에서는 주로 가로로 기울어진 이모티콘을 사용하고, 동양에서는 주로 세로로 된 이모티콘을 사용한다. 이모티콘은 문자 기반의 의사소통에서 주로 쓰이는 방식으로, 특히 채팅, 전자우편, 게시판 등 컴퓨터 혹은 스마트폰으로 글을 쓰는 곳에서 많이 이용된다.

이모티콘이란 단어는 영어의 Emotion(감정)과 Icon(아이콘)을 합쳐서 만들어진 말이며, 처음 유행한 이모티콘이 웃는 모습이었기 때문에 스마일리(Smiley)라고 불리기도 한다. 순화 용어인 '그림말'은 2005년에 국립국어원의 우리말 다듬기 자료집에서 제안된 단어이다. 동양에서 쓰이는 세로형 이모티콘은 일본어로 얼굴 글자라는 의미의 가오모지(顔文字, かおもじ)라고 표현한다.

동양에서 만들어진 이모티콘들은 주로 눈이 중심이 된다(백과사전).

예제	설명	예제	설명
(^_^) (^^) (^-^) ^^	미소 짓는 모습	(^o^)	웃는 모습
(^_^;	겸연쩍어하는 모습	(*_*) ('o')	놀란 모습
(;_;) (T_T)	우는 모습	(@_@)	눈이 뱅글뱅글 도는 모습

예제	설명	예제	설명
^^* (^^* ^^// ^///^ -///- -_- \\^w^//	부끄러워하는 모습	(-_-) (___)	눈을 가늘게 뜨고 불만을 표시하는 모습
=^.^=	고양이	U•ㅈ•U	개
◀〈:=	오징어	○::=	문어
/^o^\	후지산(웃는 모습의 변형)	_()_	합장(손 모아 인사하는 모양)

대한민국의 대표적인 이모티콘은 한글의 자모를 이용하고 있다.

예제	설명	예제	설명
ㅠ_ㅠ ㅜ_ㅜ ㅜ.ㅜ ㅠㅠ ㅜㅜ ;ㅅ; ㅜ—ㅜ ㅠㅇㅠ ㅠㅅㅠ	우는 모습	ㅇㅅㅇ ㅇㅁㅇ ㅁㅅㅁ ㄴㅇㄱ ㄴ(° ○°)ㄱ ㄴ(° ㅁ°)ㄱ	놀란 모습
-_-^	한쪽 눈썹 치켜세우기	@_@	뱅글뱅글
ㅡㅡ	모음 'ㅡ'를 이용한 삐친 모습	ㅇㅠㅇ	토하기 또는 침흘리기
^_^〈 ^^7 ^-^7 ^_^7	충성하는 모습	^^ ㅅㅅ ㅆ	눈웃음
^-^;;;;;	땀 흘리는 모습		

서양식 이모티콘의 주요 특징은 기본적으로 누워 있는 모습을 취하고 있다. 그리고 입 모양으로 감정을 표현한다.

예제	설명	예제	설명
:-) :) =)	미소 짓는 모습	:-(:( )-:	슬픈 모습
:'-(;-(	우는 모습	:/	불만에 찬 모습
:|	말을 안 하는 모습	:-D :D	웃는 모습
:-P :p :P	메롱	;-) ;) (-;	윙크하는 모습
XD	배꼽 잡고 웃는 모습	:-O :O	놀란 모습
B-) 8-)	선글라스 낀 모습, 안경 쓴 모습	:V	입을 크게 벌린 모습
<3	하트		

요즈음은 이모티콘에 애니메이션을 합해서 flashcon을 사용하여 사용자의 감정, 상황과 생각을 자세하게 전달해 주는 게 생겼다. 문자 의사전달기능을 보완하여 간단하게 서로 간의 의사를 전달하는 경우가 오늘날에는 더욱 늘어났다.

이모티콘은 이미지 텍스트인 픽토그램, 캐릭터, 몸짓언어, 타이포 일러스트레이션(typo illustration)과 같은 것을 가지고 의미를 전달하거나 언어 텍스트인 구어체 표현이나 흉내 표현과 같은 것으로, 언어생활을 한다는 것이다. 타이포 일러스트레이션이란 글자가 단순한 정보 전달 외에 형태적 표현을 가진 시각적 표현 수단으로 글자의 회화적 표현을 통해 커뮤니케이션을 돕는 목적 미술을 의미하기도 한다. 오늘날 기술의 발달로 인하여 글자 만드는 수단, 즉 활자 인쇄술은 전보다 훨씬 쉽게 만들어지고 쉽게 접할 수 있다. 뿐만 아니라 컴퓨터 발달에 따라 언어의 전달요소인 글자를 전달하거나 시각언어로 표현하는 경우 누구나 손쉽게 만들고 전달할 수 있게 되었다. 임숙빈은 이러한 의사소통의 장점에 대하여 다음과 같이 썼다.

사용자의 감정이나 행동을 표현하고 사물 특정을 가리키는 것으로부터 캐릭터 이모티콘을 통해 감정이입을 하게 됨으로써 story를 제시하기도 한다(임숙빈 외, 2018).

이러한 장점에도 불구하고 이모티콘의 사용은 제한적이어야 한다는 것이다. 왜냐하면, 사용하기엔 간단하고 편리하지만, 인간의 복합적인 정서를 표현하는 데는 다소 한계가 있으므로 적절히 사용하여 상대방이 느끼는 오해와 혼란을 줄여야 할 것이다.

06 Social network site : SNS

SNS는 social media라고도 한다. 특정한 관심이나 활동을 서로 공유하는 사람들 사이의 관계망을 이어주는 온라인 서비스인 SNS는 최근 페이스북과 트위터 등의 엄청난 성장을 가져다주었다. SNS의 역사는 매우 오래되었다. 즉, 컴퓨터의 역사와 함께 발전해 왔다고 해도 과언이 아니다. 이것은 1990년 이후 더욱 발전하게 되었는데 바로 월드와이드 웹 발전이 커다란 역할을 하였다.

이러한 SNS는 신상정보의 공개, 의견이나 정보의 개시, 모바일 지원 관계망의 구축과 공개 등의 기능을 가지고 있다. 따라서 각자의 개성 있는 특징을 가지고 있으며 사회의 파급력을 가지고 있어서 사회적 문제를 일으키는 중심이 되기도 한다는 것이다.

Social network는 On-line상에서 개인과 개인, 또는 개인과 집단 간의 관계를 말한다. 이러한 관계는 온라인이 아니더라도 일상적으로 살아가는 과정에서 맺게 된다. 하지만 최근 온라인상에서 맺는 방식은 다소 다르다. 약간의 차이는 있지만, 일상에서 예를 든다면, 내가 아는 한 집단의 친구와 다른 친구가 아는 한 집단의 친구가 같이 만나서 관계를 맺는 것과 비슷한 형식이다. 그런데 Social network상에서 관계 맺는 방식은 사실 이것보다 더 복잡하다. 한 개인과 한 개인 간의 관계가 아니고, 여러 명과 여러 명이 관계를 맺는 방식이며 이러한 관계 맺기가 거의 동시에 이루어지는 것이다.

On-line상으로 내가 관계 맺기를 원하고 상대방이 수락만 한다면 이론적으로 하루 동안에 몇

천, 몇만 명과 관계를 맺을 수 있는 것이다. 즉 관계 맺는 경우가 무수하게 확산될 수 있는 것이다. 계산적으로 접근하기에도 매우 복잡한 관계 형성이 이루어지는 것이다.

social media communication은 가이드 와이어의 창업자인 크리스 쉬플리(Chris Shipley)라는 사람이 처음으로 사용하였다. 소셜미디어의 특징으로는 참여(Participation) & 대화(Conversation), 개방(Openness), 커뮤니티(Community), 연결(Connectedness)로 나눌 수 있다. 소셜미디어는 특정 주제에 관심 있는 사람들의 참여를 촉진시킨다. 이로 인해 상호 의견교환 및 공유가 쉽도록 기능을 제공한다. 기존의 미디어는 정보 생산자가 소비자에게 한 방향으로 정보를 제공했지만, 소셜미디어는 참여자들이 쌍방향 커뮤니케이션의 구조를 가지게 되었다. 이것이 참여 & 대화(Participation & Conversation)이다. 다음 특징으로 소셜미디어는 많은 사람이 참여할 수 있도록 개방(Openness) 되어 있어서 정보 생산 및 공유가 쉽다. 또 특정 주제나 관심사를 중심으로 그룹이나 커뮤니티(Community)를 쉽게 형성하도록 도와준다. 마지막으로 링크 및 다양한 미디어의 결합을 통해 다른 시공간 및 사용자와 연결성(Connectedness)을 가지며, 연결의 확장성을 통해 세력을 확대해 간다. 이렇게 과거의 mass media는 대규모 자본을 지닌 정보 생산자에 의해 일방적으로 편집된 정보를 유통하는 구조를 지녔으나 소셜미디어는 수많은 개인의 경험과 지식, 정보를 쌍방향으로 생산, 소비하는 구조를 지녔다는 점이 다르다. 이제 미디어는 개인 누구나 소유할 수 있는 것이며, 누구나 자신의 경험과 정보를 외부에 전달하고 소통할 수 있는 시대를 맞이했다. 사회 구성원 누구나 미디어를 가질 수 있는 것 소셜미디어 시대이다(김중태, 2009).

social media를 통한 의사소통은 사용자에 대한 정보가 노출되어 있다. 따라서 사용자의 정보가 공개되지 않는 기존의 방식과는 다른 대면의 의사소통이라고도 할 수 있을 것이다. 이러한 종류에는 트위터, 페이스북, 블로그 등이 있다.

오늘날 대한민국의 청소년 및 남녀노소들은 카카오톡과 페이스북을 즐겨 이용하는데 이의 동기는 정보교류나 즐거움, 추억 공유 등과 같은 관계 지향성에 의미를 두었기 때문이다. 장점으로는 정보를 획득하거나, 스트레스 해소, 친구와의 유대 강화, 사회참여 및 특히 정치참여를 하는 통로로 사용한다는 것이다.

가장 활발하게 이용하는 집단은 주로 고학력층을 중심으로 한 20~30대들이며 이들의 동기는 인간관계 맺기를 원하는 것이고 자신이 한 일에 대한 보상 및 즐거움을 위하고 정보를 얻기 위함이다(김봉섭 외, 2013).

이에 대한 피해로는 개인정보 유출, 사이버블링(Cyber Bullying)이 심각했으며 응답자의 45%가

이를 경험했다고 보고되었으며 이에 대한 대책을 마련할 것을 촉구하였다. 사이버블링(Cyber Bullying)은 주로 청소년들 사이에서 사이버 영역인 카카오톡, SNS 등 모바일 메신저를 통해 집단이 한 사람에게 의도적, 집중적으로 괴로움을 주는 행위를 말한다. 즉 가상공간을 뜻하는 '사이버'와 집단 따돌림을 뜻하는 '블링'의 합성어로서 이메일이나 휴대폰, SNS 등을 이용하여 어떠한 특정 대상을 반복적, 지속적으로 괴롭히는 것을 말한다. Cyber Bullying의 사전적 의미는 Cyber(컴퓨터와 관계있는, 컴퓨터네트워크의, 사이버의, 인터넷의)와 Bullying(약자를 괴롭히기)의 합성어(合成語)이다.

이러한 행위는 온라인상에서 상대방에 대한 허위사실을 유포하거나 정보를 노출, 신상털기 등을 통해 피해자를 양산하거나 이로 인하여 심각한 공포나 정신적 피해를 유발하여 극단적 선택을 하도록 하는 사회적 문제를 일으킬 수 있다는 것이다.

사이버블링(Cyber Bullying) 유형은 다음과 같다.

첫째, '떼카'라고 불리는 사이버 비방으로 단체 채팅방에 피해자를 초대한 후 단체로 굴욕적인 사진을 유포하거나 집단으로 욕설을 퍼붓는 행위를 하는 것

둘째, 카톡 감옥. 이를 사이버 감옥이라고도 하는데 어떤 특정인을 대화방으로 계속 초대해서 빠져나가지 못하게 하는 방법

셋째, 사이버 따돌림 즉, '방폭'이라고도 하는데 특정인을 초대한 뒤 한꺼번에 나가고 혼자 남겨두어 모멸감을 주는 것으로 '온라인 왕따'시키는 방법. 이에 대한 징후로는 다음과 같은 것들이 있다.

첫째, 휴대폰이 울리면 불안한 행동이 나타나며
둘째, 휴대폰 데이터 사용량이 점점 많아지며
셋째, 소액 결제 빈도가 증가하여 휴대폰 요금이 많이 나가며
마지막으로 학생일 경우 등교를 거부하거나 전학하고 싶어 한다는 것

사이버블링(Cyber Bullying) 대처방법은 다음과 같다.

증거를 확보하고 도움을 요청하는 것이 최선의 방법이다. 증거수집은 피해 내용을 캡처하여 학교 선생님이나 경찰서 또는 Wee센터로 도움을 요청하고 신고하면 학교폭력상담센터는 117번, 문자는 #117, 온라인으로는 117 CHAT 앱으로 하면 된다. 가해자는 사이버블링 처벌 법률에 따라 처벌받으므로 범죄라는 것을 인식해야 한다. 관련된 법률은 「형법 307조 명예훼손죄」, 「형법 311

조 모욕죄」, 「정보 통신망 이용촉진 및 정보보호에 관한 법률」로서 2년 이하의 징역이나 500~200만 원까지 벌금형에 처해질 수 있다.

사이버블링(Cyber Bullying)은 대개 온라인상에서 일어나기 때문에 드러나기 힘든 범죄이며 사회적으로 심각한 피해를 만들고 있다. 사이버블링(Cyber Bullying)이 근절되기 위해서는 사회 구성원들이 사이버블링(Cyber Bullying)의 종류와 그 징후에 대해 인지하고 주변을 잘 지켜보는 역할을 해나가야 한다.

한 예로 간호학과 실습생이 중환자 모습의 사진을 찍거나 기념 촬영을 하거나 해부학 실습 중에 사체를 일부 공개하여 소셜미디어로 유포한 몰지각한 행동을 하는 것이 뉴스가 되었다.

시대의 흐름에 따른 기술의 발달로, 인류는 현실 세계와 밀접하게 분리되거나 완전히 분리된 세상을 만들었다. 이것은 사이버 세계라고 불리며, 인간은 이미 현실과 사이버 사이의 경계를 넘나들며 일상생활을 하고 있다.

사이버 세계는 인간을 신체적, 심리적 제약으로부터 탈출시켜 삶을 더욱 단순하고 빠르게 만들었으며, 이러한 변화는 사이버 혁명이라 불릴 만큼 인간의 행동에 영향을 미치고 있다. 하지만 앞서 언급했듯이, 사이버 세계는 우리가 신체적, 심리적 한계를 극복하도록 해주었고, 오히려 인간이 벗어날 수 없는 감정과 생각을 무분별하게 생산하도록 유도했다. 우리는 이것을 사이버 폭력과 청소년 사이버 폭력으로 간주하는 시간을 갖고 그들 사이의 사회적 이슈로 간주하고 싶다.

▶ 트위터(Twitter)

SNS의 핵으로 부상하고 있는 'Twitter'는 '새가 재잘거리다', '그대로 짹짹거리다'라는 의미이다. 즉 장문의 글을 쓸 수 있었던 기존의 블로그 서비스와 달리 단문만을 이용하는 서비스이다. 트위터는 140자 내에서 자기 생각을 표현하는 마이크로블로그 서비스로 출발했는데, 지금은 실시간 웹을 대표하는 서비스로 자리매김하고 있다. 즉 기존의 페이스북과는 다르다는 것이다.

트위터(Twitter)에서는 친구를 맺는 것이 매우 독특하다. SNS가 보여주는 일반적인 친구 신청과 승인의 방식이 아닌 관심 있는 사람을 따르는(Following) 방식을 채택하고 있다. 이와 같은 친구 맺기 방식을 통해 콘텐츠(contents)의 공유 속도가 한층 더 빨라진다.

예를 들어 어떤 사람을 따르는 Following 수(數)를 10만 명이라고 가정하면 하나의 글을 올리는 순간 10만 명에게 전달되는 것이다. 트위터(Twitter)는 리트윗(Retweet)이라는 정보 재배포 기능도 제공한다. 자신이 따르는(Following) 사람이 쓴 글(트윗)을 다른 사람과 공유하고 싶을 때는 리트윗할 수 있고, 이렇게 리트윗된 글은 나를 따르는 사람들(Follower)에게 보여주는 등 정보의 확산 속도가 상상을 초월한다.

트위터(Twitter)는 페이스북과는 다른 사람들이 특정 인물을 일방적으로 따라가는 것으로서 상대방에게 되돌려서 반응하지 않아도 된다는 것이다. 트위터 사용자는 계정을 만들고 짧은 메시지(tweets)를 내보낼 수 있게 된다. 트위터(Twitter)의 장점은 전파속도가 매우 빠르다는 것이다. 또한, 정보교류에 대한 이용자들의 만족도가 높다는 것이며 짧은 메시지는 전 세계로 나갈 수도 있고 추종자들에게만 내보낼 수 있는 장점이 있다. 예를 들면, 건강 관리적 측면에서 살펴보면 심장에 문제가 있는 사람은 속보성 뉴스를 심장학회로부터 받아볼 수 있다는 것이다(임숙빈 외, 2018). 반면에 단점은 이용자들 간의 친밀감이 다른 의사소통 방식보다 확인하기 어렵다는 것이다.

▶ Blog(블로그)

블로그라는 말은 web + log(기록)를 합친 합성어로, 스스로가 가진 느낌이나 품어오던 생각, 알리고 싶은 견해나 주장 같은 것을 일기처럼 차곡차곡 적어 올리는 형식을 취한다. 이를 다른 사람도 보고 읽을 수 있으며, 보통 시간 순서대로 가장 최근의 글부터 보인다. 그러나 글 쓴 시간을 수정할 수 있는 블로그의 경우에는 시간을 고쳐 글 순서를 바꿀 수도 있다. 여러 사람이 쓸 수 있는 게시판과 달리 한 사람 혹은 소수의 사람만이 글을 올릴 수 있다. 블로그를 소유해 관리하는 사람을 블로거(blogger)라고 한다.

블로그는 개인적인 성격이 있어서, 경우에 따라서, 인터넷을 통해 기존의 어떤 대형 미디어에 못지않은 힘을 발휘할 수 있으므로 '1인 미디어'라 부른다. 순화어는 '누리사랑방'이라 지정되어 있고, 이를 바탕으로 줄여 부르면 '누사'가 된다. 소셜네트워크 서비스의 일종으로 개인이 운영하는 웹사이트를 말하고 있다.

오늘날에는 이에 대한 폐해가 나타나고 있는데, 위장용으로 사용하고 있다는 것이다. 예를 들면 광고용으로 사용하고 있다는 것이다. 자기 생각이나 견해 없이, 혹은 위장용으로 몇 개만 대충 올려놓고 나머지는 특정 기업이나 상점의 상품광고에 할애하는 광고용 블로그도 범람하고 있다. 특정 상품을 홍보하고 rebate(사례금, 보상금, 還拂)를 받는 블로그도 있으며, 기업 자체가 영리 목적으로 블로그를 개설해 뛰어드는 사례도 어렵지 않게 찾아볼 수 있다. 그 외에 정부 기관 등에서 홍보를 위해 블로그를 개설하는 사례도 종종 있다. 2010년대에 들어서 유튜브, 페이스북, 인스타그램 열풍으로 인해 블로그의 인기가 점차 식어갔고, 현재는 방문자 수가 급감한 상황. 다수의 인기 블로거들이 인스타그램으로 옮겨간 여파인지 현재는 물건을 판매할 목적으로 대부분 블로그를 운영하고 있다.

블로그의 장점은 '온라인상의 저널로서 다른 사람들이 읽고 반응할 수 있다'라는 특징이 있으며, 또한 다양한 주제——건강 관련, 관광, 상품홍보——들을 다루고 있다. 보건 관련직에 종사하는 사람들은 환자나 가족들을 위한 블로그를 찾아 안내하는 것도, 일종의 의사소통이라 할 수 있다.

▶ Kakao story

Kakao story는 카카오가 2012년 3월 22일 서비스를 시작한 사진 공유 기반 소셜네트워크 서비스이다. 사용자들은 여러 종류의 글이나 사진 등을 올릴 수 있다. 네이버 밴드와 함께 30~50대 이용자들이 대부분 이용하는 SNS이다. 30~50대 사람들의 50% 정도가 카카오스토리를 이용하고 있으나 10~20대는 다른 것을 이용한다. 청년층이 이용하지 않는다고 해서 소규모 SNS라고 생각하면 큰 착각이고, 카카오스토리는 대한민국 SNS 이용 빈도의 30%가 넘는 절대적 지분을 차지하고 있다. 한마디로 중장년층의 페이스북인 셈이며 중장년층과 가까워지고 싶다면 카카오스토리나 밴드를 이용해 보라는 말이 있다.

꼭 필요한 기능(글, 이미지, 촬영, 필독, 공유, 댓글 등)만을 담았고, 모바일 기반이기 때문에 다른 SNS에 비해 훨씬 단순하고 이용하기 편하다. 이미지 기반이라는 점에서 2세대 SNS로 분류하기도 한다. 글자 수 제한이 2,081자로 작은 편이라고 하지만 140자 제한인 트위터와 비교할 때 그렇게 적은 편은 아니며, 현재는 5천 자로 늘어나 더욱 넉넉해졌다.

요즈음 이에 대한 문제점이 나타나기 시작했다. 이는 자체의 문제는 아니고 파생된 문제점이다. 다른 SNS에 비해 개방성이 덜한 카카오스토리 라이트 user들이 트위터나 페이스북 등의 SNS의 성격을 잘 이해하지 못하고 다른 사람에게 보여주면 곤란한 이야기(사생활이든, 사업이나 업무상 비밀이든)를 올렸다가 사고가 터지는 경우가 가끔 생기는데, 카카오스토리의 경우 전 국민 메신저인 카카오톡과 연동되는 특성상 라이트 user가 많아서 이런 사고가 자주 터지는 편이다. 특히 카카오톡과 연계되는 대부분 서비스가 그렇듯이 전 연령층이 매우 쉽게 접하는 관계로 이용에 익숙하지 않은 사람들이 주로 겪을 수 있는 피해라고 생각하면 된다.

카카오스토리에 대하여 정리하자면 다양한 연령층을 대상으로 연구한 결과 1인당 친구 수는 평균 90명 정도이며, 친구, 가족, 지인의 순으로 이용하며, 일상 소식 및 친구와의 교류, 친목 도

모, 유머, 음악 등의 내용을 가지고 이용한다. 주로 여성들이 많이 이용하는데 지인들과 연락하기 위해 사용한다는 것이다(이지영 외, 2015).

▶ Facebook

페이스북은 사용자가 서로 친구가 되어 관계를 맺고 본인의 생각을 표현하고 정보를 교환할 수 있다. 오늘날 페이스북은 공통의 관심사가 있는 공동체를 형성할 수 있어서 트위터보다는 이용자가 많고 만족도가 높은 소셜미디어 중 하나이다. 이것은 페이스북에서 개발한 모바일 메신저이다. 줄여서 '페메' 또는 '펨'이라고도 부른다. 다른 경쟁 메신저보다 좀 늦은 2011년 8월 9일에 서비스를 시작했지만, 사이트 도메인이 무려 messenger.com에 페이스북 이용자라면 접하기 쉽게 설정해 놓았기 때문에 2020년 기준 약 15억 명의 사용자가 있는 것으로 알려졌다.

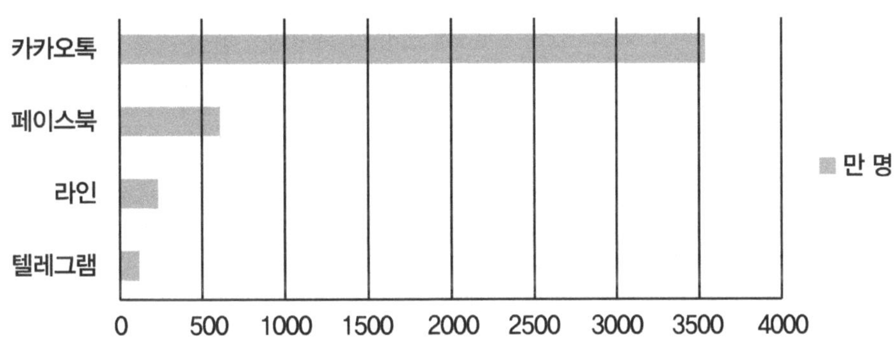

우리나라의 경우 카카오톡 다음으로 이용자가 많다. 2018년 6월 순 사용자 기준으로 1위 카카오톡(3,528만 명), 2위 페이스북 메신저(640만 명), 3위 라인(225만 명), 4위 텔레그램(139만 명)이다. 특히 10대 사이에서 매우 높은 이용률을 보인다. 13~18세 청소년들이 전체 페이스북 메신저 가입자의 23.3%를 차지하고 있으며 총 이용시간 비중은 60.3%에 달한다(백과사전).

멀티 디바이스(Multi Device) 지원이 가장 큰 장점 중 하나이며 텔레그램처럼, 폰 하나로 여러 개의 계정을 등록할 수 있고 계정 한 개로 여러 개의 기기를 지원한다. 이러한 특성 덕에 폰과 폰, 폰과 웹 간에도 자유롭게 이동이 가능하다는 것이며, 별도의 백업절차 없이 폰을 잃어버려도 대화 내용 유지가 가능하다.

또한, 전화번호를 묻지 않고 로그인만으로 사용이 가능하다는 것이다. 타 메신저 대비 가장 큰 두 번째 장점은 페이스북 계정을 보유하고 있지 않은 사람은 전화번호로 대신 가입해서 사용할 수 있다는 것이다.

페이스북을 사용하려면 계정을 가지고 있어야 하는데 계정을 가진 사람은 자신의 '담벼락'에 글이나 사진 등을 게시하고 다른 사람들은 그 포스팅에 대한 반응을 게재할 수 있다. 이러한 경우에 개인의 사생활은 보호되지만 반대로 누구나 포스팅을 읽고 반응할 수 있는 데에는 덜 제한적이라는 것이다(임숙빈, 2018).

페이스북은 다양한 방법으로 사회적인 삶과 사람들의 활동에 영향을 미쳤다. 많은 휴대기기에서 사용 가능하므로 페이스북은 사용자가 지속적으로 친구들, 친척들, 그리고 어느 곳에 있든지 인터넷 접속만 가능하다면 만날 수 있는 다른 아는 사람들과 연락할 수 있게 하였다. 또한, 공통된 관심사를 가지고 있거나 같은 신앙이 있는 사람들을 그룹과 다른 페이지로 결합할 수 있고, 소식이 끊긴 가족 구성원들과 친구들을 다시 만나게 하는 사이트로 알려져 있다.

이에 대한 예를 들면, 존 왓슨과 20년 동안 그가 찾아다닌 딸의 재결합 실화가 있다. 왓슨이 딸의 페이스북 프로필을 찾은 후에 그들은 만나게 되었다. 아버지와 딸의 다른 재결합 실화는 아버지 토니 맥노튼과 딸 프랜시스 심슨 사이에 일어난 일인데 그들은 거의 48년 동안이나 서로를 보지 못하였다.

사람들이 직접으로 의사소통을 하지 않기 때문에 페이스북이 사회 질서를 어지럽히는 경향이 있다는 주장이 있는 반면에, 특정 사람들만이 지속적(持續的)으로 친구들, 친척들과 만나고 있어 그들의 사회적 삶에만 유용하다고 논쟁하는 때도 있다. 어떤 연구 결과는 페이스북이 관계 문제의 원인이라고 하였다. 몇몇 보도 기사는 페이스북 사용이 '이혼과 배신의 빈도를 높인다'라고 하였지만, 그 주장은 다른 (신문, 방송의) 해설자들에 의해 이의가 제기되었다.

페이스북은 정치에도 매우 큰 영향을 미쳤다. 2010년부터 2011년에 걸쳐 튀니지에서 발생한 재스민 혁명에서는 정보 교환을 위해 페이스북이 큰 역할을 했다. 또한, 이에 영향을 받아 일어난 2011년 이집트 혁명에서는 시위의 결과로, 2월 11일 호스니 무바라크 대통령은 군부에 권력을 이양하고 대통령직에서 물러났다.

한편 페이스북은 실명 등록제이기 때문에 정부의 추궁에서 벗어나기 위해 시위자들이 가명으로 등록했는데 정부에서 실명을 요구해서 어쩔 수 없이 실명을 공개한 운동가가 당국에 체포당하는 등 운동에 재를 뿌리는 사태도 일어났다. 이런 제약으로 실제 운동에선 종래의 입소문이나 전단지(傳單紙)가 주력이었고 페이스북이나 트위터가 '데모를 조직한 것이 아니다'라는 지적도 있다

(백과사전).

이 역시 마찬가지로 보건 의료직에 종사하는 사람은 건강문제에 관한 의사소통을 안내할 수 있어야 하며 대상자 역시 자기가 관심 있는 분야에 게시하여 많은 정보와 조언을 받을 수 있어야 할 것이다.

▶ Instagram

인스타그램(Instagram, 인스타)은 케빈 시스트롬(Kevin Systrom)과 맥 크리거(Mack Krieger)가 공동으로 설립한 온라인 사진 공유 및 소셜네트워크 서비스이다. 인스타그램의 이용자들은 인스타그램을 통해 사진 촬영과 동시에 다양한 디지털 효과를 적용하며 페이스북이나 트위터 등 다양한 소셜네트워크 서비스에 사진을 공유할 수 있다. 과거에는 사진이 1:1 비율로만 업로드되었지만, 현재는 비율에 상관없이 사진을 편집하여 업로드할 수 있다. 인스타그램은 즉석에서 사진을 볼 수 있게 한 방식의 카메라인 '인스턴트카메라(Instant Camera)'와 전보를 보낸다는 의미의 '텔레그램(Telegram)'을 합쳐 만든 이름으로, 사진을 다른 사람들에게 손쉽게 전송한다는 뜻을 포함하고 있다(백과사전).

이 역시 사진 이미지를 통해서 사용자의 감정까지 전달되며 이미지와 텍스트가 결합하여 더 정확한 감정까지 타인에게 전달되기 때문에 오늘날 이용자의 수가 증가하고 있다(남민지 외, 2014). 인스타그램은 사진을 올리면서 그 사진에 대한 상황을 설명하는 단어들을 여러 개 올릴 수 있고 사진과 관련된 자신의 추억이나 정보를 함께 올리면서 다른 사람들의 댓글도 달고 대화할 수 있어서 증가하는 추세라는 것이다. 즉 인스타그램에 올려진 정보를 보고 읽음으로써 댓글을 통해 의사소통이 이루어지는 방법이라는 것이다.

이러한 이점 때문에 젊은이들에게 인기가 많다. 왜냐하면, 인스타그램에 참여함으로써 '놀이문화'로 발전하게 되었기 때문이다. 이러한 발전은 해시태그(hashtag)의 영향이라 할 수 있다. 해시태그는 트위터 등 소셜네트워크 서비스(SNS)에서 사용되는 메타데이터 태그로, 해시 기호(#) 뒤에 특정 단어를 쓰면 그 단어에 대한 글을 모아 분류해서 볼 수 있다.

소셜네트워크 서비스나 마이크로블로그 서비스에서 관련된 내용물을 묶어주는 역할을 하는 태그이다. 사용자들이 관심 있는 주제의 내용물을 쉽게 찾을 수 있도록 도와준다. 보통 띄어쓰기 없이 단어나 문구를 쓰고 앞에 해시 기호(#)를 붙여넣는다. 이 해시태그를 클릭하면 해당 해시태그가 포함된 내용물이 모두 표시된다. 예를 들어 음식 사진을 올릴 때 #먹스타그램, 셀프 사진을 올릴 때 #셀카, 건강과 관련한 인스타그램으로는 #건강증진, #건강식, #암 예방, #운동 등 이런 식으로 사용한다. 이러한 일상 속 키워드뿐만 아니라 기업의 마케팅이나 테러의 피해자들을 위로하는 글처럼 사회적 이슈에도 사용된다.

오늘날의 해시태그 운동(Hashtag activism, 해시태그 활동주의)은 단순히 홍보 수단이나 가벼운 주제를 묶어 보여주는 역할에서 확대되어 정치, 사회 이슈를 만들어내는 해시태그의 사회운동 역할을 말한다. 초기엔 놀이문화로만 이용되던 해시태그가 일종의 콘텐츠를 생산하는 역할을 맡았고, 사회운동 역할로 확장된 것이다. 해시태그를 중심으로 한 시민들의 용기 있는 고백이 모이고 모여 변화의 물꼬를 텄으며, 이게 오프라인으로 결집되면서 '집단 지성'으로서의 힘을 증명한 것이다. 언론에 의해 형성된 여론이 아니라 소셜네트워크 서비스에 의해 시민들 스스로가 주도하는 여론이다(노경아, 2016).

07 인터넷과 그 밖의 소셜미디어 의사소통을 진행할 때의 주의점

인터넷과 소셜미디어는 의사소통에 있어 오늘날 비대면으로 이루어지는 가장 대표적인 매체라고 할 수 있다. 이들은 주로 통신 언어를 사용하므로 기존의 방법과 달라 많은 사회적 문제들을 양산하고 있다. 비록 멀리 흩어져 있는 개인들과도 쉽고 빠르게 의사소통하는 이점이 있으나 비대면으로 인하여 뜻하지 않은 무절제 때문에 오히려 부작용을 낳게 되었다. 따라서 통신 언어를 효율적으로 사용하기 위한 유의점에 대하여 열거하도록 하겠다.

비록 한정된 공간이어서 언어를 짧고 명확한 글로 표현하는 것이 목적이지만, 지나치게 언어를 줄임으로써 아름답고 고유한 한글의 문법파괴 현상을 가져오고, 특정 집단에서 만들어진 이해하지 못할 신조어를 사용하는 경우 유념해야 할 것이다. 줄임말이나 신조어를 사용하는 데는 긍정적 요소도 있지만, 너무 지나치면 수많은 언어 통신용어들이 난무하여 서로 이해하지 못함으로써 오히려 세대 간의 격차를 벌려 그들만의 언어로 남게 되거나 폐쇄적인 단어나 용어로 구성되어 있다는 것이다. 우리는 이를 '외계어'라 부른다.

매년 한글날이 돌아오면 방송이나 신문 등에서 이들에 관하여 여러 문제점을 다룬다. 그러나 이러한 문제점들은 여전히 우리를 혼란하게 만드는 것을 멈추지 않는다는 것이다. 가장 대표적으로 특정 연령층에서 사용하는 '급식체(給食體)'에 대하여 알고 있을 것이다.

'급식체(給食體)'는 2015~2019년에 유행했던 문체이며 넷상에서 급식충이라 불리는 학생들이 사용하는 문자체이다. "다만", "응", "아니야?" 같은 일반 신조어이며, 유행어의 경우는 급식충이 아니더라도 많이 쓴다. 일부 학생들은 실제로 대화할 때 이 문자체를 사용하며 패드립을 아무렇지 않게 섞어서 쓰는 경우도 많다. 대체로 신조어가 기존 단어보다 많이 쓰인다. 밈(인터넷 용어)에 쓰이는 경우가 많다. 인터넷 밈(Internet Meme) 또는 줄여서 밈(Meme)이란 인터넷에서 시작된 유행으로 커뮤니티 또는 SNS까지 퍼져나간 여러 2차 창작물이나 패러디물을 말하고 있다.

여기서 패드립이란 말은 다음과 같다.

> 패드립은 패륜+드립 혹은 패밀리+드립 혹은 페런츠+드립의 합성어로 엄마, 아빠, 할머니, 할아버지, 혹은 그 외 가족 친지를 농담의 소재로 삼아 사용하는 모욕을 의미한다.
> 보통은 윗사람, 특히 부모와 관련된 경우가 많다. 완곡하게 '부모님 안부를 물어본다'라고 표현하기도 한다. 가장 큰 문제는 타인을 비난하기 위해 당사자의 주변인을 데려와서 상대를 욕한다는 것에 있다. 그중에서도 부모님은 어지간한 사람에게는 소중하기 때문에 특히 그런 충격이 강하므로 되도록 쓰지 않는 것이 좋다.
> 한국에서는 유교 사회의 특성상 부모를 욕하는 것이 상대에게 줄 수 있는 최상급 모욕으로 인식된다. 정도가 심할 경우 고소까지 당할 수도 있다. 합의하면 끝이라고 생각하는 사람도 있지만, 말의 실수 하나로 합의금으로 큰돈을 내게 된다. 그러니 이런 욕설은 절대 하지 마라. 당사자에겐 큰 상처가 될 수도 있고, 본인의 사회적 평판을 깎는 어리석은 짓거리일뿐더러 나중에 생각 없이 한 행동으로 큰 손해를 볼 수도 있다.
> 또한, 비록 정도에 따라 다르겠지만, 학교에서 패드립을 하다가 선생님께 들키면 교칙에 따라 처벌을 당할 수도 있다. 물론 그럴 일은 별로 없겠지만, 만약 이미지 관리하는 학생들이 패드립을 했다면, 좋게 가꾼 이미지는 즉시 사라지게 된다.
> 조선시대에도 사용되었다는 기록이 있으며, 그보다 훨씬 오래전부터 사용되었다. 조선시대에는 방법이나 말만 달랐지 그 대상이 새 책방 주인, 자신을 하대한 사람, 국왕까지 패드립을 먹었다. 현대에도 '니미럴', '니미뽕' 등 00년대부터 사용되던 패드립이 있는 만큼 역사가 길다.
> 이 책 주인 보소. 이 책에 낙서가 많으니 다시 보수하여 세를 놓아먹거라. 만약 그렇게 하지 않으면 네 어미를 종로 네거리에 갖다 놓고……
>
> 『금령전』에 적힌 낙서

> 이 책 주인은 볼지어다. 책이 재미있어 잘 보았다마는 책 주인의 모(母)가 생각이 절로 나서 기별하오니 부디, 네 어미를 단장시켜서 이 글씨 쓰신 양반에게로 시집보내라.
>
> 『설인귀전』에 적힌 낙서

'급식체'에서 이들이 사용하는 용어는 대부분 비하적인 의미를 담고 있다. "응", "니애미" 같은 패드립이나, 무조건 자신은 옳고 틀린 것을 비판하는 사람의 말엔 귀를 꽉 틀어막고 무시하는 정신승리성 말투인 네 다음 XX, 응 아니야 등은 듣는이를 불쾌하게 만들며, 정상적인 의사소통을 불가능하게 한다. 특히 게임을 포함한 온라인 채팅에서는 문제가 심각하다. 상대의 비판을 완전히 차단하는 특징이 있어 굳이 반박할 근거를 찾기 위해 노력할 필요가 없기에 사용자는 상당히 편리하기 때문이다. 물론 상대는 혐오감을 느낄 수밖에 없다. 이 말투가 인터넷을 넘어서 사회 전반으로 퍼져나갔을 때 욕설이 일상적으로 사용된다는 문제점이 생긴다. 실제 급, 학식충들만이 사용하던 용어를 일반 학생들도 쓰게 되는 경우가 많다.

또한, 초성을 이용한 말로 인해, 이를 모르는 사람에게는 소통에 불편을 줄 수 있다. 물론 급식충들끼리 사용하면 아무 문제가 되지 않지만, 급식체를 모르는 사람이나 어른들한테 이런 말을 사용한다는 것이 문제가 된다. 초성체(ㅇㅈ, ㄹㅇ)를 자주 구사하면 초성체를 모르는 기성세대에서는, 대화가 이해도 되지 않을뿐더러 의사소통에도 문제가 생긴다. 지나친 축약어와 신조어가 보여주는 문제점의 예시라 할 수 있다.

띄어쓰기를 과도하게 생략하거나 맞춤법이나 문법을 잘 지키지 않는 경우가 많은 것도 문제이다. 이는 온라인상에 퍼진 과도한 수준의 간결체 선호와 만연체 혐오의 영향을 받은 바가 큰 부분이기도 하다. 띄어쓰기나 맞춤법 및 문법은 만연체의 상징이라는 잘못된 인식이 퍼져 있기 때문에, 가독성을 중시하고 간결체를 선호하는 온라인상에서는 생각보다 많은 사람이 이러한 요소들을 지키지 않는 풍조가 있다. '급식체'를 사용하는 연령대는 아무래도 인터넷의 영향을 많이 받는 세대이기에, 상기한 간결체 선호와 만연체 혐오라는 시대적 조류에 영향을 받는 경우가 많은 편이다. 같은 이유로 '급식체'를 사용하는 이들 중 일부는 맹목적인 가독성 추구로 인한 문제를 일으키기도 한다. 재미있는 예로는 SNL 코리아에서는 '설혁수의 급식체 특강'이라는 코너도 만들어졌다. 사실상 급식체 특강이 아니라 야민정음에 가깝다.

SK텔레콤에서 '급식체'를 떡칠해 만든 광고가 두고두고 까이고 있다. 광고의 내용은 다음과 같다.

애들은 다 띵자폰 쓰는데 내 폰은 노답 클라스 실화임? 고딩 되면 에바 쎄바 참치 꽁치 오지게 공부할 테니까, 폰 바꿔주기로 약속한 부분 빼박캔트 반박 불가 그리고 딴 애들은 T월드에서 폰 바꾸는 각 그러니까 졸업 입학 축하는 T월드에서 받을게요(백과사전)!

광고의 내용은 중학교 졸업생이 고등학교 가서 공부할 테니 폰 사달라는 참신한 헛소리이다. '급식충(給食蟲)'이라는 용어는 대체로 나이는 만7~18세 이하이다. 주로 미성년자나 초, 중, 고등학생 중 각종 민폐와 비행을 저지르는 학생들을 가리키는 말로, 어원은 급식 + 인터넷 속어 충이다. 성인 이후의 대상에는 대학생을 대상으로 하여 '학식충'이라 부른다.

'급식충'의 어원은 중학생들이 하교하는 오후 3~4시 전반, 고등학생들이 하교하는 5~6시 전반 학생들이 게임에 접속하는 시간대에 무개념 행위가 다소 벌어지는 것 때문에 생긴 피해의 관여로 급식충이라는 단어가 생기게 되었다. 디시인사이드(dcinside)를 비롯한 몇몇 커뮤니티 등에서 쓰이다가 현재는 남녀노소를 가리지 않고 쓰이게 되었다. dcinside는 DC라고도 사용하는데, 대중적으로는 디씨, 디시는 대한민국의 인터넷 하위문화를 대표하는 국내 최대 규모 커뮤니티 사이트로, 익명성, 디시인사이드 특유의 반말 문화 등이 특징이다.

초창기의 디시인사이드는 비교적 예의를 중시하는 사이트였으나, 당시 악플러 '씨벌교황'이 게시글을 쓸 때, 수위 높은 욕설을 많이 사용하였고, 이에 대한 대응과 반작용으로 디시 이용자들 사이에서도 욕설과 악플이 생겨났다. 2000년대 후반부터 상당수의 디시인사이드 유저들은 특정 지역을 비하하는 지역 드립 성향이 짙어졌다. 2014년 세월호 침몰 사고 이후 최근에는 자국을 비하하는 경향이 두드러지고 있으며, 자국이나 자국민을 비하하는 헬조선, 정몽주니어 1승 등의 신조어, 현대적 계급제의 모순 등을 가리키는 죽창, 흙수저, 노오오오력 등의 신조어들이 만들어지면서 다른 커뮤니티들로도 널리 확산되고, 인터넷을 넘어 현실 속에서도 자주 사용될 만큼 파급효과가 상당했다.

급식충은 대부분 초등학생, 중학생, 고등학생에게 사용되는 명칭이다. 어원의 특성상 비행 청소년과도 어느 정도 일맥상통한다. 2020년 이후부터는 '잼민이'라는 신조어가 생기면서 초등학생들은 '잼민이'라는 멸칭으로 비하되고 급식충은 주로 중학생, 고등학생을 비하하는 용도로 좀 더 포괄적인 뜻으로 쓰이고 있다. 참고로 대학생은 학식충(學食蟲)이라 부른다(백과사전).

'잼민이'는 한국어 인터넷상에서 무개념 초등학생을 이르는 말이다. 주로 초등학생을 비하할 때 사용한다. 잼민이라는 이름은 도네이션 서비스 업체 투네이션의 TTS 모델의 이름 '재민이'에서 유래했다. 투네이션은 도네이션 시스템과 함께 TTS 음성 기능을 지원하는데, 개발진은 어린이의 목소리가 있으면 어떨까 하는 생각으로 한 업체 어린아이의 목소리 TTS를 사용했다. 투네이션이 서비스를 제공하는 트위치의 스트리머 중에는 사촌 동생과 함께 출연하던 이가 있었는데 투네이션은 스트리머에게 TTS의 이름으로 그의 사촌 동생 이름을 사용하는 것에 대한 허락을 받고 '재민이'라는 이름을 붙이게 되었다(김혜선, 2021).

'잼민이'라는 말은 이전에 사용하던 '초딩'이라는 말과 비슷한 말로 대체적으로 초등학생을 비하하는 단어로 사용된다. 초등학생을 비하하는 단어로 사용하는 경우는 상식적으로 이해하기 힘들거나 유아 퇴행과 같은 행동을 할 때인데, 이는 초등학생은 기성세대에 비하면 사회적 지위가 높지 않고 사회적 경험이 별로 없다는 점에서 미성숙하다고 생각하기 때문이다(김미향, 2016).

여기서 우리는 위에서 보았던 것처럼 특정계층이 사용하는 신조어들을 기성세대들은 이해하지 못하며 또한, 너무나 생소하다는 것이다. 아무리 특정 집단 내의 연대감과 소속감을 표현하고자 하는 목적이라 하지만 이러한 신조어들로 인하여 세대 간의 갈등이 더욱 심화한다는 것이다. 따라서 지금부터라도 인터넷을 이용한 언어소통에 있어서 지켜야 할 예절이 필요하다는 것이다. 이를 '네티켓'이라고 한다. 네티켓은 network와 etiquette의 합성어라 할 수 있다.

1 온라인 에티켓(etiquette)

▶ 게시판 네티켓

첫째, 게시판의 글은 짧게 쓰되 명확성이 있어야 한다.

둘째, 제목과 내용이 맞아야 한다. 게시물의 제목에는 내용이 잘 설명되어야 한다는 것이다.

셋째, 문법에 맞아야 하며, 철자에 유의해야 한다. 즉 오타가 없어야 한다.

넷째, ㅎㅎㅎ, ㅋㅋㅋ 등의 문자와 같은 것을 피해야 한다는 것이다. 즉 불완전한 문장은 절대 사용하지 말아야 한다.

다섯째, 제목 앞에는 항상 글 내용이 짐작이 가도록 단어를 첨가하여야 한다. 예를 들면, 부탁, 요청, 광고, 의견과 같은 단어를 놓아야 글의 내용을 짐작할 수 있을 것이다.

▶ **이메일 네티켓**

첫째, 요즈음 사람들은 누구나 이메일을 한번쯤은 보내보았을 것이다. 그러나 받는 사람을 궁금하게 만들지는 말아야 한다. 즉 누가 보냈는가에 관하여 정확히 밝히는 것을 요구한다. 이메일의 가장 기본적인 예의라고 할 수 있다.

둘째, 이메일은 특별한 사정이 없는 경우, 짧고 간단하게 의사표현을 해야 한다. 장난삼아 보내는 것은 실례이다. 꼭 필요한 경우에만 보내는 것이 좋다.

셋째, 첨부파일은 꼭 필요한 경우에만 쓴다.

넷째, 당사자에게만 보내라는 것이다.

다섯째, 수신자와 참조의 용도를 구분하라.

여섯째, 보낼 주소를 확인하라.

일곱째, 내용을 알 수 있는 제목을 붙여라(김지환, "이메일 주고받기도 에티켓", 경향신문, 2019).

▶ **메신저 네티켓**

첫째, 어조에 조심해야 한다. 다시 말하면 존댓말을 쓰는 것이 상대방에 대한 예의이다. 이러기 위해서는 마주보고 대화한다고 가정하면 된다. 가상공간에서 만난 상대방도 인간임을 기억하라는 것이다.

둘째, 반복적인 메시지 전송은 피하는 것이 좋다. 상대방의 시간을 존중한다. 왜냐하면, 귀중한 시간을 허비해서는 안 되기 때문이다.

셋째, 상대방을 기다리게 하지 말고 빠른 답장을 보내야 한다. 현실 생활에서와 동일한 기준과 행동을 유지하면서 현재 접속한 공간의 문화에 적응하여 행동해야 할 것이다.

넷째, 주의하여 공유하는데 소위 말하는 잠수를 해서는 안 된다. 논쟁할 경우, 감정을 절제하면서 참여해야 할 것이다.

다섯째, 엔터 키를 누르기 전에 신중하게 생각하여 '나가기'를 선택하고 자유롭게 대화를 종료해야 한다. 왜냐하면, 상대방은 보내준 글자로 당신을 평가하기 때문이다.

여섯째, 여러 사람과 동시에 접속하는 경우 상대를 혼동해서는 안 된다. 그리고 대화할 때는 너무 사적인 일에만 매달려서는 안 된다는 것이다.

인터넷은 오늘날 일상생활과 아주 밀접하게 연결되어 있고 우리의 삶에 많은 변화를 가져다주었다. 따라서 아무리 가상공간이라 할지라도 예절이 있어야 한다는 것이다. 오늘날 가상문화의 현실에서의 대화는 많은 문제점을 노출하고 있다.

첫째, 인터넷의 대중화로 등장하게 된 '안티문화(anti-culture)'와 엽기문화(bizarreness culture)가 있다. 안티(anti)란 '~에 반하여'라는 의미의 단어로 무엇인가에 반대하고 비판한다는 것이고, 안티(anti)운동은 반대운동 혹은 저항운동이라는 뜻으로 이해할 수 있다. 안티(anti)운동의 근원에 대하여 혹자는 나치에 저항한 레지스탕스 운동이 그 시초라고도 말하지만, 우리가 '안티', '안티(anti)운동'이라는 말을 사용할 때는, 최근의 광범위한 인터넷의 보급을 통해 안티(anti) 사이트를 중심으로 확산된 이후의 것을 의미하는 경우가 일반적이다. '안티문화(anti-culture)'는 힘없고 소외된 사람들이 권리를 행사하는 도구로서 역할 수행하며, 토론문화의 정착에 도움 되지만(예: 안티-미스코리아), 집단 이기주의로서의 폐해, 무차별적인 공격과 무책임(예: 죽이기 문화-개똥녀의 경우 마녀사냥의 피해자라 일컬어지고 있음), 적극적 활동의 한계와 충동적 비난, 언어폭력 등 해결해야 할 문제들이 많다. 그러나 사회적 소통체계 자체를 엄청나게 변화시킨 '진보의 주역'쯤으로 이해하는 것이 과장은 아닐 것이다. 사회적 소통의 쌍방향성을 통한 소통의 평등화, 그 진보의 성과 가운데 서 있는 것 중의 하나가 '안티(anti)운동'이라고 일컬어지는 문화 현상인 것이다.

'엽기(獵奇, bizarreness)'의 어원은 원래 괴이한 것을 즐겨 찾아다니는 모양, 즉 그로테스크(The Grotesque)를 의미한다. 그로테스크의 어원은 15세기 말 로마에서 발굴된 동굴(grotto) 안에 그려진 벽화의 기괴한 장식으로부터 유래된 말로, 예술상에 나타난 황당무계한 괴기미(怪奇美)를 가리킨다. 여기서 잠깐 그로테스크에 관하여 설명하고 다음을 시작하도록 하자. 그로테스크라는 용어는 15세기 말 이탈리아에서 로마 유적이 발견되면서 생겨났다.

당시 발견된 것은 로마 황제 티투스의 목욕탕으로 가는 지하 통로와 네로의 황금 궁전의 폐허였다. 이 유적지의 벽과 천장의 디자인에는 식물과 인간 머리, 그리고 동물의 몸과 새의 꽁지 및 물고기의 꼬리가 결합되어 있었고, 온갖 신화적 형상들이 결합되어 있었다. 그것들은 보는 이들에겐 낯선 형상이었다. 로마 제국이 멸망한 후 암흑시대라고 말하는 중세 약 1000년 동안 기독교 문화에만 길들여졌던 당시 사람들은 이러한 이미지들에 대해 놀라움, 불편함, 매혹, 공포, 호기심 등등의 여러 복합적인 감정을 느꼈다고 한다. 이러한 '새로운' 이미지들은 충격적인 동시에 매력적이기도 해서 당시 미술을 중심으로 유럽 전역에 급속도로 퍼져나갔다. 물론 당시에는 매우 놀랄 만한 사건이라 볼 수 있었는데, 그 충격성과 불합리성을 이유로 당시 많은 예술 비평가들로부터 혹평을 받았음은 당연할 수밖에 없었다.

당시의 유적이 발견된 곳은 동굴(이탈리아어로 Grotto)이었고, 여기에 ~풍을 뜻하는 esque가 결합되어 그로테스크라는 말이 파생되었다. 일반적으로 그로테스크는 이질적인 것의 결합을 뜻하는 말로 이해된다.

엽기(獵奇)의 의미는 사전적으로는 '기괴한 사건이나 사물에 흥미를 느껴 사냥하듯 쫓아다닌다'라는 뜻으로 주로 비정상적이거나 변태적인 행위를 지칭할 때 사용되던 단어이다. 이 단어는 영어의 bizarreness와 culture의 합성어라 할 수 있다. 즉 별남, 기괴함, 두드러짐, 예기치 못함이라는 뜻과 집단의 문화라는 뜻을 지니고 있다는 것이다. 오늘날 흔히 사람들은 본래의 의미를 약간 벗어나 '상상치 못했던 황당하고 역설적인 일' 혹은 '자극적이고 톡톡 튀는 유쾌한 파격'을 담은 말로 사용하고 있다. 엽기에 대한 논의는 우리 사회가 지금 상당히 정상에서 벗어나고 있음을 반영하는 것이며, 우리의 문화 역시 상당히 엽기적으로 변해가고 있다는 사실을 말한다. '엽기문화'는 마음속에 잠재된 저질스러운 표현을 통해 거침없이 예리한 비판을 퍼붓고 상상력의 나래를 펼쳐 답답한 일상을 벗어나는 탈출구가 되지만 원래의 의도와는 다르게 범죄에 응용되거나 자살, 살인 등의 모방 행동——엽기 포르노 사이트——을 할 수 있다는 염려가 있다.

또한, 저작권, 초상권 침해 등의 실정법을 위반하는 사례들을 흔히 볼 수 있다. 주로 카페나 블로그를 통하여 공통의 관심사를 갖는 사람들이 온라인에 모여 관심 분야의 정보를 공유하고 개인이 주체가 되어 능동적인 활동을 하게 되지만 극단적인 동호회——자살카페——를 주의해야 할 필요가 있다. 1인 미디어 시대를 열어준 블로그는 일과를 기록하거나 개인 자료 업로드, 정보스크랩을 가능하게 하였지만, 개인정보 침해나 언론의 자유는 앞으로도 해결해야 할 문제이다.

다음으로, 일상생활에서 우리가 자주 쓰는 '전자우편'도 인터넷문화 중 하나인 것은 사실이다. 이것을 이용하여 메시지를 용이하게 주고받을 수는 있으나, 오늘날 몇몇은 원래의 용도와는 다른 부정적 형태의 전자우편을 사용하여 개인의 사생활을 침해하거나 남을 비난하거나 어떠한 정치적 목적을 가지고 사용하거나, 기분을 상하게 하는 등의 부정적인 효과를 가져올 수 있다. 예를 들면 스팸메일, 피싱메일 등이 그러하다.

연습문제 아래의 문제들을 성의있게 정리하여 봅시다.

1) 여러분들이 평소에 쓰는 줄임말들을 조사하여 보자.

2) 각 개인이 발표한다고 가정한다면, 주의할 점에 대하여 개인적으로 생각해 보자.

3) 인터넷을 이용할 시 주의할 사항을 적어보자.

4) 자기를 소개하는 시간을 가져보자.

5) 면접에 참여할 시 주의사항에 대하여 알아보고 각 면접법의 종류에 대하여 발표해 보자.

6) "당신이 갑자기 냉장고에 갇히게 되었을 경우, 어떻게 빠져나오나요?"라고 면접관이 묻는다면 어찌 답할지 적어보자.

7

비언어적 의사소통의 실제 : 첫인상, 표정, 눈맞춤

1 첫인상

2 표정

3 미소는 왜 필요한가?

7장

비언어적 의사소통의 실제 : 첫인상, 표정, 눈맞춤

01 첫인상

첫인상이라는 말은 어떠한 사물이나 대상을 첫 만남을 통해 느끼는 정서와 감정을 말한다. 따라서 우리는 어떠한 대상이나 사물을 처음 접할 때 어떤 설렘이 존재하지만 때로는 그렇지 않은 면도 있다.

미국의 심리학자인 앨버트 메러비안에 의하면 이미지를 구성하는 요소로서 시각적 요소가 55%, 청각적 요소가 38%, 내용적 요소가 7%를 차지한다고 한다(한수정 외, 2020에서 재인용). 이러한 연구 결과를 보았을 때 첫 만남이 매우 중요하다는 것을 보여주는데 이유는 첫인상으로써 그 사람에 대한 이미지가 각인되기 때문이다. 예를 들면 처음 만날 시 잘못 인식되면 상대방의 기억 속에 상당히 오랫동안 기억되어 있어서 이를 회복하는 데 상당한 시간이 소요된다는 것이다. 다시 말하면 인간에게는 처음에 인지된 정보가 나중에 인지된 정보보다 더 강렬하다는 것이다.

또한, 사람들은 다른 것보다 시각적인 것에 매우 민감하다. 시각적으로 민감하다는 것은 결국은 외모에 영향을 많이 받는다는 것이다. 사람들은 첫 만남을 통해 상대방을 관찰하고 그 사람에 대한 느낌을 관찰하게 된다. 여기에서부터 인간의 소통이 시작된다는 것이다. 예를 들면 사람들은 첫 만남의 인상이 깊을수록 만나려는 욕구가 강하다고 볼 수 있다. 사람들은 처음 접할 때 어느 정도의 경계심이나 어색함 때문에 만남을 회피한다. 그 이유는 짧은 시간에 상대방에 대한 파악이 시작되기 때문이다. 예를 들면 도움 되는 사람, 안 되는 사람, 좋은 사람, 나쁜 사람 등을 파악하는 데 주력하기 때문이다.

조사에 의하면 사람을 만나 2~3초에 첫인상을 형성하여 최초 30초 후에 그 사람에 대하여 최종결단을 내린다고 한다. 따라서 첫인상을 바꾸는 데는 어떤 충격적인 계기가 마련되어야 한다는 것이다. 한번 최초의 기회가 포착되었다면 반드시 기회를 잡아야 하며 놓쳐서는 안 될 것이다. 따라서 호감도를 높이도록 해야 할 것이다. 아래에 호감도 자가진단표가 있다. 스스로 작성하여 보자.

▶ 호감도 자가진단표(표형종, 2014)

작성방법은 해당되는 문항을 각자 읽고 해당되는 곳에 체크하면 된다. YES에는 1점, NO에는 0점, 해당이 없다는 0.3점을 주고 합계를 내면 된다.

순서	문항	YES	NO
1	나는 나 자신을 사랑하고 누구를 만나든 당당하게 행동한다.		
2	의견이 달라도 차이를 인정하고 입장을 바꿔 생각한다.		
3	남의 얘기를 잘 듣는 편이라 누구든 나와 대화하기를 좋아한다.		
4	직업이 다른 사람을 만나도 쉽게 공통점을 찾는다.		
5	잘난 척하기보다는 진솔하게 단점을 드러내는 편이다.		
6	나보다 나이 어린 사람에게도 모르면 모른다고 솔직히 말하고 도움을 청하는 편이다.		
7	문제가 생기면 남을 탓하거나 투덜거리지 않는다.		
8	나쁜 일이 있어도 그 속에서 좋은 점을 찾는다.		
9	험담하지 않으며 뒷담화에 동참하지 않는다.		
10	사람들에게 자연스럽고 기분 좋게 호감을 전달할 수 있다.		

체크 결과 해석하기

- 총점 8~10점: 원하기만 하면 누구와도 친밀한 관계를 구축할 수 있으며 호감도 역시 만점인 사람이다.
- 총점 4~7점: 이미 호감 요인을 많이 가지고 있다. 첫 만남을 지속적인 우호관계로 발전시킬 수 있는 역량이 있다. 저마다 부족한 점은 있다. 이를 보완하면 호감도는 높아질 것이다.
- 총점 3~0점: 첫 만남에서 호감도를 얻기가 쉽지 않다. 만약 얻게 되더라도 친밀한 관계로 발전시키는 데 어려움이 있다. 자신의 태도를 점검해 보고 해결책을 찾는 작업이 필요하다.

호감도 작성에서 낮은 결과가 나온 사람은 비관할 필요가 없다. 호감도 역시 훈련과 연습을 통해 충분히 보완할 수 있다. 호감도를 높이는 방법은 첫째, 표정 연습이나 미소 연습을 하는 것이 좋다. 특히 미소 연습은 입꼬리 올리기라든가 눈동자를 여러 방향으로 움직여서 자연스럽게 만들 필요가 있으며 눈 주위의 주변 근육을 발달시키는 것이 좋으며 "위스키"한 상태를 유지하며 힘을 빼고 입을 다무는 것이 좋다.

심리학에서 '첫인상' 효과가 있는데 다른 말로 하면 '고약한 심리'라고도 한다. 그 이유는 누구든 상대와 처음 직면하면 좋은 면보다 나쁜 면들이 일찍 각인되어 오래 남는 것을 말하기 때문이다. 따라서 우리는 상대방에게 좋은 이미지를 주기 위해 노력해야 한다. 우리가 알고 있는 미스코리아나 미인들은 반드시 좋은 첫인상이나 이미지를 주는 것은 아니다.

만약 본인의 건강에 좋지 않은 신호가 왔을 때 자신의 모습을 완전하게 보여줄 수 없을 경우가 있다. 이때 처음 보는 상대방과의 약속은 미루는 것이 좋다. 아픈 모습으로 만나면 오히려 상대방에게 좋지 않은 인상을 주기 때문이다. 왜냐하면, 상대방은 당신이 아픈지, 기분이 우울한지, 걱정거리가 있는지를 모르기 때문에 당신을 허약하고 자신감이 부족한 사람으로 생각할 수 있기 때문이다. 따라서 condition이 최고조에 다다를 때 만나는 것이 첫인상에 좋다는 것이다. 그렇다고 해서 외형적인 모습에만 신경을 쓴다면 그건 오해이다. 무엇보다도 상대방을 여러 차례 경험하고 대화하면서 서로 간의 진정성을 보여주고 받는 노력도 병행해야 할 것이다.

1 첫인상의 심리적 효과

앞에서 첫인상의 중요성에 대하여 살펴보았다. 이렇게 중요한 첫인상은 심리적 효과로 설명된다. 여기에는 여러 가지 첫인상의 법칙이 있는데 초두효과, 맥락효과, 부정성의 효과, 후광효과, 대비효과, 유사성의 원리, 닻 내리기 효과, 현저성 효과, 방사효과, 악마효과 등이 있다. 간단하게 설명하면 아래와 같다.

▶ 초두효과(Primary Effect)

'초두효과'는 먼저 알게 된 정보가 나중에 알게 된 정보보다 더욱 강력하다는 것이다. 예를 들면 철수라는 학생이 있다고 가정하자. A 선생님에게 철수에 대하여 긍정적인 이야기를 먼저 들려주었다. 시간을 두고 다시 A 선생님에게 부정적인 이야기를 해준 결과 긍정적이라고 평가하고 있다는 것이다. 또 다른 예를 들면 여러 개의 단어나 정보가 주어졌을 때, 처음에 제시한 단어나 정보를 가운데 있는 정보보다 더 잘 기억하는 현상으로 서열 위치 효과(serial position effect)의 맥락에서 설명할 수 있다.

또 하나의 예를 들어보자. 철수는 "평소에 착하고 근면하고 신의가 있고 타인에 대한 배려심이 많고 촐랑대며 독단적인 사람이다", 철수는 "촐랑대며, 독단적인 사람이고 평소에 착하고 근면하고 타인에 대한 배려심이 많다"라고 말하여 영자에게 선을 보게 하였다. 선을 본 영자는 철수를 서로 다르게 보고 있다는 것이다. 먼저 무엇을 들었는가에 따라 철수는 선을 성공적으로 보거나 노총각으로 사느냐의 기로에 서게 될 것이다. 이를 '초두효과'라고 한다.

이러한 초두효과는 심리적으로 일관성을 유지하려고 하며 처음 생각과 다른 정보가 유입되면 정보를 제거하려 하거나 바꾸려고 한다는 것이다. 위의 예의 경우에 만약 철수가 다른 사람에게 돈을 100만 원 빌려 갚지 못했을 경우 긍정적인 이미지를 가진 사람과 부정적인 이미지를 가진 사람은 서로 다른 생각을 하게 된다는 것이다.

▶ 맥락효과(Context Effect)

맥락효과는 처음 상대방에게 긍정적인 감정을 품었으면 다음에 이어지는 행동이나 말도 앞의 정보를 처리하는 데 도움을 주고 맥락을 제공한다는 것이다. 예를 들면 철수가 영자와 선을 보는데, 매우 미인이어서 처음에 매우 호감이 있다고 가정하자. 두 번째 만남에서 영자의 유창한 말을 듣고 난 뒤의 생각은 '얼굴도 미인인 영자는 지혜롭다'라고 긍정적인 생각을 한다는 것이다. 부정적으로 보았던 사람은 말을 잘한다고 해서 지혜롭다고 보지 않고 사기꾼이라 생각한다는 것이다.

▶ 부정성 효과(Negativity Effect)

부정성 효과는 어떤 사람에 대한 첫인상이 매우 좋았는데, 그 사람에 대한 나쁜 말을 들으면 그 사람에 대한 긍정적인 인상이 나쁜 인상으로 바뀌는 것을 말한다. 반면 어떤 사람에 대한 첫인상이 좋았는데 나쁘게 평가되면, 그 사람에 대한 긍정적인 말의 정보, 예를 들어 '성실하다', '근면하다'라는 말을 들었는데 '이기적이다'라는 부정적인 정보를 주었을 때 그 사람의 인상을 좋게 바꾸는 데 아무런 도움이 되지 않는다는 것이다. 호감이 가는 인상은 부정적인 정보를 접하면 쉽게 나쁜 쪽으로 바뀔 수 있다. 결론적으로 말하면 긍정적인 인상이 부정적인 인상보다 변화하기 쉽다는 것이며 부정적인 특징이 긍정적인 특징보다 인상의 형성에 더욱 크게 영향을 미친다는 것이다.

예를 들어 사람의 심리는 열 가지를 잘하다가도 한 가지 일을 실수하면 그 사람에게 서운함을 느끼나 나쁘게 보게 된다는 것이다. 철수는 항상 근면하고 성실하다는 평판이 좋아 동네 처녀에게 장가를 가려고 하는데 술을 많이 먹고 노상방뇨(路上放尿)를 하였다고 가정하면 동네 처자는 '철수는 저런 사람이구나!'라고 생각하게 된다는 것이다.

이런 현상이 생기는 이유에는 두 가지가 있다. 하나는 생존을 위한 인간의 전략이라는 것이다. 인간은 부정적인 정보로 인하여 자신에게 유리하도록 진화되었다는 것이다. 다른 하나는 사람들은 단점을 가슴속에 넣고 장점을 드러내는 경향이 있다. 따라서 부정적인 정보가 입력되면 훨씬 더 영향을 받는다는 것이다. 따라서 인간은 항상 좋고 선한 행동을 하더라도 나쁜 행동에는 휘말리지 말아야 한다. 한순간에 인생이 나락으로 떨어질 수 있기 때문이다. 그 예로 유명한 골프선수 타이거 우즈도 불륜설과 음주 교통사고설에 연루되어 한동안 고통을 맛보아야 했고, 우리나라의 몇몇 유명한 연예인들은 세금포탈이나 불륜설에 휘말려 방송계를 떠나야만 했다는 것이다.

▶ 후광효과(Halo Effect)

후광효과는 일반적으로 어떤 사물이나 사람에 대해 평가할 때 그 일부의 긍정적, 부정적 특성에 주목해 전체적인 평가에 영향을 주어 대상에 대한 비객관적인 판단을 하게 되는 인간의 심리적 특성을 말한다. 후광효과는 일종의 사회적 지각의 오류라고 할 수 있는 현상이다. 예를 들면 '첫눈에 반했다'라는 말이 여기에 해당될 것이다.

어떤 사람의 한 가지 장점이나 좋은 특성 그리고 매력 때문에 다른 영역에서도 좋게 평가하는 것을 말한다. 이러한 사람은 매력적이지 못한 사람에 비하여 대인관계, 자신감, 적극성, 지적 능력, 성실성 등 모든 부분에서 좋은 평가를 받는다는 것이다. 여기에 재미있는 연구 결과가 있다.

2013년 1월 7일 호주 멜버른 대학과 호주 국립대학 공동 연구팀이 "매력적인 외모와 경제적 가치의 연관성"에 대한 연구 결과를 발표하였는데 이 연구에서 평균 이상의 외모 그룹과 평균 이하의 외모 그룹 간의 평균 연봉 격차가 3,600만 원 나는 것을 발견하였다(이경리 외, 2021에서 재인용).

또한, 우리나라도 재미있는 연구 결과가 있다. 즉 후광효과는 서구와 달리 더욱 강하게 남자에게서 나타난다는 것이다. 예를 들면 어떤 매력적인 남자는 다른 모든 능력——능력, 가정에의

헌신, 바람직한 성격의 소유자——으로 인식하고 있다는 것이고 반면에 여자는 양면성이 나타나고 있다. 적당히 매력적인 여자는 후광효과가 나타나지만 지나치거나 뒤지는 매력을 소유하고 있는 여자는 양면성이 있다는 것이다. 즉 지나치게 매력이 있는 여자는 가정에는 소홀히 하며 자기중심적이고 성격이 '까다롭다'라는, 속되게 말하면 '인물값을 한다'라고 하여 낮은 평가를 받고 있다는 것이다.

▶ **대비효과(Contrast Effect)**

대비효과는 전후에 대비시키는 것에 의해 인상이 크게 바뀌는 심리 현상을 말하는데 인간은 사물을 상대적으로 판단하는 경향이 있다는 것이다. 다시 말하면 객관적이지 못한 뇌를 소유하고 있다. 이로 인하여 두 번째로 느낀 자극이 처음에 받은 자극과 다를 때는 그것이 실제 이상으로 처음의 것과 다르게 느껴지는 심리적 현상을 말하는 것이다.

사람들은 어떠한 판단을 할 때 그것과 비교될 만한 것이 있으면 결정이나 판단을 하기에 쉽다는 것을 말한다. 예를 들면 사과 장사가 본인의 사과를 팔려고 진열하여 놓았을 때 팔고자 하는 물건보다 더 질이 떨어지는 사과와 같이 내놓으면 팔고자 하는 물건을 상대가 쉽게 결정할 수 있게 하는 효과를 대비효과라고 한다. 예를 들면 고급백화점에 가서 옷을 사려고 하면 부호들이 산 물건보다 비싼 물건을 선택하게 만드는 효과이다. 이러한 예를 몇 가지 더 적어보도록 하겠다.

1차로 초콜릿을 먹은 후에 신 레몬을 먹으면 단순히 레몬을 먹을 때보다 더 시다고 느껴지는 것이다. 그러나 동일한 자극에는 대비효과가 나타나지 않는다는 것이다. 초콜릿을 먹은 뒤에 귤의 향을 맡는다면 대비효과는 일어나지 않는다는 것이다.

또 하나의 예는 과학 시간에 많이 해보았을 것이다. 두 개의 물그릇을 준비해서 하나는 따뜻한 물로 채우고, 다른 하나는 얼음물로 채워보자. 그리고 오른손을 잠시 얼음물 속에 넣는다. 그런 다음 두 손을 동시에 따뜻한 물속에 넣어보자. 어떨까? 양손의 느낌이 똑같을까? 아니라는 것이다. 왼손은 물이 미지근하다고 느끼고, 오른손은 뜨거운 물로 느껴질 것이다. 이렇게 느껴지는 것은 '대비효과(Contrast effect)' 때문이다. 보통 사람들은 한 개의 사물을 보여주고 그 가치에 대해 말하라고 하면 명확하게 판단하지 못한다. 그러나 뭔가 값싸고 보잘것없는 것을 뒤이어 보여주면 앞에서 본 것이 더 아름답다거나 가치 있는 것이라는 판단을 할 수 있다는 것이다. 어떤 사람이 키가 큰지 물어볼 때도 저마다 다르게 대답할 수 있다. 그러나 곁에 있는 누구보다 크냐고 물으면 쉽게 대답할 수 있다.

이런 대비효과는 일상에서 자주 일어나는 '생각의 오류'를 가져오고 있다. 만일 당신이 100억이 넘는 저택을 구입(購入)했다고 가정해 보자. 생각만 해도 흐뭇하겠지만 일단 가정해 본다. 그러나 왠지 모르게 100억에 비해 초라한 낡은 현관문을 바꾸고 싶은데 건축업자가 고급 저택에 어울리는 1억이나 되는 현관문을 추천한다면 당신은 분명 현관문을 살 것이다. 왜냐하면, '100억을 투자했는데 1억 정도야?'라는 생각에 큰돈이라도 사실상 가볍게 생각한다는 것이다.

이러한 실험 중에서 새로운 것을 소개하면, 사람들은 식료품을 살 때 15분을 더 걷더라도 10불을 절약할 수 있는 상점을 선택하였다. 그러나 천 불짜리 양복을 990불에 살 수 있다고 해서 15분을 더 걷겠다고 하는 사람은 아무도 없었다는 것이다. 분명 같은 15분이고 같은 10불인데도 사람들의 선택은 달라진다는 것이다. 할인매장에서 100불짜리 상품을 60불에 판다면 원래 정가가 60불인 제품보다 값이 더 싸 보이는 이유가 이러한 '생각의 오류' 때문이다. 할인매장이 성공하는 이유는 다분히 이러한 생각을 가지고 판매 전략에 활용하기 때문이다.

삶에서도 이러한 대비효과는 인생의 전반에 영향을 미치고 있다. 한 예를 들자면, 어떤 매력적인 처녀가 지극히 평범한 남자와 결혼하였는데 매우 놀라웠다. 그녀의 동반자는 생각지도 못한 반전의 결혼을 하였다. 그녀는 서울대학을 나와서 좋은 직장을 갖고 있었지만, 이에 반하여 남자는 가난한 가정 형편으로 인해 대학을 나오지 못하고 공장에 취직해서 일하고 있었고, 인물도 평범한 사람이었다. 그러나 그녀의 선택기준은 단순하고 분명했다. 그가 좋은 아버지가 될 수 있다고 보았으며 착하고 성실한 것이 그 선택의 이유였다는 것이다. 그녀의 아버지는 당시로는 일류대학을 졸업했으나 성실하지 못했고, 게으르고 폭력적이었기에 단지 그녀의 아버지와 대조되는 평범한 남자가 좋게 보였던 것이다.

▶ 닻 내리기 효과(Anchoring Effect)

대니얼 카너먼(ןמנהכ לאינד, Daniel Kahneman, 1934~)은 이스라엘 국적의 심리학자이자 경제학자이며, 2002년 노벨 경제학상을 수상한 인물이다. 그의 학문적인 업적은 판단과 의사결정 분야의 심리학, 행동경제학과 행복 심리학에서도 오늘날 많은 영향력을 가지고 있다.

그는 다음과 같은 실험을 하였다.

A반,	8 × 7 × 6 × 5 × 4 × 3 × 2 × 1 = ?,	추정치 결과 2,250
B반,	1 × 2 × 3 × 4 × 5 × 6 × 7 × 8 = ?,	추정치 결과 512

어느 고등학교 A반 학생들에게 5초 안에 그 값을 추정하라고 한 실험이다. 또한, B반 학생들에게는 숫자만 바꾸어서 동일방법으로 그 값을 추정하게 하였다. 이러한 실험에서 놀랄 만한 결과가 도출되었다. 추정치 결과로 2,250과 512가 도출되었는데 이러한 이유는 맨 앞의 숫자에 따라 달라졌기 때문이다.

그 이유에 대해 여러분은 이미 감지하였을 것이다. '8 × 7 = 56 × 6 = 336'과 같은 식으로 연이어서 어려운 숫자가 나오면 시간 내에 암산하는 데 어려움이 따른다는 것이다. 이를 '닻 내리기 효과'라고 한다. 닻 내리기 효과는 머릿속에 잔상처럼 남은 임의의 수가 기준점이 되어 이후 어떤 수를 생각해야 할 때, 영향을 미치는 현상을 말한다. 한번 입력된 첫인상에 대한 정보는 정신적 닻으로 작용하여 그 이후의 일들에 첫인상의 잣대로 사용되고 판단된다는 것이다.

이러한 실험의 예로 Daniel Kahneman은 또 다른 하나를 제시하였다.

> 1974년 유엔에 가입한 나라들 가운데 아프리카 소속 국가들은 얼마나 되느냐는 질문을 실험 참가자들에게 하였다. 이때는 아프리카 국가들 상당수가 유엔에 가입하지 않았을 때였다. Daniel Kahneman은 실험 참가자들이 질문에 대답하기 전에 먼저 돌림판을 돌리게 했다. 이 돌림판에는 0에서 100까지의 수가 쓰여 있었는데, 실제로는 10과 65 두 수 중 하나에서 멈추게 되어 있었다.
> 그런데 숫자판을 돌려서 65가 나온 사람들은 평균 45%라고 대답했고, 10이 나온 사람들은 평균 25%라고 대답했다. 큰 수가 나온 사람들은 높은 비율로 대답하고, 작은 수가 나온 사람들은 낮은 비율로 대답한 것이다. 그런데 재미있는 사실은 10과 65는 아무런 관련이 없는 숫자라는 것이다. 단순히 돌림판을 돌려서 나온 수이기 때문이다. 그런데도 실험 참가자들은 이 수에 영향을 받았다. 이처럼 머릿속에 잔상처럼 남은 임의의 수가 기준점이 되어 이후 어떤 수를 생각해야 할 때, 영향을 미치는 현상을 '닻 내리기 효과'라고 한다. 배가 어느 지점에 닻을 내리면, 그 지점에서 크게 벗어나지 못하고 주변에 머물러 있게 되는 데서 따온 말이다.

이러한 효과는 여러분이 시험을 치를 때 많이 경험해 보았을 것이다. 이러한 효과는 정답을 모를 때 사용되기도 한다. 예를 들어 "미국의 미시시피강의 길이를 물어보았을 때 8,000km와 800km를 기준으로 물었을 때 평균 km의 추정치로 5,500과 2,000km가 나왔다. 결국 기준이 높을수록 강의 길이가 긴 것으로 답하였다는 것이다. 이것이 닻 내리기의 효과가 적용되었다는 것이다. 다시 말하면 처음의 기준점에 대한 닻 내리기를 엉뚱하게 하면 사람들은 다르게 판단할 수 있도록 유도한다는 것이다.

이를 피부에 와닿을 수 있도록 설명해 보자. 주부들이 마트에 고기를 사러 갔을 때 가격이 600g에 10,000원이었다. 비싸서 근처에 있는 백화점에 가서 보니 600g에 10,000원이 아니라 sale을 하여 8,000원이었다고 가정하였을 때 여러분은 어디에서 살 것인가? 아마도 주부들은 백화점에서 대부분 구매할 것이다. 이러한 것은, 백화점의 상술이라는 것을 잊지 말아야 한다. 바로 닻 내리기를 이용한 상술이라는 것이다.

이러한 예는 종교에서도 이용된다. 닻 내리기의 효과를 인식해야 한다는 것이다. 초기의 기준을 잘 계산해서 생각해 보아야 한다는 것이다.

한 예로 사람들이 어떤 상황을 평가할 때 초기에 외부로부터 주어진 정보나 시작점에 따라 자신의 평가를 조절하는 성향을 말한다. 불교 경전 『금강경』에는 "부처를 찾다 부처를 만나게 된다면 부처를 죽여라(살부살조살부살모 殺佛殺祖殺父殺母)"라는 말이 있다. 이를 해석하면 "비로소 해탈하여 어떤 것에도 구속받지 않고 일체의 모든 것에서 완전히 벗어난 자유를 얻을 수 있다는 것"이다. 이 말은 닻 내리기의 효과를 극복하는 방법을 말하고 있다. 모든 것을 내려놓음으로써 새로 받아들일 준비를 해야 한다는 것이다. 즉 어떤 깨달음을 얻게 된다면 그 깨달음은 버리고 새로움을 받아들이는 자세를 가져야 한다는 것이다.

▶ 유사성의 원리(Principle Of Similarity)

유사성의 원리를 한마디로 표현하자면 사람들은 대개 자기와 비슷한 가치관이나 태도, 종교, 취미 등이 유사한 사람을 좋아한다는 것이다. 이를 유사성의 원리라고 하는데 자신과 다른 사람에게는 감정이 동화되지 않는——호감을 느끼지 못하는——것을 '반감 가설(Repulsion Hypothesis)'이라 한다. 그러한 이유에는 여러 가지가 있는데 첫째, 비슷한 유(類)의 사람들은 서로의 행동이 쉽게 예측되기 때문이다. 또 한 가지는 객관적으로 자신이 '옳다'라는 것을 증명해 주며, 내가 싫어하는 것은 자신과 비슷한 사람도 싫어할 것이라는 믿음 때문이다. 따라서 비슷한 사람들은 친근감이 생기게 되는데 그 이유는 공통분모가 많아서 모임의 횟수가 다른 사람들에 비해서 많기 때문이라는 것이다.

위에서 우리는 첫인상의 중요성에 관하여 서술하였다. 첫인상은 인간관계에서 매우 중요하듯이 그 사람이 가지고 있는 모든 것이 담겨 있다는 것이다. 이를 위해서는 첫인상을 긍정적으로 보여야 하고 옷을 잘 입거나 하는 외적인 모습도 보여야 한다. 사람의 됨됨이가 중요하다고 하지만 매력적인 외모도 중요하다. 그러나 실제로 만남의 과정에서도 주의할 것이 있다. 첫 만남에서의 공통적인 화제를 찾는 것이 중요하다. 우리나라 사람들이 많이 하는 방식으로 대화를 하면 대부분은 공통분모를 찾게 된다는 것이다.

예를 들어 처음 만나는 사람은 처음에 매우 어색하다.

2 첫 만남에서 좋은 인상 남기기

위에서 우리는 비언어적 의사소통에 있어서 첫인상의 중요성에 대한 여러 가지 효과와 중요성에 대하여 설명하였다. 의사소통은 얼굴에서 제일 먼저 나타난다고 하였다. 그만큼 자기 경험이나 그 외 모든 것들이 묻어 있기 때문이다. 과거에는 내면적인 모습을 강조한 시기도 있었지만, 오늘날에는 얼굴 이미지 자체에서 풍겨 나오는 진실성은 무시할 수 없다는 것이다. 즉 외모상으로 나타나는 첫인상은 복장, 에티켓 등을 이야기하고 있지만, 얼굴에 나타나는 첫인상은 그 사람에 대한 모든 것을 나타내고 있다는 것이다.

여러분들에게 질문을 던져보자. 만약 여러분이 그 사람을 만난 적이 없다고 가정해 보자. 그러면 처음 만났을 때 좋은 사람이라는 것은 어떻게 알 수 있을까? 하는 것이다. 여러 가지 답이 나올 것이다. 그러나 무엇보다도 처음 만났을 때의 인상이 좋으면 관계 형성이 이루어져 계속 만남이 이루어지게 될 것이다. 따라서 이러한 만남을 통해 그 사람의 진실을 알 수 있을 것이다.

그러나 이러한 경우를 상상하여 보자. 첫인상이 별로 마음에 들지 않았는데 '만나보니 좋더라'라는 말을 우리는 많이 한다. 이러한 경우는 어떠한 상황일까? 이에 대한 답은 간단하다. 여러 번 만나다 보니 좋아진 경우이다. 첫인상이 좋지 않으면 계속 만날 일이 없다는 것이다. 첫인상이 좋으면 계속 서로가 호감을 느껴서 만나는 기회가 많아져서 '정말로 좋은 사람이구나'라는 말을 듣기를 원한다. 따라서 서로 간에 호감을 빨리 느낄 수 있어서 참만남을 이룰 수 있는 첫인상을 좋게 하는 방법을 터득해야 할 것이다.

첫인상을 좋게 하는 방법에는 여러 가지가 있다. 외모상으로 표정을 손보거나 깔끔한 옷을 자기만의 모습으로 입어서 외적 매력을 뽐내는 것도 중요하다. 처음에는 외적 매력이 서로 간에 신뢰를 주는 데 여러 가지 영향을 미친다는 것이다. 아무리 학벌이 높고 경제적으로 부유하고 사람됨이 좋다고 해도 첫인상이 좋지 않으면 만남의 기회가 적어져 연애나 비즈니스에 악영향을 미칠 수 있을 것이다. 그러나 외적 매력을 뽐내는 것도 중요하지만 만나서 이야기하는 과정도 매우 중요하다.

첫째는 처음 만나서 이야기하는 경우 서먹함을 없애기 위해 공통의 관심사에 관해 말하는 것이 유익하다는 것이다. 즉 화제(話題)를 선택하는 데 유의하라는 것이다. 예를 들면 처음 만나는 경우 무슨 말을 먼저 해야 할지 몰라 서로 당황하는 경우에, 그 대화는 오래가지 못해 자기 모습을 나타내는 데 실패할 수 있다. 특히 연애할 경우 처음 만났을 때를 생각해 보자. 두 사람이 처음 만나기 때문에 서로 할 말이 없어서 그냥 차를 마시고 끝나는 경우가 있다. 이러한 경우는 첫 호감도를 가지는 데 실패할 것이다. 이와 같은 상황이 발생하면 제일 먼저 공통점을 찾아서 화제를 선택———취미, 운동, 출신지, 체험 등———하고 이야기를 적극적으로 하는 것이 효과가 있다.

그러나 이야기를 하다 잘 모르는 부분이 있으면 호기심을 가지고 귀를 기울이면서 솔직하게 잘 모르니 가르쳐 달라고 하는 것이 좋다. 괜히 아는 척하면 상대방에게 비호감을 줄 수 있기 때문이다. 또한, 어색하더라도 존칭으로 부드럽게 상대방의 이름을 불러주는 것도 하나의 방법이라 할 수 있다. 이러한 첫인상을 좋게 만드는 방법은 다양해서 각자의 능력에 따라 생각하고 행동할 필요가 있다.

둘째는 기회는 자주 오지 않는다는 것이다. 따라서 상대방에게 세 가지 좋은 느낌을 주도록 노력해야 할 것이다. 인생에 있어 기회를 잘 포착하기 위해서는 상대방과 만남이 이루어지도록 횟수를 늘려야 하는데 이러한 기회는 자신의 매력적인 내용을 보여야 한다는 것이다. 따라서 무엇이든 세 가지를 선물할 준비가 되도록 노력해야 한다는 것이다. 이러한 세 가지는 신뢰감, 자신감, 친근감이 주요 항목일 것이다.

셋째는 부지런히 자기를 관리하고 있다는 노력을 보여주도록 해야 한다. 물론 현실에서는 결과를 보고 사람을 결정한다고 하지만 부지런히 자기관리를 하고자 하는 모습이면 충분하다는 것이다. 예를 들면 서로가 알지 못하는 사람들은 옷차림, 인상, 태도 등이 상대방에게 어필하는 데 영향을 미친다. 그러나 이러한 외면적 태도는 '겉모습만 화려하다'라는 말을 듣게 될 것이다. 이는 역으로 생각하면 상대방은 겉모습으로 잘못 판단했다는 것을 인정하는 셈이다. 즉 짧은 시간 안에 판단하는 것이 오판이라고 생각하므로 항상 최고가 되겠다는 기술과 방법들을 꾸준히 연구하고 터득해야 한다는 것이다.

이러한 생각이 현실에서는 타당하지 않다는 것이 안타깝다. 요즈음 취업을 위해, 결국은 첫인상을 위해서 성형수술, 부분적인 지식, 태도, 표정, manner 등을 가지고 극히 짧은 시간에 판단하기 때문이다. 아무리 자기관리를 한다고 해도 이러한 것을 무시할 수는 없다는 것이다. 결론적으로 말하자면 항상 최선의 모습을 보이면서 내면적인 모습과 외면적인 모습이 조화로울 때 우리는 상대방에게 친근감을 나타낼 수 있을 것이다. 이러한 것은 공부를 잘한다고 해서 혹은 돈이 많다고 해서 결코 가질 수 있는 것이 아니므로 항상 노력하고 생활하는 태도를 익혀야 할 것이다.

02 표정

1 표정의 중요성과 훈련법

표정은 '마음속에 품은 감정이나 정서 따위의 심리 상태가 겉으로 드러나는 모습'을 말한다(이경리 외, 2021). 비언어적 의사소통에 있어서 표정 또한 매우 중요하다. 즉 첫인상을 결정짓는 중요한 요소 중 하나라는 것이다. 앞에서 말했듯이 사람을 처음 접할 때 시각적인 모습이 절반 이상을 차지하는데 그중에서도 80%가 표정이라는 것도 알 수 있다(유정화 외, 2021).

우리는 대개 착각하는 경우가 있다. 혹자는 잘생긴 남녀가 호감을 줄 수 있다고 생각하는 경우이다. 그렇지는 않다. 호감이 있는 얼굴은 표정에서 나타나는 것이다. 사람의 신체 중에서 속마음을 가장 잘 나타내는 부분이 얼굴 중에서 표정이라 할 수 있다. 즉 상대방에게 속에 있는 마음을 잘 나타내고 기분을 잘 표현하기도 하며 호감을 주는 데는 표정이 가장 우선시된다는 것이다. 이에 대하여 유정화(2021)는 다음과 같이 적었다.

> 표정은 마음의 창이며 심성의 분화구이다. 마음이 어두우면 표정이 흐리고 심성이 악(惡)하면 표정이 표독해질 수 있다. 표정으로 거짓을 말하기 어려우며, 굳어진 표정으로 밝고 아름다운 대화나 성공적인 만남이 이루어지기는 더욱 어렵다. 그러므로 표정을 보면 그 사람의 마음속을 들여다볼 수 있고 그 사람의 상태를 한눈에 알 수 있기에 표정은 그 사람됨을 나타내는 전체라고 말한다.

이렇듯 표정이 첫인상을 좌우한다고 말할 수 있다. 그러므로 항상 표정을 선(善)하게 관리해야 한다. 선하게 한다는 것은 표정을 자연스럽게 한다는 것이다. 인간의 기본 정서는 얼굴에서 풍겨 나오는 표정에서 나타나기 때문이다. 거짓으로 말할 때와 진실한 마음에서 나오는 이야기는 얼굴에서 자연스럽게 나타나고 혹은 임의(任意)로 나오는 표정은 전혀 다르게 나타난다는 것이다.

따라서 얼굴이 잘생겼다는 것과 호감이 있다는 서로 관련성은 조금 있지만, 상대방에게 주는 인상은 다르다. 주위 사람에게 호감이 있는 표정을 보면 대체로 웃는 얼굴이 공통점이라 할 수 있다. 우리의 얼굴에서 희로애락(喜怒哀樂)을 표현하는 근육은 대개 48개로 구성되어 있다. 이러한 근육을 이용하여 만들 수 있는 표정은 대략 7,000~10,000여 개가 된다고 한다. 이러한 표정을 갖기 위해서는 다음과 같은 노력이 필요하다.

첫째, 자신감을 가져야 한다는 것이다. 즉 자신감이 표정을 밝게 만든다는 것이다. 사람의 표정은 다양하게 나타난다고 하였다. 이러한 표정은 자기 내면상태에 따라 달라진다고 한다. 외부적 환경이나 조건들은 오래가지 않는다는 것을 말하고 있다. 예를 들어 기분이 나쁠 때를 생각했다고 가정해 보자. 이러한 사람은 얼마나 웃음이 오래갈까? 답은 마찬가지이다. 오래가지 않는다는 것이다. 왜냐하면, 마음에 있는 내면적인 모습이 우울하였기 때문이다. 따라서 심리적으로 무엇이든지 할 수 있다는 긍정적인 자신감을 가지고 당당하게 행동해야 한다는 것이다.

둘째, 인생을 살아가면서 항상 좋은 일만 생기는 것은 아니라는 것이다. 다시 말하면 인생이 자기 위주로 돌아가지 않는다는 것을 의미한다. 인생사에서 자신을 통제하지 못하고 의지와 상관없이 항상 일이 일어나기 때문이다. 따라서 기분을 통제할 수 있는 정신적 태도가 필요하다는 것이다.

이러한 정신적 태도는 어디에서 나오는가? 그것은 긍정적인 태도와 분위기를 갖는 것이다. 이러한 태도와 분위기는 자기 자신뿐만 아니라 상대방에게도 긍정적인 효과를 줄 수 있다. 이러한 긍정적인 태도와 자세로 인하여 현실에 충실할 수 있고 미래를 향한 힘을 발휘하여 생산적 환경을 만들어낼 수 있다는 것이다. 즉 나쁜 일이 생기더라도 그것에 연연하지 않고 긍정적으로 나갈 수 있는 정신적 자세를 가져야 한다는 것이다. 결론적으로 말하면 슬럼프에서 빠져나와 하루하루 열심히 살아가는 수밖에 없다. 그래야 밝은 표정이 생긴다는 것이다.

셋째, 사랑과 용서로써 생활하자는 것이다. 후덕한 사람을 보면 공통적으로 그들에게서 사랑과 용서라는 이미지가 나온다는 것이다. 이러한 후덕함은 자신의 표정도 밝게 나타날 뿐만 아니라 상대방에게도 긍정적으로 보인다는 것이다.

사람은 살면서 고통이나 죽음을 피할 수 없는 운명을 가진 존재이다. 비록 이러한 운명을 가지고 태어났더라도 그것에 늘 몰두하면 표정은 어두울 수밖에 없을 것이다. 예를 들어 친한 친구가 자신에게 어떠한 일로 고통을 주었다고 상상해 보자. 여러분이 그들에게 분노를 느끼고 있다고 가정한다면 여러분 또한 고통을 받게 되며 표정이 밝지 않아진다는 것이다. 따라서 분노를 버리고 용서와 사랑으로써 대한다면 결국은 자신에게 밝은 표정으로 돌아올 수 있다는 것이다.

넷째, 표정 관리를 위한 노력을 해야 할 것이다. 이러한 표정 관리는 하루아침에 되지 않는다. 따라서 항상 생활하면서 서서히 고쳐나가는 수밖에 없다. 이를 위해서는 아침에 일어나자마자 거울로 자기 얼굴을 보거나 가족사진 혹은 사랑하는 사람의 사진을 보면서 시작하면 효과가 있다.

예를 들어 요즈음 젊은이들이 많이 하는 방법으로 거울을 보면서 웃는 연습을 하거나 전화를 걸면서 웃는 사진을 보고 모니터에 배경 사진을 설정해 놓고 바라보는 것도 효과가 있다.

다섯째, 상대방의 눈을 보는 연습을 해야 한다는 것이다. 눈빛은 얼굴에서 가장 강렬한 요소를 가지고 있다. 이러한 눈빛으로 상대방의 눈을 중심으로 위에서부터——머리, 입, 코 등——수직선상에 있는 어느 일정한 부분을 바라보는 것이 효과적이다. 그러나 문제는 시선을 서로 마주치면서 보면 시비가 일어나는 경우가 종종 발생하는데 이를 무시하는 것이 좋다. 의사소통에는 필요하기 때문이다. 다만 주의할 것은, 미소를 함께 보내면 절대 문제가 생기지 않는다는 것이다. 이를 위해서는 거울을 보면서 자신의 표정과 눈빛을 확인하면서 연습해야 한다는 것이다. 그러나 선천적으로 눈매가 강하고 예리한 사람이 있는데 이런 경우에는 약간 색 있는 안경을 착용하는 것도 매우 적절하다.

03 미소(微笑)는 왜 필요한가?

우리 속담에 "웃는 얼굴에 침 못 뱉는다"라는 말이 있다. 웃음은 얼굴의 후덕함을 보여주므로 상대방에게 안정을 주는 효과가 있다는 것이다. 따라서 웃음의 일종인 가볍게 미소 짓는 훈련을 하는 것이 상대방에게 좋은 효과를 줄 수 있다는 것이다. 이러한 미소는 여러 방법을 통해 훈련해야 한다. 웃음이 너무 헤프거나 모자라면 상대방이 오해할 염려가 있으므로 이에 대한 대비가 필요하기 때문이다.

먼저 미소를 지으면 얻게 되는 효과에 대해 살펴보자.

첫째는 건강에 유익하다. 기분이 좋아지면 제일 먼저 얼굴에 웃음을 짓는데 이는 엔도르핀을 나오게 하여 건강에 좋다는 것이다. 웃으며 일하다 보면 자신의 기분조차 좋아진다는 것이다. 건강이 좋다는 것은 mind control이 된다는 뜻이다. 결국은 모든 일을 신바람 나게 할 수 있을 것이며, 모든 일을 완수하는 데 능률이 따를 것이다.

둘째는 표정을 예쁘게 하여 매력적으로 보이게 한다는 것이다. 미소를 가진 얼굴은 상대방에게 긍정적으로 보일 뿐만 아니라 자신에게도 강한 자신감을 주고 매력적인 모습을 가지게 된다는 것이다. 따라서 대화할 시에는 진지함을 보여주는 것도 좋지만, 상대방을 편안하게 해주는 것이 대화의 장으로 나오게 하는 데 유리하다는 것이다. 이를 '감정이입의 효과'라고 할 수 있는데 예를 들어 가벼운 미소는 행복감을 표시하듯이 상대방에게도 행복을 선사할 수 있는 전염병인 것이다.

셋째는 말은 칼보다 강하듯이 미소는 말보다 강하다는 것이다. 우리는 대화하거나 상대방을 설득하기 위해 강렬하게 논쟁하는 경우가 있다. 그러나 그 논쟁 뒤에는 초지일관(初志一貫)으로 해야 할 것이 미소를 잃지 않는 것이다. 미소는 인간의 감정을 이완시키는 효과가 있기 때문이라 할 것이다.

위에서 언급했듯이 웃음을 통해 여러 가지 효과를 기대할 수 있다. 따라서 우리는 미소를 통해 긍정적인 인간관계를 형성하는 것이 좋은데, 이는 태어날 때부터 가져오는 것이 아니라 훈련을 통해서 가능하다는 것이다. 자연스러운 자신만의 이미지를 갖는 훈련을 소개하고자 한다.

1 눈 운동

▶ 눈썹

눈썹은 표정을 자연스럽게 해주는 데 가장 중요한 부분이라 할 수 있다. 표정에서 희로애락(喜怒哀樂)을 표현하는 데는 눈썹과 이마 주변의 근육이 가장 먼저 나타나게 된다. 따라서 주변의 근육을 풀어야 하는데 이는 아래와 같다.

- 양손의 검지손가락을 수평으로 해서 눈썹에 가볍게 붙인 상태로 눈썹만 상하로 움직여 준다.
- 이마에 주름이 생기도록 눈썹을 올렸다, 내렸다를 5회 반복을 하는데 내리는 시간은 3초 정도면 충분하다.(서로 연습해 보자)

▶ 눈

- 먼저 조용히 눈을 감고 천천히 숨을 깊게 마신다.
- 마음이 차분해지면 눈동자를 상하좌우로 돌리면서 위에서부터 원을 그리면서 시계방향으로 천천히 돌린다.
- 시계방향의 반대로 돌린다. 이러한 동작을 반복해서 2~3회를 실시한다.

**동료들과 함께 연습한다.

2 볼 운동연습

볼 운동의 최선은 입안에 공기를 넣고 좌우로 돌려주는데 볼에 공기는 터질 듯이 가득 있는 것이 효과적이며, 생각보다 얼굴 근육이 뻐근하다는 생각이 들도록 반복해 주는 것이 효과적이다. 다음은 웃음지수 checklist이다. 작성해 보고 자신이 갖추어야 할 것들에 대해 생각해 보자.

▶ 웃음지수 checklist

	Smile for me	전혀 그렇지 않다	그렇지 않다	보통이다	그렇다	매우 그렇다
1	나는 나 자신을 좋아한다.					
2	나는 일상의 작은 일에서도 행복을 느낀다.					
3	슬퍼질 때 일부러 더 즐거운 생각을 한다.					
4	내가 실수했을 때 스스로에게 긍정적인 말을 한다.					
5	잔뜩 긴장된 순간 웃음으로 여유를 찾는다.					
6	내겐 힘든 상황에서 웃게 만드는 꿈(비전)이 있다.					
7	하루의 시작(또는 퇴근 시)을 웃음으로 한다.					
8	혼자 있을 때도 좋은 생각을 하며 웃음 짓곤 한다.					
9	나의 평소 표정은 밝은 편이다.					
10	박장대소처럼 큰 소리로 웃는 것이 자연스럽다.					
11	나는 웃으면 건강해진다고 생각한다.					
12	재미있는 얘기를 할 때 자신 있게 한다.					

	Smile for me	전혀 그렇지 않다	그렇지 않다	보통 이다	그렇다	매우 그렇다
13	나는 생활 속에서 웃음거리를 쉽게 찾아낸다.					
14	나에 대한 충고나 비판을 겸허한 웃음으로 수용한다.					
15	내 기억 속엔 재미있고 즐거운 추억이 많다.					
16	나는 가족(동료)들과 하루에 5번 이상 웃는다.					
17	가족(동료)들의 짜증을 웃으면서 들어준다.					
18	가족(동료)들에게 감사의 표현을 자주 한다.					
19	나는 비꼬는 유머나 부정적인 유머를 피한다.					
20	지금 3개 정도의 재미있는 유머를 할 수 있다.					
21	사람들은 즐거운 분위기를 위해 나를 찾는다.					
22	대화할 때 많이 웃는다.					
23	화나는 상황에서는 먼저 웃으며 화해를 청한다.					
24	낯선 사람에게도 자연스럽게 웃을 수 있다.					
25	다른 사람의 실수를 웃음으로 넘길 수 있다.					
26	웃음을 통해 상대방의 기분을 바꿔준다.					
27	다른 사람들을 자주 칭찬하는 편이다.					
28	타인의 즐거움을 위해 우스꽝스럽게 행동할 수 있다.					
29	같은 말도 더 재미있게 하려고 노력한다.					
30	대부분의 상황에서 긍정적인 면을 본다.					

위의 웃음지수 checklist를 스스로 작성해 보고 모자라거나 부족한 면이 있다면 스스로 고쳐나가야 할 것이다. 즉 표정이나 웃음에 관한 부분에서 장단점을 살펴본 뒤 스스로 개선해야 할 점들을 살펴보고 정리해 보아야 할 것이다.

연습문제 다음의 표를 작성하여 보자.

1) 표정

2) 미소

3) 웃음

8

비언어적 의사소통의 실제 : 시선처리, 자세, 옷맵시, 목소리

1 시선처리
2 자세
3 옷맵시
4 목소리

8장

비언어적 의사소통의 실제 : 시선처리, 자세, 옷맵시, 목소리

01 시선처리

사람을 처음 만나거나 소개받을 때 가장 먼저 눈과 시선으로 신호를 주고받는다. 처음에는 눈을 통한 의사소통이 가능하다. 눈은 마음의 거울이라는 말이 있듯이 우리는 눈을 통하여 의사를 통한다는 것이다(意思疏通). 왜냐하면, 눈동자는 통제 불가능하므로 눈을 통해 그 사람의 영혼이나 마음을 나타내주기 때문이다.

물론 앞에서 말했듯이 첫인상이라든가 표정을 통해 처음 사람을 접하지만, 신체 언어로써 비로소 시작되는 것이, 시선 접촉 혹은 눈을 맞춤으로써 사회적 상호작용을 하는 것이다. 즉 눈은 사람의 변화———감정, 느낌———등을 가장 빠르게 전달해 준다는 것이다. 우리는 상대방에게 관심이 있다면 쉽게 눈을 맞추지만 그렇지 않을 때는 시선을 아래로 거두거나 심지어 피하는 경우가 있다.

눈맞춤에 대한 예는 사랑하는 연인에게서 찾아볼 수 있다. 서로 간의 애틋한 감정은 말이 아니라 애틋한 눈을 보면 알 수 있을 것이다. 애틋한 눈이라는 것은 호감이 있다는 것을 말하며 서로가 증오한다면 한사코 만나기를 거부하거나 만나더라도 시선은 다른 곳을 향하게 될 것이다.

상대방을 알아보는 경우 가장 쉬운 방법이 그 사람의 눈을 읽는 것이라고 서두에서 말했다. 다시 말하면 그 사람 눈빛의 생기 유무에 따라서 상대방에게 스며드는 인상이 달라진다는 것이다. 눈빛은 그 사람의 말을 투영하므로 눈빛이 강렬하면서 말을 할 때는 그 사람의 말에 신뢰성이 있으면서 설득력이 강해진다는 것이다.

심리 상태를 알아보는 데 상대방 눈의 위치, 즉 눈을 보면 단번에 알아차릴 수 있을 것이다. 예를 들면 그가 거짓말을 하는지, 진실을 말하는지 혹은 순수한지, 악의가 있는지를 찾는 데는 그보다 좋은 방법이 없다는 것이다. 만약 진실 유무를 가린다면 상대방이 시선을 어디에 두는지를 보면 알 것이고 혹은 눈 깜박이는 정도나 횟수에 따라 나타난다는 것이다.

이에 관한 연구는 미국의 심리학자인 캘러먼과 루이스가 시선 맞춤의 호감도 상승과 관련된 실험에서 나온 것이다. 그의 연구에 따르면 생면부지의 남녀 48명을 두 그룹으로 나누어 한 그룹은 특별한 지시를 하지 않았고 또 하나의 그룹은 2분간 서로 눈맞춤을 하게 하였는데 눈맞춤을 한 그룹은 서로에 대해 호감을 느끼기 시작했다는 것이다. 즉 호감도가 상승했다는 것이다.

가벼운 이야기로 사랑하는 사람이나 처음 만난 사람의 눈을 바라보면 어떤 일이 일어날까? 결론은 사랑하는 사람과 3분간 눈을 마주치면 두 사람의 심박수가 똑같아진다는 것이다. 이러한 연구 결과를 확인하기 위해 여러분도 사랑하는 사람과 확인해 보자.

네덜란드의 야사 반 스타라턴 교수의 연구에 의하면 눈맞춤하는 시간으로 상대방의 관심을 판단할 수 있다. 예를 들어 남자의 시선이 여자의 눈에 적어도 4.5초 이상 머문다면 상대에게 관심이 있고 눈맞춤 시간이 8.2초 이상이라면 그 사람에게 완전히 빠졌다는 증거라는 것이다. 그 반대인 경우도 마찬가지의 결론이 도출되었다는 것이다.

우리는 누군가와 눈을 마주치면 나도 모르게 설레게 된다는 것이다. 그 이유는 상대방의 혈관에서 사랑의 호르몬이라 불리는 페닐에틸아민을 솟아나게 하는 것이 상대방의 눈을 바라보는 것이기 때문이다. 그러나 스페인 바르셀로나대학 연구팀의 조사에 의하면 사람이 타인의 얼굴을 볼 때 눈 부위부터 집중적으로 관찰하게 되는데 이는 뇌가 눈 부위에서 정보를 얻도록 진화했기 때문이라는 것이다. 그러니까 누군가 내게 눈맞춤을 했다고 해서 무조건 그 사람이 나에게 관심이 있다고 생각해서는 안 된다는 것이다. 서로 간의 인상은 눈맞춤의 시간이 좌우한다는 것이다. 따라서 상대방과 대화한다면 호감도를 높이기 위해서 대화시간의 85% 이상을 '눈맞춤'하라는 것이다. 랄프 왈도 에머슨의 말처럼 "사람의 눈은 혀만큼이나 많은 말을 한다. 게다가 눈으로 하는 말은 사전(事典)이 없이도 전 세계 누구나 이해할 수 있다(지식채널e, "눈 맞춤의 힘")."

이에 대한 예를 하나 소개하면 다음과 같다.

말보다 중요한 것

로버트 케네디가 일본 와세다대학을 방문해 강연했을 때의 일입니다. 반미감정이 높았던 당시 오쿠마 강당에서 케네디가 강연을 마치고 강단을 나서자 학생들은 욕설을 퍼부으며 "양키 고 홈"을 외쳤습니다. 그러자 케네디는 다시 강단으로 돌아와 마이크를 잡고 "노래 한 곡을 불러도 됩니까?"라고 말하고는, 와세다대학의 교가를 부르기 시작합니다. 학생들은 언제 야유를 퍼부었냐는 듯 케네디를 따라 교가를 불렀고 어느새 숙연한 분위기가 연출됐습니다. 와세다대학 학생들을 위해 준비한 노래는 케네디의 백마디 연설보다 강했습니다.

상대방의 혈관에서 사랑의 호르몬인 페닐에틸아민을 솟구치게 하는 가장 쉬운 방법을 연구하던 미국의 심리학자 캘러먼과 루이스는 1989년 그들 나름대로 낭만적인 실험을 합니다. 생면부지의 남녀 48명을 모집하고 한 그룹에는 특별한 지시 없이, 다른 한 그룹에는 2분간 상대의 '눈'을 바라보게 한 것입니다. 2분 후, 특별한 지시가 없었던 그룹은 아무런 변화가 없었지만, 서로 상대의 눈을 바라보았던 그룹에서는 "가까이서 보니 그녀의 눈이 참 예쁘더군요", "눈을 마주치고 있으니 나도 모르게 설레었어요." 등의 반응을 보여 서로에 대한 호감도가 상승하는 것으로 나왔습니다.

굳이 말을 하지 않아도 서로의 눈에서 나오는 무언가가 서로의 교감을 강하게 만들어주는 것입니다. 눈은 영혼의 문이고 영혼 안에 있는 영이 눈을 통해 말보다 몇 배나 강한 유대감을 형성해 주는 것입니다. 자신의 마음을 알리고 싶거든 눈싸움(상대의 눈을 바라보며 눈을 깜빡이지 않고 오래 뜨고 있는 내기)을 하자고 해보세요. 서로 상대의 눈을 응시하면서 반드시 좋은 감정이 생기게 될 것입니다.

부부싸움 할 때 아내가 이런저런 이야기를 하며 남편의 잘못을 지적합니다. 남편은 조용히 듣고 있다가 한마디 합니다. "시끄러워. 너 목소리 듣고 있기 정말 힘들다" 언쟁하는 것들을 자세히 들어보면 사실 목소리가 높아지고 감정이 격해지는 것은 그 논쟁의 내용 때문이 아닙니다. 그 말을 하는 목소리의 듣기 좋음과 싫음이 내용보다 더 중요한 것입니다.

어떤 내용의 '말을 하느냐?'라고 하는 것은 의사소통 전체에서 볼 때 그 비중이 참으로 낮다고 합니다. 말하는 방법이 더 중요하다는 것입니다. 말하는 속도, 말씨, 음정, 음색, 어투, 억양 등이 말하는 방법에 해당합니다. 사람이 받아들이는 말의 내용은 10%에 불과하고, 나머지 90%는 그 말과 표정에 섞여 있는 무언가를 받아들인다는 것입니다.

그래서 케네디의 연설 내용보다는 그들의 교가를 불러주는 것이 그들의 마음을 더 잘 움직일 수 있었던 것입니다.

저도 처음엔 강론에서 내용이 중요하다고 생각했었습니다. 그러나 지금은 내용보다는 그 말을 하는 나의 존재에서 번져나가는 영적인 힘이 더 중요하다는 것을 느낍니다. 그래서 미사 시작 전에 항상 성체조배를 하며 마음을 주님의 영으로 채우려고 노력합니다. 아무리 잘 준비한 강론내용이라도 정신이 안정되어 있지 못한 상태에서 하면 신자들의 마음에 깊이 박히지 않는 것을 느낍니다.

오늘 복음에서 예수님은 박해받아 왕과 총독들 앞에 끌려 나가게 될 때 변론을 미리 준비하지 말라고 하십니다. 변론을 미리 준비한다는 것은 자신의 힘으로 그리스도를 증거하겠다는 생각이 들어 있습니다. 그러나 스테파노처럼 성령으로 가득차면 사람들은 그 말씀이 사람에게서 나오는 것이 아니라 하느님에게서 나온다는 것을 알아차리게 됩니다. 말의 내용만 너무 믿지 맙시다. 말하는 이의 영적인 상태가 더 중요합니다. 난로가 따뜻한 이유는 그 안에 불이 있기 때문입니다. 사람을 만나기 전에 머리를 너무 채우지 말고 '마음'을 채웁시다.

-수원교구 전삼용 요셉 신부님에서 재인용

"술은 입에서 오고 사랑은 눈에서 온다"라는 말이 있다. 이는 눈맞춤의 중요성에 대하여 말한 것이다. 이러한 시선에 대한 접촉은 왜 이런 사랑의 호감도를 상승시키는 것인가?에 대해 인류학자 헬렌 피셔는 "인간의 원시적 본능"으로 설명하는데 예를 들면 눈과 눈이 마주치면 인간의 두뇌 가운데 원시적 영역이 자극을 받아 두 가지 기본 감정, 즉 접근하느냐 후퇴하느냐 중 어느 한쪽을 선택하게 된다는 것이다. 만약 이 주장이 맞는다면 상대방을 공략하기 위해서라면 사냥감(?)에 관하여 거의 위협에 가까울 만큼 강렬한 눈빛 교환을 하는 것이 유익하다는 것이다.

또 재미있는 눈에 대한 실험이 있다. 소개하면 다음과 같다.

> 여성은 결혼을 했든 안 했든 아기 사진을 보면 동공이 커진다. 그러나 남자들은 자식이 있는 경우에만 이 같은 특징을 보인다. 따라서 싱글 맘을 꼬이려는 선수들이 공원을 배회하다가 유모차에서 버둥대며 우는 아기를 보며 자지러지곤 하는 모습을 본다면(미국에선 종종 볼 수 있는 광경이다), 그의 머릿속에는 '아기의 엄마를 어떻게 한번 꼬여볼까?' 하는 생각이 있다고 보면 된다.
> 영국에선 아주 재미있는 실험을 한 적이 있다. 점잖은 신사들에게 신인 여배우의 사진과 영국 화가 휘슬러가 그린 '어머니의 초상'을 보여주며 비교하라고 했다. 그랬더니 신사들은 위엄 있는 노부인의 모습에 온갖 찬사를 쏟아냈지만, 막상 동공의 변화를 관찰해 보니 이런 찬사가 무색할 정도로 신인 여배우 사진에서 동공이 훨씬 더 팽창했다.
> '동공의 팽창'이 나타내는 신호의 의미를 알아내기 위해 동공계측학(pupillometrics)이라는 엽기적인 분야를 창시한 에크하르트 헤스 박사가 했던 독창적인 실험의 결과는 신기하기까지 하다. 똑같이 인쇄한 두 장의 매혹적인 젊은 영국 여성의 사진을 남자들에게 보여주되, 한쪽 사진만 연필로 눈동자가 좀 더 커 보이도록 조작했다. '이 두 장의 여자 사진 중에서 어느 쪽이 더 마음에 드냐'는 질문에, 남성들의 답변은 한결같이 동공이 크게 팽창된 여자의 사진이었다. 벼락 같은 사랑은 평소보다 몇 mm 늘어난 동공에서 시작된다. 섹시하면서도 도발적인 눈빛을 보내고 싶다면, 당신의 동공을 넓혀라.
> 그러나 동공을 넓히는 것도 연습을 통해 가능하다는 것이다. 연필로 사진의 동공을 크게 그리듯 마음대로 조작할 순 없지만, 동공의 크기도 어느 정도는 인위적으로 조절할 수 있다. 이탈리아에선 르네상스 시절 이미 동공이 크면 더 sexy해 보인다는 사실을 알고 아가씨들이 동공을 확대하기 위해 특별한 안약을 넣었다. 당시엔 몰랐지만, 이 안약은 아트로핀 제제를 주성분으로 했는데, 아트로핀은 원래 동공을 키울 뿐만 아니라 심장박동을 가속화하고 입술을 바짝 마르게 하며 가볍게 손을 떨게 만들기도 한다. 한마디로 말해, 사랑에 빠졌을 때와 유사한 증상이 나타나게 하는 것이다. 약의 이름도 의미심장하다. 벨라 도나(Bella Donna), 이탈리아어로 '아름다운 부인'이란 뜻이다.
>
> 명대사 "당신의 눈동자에 건배"
> 좀 느끼하지만, 과학자들이 권하는 '눈빛으로 유혹하는 기술'은 끈적끈적한 눈빛을 보내라는 것이다. 사람들은 대화할 때 문장이 끝나거나 침묵이 흐르면 어색해서 잠시 시선을 딴 데로 돌리는 경향이 있다. 그러나 대화 사이사이 짧은 침묵이 이어지는 동안 상대방의 눈에서 시선을 떼지 말고 쳐다보라는 것이

> 다. 그러면 상대방은 마치 전기에 감전된 것처럼 짜릿함을 느낄 것이다. 소설에서 흔히 상대방에게 마음을 뺏겼을 때 '그는 그 여자에게서 눈을 떼지 못했다'라고 표현하지만, 눈을 떼지 않는다면 마음을 뺏기는 쪽은 상대방이라고 과학자들은 지적한다.
> 2차 세계대전 중 모로코를 무대로, 사랑하지만 서로를 위해 헤어져야만 했던 연인의 가슴 아픈 러브스토리를 그린 <카사블랑카>의 명대사를 기억하는가? 주인공 험프리 보가트가 한 손에 wine 잔을 들고 잉그리드 버그먼을 응시하며 했던 한마디, "당신의 눈동자를 위해 건배(Here's looking at you, kid)." 이 명대사가 얼마나 명번역인지, 과학자는 지난 30년간의 연구를 통해 비로소 알게 되었다.
> -한겨레 21, 2007.7

우리는 시선을 맞추는 것의 중요성에 대한 여러 가지 실험에 대하여 살펴보았다. 그러나 시선은 어디에 어떻게 맞추느냐도 매우 중요할 것이다. 지금부터는 시선 맞추는 법에 대하여 설명하고자 한다.

위에서 말했듯이 시선은 상대방의 진실성이나 호감도 그리고 의사소통에 있어서 중요하다고 설명했다. 우선 시선을 맞추는 법을 정리하면 다음과 같다.

첫째는 상대방의 눈을 바라보는 것이 일반적이다. 이는 사람에 따라 다르다는 것을 우선 생각하여야 할 것이다. 이는 상대에 따라 기분이 달라질 수 있으므로 두 눈과 코로 이어지는 삼각지대를 응시하면서 천천히 이동하는 것이 좋다.

둘째는 여러 사람을 보는 경우――특히 대중연설――는 두루 응시하면서 당당하게 바라보아야 한다. 자신감의 결여는 의사소통에 있어 내용 전달이 부실해지고 불신감을 주기 때문이다.

셋째는 어느 실험 결과에서는 허공을 보고 연설한다면 내용의 30%만 전달해 주기 때문이다. 만약 허공이나 원고를 보고 있으면 매우 위험하다. 즉 전달력은 크게 떨어진다는 것이다. 따라서 주의할 사항은 너무 강렬하게 보거나 너무 자주 시선을 맞추거나 한 사람에게 고정적으로 시선을 오래 머무는 것은 전달력에 있어서 비효과적이라는 것이다.

따라서 "눈빛은 자신감에서 나오고 자신감은 연습에서 나온다"라는 말이 있듯이 시선처리를 할 경우 적절한 방법과 아닌 방법을 잘 알아서 다른 사람과의 인간관계에 활용할 필요가 있다는 것이다.

이러한 훈련법에 대하여 자연스럽게 훈련하는 법은 다음과 같다.

1. 질적인 눈맞춤을 한다. 한 번이라도 시선을 맞추었다면 서로 소통하려는 의지가 있다는 것이다. 여러 명과 시선처리하는 경우 1~2초 정도 시선을 강하게 보내는 경우가 좋다.
2. 자신감 있도록 눈을 마주쳐라.
3. 흔들리는 눈은 오만함과 불신을 나타낼 수 있다.
4. 공격적인 인상을 보여주지 않도록 상대방을 뚫어지게 보지 마라.
5. 상대방의 미간부터 인중까지 시선을 편안하고 고르게 보는 것이 좋다. 이는 상대방에게 집중하고 있다는 것을 보여줄뿐더러 신뢰감을 줄 수 있기 때문이다.
6. 상대의 이마에서 입 주변까지 편안하게 왔다 갔다 반복을 한다.
7. 상대방의 양쪽 눈을 번갈아 쳐다보자. 좌우로 번갈아 보면서 긴장감과 부담감을 줄이도록 한다.

-이경리 외, 2021

연습문제 1 여러 명이 짝을 지어 대화를 나누면서 시선처리 연습을 해봅시다. 상대방과 대화하면서 반응을 기록하여 봅시다. 상세하게 기록하여 본인의 개선점과 상대방의 반응을 살펴보고 서로의 장단점을 찾아서 자세히 알려줍시다.

1) 시선처리의 개선점

2) 상대방의 반응

3) 상대방에 대한 조언

02 자세

우리는 처음 보는 사람이 어떤 일을 잘할 것인지에 대한 실험을 하였을 때 그 사람의 자세를 보는 것이 일반적으로 통용된다. 옛말에 "form을 보면 그 사람을 안다"라고 하였다. 운동선수의 예를 들면 처음부터 기술훈련을 시키는 경우는 거의 드물다. 그만큼 자세가 중요하다는 것이다. 자세가 중요하다는 것은 기본기가 탄탄하여 기술훈련을 습득하는 데 매우 유익하다는 것이다. 우리는 간혹, 잘못 생각하는 경우가 있다. 말을 잘하는 것이 곧 의사소통을 잘하는 것이라고 잘못 알고 있다는 것이다.

따라서 말을 잘하기 위해서는 시선처리와 같은 다양한 몸짓언어인 비언어적 의사소통이 필요하다는 것이다. 사람이 말을 할 때 상대방의 강점이나 약점을 설명하면 상대방의 몸의 균형이 흐트러지는 경우를 볼 수 있다. 즉 상대방이나 자신의 몸이 긴장하여 몸의 자세가 바로 되지 않는다는 것이다. 예를 들면 긴장되어 고개를 움츠리거나, 머뭇거리거나, 굳어버리는 경우라고 할 수 있다. 결국에는 말도 분명하지 못하고 논리적이지 못한 경우이다. 이는 자신감 저하나 긴장했기 때문이다. 이러한 말투에는 도저히 신뢰감이 없다는 것이다. 이런 상황이 되면 특히 면접——특히 압박 면접——에 임하는 경우 난처해진다는 것이다.

의사소통에 있어서 위의 사항 때문에 대화 시 바른 자세를 취하여야 한다. 이를 위해서는 바른 자세를 가지기 위한 연습이 필요하다는 것이다. 우선 대화 시 바른 자세를 갖기 위해서는 평소에 바른 자세를 가지도록 임해야 한다. 이를 위해서는 당당한 마음가짐과 자세 그리고 자신감 있는 태도를 자연스럽게 유지할 수 있어야 한다는 것이다. 즉 상대방과 눈을 맞추고 곧은 자세——등을 펴고, 안정된 gesture, 걸음걸이, 편한 시선——등을 유지할 수 있도록 연습과 훈련이 필요하다는 것이다.

이를 더욱 자세히 설명한다면 걸음걸이와 서 있는 자세가 중요하다. 몸을 구부려서 이야기하거나 부자연스러운 gesture는 오히려 의사전달을 저해할 수 있다. 특히 손의 위치도 매우 중요하다. 이야기할 때 손을 주머니에 넣으면 상대방에게 건방지다는 오해를 가져와 처음부터 몰입도가 떨어지게 될 것이다.

우리는 대화할 때 바른 자세와 바르지 못한 자세를 구분해야 한다. 이를 구분하여 바람직하게 의사소통하기 위해 활용할 필요가 있다.

바른 자세

1. 상대방에게 언제든지 듣고자 하는 열린 마음(open mind)으로 자세를 취할 필요가 있다. 이를 위해서는 자세를 꼿꼿이 세우고 허리를 펴고 어깨를 바로 세워 상대방에게 열려 있음을 appeal할 필요가 있다는 것이다.
2. 자세는 꼿꼿하게 하되, 상대방에게 약간 기울여서 관심을 나타내라는 것이다. 이리하여야 상대방이 자기의 말에 관심이 있다는 것을 알고 말하는 데 더욱 신이 날 것이다.
3. 자신부터 긴장을 풀어야 한다. 자신이 편안하게 대화하면 상대방도 여기에 호응을 얻어 자신에게 편안하게 다가올 수 있다는 것이다.
4. 여성은 의자에 앉아 있을 시에는 무릎을 붙이고 다리를 한쪽으로 모으며 양손을 포갠 상태로, 그리고 남성은 어깨 넓이보다는 약간 좁게 무릎을 벌리고 주먹을 가볍게 쥐면서 허벅지 중앙에 가볍게 놓는다. 이는 특히 면접을 보는 경우에 주의하여야 한다.
5. 악수할 경우에 강한 힘이 들어가면서 상대방에게 통증이 없을 정도로 잡아 '나는 자신감이 있다'라는 자신감을 표현하여야 한다.
6. 몸에 긴장감과 스트레스 등을 받는 자세는 피해야 한다. 이는 바른 자세가 나오지 못하는 경우의 원인이 되기 때문이다. 이를 위해서는 정신상태를 바르게 가져야 한다.

부자연스러운 자세

1. 머리가 균형 잡히지 않아 한쪽으로 기우는 것을 피해야 한다. 이는 자기 자신이 파악하는 데 어려움이 있으므로 상대방에게 묻거나 거울을 보면서 교정하여야 한다.
2. 서 있을 경우 흔히 말하는 짝다리, 다리를 벌리거나 흔드는 버릇을 없애야 한다. 이는 상대방의 기분을 상하게 할 수 있다는 것이다.
3. 주머니에 손을 넣고 이야기하면 안 된다.
4. 손으로 입을 가리는 대화는 삼가야 한다.
5. 적당한 gesture를 사용해야 한다. 과도한 gesture는 상대방에게 혼란을 주게 된다.
6. 턱을 괴거나 눈을 감는 경우를 피하라. 이 같은 행위는 피곤함을 뜻하기 때문이다.
7. 걸을 때는 앞을 바라보면서 똑바로 걸어야 한다. 之를 피하라는 것이다.
8. 뒷짐을 지고 이야기하면 안 된다. 이는 상대방을 아랫사람으로 본다는 오해를 받을 수 있다.
9. 팔짱을 낀 자세는 상대방에게 부정적이고 방어적으로 보이기 때문에 피해야 한다.

자세는 의사소통 시 감정을 통해 언어적 메시지를 정확하게 전달하는 데 영향을 준다. 따라서 상대방에게 호감을 주기 위해서는 긴장감을 없애고 유연하고 개방된 자세를 통하여 바람직한 의사소통을 위해 충분하게 숙지하고 연습할 필요가 있다.

특히 우리는 상대방과 처음 만나 인사하기 전에 악수를 하곤 한다. 악수가 어디에서 유래되었는지는 알 수 없으나 악수(握手)는 두 사람이 손을 맞잡고, 이후 맞잡은 손을 위아래로 흔드는 의식적인 행위이다. 대개는 만날 때, 헤어질 때, 축하할 때, 합의를 도출해 낼 때 행해진다. 악수는 선의를 보이기 위한 것이며, 과거 무기를 손에 쥐고 있지 않다는 것을 보이기 위해 행하기 시작했을 것으로 추정된다(백과사전).

一說에 의하면 천상의 신이 지상의 통치자에게 권력을 수여하는 gesture라고도 하며, 손에 쥐는 무기류를 사용하던 시절, '내 손에는 당신을 해칠 무기가 없습니다'라는 의미에서 유래되었다고 한다(유정화 외, 2021). 다른 一說에 따르면 중세 유럽에서는 길을 걸어가다가 모르는 사람과 조우(遭遇)하면 적이라고 생각하여 습관적으로 칼을 찾게 되었으나 적이 아님이 밝혀지면 칼을 거두고 무기 대신 상대방을 안심시키기 위하여 손을 내밀었다는 유래도 함께 전해졌다.

악수는 흔히 친근감을 나타내는 일종의 예절이다. 이러한 친근감으로 인하여 인간관계가 시작된다고 보아도 과언이 아니다. 따라서 악수할 때의 마음가짐이 매우 중요하다. 즉 악수하는 경우 진심에서 우러나오는 태도를 보이고 무엇보다도 웃는 얼굴로 허리를 곧게 펴고 악수하는 순서에 따라 행하는 것이 좋다.

악수하는 순서는 다음과 같다(유정화 외, 2021).

먼저 청하는 사람		나중에 받는 사람
연장자(윗사람)	☛	연소자(아랫사람)
여성	☛	남성
선배	☛	후배
상급자	☛	하급자
기혼자	☛	미혼자
예외	☛	국가원수, 성직자, 왕족 등은 이러한 기준에서 예외가 될 수 있음

이러한 악수하는 순서는 우리의 방식과는 달라서 혼란스러운 경우가 생길 수 있다. 예를 들면 우리식으로는 허리를 굽혀서 하는 것인데 이는 잘못 알고 있는 경우이다. 또한, 상식적으로 우리는 남성이 먼저 악수를 청하곤 하는데 이도 악수하는 예절이 아닐 것이다. 또 한편으로 잘못된 악수하는 방법을 소개하면 다음과 같다.

죽은 생선(Dead Fish) 악수	힘없이 하는 악수는 상대방에 대한 무관심의 표현 또는 나약한 사람으로 보일 수 있다.
바이스(Vice)	상대방의 손에 피가 흐르지 않을 정도로 세게 잡는 악수를 말하며 둘의 관계를 자기 맘대로 휘두르거나 자신의 힘을 과시하는 느낌을 줄 수 있다.
손가락 끝만 잡는 악수	상대방에게 적극적이지 못하다는 인상을 주거나 상대방을 얕잡아보는 인상을 준다.

따라서 악수하는 방법으로는 일반적으로 일어서서 밝은 표정으로 상대방의 눈을 보면서 상체를 곧게 펴고 같이 오른손을 잡으면서 적당한 힘을 주어 상대방의 손을 잡은 후 2~3번 흔들고 왼손은 자연스럽게 바지의 재봉선에 붙이며 마지막까지 상대와 시선을 맞추는 것이 대개 일반적이다. 흔히 한국에서는 허리를 약간 숙여서 하거나, 왼손을 오른쪽 팔꿈치에 대거나 왼손을 살짝 아랫배에 두어도 괜찮다.

연습문제 2 상대방과 짝을 이루어 나의 평소 자세와 이야기할 때의 자세에 대하여 설명을 듣고 개선해야 할 점들을 알아보자.

1) 나의 자세(고개, 손, 다리, 걸음걸이, 앉은 모습 등)를 친구에게서 알아보기

2) 나의 자세에 관한 장단점을 알아보고 개선할 점을 생각하기

연습문제 3 악수 시 주의해야 할 사항에 관하여 조사하여 보자.

1) 악수 시 유의사항(유의사항 적기)

03 옷맵시

의사소통에 있어서 첫인상을 결정짓는 데 옷차림 또한 매우 중요하다. 다시 말하면 복장은 그 사람의 인격을 표현한다고 보면 된다. 우리나라는 동방예의지국으로서 예로부터 옷에 대하여 매우 각별하였다. 즉 외출 시뿐만 아니라 집에 있을 경우도 매우 단정한 옷차림을 하였다. 이는 사극을 보면, 과거 우리 조상들의 의복에 관한 내용이 잘 나타나 있다. 흔히 외모라고 하면 얼굴을 표현하는 것으로 잘못 알고 있다. 즉 외모라고 하는 것은 한 인간의 전체적인 모습을 말한다는 것이다. 이를 잘 대변해 주는 것이 바로 옷차림이라 할 수 있다.

예를 들면 본의 아니게 오해해서 경찰서에 연행당하였을 때 A라는 친구는 체육복 차림으로, B라는 친구는 양복 차림으로 연행됐다고 하면 누가 한 인간으로서 대우를 받을 수 있을까?이다. 마찬가지로 이에 관한 연구 결과가 있다.

한 심리학자에 의한 연구 결과는 허름한 옷을 입을 때와 깔끔한 정장을 입은 사람에 대한 신뢰도를 조사한 결과 후자가 더욱 높았다는 것이다. 또한, 격식을 갖춘 옷을 입고 부탁한 경우는 90% 이상이 서류를 전달했으며, casual clothes를 입고 부탁한 경우는 50%, 허름한 옷을 입은 사람의 서류전달은 20%도 전달하지 못했다는 것이다(이경리 외, 2021).

옷은 인격의 표현이고 상대방에 대한 예의를 나타내며 개성을 표현하는 척도라고 할 수 있다. 옷을 제대로 입는다고 하는 것은 Time, Place, Occasion 등에 맞는 옷차림이 있어야 한다는 것이다. 이는 3자의 입장에서 단정하게 보여야 타인에게 좋은 이미지를 만들 수 있다는 것이다.

예로부터 '옷이 날개다'라는 말이 있다. 친구들의 겉모습이 좋게 보이면 우선으로 그 사람에게 나쁘게 보였어도 인식을 바꾸게 할 수 있다는 표현으로 쓰고 있다. 따라서 외모에 자신이 없으면 옷에 관심을 두고 옷맵시를 잘 가꿀 필요가 있다는 것이다.

옷을 입을 시에, 다음과 같은 것에 유의할 필요가 있다. 첫째는 무엇보다도 체온을 유지할 수 있도록 하여야 한다는 것이다. 둘째는 옷을 입는 목적은 신체를 보호하기 때문에 적절한 옷을 입어야 할 것이다. 그 밖에는 그 사람을 치장하는 미의 추구 등이 있어서 상황에 맞게 옷을 입어야 할 것이다.

위에서 옷을 제대로 입는 것은 시간, 장소, 상황을 고려해야 한다고 하였다. 옷이 비싸고 화려하다고 해도 이러한 원칙에 맞지 않는다면 옷의 역할을 다하지 못한다는 것을 의미한다. 흔히 옷은 "내가 편하면 됐다"라고 말하는 사람이 있다. 물론 말은 맞지만, 상대방이 나를 어떻게 보느냐도 생각해야 한다는 것이다. 즉 타인에 대한 배려라는 측면이다. 항상 옷을 입을 때는 내가, 누구, 무엇 때문에, 어떤 주제를 가지고 이야기하는가에 따라 필요한 복장을 갖춰야 한다는 것이다. 예를 들면 발표할 경우, 면접을 보는 경우, 결혼식 옷차림, 장례식 옷차림, 간호사의 옷차림 등에 대한 옷맵시가 다르다는 것이다. 여하간 어떠한 옷차림이든 옷을 입는 예절을 분명하게 인지하고 있어야 할 것이다. 여기서 바른 옷차림과 유의할 점에 관하여 알아보자.

바른 옷차림

1. 자기의 신체에 맞는 옷을 입어야 한다.
2. 옷을 구겨서 입으면 안 된다.
3. 옷은 용도에 맞아야 한다. 예) 작업복, 근무복 등
4. 개성에 맞는 옷차림이 필요하다. 단 타인과 잘 어울려야 한다.
5. 속옷이 비치면 안 된다. 따라서 너무 노출되는 것도 삼가야 한다.
6. 연령, 성별, 계절 등을 고려하여 옷을 선택한다.

유의할 사항

1. 보기 흉한 얼룩이 있는지를 확인한다.
2. 어깨에 비듬이나 머리카락이 있는지를 살펴야 한다.
3. 잠옷 차림으로 외출하지 않는다.
4. 지퍼가 열려 있는지를 확인한다.
5. 다른 사람이 보는 앞에서 양말을 신거나, 허리를 굽혀 치켜올리는 것도 보기 흉하다.
6. 주머니에 손을 넣거나 속옷이 빠져나오지 않도록 한다.
7. 지나치게 화려한 옷과 사치스러운 옷은 피하는 게 좋다.

연습문제 4 [자료를 찾아서 생각해 보기] 스스로 옷차림에 대해 생각해 보고 각 상황, 장소에 따라 입어야 하는 옷에 대한 예절에 대하여 알아보자.

1) 면접 시 옷차림을 알아보자.

2) 결혼식 옷차림

3) 장례식 옷차림

4) 직업별 옷차림(예 : 간호사)

04 목소리

의사소통은 대개 언어로 전달되기 때문에 목소리 중요성도 다른 것보다 덜 중요하지는 않다는 것이다. 즉 그 사람의 감정이 그대로 목소리를 통해 전달되기 때문이다. 따라서 좋은 목소리는 호감이 가게 되어 있다. 우리는 남녀가 미남, 미녀라고 해서 모두가 호감이 가는 것은 아니다. 물론 추남, 추녀보다는 호감 가는 것이 사실이지만 여기에 목소리도 한몫한다는 것이다.

의사소통을 할 때 목소리 톤, 어조, 크기, 울림, 높낮이에 따라 호감도가 달라지는 것은 사실이다. 이러한 의사소통의 언어를 준언어(準言語)라고 한다. 예를 들어 목소리의 톤이 말하는 내용과 어울리면 호감도가 매우 높아진다는 것이다. 한 가수가 슬픈 노래 부를 때를 상상하여 보자. 그에게 맞는 톤을 가지고 있다면 노래를 잘 부른다고 칭찬할 것이다. 잘 부른다는 것은 그만큼 호감도를 상승하도록 만들 것이다.

자연스럽게 나오는 음성은 또 다른 매력을 전달해 준다. 예를 들면 자연스럽고 건강하고 힘이 있는 목소리로 메시지를 전달하는 경우에는 더욱 효과적이기 때문에 의사소통에 힘을 발휘할 수 있게 된다. 예를 들어 당신이 면접에 들어갔다고 가정한다면 어떠한 목소리를 가지는 것이 타인보다 유리할까?를 생각하여 보자. 답은 뻔하다. 자신감 있고 확신에 찬 목소리가 대표적이라 할 수 있다. 따라서 적재적소(適材適所)에 필요한 목소리를 가지는 것도 매우 중요하다. 그러나 가지지 못했다고 생각한다면 연습을 통해 교정할 수 있다.

먼저 안정된 목소리를 가지려면 풍성한 호흡이 필요하다. 즉 복식호흡이다. 이러한 호흡법은 목소리 훈련의 기본일 것이다. 우리는 일상적인 생활을 할 때 가슴을 이용하여 호흡한다. 이를 흉식호흡(胸式呼吸)이라 한다. 그러나 풍성한 호흡을 가지기 위해서는 호흡량의 30%가 증가하여 안정감 있는 호흡이 필요한데 이것이 복식호흡(腹式呼吸)이다.

면접하는 경우를 예를 들자. 특히 말끝을 흐린다는 생각이 들면 자신감이 없어 보이므로 면접 시간 전에 7-7-7 복식호흡을 한다면 긴장감을 해소할 뿐만 아니라 면접관에게 좋은 이미지를 줄 수 있다. 7-7-7 복식호흡은 들이마시고, 숨을 참고, 내쉬기를 7초 동안 반복적으로 하는 호흡법이다. 보통의 방법은 코로 숨을 마신다. ☛ 배를 부풀린다. ☛ 코로 숨을 내뱉는다. ☛ 배를 넣는다를 반복하는 것이다.

특히 울림 있는 발성 연습을 하는 경우가 있다. 발성은 날숨에 의해 성대를 진동시켜서 소리를 내는 것이다. 소리를 잘 내기 위해서는 입 모양이 매우 중요하다. 이러한 입 모양을 갖는 방법은 입을 크게 벌리고 혓바닥은 반드시 아래에 두고 발성하는 것이다. 이어서 상체를 이완시키고 복식호흡을 한 후에 목에 힘을 주지 않고 아~~ 하고 소리를 내는데 이때 손을 배에 대고 들이마시며 소리가 나올 때의 느낌을 익혀보자.

울림 있는 목소리 훈련 발성

아 ~~~ 발성 5초	아 ~~~ 발성 10초
아 ~~~ 발성 15초	아 ~~~ 발성 20초

또한, 힘 있는 목소리도 필요하다. 이를 위해서는 일반적으로 스타카토(staccato) 발성법이 효과적이라 할 수 있다. 이러한 발성법은 숨을 내쉴 때 한번에 내쉬는 것이 아니라 소리를 끊어 내지르는 발성법을 말한다. 이때 유의사항은 목으로 소리를 내지 말고 길게 끌지 않는 것이다.

원래 스타카토(staccato)는 악보에 기보(記譜)된 음표의 반의 길이만큼 연주하라는 뜻인데 이는 우리가 모두 알고 있는 기초 상식이지만 그 실행에 있어 다소 잘못 이해하는 경우가 많아, 스타카토는 그 이름만 들어도 힘들고 고통스러운 성악의 기술로 인식되는 것이 일반적이다. 예를 들어 눈앞에 촛불이 있다고 상상을 하고 이 촛불을 짧고 강한 호흡으로 끈다고 생각해 보자. 이러한 방법으로 사용하는 단어로는 '아', '에', '이', '오', '우' 등을 사용하면 좋다. 이러한 단어를 가지고 발성하면 배가 수축되는 느낌이 있을 것이다.

이외에도 목소리를 훈련하는 방법으로는 자기 목소리에 귀 기울이는 훈련이 필요하다. 가수들이 노래 부를 때 자신의 노랫소리를 듣기 위해 귀를 막는 것을 본 적이 있을 것이다. 사람의 소리는 자신이 듣는 소리와 다른 사람에게 전달되는 소리가 다르기 때문이다. 자신의 소리를 주의 깊게 들어보는 것이 매우 중요하다. 자기 목소리에 만족하면 자신감을 가지고 훈련하도록 한다.

자기 소리를 들으려면 녹음기로 녹음하거나, 핸드폰의 녹음기능을 이용하면 될 것이다. 이를 이용하여 의사전달에 얼마나 효과적인가를 알아야 하며 연습을 통해 목소리를 변모시켜야 한다.

마지막으로는 불안한 목소리에 안정감을 실어 정확하게 말하는 방법을 터득하는 것이다. 이 훈련은 새어나가는 호흡을 모으는 방법으로 손수건을 말아 입안에 넣은 후 나무젓가락이나 볼펜 등을 가로로 물고 혀끝으로 밀어내는 모양을 한 채 소리를 내어보는 것이다. 이 상태에서 고, 저음의 다양한 소리를 내는 연습을 할 필요가 있다. 이러한 연습을 반복적으로 하면 안정감 있는 목소리를 가지게 될 것이다.

의사소통의 핵심은 메시지의 전달력이다. 다른 어조나 톤 그리고 빠르기가 아무리 좋고 적당할지라도 내용 전달이 되지 않으면 소용없다. 이를 위해서는 정확한 발음이 필요하다는 것이다. 평소 신문기사 등을 발음 하나하나에 신경을 써서 소리 내어 읽어보는 것도 효과적이다. 이러한 반복훈련은 평소에 조음기관(調音氣管)인 혀, 입술, 볼, 턱을 부지런히 움직이고 특히 자음을 연습할 때는 입안의 혀의 위치를, 모임일 경우는 입 모양을 크게 벌려야 정확하게 발음을 할 수 있다.

아래에는 발음교정 글자들을 적어놓았다. 읽고 연습하여 보자.

1. 간장공장 공장장은 강공장장이고, 된장공장 공장장은 공 공장장이다.
2. 강 건너 강 공장장은 간장공장 공장장이고 강 안 건너 공 공장장은 된장공장 공장장이다.
3. 강낭콩 옆 빈 콩깍지는 완두콩 깐 빈 콩깍지고, 완두콩 옆 빈 콩깍지는 강낭콩 깐 빈 콩깍지이다.
4. 경찰청 창문 쇠 철창살은 녹슨 쇠 철창살인가? 녹 안 슨 쇠 철창살인가?
5. 내가 그린 그림은 새털구름 그린 그림이고, 네가 그린 구름 그림은 뭉게구름 그린 그림이다.
6. 남문 밖 곽씨 과수원 딸 곽 말괄량이는 동문 밖 박 주사댁 박 총각을 좋아한다.
7. 네 붕어 알이 크냐? 내 붕어 알이 크냐?
8. 멍멍이네 꿀꿀이는 멍멍해도 꿀꿀하고, 꿀꿀이네 멍멍이는 꿀꿀해도 멍멍하네.
9. 박범복 군은 낮 벚꽃 놀이를 다녀오고 방범목 양은 밤 벚꽃 놀이를 다녀왔다.
10. 봄 꿀밤 단 꿀밤, 가을 꿀밤 안 단 꿀밤
11. 상표 붙은 저 깡통은 깐 깡통인가, 안 깐 깡통인가?
12. 이 콩깍지는 깐 콩깍지냐? 안 깐 콩깍지냐?
13. 안양역 앞 약공장은 안약 약공장 양양역 앞 약국옆 한약방은 양양 한약방이다.
14. 앞집 아침밥 잡곡밥은 굵은 꽁보리밥이고 뒷집 저녁밥 잡곡밥은 붉은팥 차조밥이다.
15. 양양군 양양면 양양리 양영 양하점 주인은 양영옥 양이고, 양양군 양양면 양양리 양영 양화점 주인은 양영훈 군이다.
16. 이 기린 그린 그림은 흰 기린 그린 그림이고, 저 기린 그린 그림은 푸른 기린 그린 그림이다.
17. 자기야 자기는 자기가 아닌 다른 자기가 자기보고 자기라고 하면 자기는 자기라고 할 수 있어 자기?
18. 장충단공원 앞 중앙당 약방 중앙당 약방 옆에 장충 당구장 장충 당구장 위에 장충당 족발집
19. 저기 가는 저 쌀장사가 새 쌀장사냐 헌 쌀장사냐?
20. 저기 있는 말뚝이 말 맬 말뚝이냐, 말 못 맬 말뚝이냐?
21. 저기 있는 저 분이 박 법학박사이고, 여기 있는 이분이 백 법학박사이다.
22. 중앙청 창살 쌍 창살 경찰청 창살 외 창살
23. 치키치키 차카차카 쵸코쵸코 쵸 치키치키 차카차카 쵸코쵸코 쵸
24. 한양 양장점 옆 한영 양장점, 한영 양장점 옆 한양 양장점
25. 내 얼굴 둥실둥실 무리둥실 감자 같은 내 얼굴

26. 도르륵 드르륵 두루룩 도로록 드르륵 두루룩
27. 뭉실뭉실 두리뭉실 호박 같은 뭉실뭉실 두리뭉실 호박 같은
28. 서울특별시 특허 허가국 특허과 허가과장 허 과장
29. 신진 샹송 가수의 신춘 샹송 쇼, 신진 샹송 가수의 신춘 샹송 쇼
30. 저기 저 뜀틀이 내가 뛸 뜀틀인가 내가 안 뛸 뜀틀인가
31. 안 촉촉한 초코칩 나라에 살던 안 촉촉한 초코칩이 촉촉한 초코칩 나라의 촉촉한 초코칩을 보고 촉촉한 초코칩이 되고 싶어서 촉촉한 초코칩 나라에 갔는데 촉촉한 초코칩 나라의 문지기가 "넌 촉촉한 초코칩이 아니고 안 촉촉한 초코칩이니까 안 촉촉한 초코칩 나라에서 살아"라고 해서 안 촉촉한 초코칩은 촉촉한 초코칩이 되는 것을 포기하고 안 촉촉한 초코칩 나라로 돌아갔다.

-김재득, 2017

연습문제 5 연습하여 봅시다.

가	갸	거	겨	고	교	구	규	그	기
나	냐	너	녀	노	뇨	누	뉴	느	니
다	댜	더	뎌	도	됴	두	듀	드	디
라	랴	러	려	로	료	루	류	르	리
마	먀	머	며	모	묘	무	뮤	므	미
바	뱌	버	벼	보	뵤	부	뷰	브	비
사	샤	서	셔	소	쇼	수	슈	스	시
아	야	어	여	오	요	우	유	으	이
자	쟈	저	져	조	죠	주	쥬	즈	지
차	챠	처	쳐	초	쵸	추	츄	츠	치
카	캬	커	켜	코	쿄	쿠	큐	크	키
타	탸	터	텨	토	툐	투	튜	트	티
파	퍄	퍼	펴	포	표	푸	퓨	프	피
하	햐	허	혀	호	효	후	휴	흐	히

연습문제 6 목소리 중에서 부족한 면을 상대방에게 물어서 정리하여 봅시다.

1) 본인의 목소리에 대한 단점에 대하여 분석하여 보자.

2) 개선하고 보완할 점을 적어봅시다.

9

언어적 의사소통의 실제 : 다가가기

1 다가가기

9장

언어적 의사소통의 실제 : 다가가기

01 다가가기

누구나 처음 만나는 순간 어색한 것은 매우 당연할 것이다. 그러나 어색하다고 하여 그냥 살고자 하는 사람은 없다. 이를 극복하는 것 또한 인간관계이며 의사소통의 기술이다. 물론 첫 만남은 설레고 기대되기도 하지만 또 한편으로는 매우 불편하기도 하다. 일반적으로 사람은 만남을 통해서 관계를 맺고 이는 첫인상 등과 같은 비언어적 요소들을 통해 상대방과 만남이 시작된다고 볼 수 있다.

우리는 처음 만나는 상대방과의 대화에서 다가가는 것이 매우 중요하다. 그러면 상대방에게 어떻게 다가가느냐가 문제이다. 가만히 생각하여 보면 우리는 살아가면서 얼마나 많은 사람과 만남을 가져왔는가를 되돌아볼 필요가 있다. 친구, 이웃, 연인, 직장동료, 윗사람 등과의 만남에서 본인은 어떻게 첫 만남을 시작하였는가? 혹은 후에 만나야 할 인간관계에서 어떻게 그들에게 다가가야 하는가?이다. 다시 말하면 건전한 인간관계를 맺으려면 어떻게 해야 하는 것인가라는 문제를 가지게 될 것이다.

이러한 문제를 고민하기 위해서 취업 준비를 하는 학생이나 직장생활을 하기 시작하는 초년생들은 끊임없이 학습하고 준비하고 훈련을 통해 이러한 기술들을 습득하기 위해 노력해야 할 것이다. 이러함에도 불구하고 이러한 준비를 외면한 채로 쉽게 '하던 대로 하면 되겠지'라는 생각으로 대인관계를 하였을 때 큰 낭패를 볼 것이다. 즉 그냥 넘겨서는 안 되는 과제라는 것이다.

먼저 '다가가기'라는 것은 사전적 의미로는 '가까이 가는 것'으로 단순하게 되어 있다. 이는 영어로는 'approaching', 'reaching', 'connecting'으로 표기하고 있다. 이는 단순하게 사전적인 의미로 정의를 할 것이 아니라, 협의의 개념으로 '다가가기'라는 의미는 '상대방과 만남이 열려 있어 서로가 가까이하여 의미 있는 관계를 형성하여 참만남을 이루도록 하는' 개념을 말하고 있다.

따라서 다가가기에는 사회에서 처음으로 만나는 사람과의 첫 관계를 극복하기 위한 일련의 통과의례로 여러 가지 질문을 통해 알아가는 과정이기 때문에 자기소개, 인사 등을 통해 개인의 기본 정보를 알아야 한다는 것이다. 이러한 기본 정보를 통해 친밀감과 공감대를 형성하여 인간관계를 성공적으로 이끌 수 있다는 것이다. 특히 보건 의료인들에게는 환자의 건강과 치료를 목적으로 하여서, '다가가기'는 무엇보다도 중요하다. 이를 위해서는 꾸준하게 연습할 필요가 있다는 것이다. 먼저 자기소개에 관하여 살펴보도록 하자.

1 자기소개

자기소개는 한마디로 '난 이러이러한 사람'이라고 자신을 남에게 드러내어 보이는 행위라고 할 것이다. 누구나 한 번쯤은 자기소개서를 쓴 경험이 있을 것이다. 먼저 자기소개서에 대하여 설명하고자 한다. 자기소개서는 이력서에서 보여주지 못한 부분을 더욱 세심하게 알리는 계기가 된다. 따라서 면접관이나 혹은 이를 필요로 하는 사람들에게 보여주기 위해서는 세세하고 구체적으로 기록하여 진솔하게 작성함이 원칙이라는 것이다.

자기소개서를 이력서와 같은 부류로 오인하면 큰 낭패를 보게 된다. 오늘날 자기소개서는 자신을 드러내는 데 결정적인 역할을 할 뿐만 아니라 면접 시 자료로 활용되어 합격 여부의 결정적인 역할을 하고 있을 정도로 매우 중요하다. 따라서 매우 신중하고 진솔하게 작성할 필요가 있다.

자기소개서를 쓰는 요령은 흔히 취업을 목적으로 할 때의 예를 들어 설명하고자 한다.

첫째는 성장 과정을 작성할 때는 본인이 어떠한 가정교육을 통해 성장했는지 파악하는 데 필요한 항목이라 할 수 있다. 따라서 일대기를 나열하는 것이 아니라, 현재 나의 모습을 가지게 된 배경——영향을 주는 계기——에 대한 사건이나 경험을 기초로 하여 한두 가지를 주안점을 두어 작성하면 되는 것이다.

둘째는 지원동기에 관한 내용으로서 이는 자기소개서의 핵심 사항이라고 생각하면 될 것이다. 이는 자기를 소개하고자 하는 대상자나 회사 또는 직무에 관한 철저한 분석을 통해 열정을 바칠 준비성을 대변(代辨)하면 된다는 것이다. 왜 자신이 얼마의 가치가 있는지 그리고 얼마나 기여하는 것에 관하여 잘 나타내는 상품을 소개한다는 형식으로 작성하면 될 것이다.

셋째는 성격의 장단점에 관한 작성법인데 자신이 필요로 하는 회사나 대상자와 연계된 가치나 인재상을 잘 파악하여 적합한 성격을 선택하여 작성해야 할 것이다. 이때 반드시 자신의 성격으로 인하여 성공한 사례를 근거로 제시하면 더욱 유익하다는 것이다. 또한, 단점 말하는 것을 삼갈 필요가 있다. 그러나 요구한 곳에, 치명적인 약점이 아니라면 이야기를 하는 것이 좋으나 반드시 이를 개선하기 위한 노력에 대하여 구체적으로 제시하라는 것이다.

넷째로는 학교생활과 경력 사항을 작성하는 부분이다. 이는 자기가 필요로 하는 대상자에 대하여 그동안 얼마나 노력했는지, 활동했는지, 그리고 학교생활에서의 조직 적응능력에 관하여 기술하고 학업을 통해 어떻게 연계시킬지에 대하여 작성하면 된다. 이 역시 마찬가지로 구체적으로 성공한 사례와 이에 대한 교훈이나 배울 점에 관하여 서술하면 appeal이 될 것이다.

마지막으로는 포부에 관한 내용이다. 이 부분에서는 지원자의 열정을 확인하고자 함이며 어떻게 기여하는지에 관하여 적는 항목이다. 따라서 가슴 속에 품고 있는 희망이나 계획 등이 들어가 있으면 좋다. 계획을 작성할 때 구체적으로 연 단위로 작성하되 활약에 대하여 명확하게 밝혀야 한다. 또한, 이러한 계획을 위해 준비한 과정을 적으면 될 것이다. 따라서 자기소개서 작성 시 주의사항에 대하여 알아보도록 하고 반드시 숙지하도록 해야 할 것이다.

자기소개서 작성 시 주의사항

1. 읽는 입장에서 작성하라.
2. 논리적이고 객관성이 있어야 한다.
3. 자기소개서를 작성할 때, 보는 사람 즉 상대방의 관심을 끌어야 한다. 예를 들면 주제 문구를 독특하게 구성
4. 반복되는 문구나 진부한 표현은 삼가야 한다.
5. 간절한 마음이 담겨 있어야 한다.
6. 원하는 제한된 글자 수가 있다면 지키는 것이 좋다.
7. 오타를 없애라. 기본 예의이다.
8. 완전하게 될 때까지 계속 수정해라.

특히 보건 의료직에서 근무하는 사람들은 대상자와 상호작용하는 첫 단계이므로 매우 중요하다. 따라서 자신을 소개하고 목적, 시간, 간호학 시간에 학습하였던 사생활 보장 및 한계 등을 설명해야 할 것이다. 예를 들면 간호사일 경우 자신의 이름, 역할, 간호기간 등을 소개하고 치료과정

이나 처치과정에 관해 설명해야 할 것이다.

설명하게 된다면, 질문방식이 매우 중요하다. 보통 개방형 질문을 사용하라는 것이다. 개방형이란 용어 그대로 열린 질문(opened question)이라는 것이며 질문자가 대상자로 하여금 편안하게 답변할 수 있는 일반적인 질문을 하라는 뜻이다. 예를 들면 의사나 간호사가 회진(回診)할 때 주로 많이 사용하는 방식인데 "오늘은 아픈 데는 없습니까?", "오늘 기분은 어떠십니까?"라는 질문이다. 그 후속으로 "어제보다 더 아프세요?"라든가 "어제보다 기분이 더 우울합니까?"로 이어지는 구체적인 질문으로써 대상자에게 자기가 생각나는 대로 질문을 시작하여 구체적으로 질문하는 형식이다.

다음은 자기소개의 예이다. 참고하여 생각해 보자.

실습병원에서의 자기소개 예시문
안녕하십니까? 저는 00대학교 간호학과 3학년 A반 이름은 000입니다. 저는 앞으로 000님을 2주 동안 담당하는 실습생입니다. 환자분의 어려움이나 불편한 점을 비록 실습생이지만 최선을 다하여 돕겠습니다. 쾌유하실 수 있도록 최선을 다하겠습니다.

또 한 가지는 관심 기울이기가 매우 중요할 것이다. 먼저 대상자에게 다가가기의 경우에 내가 관심을 보이고 주의를 기울이면서 이해하고 돌보려는 메시지를 정확하게 전달하려는 것이다. 관심 기울이기를 통하여 보건 의료인으로서 상대방이 원하는 것이 무엇인지를 파악을 하고, 내가 그들에게 무엇을 어떻게 할까를 먼저 생각하는 배려와 노력을 나타내면서 상대방이 편안하게 그리고 신뢰감을 가지게 하여 대화의 장으로 이끌어 효과적인 치료 활동을 하도록 격려해야 할 것이다.

이러한 방법은 꼭 언어적 활동을 통하는 것이 아니라 미소, 자세, 친절한 태도, 주요 관심사에 대한 파악, 불편함을 파악, 온정 등을 나타내는 것이 효과적이다. 따라서 의료인들은 앞에서 배운 비언어적 의사소통의 방법 등을 숙지하도록 노력해야 할 것이다.

나와 가장 가까이 있으면서 잘 알지 못하는 것이 자신의 얼굴이다. 하루에 한두 번씩 거울을 본다지만 단순히 여러분은 외모에만 관심이 있을 뿐 자신의 모습을 잘 관찰하지 못하고 있을 것이다. 따라서 자기소개를 하는 것도 쉬운 일이 아닐 것이다. 이러한 자기소개를 잘하고 있는지를 알기 위해서는 상대방을 통해 자신의 모습을 관찰할 수 있도록 부탁하여 잘못된 점을 고쳐나가도록 한다.

여의치 않으면 거울을 이용하여 자신의 모습을 관찰하고 말하기 연습을 할 수 있다. 하루에 한 번 정도는 어떤 주제를 가지고 1분씩 바른 자세를 하고 말하는 연습을 하는 것이 본인에게 많은 도움이 될 것이다.

발표할 때 전신의 모습을 잘 살펴보아야 할 것이다. 자신을 긍정적으로 받아들이면 타인도 나를 긍정적으로 받아들인다는 것이다. 따라서 타인에 대한 콤플렉스가 사라지게 되고 용기가 생기게 될 것이다.

또한, 자연스러운 눈빛과 gesture 등도 함께 관찰할 필요가 있다. 거울 속에서 나 자신이 어떠한 행동을 하는지 자세하게 살펴보아야 한다. 자신이 지나치게 고개를 흔든다든가, 시선처리는 어떻게 하고 있는지를 그리고 혀를 내미는 버릇이 있는지 등을 살펴보아야 한다. 이와 같은 태도가 발견된다면 거울을 통해 자연스러운 표정이나 태도를 가꾸어 나갈 필요가 있다. 아래부터는 거울 앞에서 1분 동안 발표하는 내용으로서 발표의 순서는 첫인사 ☛ 자기소개 ☛ 내용발표 ☛ 마무리 ☛ 끝인사의 순이다. 다음을 읽고 신중하게 기록하여 보자.

1. 자기 자신의 長點과 短點에 관하여 설명하라.
2. 가장 재미있었던 것 중에서 한 가지를 소개하여 보자.
3. 가장 좋아하는 과일 중에서 한 가지를 말하고 그 까닭을 설명하라.
4. 지금부터 10년 뒤의 미래상에 대하여 말해 보라.

거울 앞 speech 훈련		전혀 그렇지 않다	그렇지 않다	보통이다	그렇다	매우 그렇다
1	일관되고 안정된 speech로 말하는가?					
2	어휘력이 풍부한가?					
3	명료성이 있는가?					
4	유머를 구사하는가?					
5	비언어적 gesture 능력을 내용에 맞게 하는가?					
6	결론을 잘 맺었는가?					
7	내용을 정확하게 전달하였는가?					
8	청중들이 잘 호응하겠는가?					
9	긍정적인 배려를 보이는가?					

	거울 앞 speech 훈련	전혀 그렇지 않다	그렇지 않다	보통 이다	그렇다	매우 그렇다
10	틈틈이 요약 및 정리하였는가?					
11	이해도를 체크하기 위하여 질문을 하는가?					
12	지나친 비판과 평가를 하지 않는가?					

▶ 종합진단 비교표

진단내용	본인 진단 점수	팀 진단 점수	타인 진단점수			본인 타인최대 차이
			상사(선배)	동료	부하(후배)	
거울 앞 스피치 훈련						

**본인과 타인 간에 점수차를 계산해서 차이가 클수록 개선할 필요가 있다.

▶ 결과분석

1. 55점 이상 : 뛰어난 연설가로서 일관되고 안정되게 자연스러운 speech를 할 수 있다.
2. 54~50점 : 청중의 호감을 얻을 수 있으며 적절한 웃음을 유발할 수 있다.
3. 49~45점 : 발표내용에 맞춰 내용전달과 표정 연출이 가능하다.
4. 44~37점 : 청중과 겨우 얼굴을 쳐다보며 말할 수 있다.
5. 36점 이하 : 발표 연습에 많은 시간적 투자가 필요하다.

연습문제 1 본인의 자기소개서를 작성하여 친구와 돌려보면서 완성도를 높여봅시다.

자기소개서

1) 성장과정

2) 지원동기

3) 성격의 장단점

4) 학교생활 및 경력사항

5) 입사 후 포부

2 인사하기

인사는 예절의 기본이며, 자신의 인격을 표현하는 최초의 행동이다. 또한, 상대방의 마음을 열어주는 구체적인 표현이며, 인간관계의 기본이다. 인사는 상대의 존재를 인정하고, 상대방에게 호의가 있음을 표현하는 것이며, 상대에 대한 존경의 표현이자 개인적인 인간관계를 맺고 싶다는 신호이다.

인사의 유래는 원시시대에 '무장하지 않았고, 공격하지 않겠다'라는 의미로 손을 내밀거나 허리를 굽히는 행동을 취하였는데, 이것이 오늘날 인사의 유래라고 할 수 있다. 고대 우리나라에서는 허리를 굽히거나, 땅에 무릎을 대고 하는 '절'이 인사였다. 이것은 자신을 낮추어 상대방을 존경한다는 의미를 내포하고 있다. 오늘날은 허리를 살짝 굽히는 것으로 간소화되었다. 먹을 것이 없어서 굶던 시절엔 "식사하셨습니까"가 인사가 되었었고, 상대방이 무탈(無頉)하고 평안한가를 묻는 '안녕하십니까'도 인사가 되어 지금까지 쓰이게 된 것이다. 이는 섬김의 자세, 환영의 표시, 친근감의 표시, 무탈함의 표시 등 많은 것을 내포하고 있다.

사람과의 첫 대면은 한마디의 말 즉 인사로 시작된다. 인사라는 말은 한자어로 보면 人 + 事이다. 이를 우리말로 해석하면 '사람으로서 해야 할 일'을 말한다. 인사는 예절의 기본이며 인간관계의 시발이다. 동서고금을 망라하여 인품을 말할 때 예절 바른 사람을 제일로 평가하고 있다. 예절은 사람의 언행으로 나타내는 것으로서 그중에서도 인사가 기본이 되고 있다. 그러므로 인사를 잘하는 것은 도리와 절차에 맞춰 사물을 처리하는 것이다. 반면에, 인사하지 않고 무슨 일을 하고자 한다면 그것은 도리를 지키지 않는 것으로서 인간관계를 그르치게 되며 또한 절차를 무시하고 단번에 목적을 취하려고 하는 성급한 처사이다.

인사는 인간사회에 있어서 윤리 형성의 기본이며, 모든 사람에게 있어서는 자신의 인격이다. 윗사람에 대하여는 존경심의 표현이며, 동료 간에는 우애의 상징이며, 고객에 대하여는 서비스를 바탕으로 한 상인 정신의 표현이며, 아울러 자신의 인격과 교양을 밖으로 나타내는 것이다. 따라서 인사는 좋은 인상, 부드러운 느낌, 성실한 응대의 이미지를 줄 수 있는 표정으로 때와 장소와 상대에 맞는 인사말로 예의 바르게 하도록 한다.

또한, 항상 먼저 인사하는 습관을 들이도록 하며, 인사를 받으면 반드시 답례하도록 한다. 따라서 다가가기의 필수요건 즉 의사소통을 잘하기 위해서는 필수로 자신이 먼저 밝게 상대에게 인사를 하는 것이 유용하다. 인사는 많은 예절 가운데서 상대방을 인정하고 존경하며 반가움을 나타내는 가장 일반적인 표현방법이다. 상대방에게 자신의 가치를 인정받느냐, 아니냐는 자기 자신에게 달려 있다. 그만큼 첫 만남에서 인사의 중요성이 강조되고 있다. 아래는 인사에 관해 유의할 사항이다. 이를 숙지하도록 하자.

인사 시의 유의사항

- 상대방과의 거리는 대략 2m 내외가 적당하다.
- 상대방의 시선을 보기 위하여 눈을 치켜서 보는 것은 오히려 불쾌감을 줄 수 있다.
- 턱은 앞으로 지나치게 나오지 않도록 한다.
- 무릎은 굽히지 않도록 한다(무릎을 굽히면 아첨의 인사가 되며 고개만 끄덕이면 버릇없는 인사가 된다).
- 엉덩이를 뒤로 쑥 빼거나 손으로 다른 것을 만지면서 인사하지 않도록 한다.
- 보행 중에는 일단 걸음을 멈춘 후에 인사한다.
- 손을 주머니에 넣거나 의자에 깔고 앉아서 인사하는 일이 없도록 한다.
- 숙인 상태에서 잠시 멈추고 천천히 상체를 들며 밝은 표정으로 상대방을 보고 미소를 지으면 좋다.
- 등과 목을 곧게 펴야 하며 허리부터 숙여야 한다.

한국에서의 인사에 대한 인식

우리나라는 古來로 동방예의지국이라 하여 이에 따르는 인사법도 아침, 점심, 저녁이 다르고 상봉, 이별, 문안, 안부 등에 각각 인사의 양식을 달리하고 있다.
이 같은 인사법은 「상례(常禮)」에 자세한 설명이 있으나 요즈음은 서구식 문물의 유입과 함께 많이 생략되었고, 한편 서양식 악수나 포옹 또는 키스 등도 행한다.
악수는 구미에서는 누구나 하는 것으로 오인하나 오히려 보통 때 몸을 굽히거나 머리를 숙일 뿐이며, 특히 친밀한 사이거나 특수한 경우에 행하여진다. 그것도 윗사람이나 부인 측에서 먼저 손을 내미는 것이 원칙이며 상대방은 내민 손을 한 호흡 동안만 가만히 다섯 손가락을 쥐는 것을 올바른 악수로 여긴다.

인사의 유형

인사는 예절의 가장 기본적인 형태이다. 인사예절에 의하여 상대방에 대한 인상도 결정되는 경우가 많으므로 세밀한 주의를 기울여야 한다. 또한, 인사를 하면서 인사말을 함께하는 것이 자연스러울 것이다. “흔히 안녕하십니까?”, “매우 춥습니다(덥습니다)”, “안녕히 주무셨습니까?”, “다녀오겠습니다”, “안녕히 다녀오셨습니까?”, “안녕히 다녀오십시오”, “안녕히 가십시오”, “안녕히 계십시오”, “반갑습니다” 등을 상황에 따라 사용해야 한다. 예를 들면 상중(喪中)인 사람에게 “반갑습니다”라고 인사한다면 실례라는 것이다. 과거에 상황에 맞지 않는 인사말 때문에 곤혹 치른 경험들이 있을 것이다. 이를 유념해야 할 것이다.

자연스러운 인사법

1. 시간대나 시기를 고려하면서 인사를 하자.
   예) 아침의 경우는 새로운 시작이므로 활기차게 하는 것이 좋다.

저녁의 경우는 마무리하는 시기이므로 차분함이 좋다.

2. 장소와 만나는 상대에 따라 인사는 다르다는 것을 인식해야 한다.
   예) 먼저 장소가 어딘지를 파악하라. 상대가 누구인지에 따라 인사는 달라야 한다(친근함 혹은 정중함을 표현).
3. 상황에 따라 인사는 다르다.
   예)
   - 계단에서 만났을 경우 : 먼저 표정으로 인사한 다음 위치가 비슷해지면 기본자세를 취하며 15도 정도 굽혀서 목례(目禮)를 함
   - 엘리베이터에서 만났을 경우 : 협소한 장소이므로 간단하게 인사하는 것이 좋다.
   - 멀리 떨어져 있을 경우 : 먼저 눈인사 후 인사는 거리가 가까워졌을 때 한다.
   - 앉아서 하는 경우 : 너무 머리를 숙여서는 안 된다.
   - 통화 중인 경우 : 밝은 미소로 가볍게 목례를 한다. 윗사람일 경우는 상대방에게 양해를 구하라.

인사의 종류

1. 목례 : 눈인사하는 정도로 고개만 약간 숙이는 경례이다. 자주 만나거나, 여러 번 만날 때도 이러한 인사를 한다.
2. 반경례 : 허리를 약 15도 숙이는 형태로 아랫사람에게 답하는 것이다.
3. 평경례 : 보통 30도로 하며 문안 인사나 평상시에 주로 하는 인사법이다.
4. 큰경례 : 정중함을 표현하며 평경례보다 허리를 더 숙이는 인사법이다(보통 45도).
5. 의식경례 : 의식행사——결혼, 추모식 등——의 경우에 사용하는 인사법으로 90도 정도로 허리를 굽힌다.
6. 거수경례 : 제복을 입었을 때 하는 형태이다.
7. 악수 : 친절함이나 반가움을 표시할 때 한다.

10

언어적 의사소통의 실제 : 경청과 화법

1 경청하기

2 화법

10장

언어적 의사소통의 실제 : 경청과 화법

01 경청하기

현대사회에서는 남의 말을 '듣는 사람'보다 '말하는 사람'이 더 많은 세상이다. 그만큼 세상은 이로 인하여 불통의 시대에 있다고 보아야 할 것이다. 우리의 상황과도 매우 유사하다. 즉 의사소통의 지혜가 없어서 혼란과 혼돈의 시대를 맞이하고 있다. 따라서 상대방을 설득하는 데 실패의 원인이 되기도 한다.

의사소통에 있어서 상대의 말을 듣고 이를 바탕으로 설득하여 소통의 시대를 열어야 한다. 20C에 들어와 철학의 한 분파도 정확하게 의미를 전달할 수 있는 분석철학의 시대를 연 것도 이를 위함이다. 상대방의 말을 경청하여 상대를 설득하거나 이해시키는 것이 바람직한 의사소통의 한 방법이라고 할 수 있다.

경청은 "상대방의 말에 귀를 기울이고 집중해서 듣는 것뿐만 아니라 그 내면에 있는 동기나 정서 감정에도 귀를 기울이고 이해하여 상대방에게 다시 전달(피드백)하는 것"이다. 이를 쉽게 해석하면 어떠한 사람의 말을 듣고 그 사람에게 주의를 집중하고 관심을 가지며 말과 감정을 수용하는 것이다.

우선 대화의 목적 중 가장 중요한 것이 타인과 의사소통이라고 하였을 때 자기 생각을 정확하게 전달하기 위해서는 남의 말도 진지하게 들어서 다시 생각하여 보편적이고 타당한 의견이 다시 나오게 해야 할 것이다. 이것이 경청의 중요성이다. 다시 말하면 듣기의 중요성이라 할 수 있다. 잘 듣는 것만으로도 상대방의 마음을 읽어낼 수 있다는 것이다.

한 예로 영업사원이 자회사의 그릇을 판매한다고 가정하자. 그 영업사원이 그릇을 팔기 위하여 그릇에 관한 설명만을 꾸준하게 한다면 분명히 그 사람은 영업에 실패할 것이다. 그 대신에 고객들의 생각이나 주장에 귀를 기울이면서 영업을 한다면 훨씬 이로울 것이다. 이만큼 경청하기가 매우 중요하고 실생활에서도 leadership을 발휘하는 데도 매우 중요한 요소가 될 것이다. 경청의 중요성은 다음의 예에 나타나 있다.

> 주인공인 악기 회사의 홍보팀 이 과장은 이토벤이라는 별명을 갖고 있다. 이토벤은 후배들의 이야기를 듣는 척은 하지만, 항상 자신에 기준을 두고 판단한 대로 의사결정을 하고 일을 처리하기 때문에 붙은 별명이다. 평소 이 과장은 이러한 자기 모습에 대해 인식하지 못하고 열심히 일해 왔다는 자부심이 있었다.
> 어느 날, 이 과장은 갑자기 뇌종양 진단을 받고 청력 상실을 경험한다. 청력 상실이 심해지면서 이 과장은 다른 사람의 이야기를 잘 듣기 위해 상대방의 입술을 읽으려고 노력하였고, 잘 듣지 못하기 때문에 말수가 적어졌다. 이러한 모습은 동료들에게 이 과장이 자신들의 이야기를 들으려 하고 타인을 배려하며 팀의 화합을 위해 노력하는 모습으로 전달된다.
> 이러는 가운데 동료들은 이 과장에게 마음을 열게 되고, 이 과장도 과거의 모습이 아닌 진정으로 다른 사람과 함께하는 데서 오는 기쁨과 행복을 느낀다. 결국, 이 과장은 듣기의 중요성을 깨닫고 다른 동료 직원들을 배려함으로써 부서의 분위기를 만드는 사람으로 거듭난다(임숙빈 외에서 재인용).

여기에서 보듯이 의사소통의 시작은 경청에서 비롯된다는 것을 알 수 있다. 이러한 중요성에 대하여 "어떤 찬사에도 마음의 문을 열지 않는 사람일지라도, 자신의 이야기를 진지하게 들어주는 사람에게는 마음을 빼앗기게 된다"라고 잭 우드가 말했다(이경리 외, 2021). 따라서 잘 듣는 사람이 잘 말하는 사람 이상의 대화법에서는 더욱 요구된다는 것이다. 즉 누구든지 자신의 이야기를 잘 들어주는 사람을 우리는 더욱 좋아하게 마련이고 이는 상대에게 신뢰감을 준다. 자신의 말을 잘 들어주기 때문이다. 마찬가지로 연인관계에서 사랑의 시작은 경청에서 시작된다고 보아야 할 것이다. 따라서 우리는 경청의 중요성을 알고 향상할 수 있는 노력을 게을리해서는 안 된다는 것이다.

따라서 오늘날 많은 의료서비스 기관에서는 환자들로부터 좋은 평가를 받기 위해서는 관리자들은 직원들을 이해하기 위해서나 고객의 마음을 알기 위해서는 '경청하라(Listen)'라는 것이다. 시스코 시스템즈의 생존전략은 이를 강조한다. 즉 '고객이 무엇을 바라는지를 머리로 생각하지 말고 고객에게 달려가 물어보라는 것이다. 이는 끊임없이 고객의 소리를 청취할 것을 강조하는 말이다(안상윤 외, 2014).

인간은 사회적 동물로서 인간관계를 떠난 생활은 불가능한 존재라고 하였다. 이를 위해서는 대화가 필요하다는 것이다. 이러한 대화를 위해서는 자신이 가지고 있는 내용을 자신감 있게 표현하는 것이 중요하다. 따라서 이러한 인간관계를 맺는 데 있어서 '말'로 자신을 표현하고 있다. "눈이 마음의 창이라고 한다면 입은 인격의 창"이다.

대화 시에는 말하는 것보다 듣는 습관을 길러야 한다. 우리의 몸에서 입은 하나이고 귀가 둘이라는 것이———과학적이지는 않지만———이를 반증하여 주는 것이다. 잘 듣는다는 것은 귀만 쫑긋 세우라는 말이 아니라 마음을 open하라는 것과 같다.

1 경청을 위한 10가지 방법

첫째, 개방성을 가지고 있어야 한다. 다시 말하면 다른 사람을 일방적으로 설득하지 말고 먼저 상대방이 가진 생각을 받아들일 줄 알아야 할 것이다.

둘째, 본인의 생각이 옳다는 것에만 집착하지 말아야 한다. 공통의 분모를 찾기 위해 함께 꾸준히 노력하여야 한다. 상대에 대한 배려가 있어야 한다는 것이다.

셋째, 관용이 있어야 한다. 다시 말하면 극단적인 표현을 삼가야 하며 추상적이고 비과학적이며 논리성이 없는 탁상공론적인 주장은 삼가라는 이야기이다.

넷째, 대화할 경우에 시간상 균형을 이루어야 한다. 한 사람이 너무 오래 이야기하지 말며 다른 사람에게 대화의 길을 열어두어야 할 것이다.

다섯째, 현재성이 있어야 한다는 것이다. 이는 대화는 상대방과 함께 있다는 것이며 상대의 말들을 진솔하게 들어야 할 것이다.

여섯째, 동감이 있어야 한다. 대화는 두 사람 이상이 하는 행위라서 상대방을 배려하고 이해와 논리로써 하되 상대방을 비난하거나 추궁해서는 안 된다.

일곱째, 대화할 때 이야기를 구체화시켜라. 모든 대화에서 너무 주제를 넘어가지 말 것이며 상대방이 알아듣지 못하는 전문적 용어를 피하고 자신이 말하고자 하는 동기에 대하여 구체적으로 설명하라는 것이다.

여덟째, 대화는 상대를 차별하지 말고 평등하게 하라는 것이다. 다시 말하면 동등권을 가지고 있다는 사실을 잊지 말아야 한다. 따라서 상대방과 평등한 관계를 유지하되 상대방을 깔보거나 시험하는 행위는 금(禁)한다.

아홉째, 공간과 시간을 허용하라. 자기의 주장만을 위해서 상대방의 말을 끊지 말아야 한다는 것이다.

열째, 세분화하여야 한다. 일반화되지 않은 지식이나 확실하지 않은 지식은 사용하면 안 된다.

聽(청)이라는 뜻을 풀이하면 "耳王十目一心"이다. 이는 큰 귀를 왕처럼(耳王) 섬기며 동서남북의 사방의 소리를 귀로 또는 눈으로 잘 살피며(十目) 상대방의 마음을 살피는 진실됨의 마음을 들으라(一心)는 이야기이다. 여기에 경(傾)이라는 말은 귀를 기울여 들으라는 이야기이다. 따라서 경청이라는 말은 귀를 기울여서 상대방의 진실된 마음을 읽으라는 것을 의미한다. 위에서 우리는 귀가 두 개 있는 이유에 대하여 설명하였다. 두 귀를 가지고 있는 이유가 '한 귀로 듣고 한 귀로 흘려보내라'는 뜻이 아님은 명확하다. 두 귀를 가지고 있다는 것은 많은 이야기를 먼저 들으라는 이야기이다. 아라비아 속담에는 "듣고 있으면 내가 이득을 얻고, 말하고 있으면 남이 이득을 얻는다. 말하는 것은 지식의 영역이고, 듣는 것은 지혜의 영역이다"라는 말이 있는데 이는 경청의 중요한 의미를 말해준다.

우리가 아는 단어 중에 '총명(聰明)'이 있다. 이 한자를 자세히 분석하여 보면 청(聽)과 어딘지 모르게 비슷한 점이 있다. 이 한자는 역시 잘 들으라는 의미를 포함하고 있으며, 한자 중에 섭리(攝理)라는 말도 역시 攝이라는 단어에 耳가 세 개나 있다. 이 역시도 잘 들으라는 의미로 3개 중 두 개의 귀는 오른쪽과 왼쪽을 말하며, 나머지 한 개는 '마음의 귀'를 말하는데 이는 연륜에 따라 커지는 중앙의 귀를 말하는 것이다.

2 경청의 효과

경청이라는 말은 위에서 말했듯이 상대방에게 단순하게 메시지를 듣는 것 이상으로 상대방과 자신의 감정을 수용하여 피드백하는 일련의 과정이라고 말했다. 따라서 올바른 경청은 상대방에게 관심을 가지고 이해하고 수용하고 반응하는 것이라고 본다. 여기에서 경청이 의사소통에 있어 어떤 효과가 있는지 알아보기로 하자.

우선 상대방에게 호감을 주게 하므로 좋은 인상을 심어주게 되고 또한 중요한 사람이라는 인상을 심어주게 되므로 서로 간에 즐거운 시간을 만들 수 있다는 것이다. 이를 통해 상대방이 말하기 쉽게 길을 열어줌으로써 자신에게 필요한 지식과 정보를 얻을 수 있다는 것이다.

둘째로는 궁금증을 해소할 수 있다는 것이다. 진지한 경청은 상대방에게 말을 하도록 하여 자신이 알고자 하는 궁금증을 해소할 수 있고 이를 통해 적절히 대응할 수 있다는 것이다. 이를 통해 상대방의 진의를 파악하고 이해하여 적절히 비판적으로 듣게 되며 결국은 반성적(reflective, 反省的) 태도를 가지며 사회적 성장으로 이끌 수 있기 때문이다.

지혜라고 하면 역사적으로 솔로몬 왕이 생각날 것이다. 아기가 한 명인데 두 명의 여인이 서로 자기 아들이라고 주장하자 그는 "그러면 저 아기를 반으로 나누어 두 명의 여인에게 아이를 주어라"고 판결했다. 이러한 판결을 통해 아기가 진짜 엄마의 품으로 돌아간 그의 명판결은 우리에게 널리 알려져 있다. 이러한 솔로몬은 하느님으로부터 지혜를 얻었다고 전해지는데 지혜라는 말이 성경의 히브리어 원문에는 '듣는 마음(leb smea)'으로 적혀 있다는 것이다.

남아공 최초의 흑인 대통령인 넬슨 만델라(Nelson Mandela, 1918~2013)는 평소 경청에 대해서 말했는데 "나는 늘 기본적인 원칙을 지켰다. 그것은 내 자신이 의견을 말하기 전에 다른 사람의 말을 경청하는 것이었다"라고 하였다. 이러한 소신에 따라 오늘날 남아프리카공화국의 인권과 불평등 문제를 해결하여 노벨평화상을 수상하게 되었다.

3 경청의 종류

'듣는다'를 나타내는 영어단어로는 'hearing'과 'listening'이 있다. 두 영어의 차이는 전자(hearing)는 수동적인 것을 뜻하고, 후자(listening)는 능동적인 것을 뜻한다. 즉 전자는 귀에 들려오는 소리를 무심하게 그냥 듣는 것을 말한다. 예를 들면 길가를 지나치다가 자동차 소리, 사람들의 소리 등을 우리는 아무 생각 없이 들으며 그냥 지나쳐 버린다. 이러할 때 사용하는 단어가 'hearing'이다. 그러나 길거리를 지나치다가도 어떤 소리를 집중해서 듣고 이를 모아 뇌를 통해 분석하고 이해하는 행위의 듣기는 능동적이라는 것이다. 따라서 경청하기 위해서는 'listening'이 필요하다는 것이다. 마치 수능에서 영어 듣기 시험과 같이 들어야 한다는 것이다

경청의 단계는 처음에는 귀로 듣고 두 번째는 눈으로 듣고 마지막 단계는 마음으로 듣는다는 것이다. 이것으로 보면 우리는 상대방과 대화할 때 거의 귀로 듣는 것에만 집중하는 경우가 대부분일 것이다. 이러한 경우는 상대방과 의사소통하는 데 있어 실패할 것이다. 왜냐하면, 상대방 마음을 읽어내는 데 실패하였기 때문이다. 따라서 상대방의 말을 듣고 있다는 느낌을 주기 위해서라도 3단계 즉 귀 ☛ 눈 ☛ 마음의 귀를 모두 열어두어야 한다는 것이다. 이를 더욱 구체화하면 우리도 모르게 지나치는 경우가 많은데 지각 ☛ 해석 ☛ 평가 ☛ 반응의 단계를 거친다.

지각의 단계는 언어적, 비언어적인 메시지를 주로 귀로 듣고 눈으로 받아들이는 단계를 말한다. 이 단계에서는 보이거나 보이지 않는 장애가 듣는 것을 방해하는 장애물로 존재한다는 것이다. 이는 소음과 같은 물리적 장애물뿐만 아니라 육체적, 정신적 피곤 그리고 교육의 정도에 따라 심리적 요인까지 작용한다는 것이다.

해석의 단계에서 우리는 상대방의 메시지를 듣는 것 이상, 우리에게 주는 내용을 해석해야 한

다는 것이다. 예를 들면, 그 사람이 나에게 주는 단어, 내용 등이 의미하는 것이 무엇이며 어떠한 내용인지를 정확하게 해석해내야 다음 단계로 진행할 수 있다는 것이다. 이 단계에서 머무르면 의사소통이 엉뚱한 방향으로 흘러갈 수 있다. 아쉽게도 일반인 중에서 소수는 여기서부터 난관에 봉착하는 경우를 볼 수 있다. 예를 들면 이미 사람들에게 내재화된 가치, 아집, 고집 등이 이를 어렵게 한다는 것이다. 왜냐하면, 우리에게는 우상론(偶像論)이 존재하고 있기 때문이다. 여기서 우상이라는 것은 잘못된 생각이나 판단을 이끄는 경향을 말한다. 이러한 우상론은 종족의 우상, 동굴의 우상, 시장의 우상, 극장의 우상을 말한다.

듣는다는 것에는 여러 종류가 있다. 이를 살펴보면 사이비 경청, 선택적 경청, 수동적 경청, 적극적 경청이 있다. 이를 구별하면 다음과 같다.

▶ 사이비 경청

사이비 경청이라는 것은 상대의 이야기를 단지 겉으로만 듣는 단계라 할 수 있다. 이러할 경우 상대방의 기분을 상하게 하여 대화하기 싫어하거나 이를 통해 중요한 지식과 정보를 얻는 데 실패할 것이며 친근감과 신뢰도를 얻지 못한다. 물론 그럭저럭 대화는 이끌어 갈 수 있다.

▶ 선택적 경청

이러한 경우도 마찬가지이다. 이야기는 듣고 있어도 마음속에는 다른 것이 자리 잡고 있어서 자신에게 유리한 내용만을 듣고 싶은 경청의 한 방법이라 할 수 있다. 즉 인간의 귀는 요망해서 자기가 듣고 싶지 않은 이야기는 듣고자 하지 않는다는 것이다. 이는 위에서 이야기한 베이컨의 일종의 우상론에 귀인하고 있다는 것이다.

▶ 수동적 경청(침묵)

이는 영어단어에서 말하는 'hearing'에 속하며 상대방이 말하는 메시지를 듣기만 할 뿐 어떠한 반응을 나타내지 않는 방법이라 할 수 있다. 따라서 상대방이 자신의 메시지가 정확하게 전달되었는지 혹은 이해하였는지 등을 구별하기 어려워 의사소통이 어렵거나 대화 도중에 말을 이어가지 못하는 경우가 있다.

위에서 우리는 인간에게 귀가 두 개라고 하였다. 그 뜻을 새길 필요가 있다. 말하기보다는 듣는 데 열과 성의를 다하라는 것이다.

▶ 적극적 경청

수동적 경청인 'hearing'과 달리 'listening'에 해당된다고 하겠다. 이 방법은 말하는 내용뿐만 아니라 그 속에 숨어 있는 의미나 내용을 분명하게 전달받아 파악함과 동시에 비언어적 내용까지도 전달받는 형태를 말한다. 이는 상대방의 말을 충분하게 수용하고 이해하고 반응하는 것이라 할 수 있다. 이와 같은 경청방법은 의사소통에 있어서 매우 중요하다.

우리는 침묵, 말문을 여는 등에는 분명히 한계가 있다. 단순히 남의 말을 일방적으로 듣는 것뿐만 아니라 상대방의 속마음을 정확하게 이해하고 그 증거를 제시할 수 있어야 한다는 것이다. 남의 말을 들어준다는 것은 의사소통에 있어서 매우 중요하다고 하였다. 이러한 의사소통은 결국 원활한 인간관계를 형성할 수 있다.

적극적 경청을 위해서는 상대방이 한 말을 되풀이해서 말하고(반복), 내용을 다른 표현으로 재정리하며(환언), 핵심적 사항을 다시 언급하는(요약) 등의 방법으로 확인하는 것이 중요하다(유정화 외, 2021).

▶ 승인반응

듣는 사람은 상대방이 말하는 동안 타자(他者)에게 관심을 보이고 있다는 것을 보여주어야 한다. 다시 말하면 메시지를 받고 있다는 표시로 언어적, 비언어적인 방법으로 전달할 필요가 있다. 예를 들어 그의 말을 듣고 있다는 표시로 고개를 끄덕이든가 상대방 쪽으로 약간 기울이든가, 미소를 짓거나 혹은 말로써 "아, 맞아요", "그래요?"라는 놀라운 표현을 하면 좋을 것이다. 이는 상대방이 더욱 고무되어 이야기할 수 있도록 하는 데 효과적이다.

▶ 말문을 열게 하는 반응

이러한 방법은 상대방이 더 듣고 싶을 때 하는 방법으로 "다시 한번 이야기해 주시겠습니까?", "다음에는 어떻게 되었어요?"같이 말하는 것이다. 이러한 방법은 단답 형식의 'Yes', 'No'가 아닌 계속해서 이야기할 수 있도록 길을 열어준다는 데 의미가 있다.

4 효과적인 경청방법

▶ 함께 있어 주기

'함께 있어 주기'의 사전적 의미는 영어로는 Presence로서 '다른 것과 더불어 바로 곁에 함께 있는 것'을 말한다. 이는 시공간적으로 상대방과 함께 있음으로써 상대방과의 공감 및 이해를 통해 긍정적인 영향을 미치도록 하는 상호작용이라 할 수 있다(임숙빈 외, 2018).

이 말은 신체적으로 혹은 심리적으로 함께 있다는 것을 의미하며 공감, 지지, 돌봄과 같은 의미와 밀접한 관련이 있다(조계화 외, 2001). 따라서 함께 있어 줌으로써 상대방을 심리적으로 안정시키게 되며 이를 통해 심리적 불안 등을 줄여 신뢰감을 형성시키는 데 도움을 줄 수 있다는 것이다.

예를 들면, 위급한 병을 치료하고자 하는 환자들과 함께 있어 주는 것만으로 그들에게 신뢰감을 주어 환자의 치료에 효과적일 수 있다는 것이다. 위급한 병을 가진 환자들――말기 암 환자――은 대화 자체에 매우 인색하여 그들에게서 비언어적 의사소통으로 그들의 심신을 안정시키는 효과를 가져올 수 있다는 것이다.

따라서 '함께 있어 주기'라는 것은 상대에게 호의적이며 신체적으로 가까이하며, 존경심을 가지고 그들에게 가까이 가야 한다는 것이다. 즉, being there(신체적으로 같이 있음)와 being with(심리적으로 같이 있음)를 포함하여 조력자로서 필요시에는 행동영역까지도 포함되는 것을 의미한다.

예를 들어 환자가 누워서 말하는 상황에서 보건 의료인은 그들이 바라보면서 말할 수 있도록 가까운 거리에서 그들을 응시하면서 소통하는 것도 좋다.

▶ 상대방 말에 집중하기

상대방의 말에 주의 집중하라는 것은 어느 물체나 사물에 대하여 주목하거나 몰입하는 것을 의미한다. 의사소통에서의 주의 집중은 경청할 준비가 되어 있다는 전 단계로서 상대에게 주목하고 있거나 몰입하는 것을 말하며 이를 통해 의사소통이 이루어질 수 있도록 하는 것이다. 이 역시 주의 집중한다는 것은 상대방의 말뿐만 아니라 몸짓과 같은 비언어적 행동까지도 섬세하게 살필 필요가 있다는 것이다.

따라서 효과적인 경청을 위해서는 상대방과의 대화에 있어서 건성이나 무관심으로 듣는 것이 아니라 정신을 집중해야 한다는 것이다. 이를 위해서는 상대방의 위치에서 진솔하게 들어야 할 것이다. 유의할 점은 상대의 말이 끊어지게 해서는 안 되며 중간에 끼어들기를 해서는 안 된다는 것이다.

그러나 보건직에서 근무하면 주의 집중하는 것은 사실상 매우 어렵다. 왜냐하면 천차만별(千差萬別)의 환자가 들어오기 때문이다. 또한, 물리적 잡음으로 인하여 더욱 주의 집중하는 데 어려움이 있다는 것이다. 그러나 보건 의료인들은 이런 상황을 인식하고 이에 대한 대책을 미리 수립하고 집중할 준비가 되어 있어야 할 것이다.

▶ 소음의 제거

남의 말을 듣고자 할 때 내부의 원인도 있지만, 최고의 적은 소음일 것이다. 우리는 의사소통에 있어서 이것이 존재한다는 것을 반드시 인식할 필요가 있다. 만약 수업한다고 가정해 보자. 선생님이 강의하는 도중 학생들이 수업에 방해가 되는 소음을 내면 수업은 진행될 수 없듯이 효과적인 수업이 되려면 수업 분위기를 조성하거나 방해요소들을 차단해야 할 것이다. 이는 효과적인 경청에도 적용될 수 있다.

1) 외부소음

이는 물리적 현상으로서 상대방의 이야기를 듣지 못하는 경우이다. 이때 물리적 현상이라는 것은 자동차 경적, 라디오 소리 등으로 인해 상대방의 소리에 신경을 집중하지 못하게 하는 소음을 말한다. 물론 물리적 현상이라는 것은 단순히 건물 밖의 소리가 기본이지만 말하는 사람의 뒤쪽 불빛이 밝다면 이 또한 외부적 소음에 속한다고 볼 수 있다.

또 하나의 예는 의사소통 시에 상대방을 약 올리거나 고의성이 있다고 생각되는 기분 나쁜 manner도 일종의 외부소음이라는 것이다. 이러한 현상은 남자에게서 많이 나타난다. 남자들이 술자리에서 빼놓지 않는 말이 있다. 군대 이야기와 축구 이야기이다. 남자들은 모두 이런 걸 경험해 보았을 것이다. 이런 이야기는 경청을 매우 어렵게 한다. 왜냐하면, 일부 남자들이나 여성들은 이러한 경험을 하지 못해서 공감하지 못하기 때문이다.

2) 내부소음

내부소음은 대개 듣는 사람들이 들은 내용을 정확히 해석하지 못하게 하는 소음을 말한다. 이 같은 예는 의료인들에게서 나타나고 있다. 예를 들면, 의료인들은 대개 전문적인 용어를 사용하여 일반인들이 알아듣지 못하는 경우라 할 수 있다. 일부 법조계에서도 마찬가지이다. 상대방에게는 소음으로 생각된다는 것이다. 이러한 내부소음은 의사소통 시 주위 사람에 의해 고쳐질 수 있으므로 상대로부터 지적당했다면 고치도록 노력해야 할 것이다.

▶ Eye contact

앞에서 눈맞춤에 관해 서술하였다. 사람의 눈을 보면 의사소통에 주의하는지 관심이 있는지를 알 수 있다고 하였다. 그만큼 대화 시에는 시선처리가 매우 중요하다는 것이다. 그렇다고 해서 상대방의 눈을 너무 쳐다보면 오해의 소지가 있다. 그러나 시선을 피한다면 오히려 상대방에게 관심이 없거나 무시하는 느낌을 주고 혹은 자신에게는 불안과 초조 그리고 자신감이 없다는 것을 내포하고 있다. 따라서 적절한 시선처리를 하는 것이 좋으며 그 방법은 비언어적 의사소통의 시선처리에서 설명한 바 있다.

▶ 관심 기울이기

대화할 때 상대방에게 관심이 있다는 것만으로도 의사소통의 절반은 성공이라 할 수 있다. 어느 영업사원이 물건을 팔려고 하면 먼저 주의를 이끌어 그 제품에 관하여 관심을 가질 수 있게 만드는 것처럼 의사소통에 있어서 상대방에게 관심을 주는 것만큼 좋은 메시지는 없다는 것이다. 이러한 관심 기울이기가 저절로 생기는 것은 분명히 아니다. 이러한 관심 기울이기는 풍부한 감성이 있을 때 나타난다. 예를 들면 관심을 기울인다는 것은 어떠한 사물을 그냥 지나침이 없다. 가을에 가로수의 나뭇잎들이 떨어진다고 가정하면 그냥 지나치지 않을 것이다. 우리의 감성을 유인해 내기 때문이다. 이것이 우리의 이익이나 자기중심적인 사고일 경우에는 절대 나타나지 않는다는 것이다.

의료인들도 마찬가지이다. 돌봄의 대상으로서 그들에게 어떤 개인의 이익이나 유리함이 있으면 이와 같은 행위가 나타나지 않는다는 것이다. 의료인들은 그들을 돌보는 데 있어서 천직이라는 사명감을 가지고 여기에 전념해야만 어려운 환자들을 돌보게 되고 이를 통해 자기만족을 느낄 것이다. 의료인들이나 일반 사람들이 타인에게 관심이 있다는 것은 여러 가지 상황에서 극본 없는 연출이다.

① 관심 기울이기는 좋은 태도와 내용과 감정을 동시에 듣는 데 그 증거가 있다

상대방에게 관심이 있다는 증거는 나도 상대도 모르게 비언어적 의사소통에서 나타난다. 예를 들면 몸의 위치, 움직임, 표정, 시선처리 등이 자연스럽게 나타난다는 것이다. 따라서 관심 있다는 것을 상대방에게 보여주기 위해서는 신체적으로 편안하고 근육을 이완시키고 자연스러운 표정과 자세를 가질 필요가 있다.

또한, 사람들이 전달하고자 하는 메시지는 그 내용만을 전달하는 것이 아니다. 그 내용 속에도 감정이 포함되어 있다는 것을 말한다. 따라서 그 사람의 감정과 기분을 파악하는 데도 많은 도움을 받을 것이다. 따라서 내용을 전달받거나 줄 때는 그 사람이 전달하고자 하는 메시지의 내용만으로 상대방이 의도하는 것을 파악하는 데는 한계가 있을 것이다.

② 상대방의 표정과 음색에서도 나타난다

상대방에게 관심이 있다는 표시는 그의 표정과 음색에서도 나타난다. 관심 있다는 증거는 표정에서도 나타나는데, 이는 온화한 미소가 자연스럽게 품어져 있기 때문이다. 따라서 특히 의료보건직에서 종사하는 직업을 가진 이들은 얼굴에는 항상 미소를 머금고 친절한 음색을 가지고 방문하는 환자나 그의 가족들을 맞이하는 자세가 갖추어져 있어야 한다는 것이다.

③ "아 그랬군요!"라는 공감적인 반응이 필요하다

공감적인 반응의 의미는 상대방이 이야기한 직후에 나타나는 반응으로써 상대방이 전달하고자 하는 의사를 이해하려 노력하고 있다는 사실을 바로 보여주는 것을 말한다. 이러한 반응에는 언어적, 비언어적 반응이 있을 수 있다.

이러한 공감적인 반응은 자신이 들은 것에 대한 비판과 판단을 요구하는 것이 아니라 자기 자신이 어떻게 생각하고 느끼는 바를 나타내는 반응이라 할 수 있다. 따라서 이러한 반응을 통해 전달자는 자신이 전달하고자 하는 내용이 바로 전해졌다는 것을 판단하는 데 도움을 받기 때문이다.

공감적인 반응은 경청을 잘했는지를 판단하는 데 도움을 주기 때문에, 한쪽의 의사소통이 끝난 후에 하는 것보다 중간에 즉각적으로 표현을 하되, 그 속에는 상대방의 메시지를 이해하고 감정을 파악하고 있다는 것을 바로 전달해야 할 것이다. 공감적인 반응의 예를 들자면 "아, 그래요?" 등과 같은 언어적 표현이라 할 수 있으며 의료직에 종사하는 의료인들은 환자의 행동에 즉각적으로 반응을 보인다면 불평이나 충돌을 피하는 데 도움이 될 것이다(임숙빈 외, 2018).

▶ 이해하기

의사소통에서 이해한다는 의미는 상대방과의 대화에 있어 주의집중을 하여 들은 내용에 관하여 의미를 부여한다는 것이다. 즉 상대방의 말을 잘 알아듣고 받아들였다는 것이다. 이해가 잘된다는 의미는 상대방과 비슷한 내용과 관련되거나 혹은 자신이 경험한 것에 관해서는 이해도가 매우 빠를 것이다. 예를 들어 자신이 알고 있는 내용을 수업내용 다음 시간에 들었다고 치자. 이해도는 듣지 않은 사람보다 더 빠를 것이다. 이해를 빠르게 하려면 다음과 같이 하면 쉬울 것이다.

첫째는 상대방 말의 요점을 빠르게 파악하라는 것이다. 즉 상대방이 주장하는 말이 무엇인지를 파악하고 대처해야 할 것이다.

둘째는 먼저 판단하지 말라는 것이다. 자신이 잘 알지도 못하면서 상대방의 말을 짐작하여 의사소통한다면 반드시 안 좋은 결과를 낳게 될 것이다. 또는 아는 내용일지라도 다시 한번 생각해보고 판단하라는 것이다. 근대 철학에서의 데카르트처럼 방법적 회의를 사용하라는 것이다. 예를 들면 철수는 의심이 많은 사람이다. 모든 것들을 의심하고 회의한다. 자신이 앉아 있는 의자도 사실은 없는 것이 아닌가 의심하고 자신과 이야기하는 순이도 사실은 없는 것 아닌가? 의심하라는 것이다. 더 나아가서 자신도 사실은 없는 것 아닌가 의심한다. 자신의 손과 발과 몸이 사실은 없지만 있는 것처럼 악마가 속일 수 있기 때문이다. 즉 우리가 알고는 있지만, 또 다른 우리의 편견이 앎을 가로막을지 모르기 때문이다.

따라서 이해하는 것도 마찬가지이다. 상대방의 말을 충분하게 듣고 신중하게 판단할 필요가 있다는 것이며 이해가 되지 않으면 다시 이해가 될 때까지 되묻는 수밖에 없을 것이다. 잘못된 이해의 한 예를 들어보자. 어느 날 엘리베이터를 타고 있었는데 강도가 들어와서 hands up(손 들엇!)이라고 외쳤다. 그러나 외국어가 서툰 사람은 hanging(교수형에 처하다)으로 오인하여 난처함에 빠진 사례도 있었다는 것이다.

이 같은 사례는 보건 의료직에 종사하는 사람에게도 마찬가지이다. 이들은 자기보다 환자를 잘 이해하고 있다고 종종 오해하고 있다. 그러나 그것은 모순이다. 이들은 경청하면서 미리 환자의 상태를 판단하고 결정하는 버릇이 있다는 것이다. 결국은 이들의 선입견이나 지나친 자신감으로 인하여 환자들과의 대화의 장이 오히려 어색해지는 경우가 허다하다는 것이다.

▶ 맞장구치기

대화를 잘하는 사람은 말이 중심이 아니라 잘 들어주는 사람이라고 했다. 이는 전체 대화의 70% 정도를 들어주고 난 뒤 맞장구를 치는 것이 대화를 잘한다는 것이다. 우리가 앞에서 말했던 1, 2, 3 화법이 이러한 경우이다. 1분간 말하고 2분간 들으며 3번 이상 맞장구를 치는 화법이 1, 2, 3 화법이다(유정화 외, 2021).

맞장구치기의 효과는 상대방으로부터 쉽게 많은 이야기를 유인하기 때문이다. 말을 듣는 가운데 상대방의 말을 그냥 듣기만 하는 것이 아니라 중간중간 국악 가락과 같이 추임새를 넣는다면 더욱 신이 나서 이야기를 쏟아낼 수 있다는 것이다. 이러한 추임새는 "아, 그래요", "정말입니까?", "안타깝네요?"와 같은 것이다. 이를 통해 상대방과 공감하고 있다는 것이기 때문에 대화하는 데 상대방의 기분을 북돋워줄 수 있다.

▶ 이해 전달하기

상대방의 이야기를 잘 경청하여 이해했다면 이러한 이해를 반드시 상대방에게 전달할 필요가 있다. 예를 들면 위에서 말했듯이 상대방에게 '고개를 끄덕'이든가, '갸우뚱거리든가', '무슨 말인지 알았다든가' 등의 표시로 상대방에게 자신이 이해했다는 것을 표현해 준다. 그러나 이해했다고 해서 상대방과 의사소통이 이루어지지는 않는다. 다시 말하면 상대방의 말을 이해하였으면 그 사람의 말 중에서 이해하였던 부분들을 요약하여 다시 말함으로써 정확하게 확인하는 과정이 필요하다는 것이다.

그러나 확인하는 과정에서 잘 이해되지 않으면 다시 질문을 통해 물어야 하며 공연히 아는 척하면 바람직하지 못하다. 이러한 과정이 자신의 이야기를 더 자세히 말하도록 하는 하나의 방법이라 볼 수 있다.

확인하는 과정에는 질문이 필요하다고 했다. 이러한 질문에는 개방형 질문과 폐쇄형 질문이 있다. 어느 쪽이든 질문한 뒤에 상대방에게 말할 수 있는 충분한 시간과 기회를 반드시 주어야 한다는 것이다. 예를 들면 "잘 이해가 되지 않는데 다시 한번 말씀해 주시겠습니까?", "그 말이 무은 뜻인가요?" 등은 타인이 자신의 말을 듣고 있다는 느낌을 주기 때문이다.

▶ 기억하기

상대방의 말을 경청하였을 때 주의 깊게 들었으면 그것을 잘 요약해서 기억해 놓아야 한다. 그러나 이러한 기억이 어려울 경우 상대방의 허락을 받아 메모지에 기록해 놓아야 한다. 그러나 메모하는 것이 예의에 어긋날 수 있으므로 상황이 허락지 않는다면 잘 기억하는 훈련이 필요하다.

인간의 기억에는 한계가 있다. 아무리 천재라고 해도 모든 것을 기억할 수는 없다. 인간의 뇌는 컴퓨터 용량과는 비교가 되지 않기 때문이다. 컴퓨터 저장능력은 영원하다고 하지만 인간의 기억한계는 시간이 지남에 따라 혹은 나이가 들어감에 따라 확연히 저하되기 때문이다. 따라서 중요하고 실질적이고 필요한 부분들을 골라서 기억하는 훈련이 꼭 필요하다는 것이다. 예를 들면 공부 잘하는 아이와 잘하지 못하는 아이의 차이는 여기에 기인한다. 기억을 잘하기 위해서는 필요 없는 부분과 필요한 부분을 선택하여 우리에게 어느 것이 필요한지를 빨리 판단하여 그것을 머릿속에 넣어야 한다.

기억이라는 개념을 투입, 파지, 산출의 과정이라고 하였을 때 필요한 부분을 투입하여 적재적소에 필요한 부분을 산출하는 것이다. 따라서 기억하는 훈련이 필요한 것인데 메모 이상 좋은 방법은 없을 것이다. 병원 종사자들은 하루에 많은 사람을 만나기 때문에 반드시 메모하는 습관이 필요하다. 그들의 요구가 매우 다양하기 때문이다. 항상 기억할 수 없다면 메모를 하자.

5 경청기법

▶ 명료화하기

명료화(明瞭化)라는 말은 한자 그대로 '분명하게 한다'라는 의미이다. 다시 말하면 경청하는 경우, 상대방의 말을 이해하지 못하고 모호한 생각을 확인할 때 사용하는 것이다. 이는 언어적 표현에서도 나타나지만, 비언어적 요소의 정서와 감정은 언어로 표현하는 것에 한계를 가지고 있으므로 명료화를 통해 이해해야 할 것이다. 즉 내담자의 언어 속에 담긴 뜻을 다시 내담자에게 명확하게 말해주는 것이다.

상담에 있어 일반적으로 심리상태가 혼란스럽거나 상담 장면의 불편함이 해소되지 않은 내담자는 상담관계에서 추상적이거나 모호한 용어로 자신의 내면을 표출하는 경우가 많다. 이는 상담자는 물론 내담자 자신도 자신의 감정이나 생각, 문제나 상황, 태도는 자신의 기대 등에 대해 명확하게 이해하지 못하는 상태이다. 이런 상황에서 상담자가 분명히 할 것을 요구하거나 직면하게 되면 내담자는 점점 더 혼란스럽거나 방어적으로 될 수 있다. 오히려 상담자는 적절한 반응과 질문을 통해 모호하거나 혼란스러운 내담자로 하여 자신의 내면과 상황을 구체적으로 이해하고 자신의 감정과 생각을 명료하게 변별할 수 있도록 안내하여야 한다. 다음은 명료화하기의 예이다.

> 다음은 병원에서 일어날 수 있는 상황을 예로써 적어놓았다.
> 환자 : 병원에 오면 어때요? 나는 잘 모르지만, 간호사님은 어때요? 가르쳐주세요.
> 간호사 : 환자분께서 저한테 하신 이야기를 이해할 수 없어요. 환자분은 천천히 다시 한번 이야기해 주실 수 있습니까?
> 환자 : "아! 나는 완전히 엉망진창입니다"
> 간호사 : "엉망진창이라는 말의 뜻이 무엇입니까?", "어디에서 무슨 일이 있었기에 엉망진창이라는 기분이 들었어요?"
>
> 또 다른 예이다.
> 어르신(내담자) : 내가 도저히 일을 못 하겠어! 거기 있는 할머니가 어찌나 까다로운지 창문틀도 깨끗이 닦아라. 설거지해라. 빨래도 해둬라. 내가 솔직히 나이가 더 많은데 이 일도 솔직히 말벗이 중점이지 집안일이 중점이 아니잖아. 나는 이 할머니 집은 못 가겠고 다른 사람 있으면 알아봐 줘요. 선생님.
> 나(상담자) : 어르신이 계속 가사 일만 시켰다는 거군요. 구체적으로 어떤 말을 하면서 일을 시키던가요?
> 어르신(내담자) : 허리가 너무 아프다고 설거지해 놓고 방도 닦아달라고 말했지.
> 나(상담자) : 그렇다면 B 어르신께서 부탁하듯이 얘기하시던가요. 명령조로 말씀하셨나요?

▶ 느낌 나누기

상대방의 느낌을 이해하고 묘사하고 정확하게 피드백을 구함으로써 보건 의료인이나 상담자가 말을 정확하게 묘사하지 못했거나 느끼지 못했다는 것을 확인하게 하는 것이다. 이는 상대방의 느낌을 공유할 뿐 그 느낌을 바꾸거나 재해석해서는 안 된다는 것이다.

대상자 : 내 아이는 참 착한 아이였어요. (……) 타인에 대한 배려가 많았어요. 그런데 아이에게 무슨 일이 생긴 건지 모르겠어요. 내가 어떻게 해주어야 하는지를 잘 모르겠어요.
상담자 : 아이에게 기대한 만큼 실망하셨군요. 어쩌면 당신 자신에게도 실망이, (……) 제가 지금 00님을 제대로 보았나요?

▶ 바꾸어 말하기

바꾸어 말하기는 원래 상담기법의 하나이다. 주로 내담자가 했던 말을 상담자가 내용을 살짝 바꿔서 말하는 기술이다. 따라서 바꾸어 말하기라는 것은 듣는 사람이 상대방의 이야기를 다른 말로 표현하여 이해하기 쉽게 하는 것을 말한다. 즉 자신이 이해하기 쉽도록 자신의 언어로 표현하는 것이다. 이는 상대방이 자신이 가지고 있는 생각을 분명하게 하도록 하는 데 도움을 줄뿐더러 상대방이 전달하려는 내용을 정확하게 이해하고 있다는 것을 확신하게 하는 것이다.

내담자 : 나는 그 문제에 대해 계속 걱정을 안 하려고 노력하는데도, 걱정을 계속해요.
상담자 : 무슨 노력을 하더라도 그 문제에 대해 걱정하는 생각을 떨쳐버리기가 힘든가 보군요.
내담자 : 이번에도 취업하기는 틀렸어요. 나는 어떤 일도 하지 못하는 사람이에요.
상담자 : 취업에 계속 어려움을 겪으면서 실패감을 많이 느끼시나 보네요.

바꾸어 말하기는 나는 지금 당신의 말을 집중하여 듣고 있고 또한 당신의 말을 이해하려고 노력하고 있다는 것을 보여주기 위함이다. 따라서 이를 통해 상담을 더욱 촉진시킬 수 있다. 내담자는 상담자가 자기 말을 이해할 때, 자기 마음을 헤아려줄 때 비로소 더 깊은 생각과 마음을 이야기하기 때문이다.

바꾸어 말하기 훈련 시 우선 내담자의 언어적, 비언어적 표현, 모든 것에 초집중해야 한다. 말의 내용뿐만 아니라 표정, 말의 높낮이, 한숨, 말의 속도 등을 고려해야 한다. 그리고 주로 사용하는 단어나 표현에도 집중해야 한다. 언어는 정신을 담고 있어서 내담자의 언어를 분석하면 그 정신을 이해할 수 있기 때문이라는 것이다. 주로 사용하는 단어나 표현이 중심 생각이나 감정이라 볼 수 있다. 그리고 상담자의 어휘력이 좋으면 이 기술 사용 시에 용이하다. 상담자도 자기 생각이나 감정을 말로 별로 표현해 보지 않았다면 생각과 감정은 있는데 그것을 어떤 말로 표현할지 모르는 경우가 있을 것이다. 아래 도표에 있는 감정 단어를 가지고 표현을 해보자.

기쁜	든든한	고운
자신 있는	여유로운	좌절한
감동적인	홀가분한	열정적인
외로운	사랑스러운	부끄러운
재미있는	그리운	짜증나는
긴장한	신나는	우울한
기대되는	안타까운	귀찮은
슬픈	편안한	무서운
뿌듯한	지루한	혼란스러운
만족스러운	불안한	공허한
자랑스러운	답답한	억울한
행복한	실망스러운	후회스러운
관심 있는	미운	당황한
설레는	두려운	화난
감사한	서운한	피곤한
용기 있는	부러운	미안한
놀라운	서러운	막막한

▶ 반영하기

반영하기는 적극적 경청에서 매우 중요한 대화의 기법 가운데 하나일 수 있다. 반영(reflection)은 대화를 이끄는 사람이 표현한 느낌, 태도, 가정, 신념 등을 상담자가 정리하여, 한층 더 참신한 말로 표현해 주는 것이다. 반영은 경청하기와 매우 밀접하게 연관되어 있는데, 정확하고 민감한 반영은 내담자로 하여금 자신이 잘 이해받고 있음을 알게 해주기 때문이다.

반영은 대상자의 말이나 행동 이면에 내재해 있는 느낌과 감정이 무엇인지 내담자가 분명히 깨닫도록 도와준다. 감정 표현이 빈약한 내담자는 자신이 현재 어떤 느낌을 가지고 있으며, 문제 상황에서 어떤 느낌이 있는지를 잘 자각하지 못하는 경우가 많다. 어떤 대상자나 상담에 있어서 내담자는 눈에 눈물이 가득하면서도 자신이 왜 울고 있는지를 분명하게 설명하지 못한다. 내담자가 자신의 감정이 어떤 것인지를 알고 이를 수용하도록 하는 것은 상담에서 매우 중요한 작업이다. 자신의 감정을 자각하지 못하고 통합하지 못할 때 매우 건조하고 의미 없고 단조로운 삶을 살아가는 경우가 많으며, 심하게는 인성이 분리되는 경험을 할 수도 있기 때문이다. 아래의 도표 안 내용은 다양한 경청기술의 주요 내용이 담겨 있다. 명료화와 반영하기를 찾아보자.

반영하기, 명료화의 예시를 찾아봅시다.

대상자 : (손거울로 얼굴을 보며 초조하게 손톱을 물어뜯는 모습)……

간호사 : (우연히 대상자의 초조한 모습을 보게 된다) 김성실 님, 안녕하세요? 혹시 무슨 일 있으신가요? 손거울을 보면서 손톱을 물어뜯고 계시네요. (관찰한 바를 표현하기)

대상자 : 제 턱이 너무 삐뚤어져서요. 엄마 설득해서 얼른 성형수술을 할 거예요.……

간호사 : 턱이 삐뚤어진 것 같아서 속상하셨군요. (공감하기) 제가 잠시 옆에 함께 있어 드릴 테니 김성실 님의 생각을 말해줄 수 있을까요? (폭넓은 주제를 제공하기)

대상자 : 제가 이상하게 생겨서 자꾸 사람들이 쳐다보는 거 같아요. 사실 턱 말고 눈도 이상해요. 저는 너무 못생긴 것 같아요. 그래서 속상하고 우울해요.

간호사 : 사람들이 자신을 이상하게 생겨서 쳐다본다고 하셨는데 예를 들면 언제인가요? 관련된 이야기를 좀 더 구체적으로 듣고 싶어요. (명료화하기)

대상자 : 복도 지나갈 때 다른 환자분들이 자꾸 제 턱을 보고 수군거리는 것 같았어요. 제 턱이 흉하게 생겨서 그래요. 자꾸 사람들이 제 얼굴 볼 때마다 우울해요. 얼른 성형수술 받아야겠어요.

간호사 : 복도 지나갈 때 사람들이 김성실 님의 턱을 보고 수군거리는 것 같아서 속상하셨겠군요. (반영하기) 김성실 님, 오늘 치료 프로그램 참여하셨나요?

대상자 : 네, 방금 다녀왔어요.

간호사 : 오늘 프로그램이 어땠는지 김성실 님의 생각을 저에게 설명해 주시겠어요?

대상자 : 프로그램 선생님이 제 얘기를 계속 들어주고 공감해 주실 때는 좋았는데, 다른 환자분이랑은 아직도 눈을 잘 못 마주치겠더라고요. 제 얼굴이 이상하게 보일까 봐 걱정돼서……

간호사 : 김성실 님은 프로그램 선생님에게 공감받는 거 같아 좋았었는데, 얼굴이 이상하게 보일까 봐 다른 환자분이랑은 눈을 잘 못 마주쳤군요. (반영하기) 앞으로 무엇이 김성실 님을 불안하게 하는지 우리 함께 발견해 봐요. 또한, 꾸준히 치료 프로그램에 참여하셔서 사람들과 의사소통을 향상시킬 수 있는 방법들을 함께 찾아봐요. (협력 제안하기)

▶ 요약하기

요약하기란 말 그대로 중요한 부분의 요점을 잡아서 추려내는 행위이다. 중요한 부분이란 상대방의 말이나 글의 내용을 말한다. 영어로는 'Summary' 또는 'In a Nutshell'이라고 한다. 독일어로는 'Kurzgesagt(쿠르츠게작트)'라고 한다. 요약할 때는 최대한 본래 글의 의도와 내용을 존중해야 하지만, 요약하면서 완전한 중립을 지키는 것은 어렵다. 요약하는 사람의 관점이 알게 모르게 반영되기 때문이다. 일부러 왜곡하려는 경우엔 말할 것도 없으며, 요약하는 사람의 필력이나 지면 문제로 일부 내용이 빠지거나 곡해될 수 있다.

우리는 때때로 장황하게 말하는 경우가 있다. 즉 말하는 사람의 이야기 내용이 너무 많거나 이야기 도중에 수많은 감정이 교차되어 자기 생각을 정리하지 못한 채로 이야기하는 경우가 있다는 것이다. 우리는 자기 생각을 정리하여 상대방에게 의사를 전달하거나 받는 사람 또한 요약하여 생각을 받아들일 필요가 있다는 것이다.

요약은 왜 필요한가?
첫째, 읽은 부분이나 들은 내용의 중심 내용을 파악하고, 그 내용을 오래 기억하기 위해서
둘째, 신속하고 빠르게 중요한 정보를 전달하기 위해서
셋째, 짧은 시간에 전반적이고 중요한 정보를 쉽게 파악하기 위해서이다.
아래의 도표는 요약의 예시이다. 읽어보고 느껴보자.

학생 : 나는 친구가 없어서 외롭고 속상할 때가 많아요. 친구들하고 어울려 놀고 싶은 마음도 많고 공부도 하고 싶은데, 친구들이 나한테 관심을 가지지 않고 그래요. 내가 공부도 못하고 운동도 잘하지 못하고 잘하는 게 아무것도 없어서 친구들의 관심을 끌지 못하나 봐요. 자꾸 이런저런 생각이 들어 공부도 방해되고 자꾸 나 자신 또한 작아지는 듯 자신감이 없어요.
선생님 : 네가 친구들과 어울리고자 하는데 주변에 친구들이 없어 많이 위축되어 있구나.
-임숙빈 외, 2018

02 화법

현대사회는 의사소통이 중요하지만, 단순히 대화만을 뜻하는 것은 착각이라 할 수 있다. 즉 대화를 통해 타인과 잘 교섭하고 사람의 마음을 움직여 대화와 설득을 통하여 사회의 일원으로 성장하는 것이다. 따라서 현대사회는 '대화의 시대', 또는 '협상의 시대'라고 규정 짓고 있다(유정화 외, 2021).

"말 한마디에 천 냥 빚도 갚는다"라는 속담이 있듯이 말 하나하나가 인간관계에 영향을 준다. 그만큼 말하는 방법에 따라 자신의 이미지가 많이 좌우된다고 할 수 있다.

말을 한다는 것은 그 사람의 인격이나 능력 그리고 그 사람의 가치관 등의 내면세계를 타인에게 전달하는 자기표현의 한 형태라고 한다. 따라서 우리는 올바른 대화의 기술을 익혀 원만한 사회생활을 하는 데 그 목적이 있다고 하겠다. 이를 위해서 말하는 기술의 종류에는 어떤 것이 있는지 살펴보아야 할 것이다.

1 긍정화법

사람은 말할 때 거의 두 가지 언어를 주로 사용한다. 첫째는 긍정적인 단어를 사용하여 이야기하는 사람이 있는 반면에 부정적인 언어만을 골라서 사용하는 사람이 있다는 것이다.

우리는 말을 할 때 긍정적인 단어를 조합하여 사용하면 상대방에게 좋은 인상을 심어줄 수 있다. 또한, 상대방에게 마음의 문을 열어주는 힘을 가지고 있다. 만약 상대를 질책하는 말이라도 상대방이 듣기 좋게 바꾸어 말한다면 아마 상대방은 진정으로 자신의 잘못을 뉘우치고 더 좋은 방향으로 변할 것이다. 그러나 상대가 잘못하였다고 해서 자신의 화를 모두 담아 심한 말을 한다면 상대방은 화만 내고 원망만 하게 될 것이다(할 어반, 2019).

긍정적인 말의 힘은 상대의 닫힌 마음을 열고, 절망을 희망으로 바꾸고, 용기를 북돋아주고, 존경과 감사를 표하고, 서로 승리하는 결과를 도출하기 위한 가장 좋은 방법이자, 마법이고 신비로운 힘을 가지고 있다.

에디슨의 어머니는 에디슨의 천재성을 보았고, 그것을 아들에게 늘 일깨워주었으며, "넌 큰 사람이 될 거야"라고 격려해 주었다고 한다. 에디슨은 그런 어머니의 전폭적인 믿음과 격려에 대한 깊은 고마움을 표현했었다.

가령 선배로부터 어떤 부탁을 받았을 때 바로 거절하는 것보다 양해를 구하는 것이 효율적이다. 예를 들면 철수가 선배인 영희로부터 도와달라는 부탁을 받았을 때, 예시문이다.

긍정적인 표현의 예
영희 : 철수야, 리포트 정리하는 것 좀 도와줄래?
철수 : 선배님, 지금은 어머니 심부름 때문에 그러니 마치고 할 수 있어요. 조금만 기다리세요.
영희 : 고맙구나. 아직은 시간이 있다. 신경쓰지 말고 다녀와.

대화할 때는 긍정적인 표현을 사용하는 것이 상대방에게 좋다는 것이다. 만약 "지금은 시간이 없어서 안 돼요"라고 답변하는 것보다 상대방에게 좋은 인상을 남기게 된다는 것이다. 부정적인 표현보다 긍정적인 표현을 사용하여 말하는 것을 긍정화법이라고 한다.

▶ 레어드화법

심리학자 레어드(Phillip Johnson Laird)가 주장한 화법이다. 한마디로 레어드화법이란 명령형의 말을 의문형, 의뢰형으로 바꿔주는 것이다. 예를 들면, "~해라"라는 표현보다 "해줄래?", "이거 좀 복사해"보다 "이거 좀 복사해 줄래?", "복사해 줄래요?"로 "잠시만 기다려"를 "잠시만 기다려줄 수 있어?", "잠시만 기다려줄래?"로 "이것 좀 전해줘"를 "이것 좀 전해줄래?", "이것 좀 전해줄 수 있어?"라고 바꾸어주는 것이 좋다. 인간은 누구나 남의 명령에 따라 일하는 것을 싫어하는 경향이 있다. 인간은 자유의지가 있기 때문이다. 명령하면 반드시 저항감이 생기기 때문이다.

레어드(Laird)화법은 상대방에게 저항감을 주지 않고 결정권을 넘김으로써 자신의 의견을 피력할 수 있게 만든다. 따라서 의뢰형 문장이나 부탁하는 형식의 말로 바꾸어 부드럽게 표현하면 나를 존중하고 있다는 인상을 받기 때문에 오히려 성과를 달성할 수 있다.

▶ 쿠션(Cushion)화법

평소에 저 아이는 말하는 게 "manner가 전혀 없어"라거나, 성격이 좋지 못하다 등의 말을 듣거나 지적받는 경우가 종종 있을 것이다. 또한, 이를 통해 스트레스를 받고 어떻게 해야 할지 모르겠다~고 생각하는 사람들이 많다. 쿠션화법은 이러한 문제를 가진 사람에게 필요한 인간관계에 좋은 화법이다. 말 그대로 여러분이 평소에 알고 있던 쿠션처럼 푹신푹신하고 편안함을 주는 화법이다.

주로 부정적인 말을 하거나, 딱딱한 말을 할 때 적절하게 응용하면 보다 부드러운 인상을 준다. 부탁이나 거절, 강압적인 말 등 여러 상황에서 도움이 되는 게 쿠션화법이다. 예를 들면, "이해해 주신다면", "괜찮으시다면", "실례하지만", "바쁘시겠지만", "죄송합니다만", "번거로우시겠지만", "공교롭게도", "불편하시겠지만", "어려우시겠지만" 등의 여러 가지가 있다.

이러한 표현은 어딘지 모르게 상대방에게 예의를 갖추고 존중한다는 느낌을 줄 수 있거나 받을 수 있다는 느낌이다. 예로부터 어른들은 아이를 혼낼 때 같은 말을 하더라도 "어" 다르고 "아" 다르다고 말했는데 이는 말투에 예의가 없음을 빗대서 한 말이다. 쿠션(Cushion)화법을 사용하면 부정적인 말을 하였을 때보다 상대방의 감정을 덜 상하도록 하면서 manner가 있고, 공손한 느낌으로 친절하고 배려 있는 사람이라는 인상과 인식을 남길 수 있다.

> EX) 바쁘시겠지만 제 업무가 많이 밀려 있어서 조금만 더 시간을 주시면 감사하겠습니다.
> # 고객센터(+yes 화법)
> EX) 네! 실례합니다만 개인정보 동의를 해주셔야만 통화가 가능하기 때문에 전화가 어려울 것 같습니다.

인간은 언제라도 자신과 주위를 떠나서는 살 수가 없다. 사회생활을 하려면 대화를 통해 공감대와 정감이 형성되기 때문에 신경을 써야 하고 자칫 말 한마디로 친구나 상대방과의 사이가 틀어지거나 싸움으로 번질 수 있다는 것을 유념해야 할 것이다.

▶ Yes/But 화법

살다 보면 대화를 나누는 동안 상대의 의견과 반대되는 이야기를 해야 할 때도 있다. 반대 의견도 필요에 따라선 분명히 전달하는 게 옳다. 하지만 상대의 감정이 상하지 않도록 상대의 의견을 수렴한 후 반대 의견을 개진하는 이른바 'YB(Yes, but) 화법'을 사용하는 게 좋다. 무조건 "그건 아닙니다"라고 말하는 것보단 "네 그렇습니다. 하지만~"으로 말을 꺼내면 반대 의견이더라도 신뢰도를 높여 상대를 설득할 가능성이 있다.

대화를 성공적으로 이끌려면 상대방의 이야기에 동의해 주는 'yes'로 일단 말을 하고 난 후에

"그러나(하지만) 내 생각은 이렇습니다"라는 식으로 대화한다면 성공률이 높다는 것이다. 이를 Yes/But 화법이라 한다. 이는 상대방의 기분을 상하지 않게 하면서 자기 생각을 피력하는 방법이라 할 수 있다.

다음과 같은 예를 가지고 분석해 보자.

"'당신의 말은 옳지 않다'라는 말과 '당신의 말도 일리는 있다. 하지만 내가 알고 있는 사실은 이렇습니다'와는 어떤 차이가 있을까?"이다. 이는 같은 말이라도 전자는 비판하는 단어가 섞인 말이 되므로 상대방을 언짢게 만들 수 있다는 것이고, 후자는 상대의 의견에 공감하고 존중하면서 자신의 의견을 피력하면서 상대방과 다르다는 이야기이다. 여러분은 어느 쪽을 선택할 것인가?

그러나 주의할 점은 "아니요/No"라는 말의 사용을 자제해야 한다는 것이다. 이 말은 독선적인 말로 들리기 때문이다. 상대방의 의견을 존중해 주는 표현이 적절하다. 예를 들면 "네 의견에도 일리는 있지만~"으로 시작하는 것이 좋다. "안 돼", "안 됩니다" 이러한 용어는 대화에서 자제해야 할 것이다.

어떤 말이나 상황에 대해서 일단 한 발짝 물러서는 것이 첫 단계요, 그것을 수용한 다음 멋있게 되받아치는 것이 두 번째 단계이다. 첫 단계에서는 여유와 아량이 필요하고 두 번째 단계에서는 순발력과 명쾌한 논리가 필요하다.

여기에서 재미있는 화법에 대한 예를 설명하고자 한다(건설현장 안전교육, 『성공하는 리더를 위한 유머 기법 7가지』 중에서).

[문] 애꾸눈이 어떻게 국제정세를 파악하느냐는 야당 의원의 비난에 대한 일본 외상의 답변
[답] (Yes) 의원께서 말씀하신 대로 전 애꾸가 맞습니다. (But) 그러나 일목요연이란 말도 못 들어보셨습니까?

[문] 외국인들과 함께 귀국했으니 '사대주의자'라는 공격에 대한 DJ의 답변
[답] "공항에서 그들이 날 따라서 나왔으니 난 사대주의자가 아니다"

[문] 들창코라고 놀리는 동료에 대한 어느 여직원의 답변
[답] "들창코는 남들보다 마음이 넓은 법이야. 남들은 눈이 마음의 창이지만 나는 코까지도 마음의 창이니까."

[문] 사윗감의 체격이 왜소하다고 걱정하는 장인에 대한 예비사위의 답변
[답] "마른 장작이 화력이 좋은 법입니다. 따님은 행복할 겁니다" 이것은 원래 두 사람이 하는 일종의 연극입니다.

상대를 돌아보며 지금의 상황에 대한 겉치레의 말을 한 다음 뒤돌아서서 속에 있는 진심을 독백 형식으로 드러내는 것이다. 다음에는 상대가 같은 방식으로 내게 자기의 겉과 속을 드러내는 것이라 할 수 있다.

세상을 살다 보면 종종 마음에도 없는 말을 할 때가 있다. 내가 그러니 남들 역시 마찬가지일 것이다. 그것은 때로는 예의의 표현이고 때로는 위선의 표현이며 때로는 계략이나 술수에 이용되기도 한다. 어떤 경우건 남의 속마음을 정확히 꿰뚫는 것은 대인관계나 화술, 혹은 유머에서 꼭 필요한 능력이다. 마음 읽기에 능숙한 사람은 남의 말에 휘둘리지 않고 늘 마음의 균형을 유지할 수 있다.

▶ 아론슨(Elliot Aronson)화법

이 화법을 연구한 사람이 아론슨(Aronson)이라 이러한 이름을 명명하였다. '레어드화법'처럼 말이다. 우리는 대화할 때 긍정의 내용과 부정의 내용을 혼합해서 사용하는 경우가 있다. 이러한 경우 먼저 부정적인 말을 한 후 긍정적인 말을 하는 것이 아론슨화법이다.

이는 결론적으로 긍정적으로 마무리하여 긍정적인 느낌을 주는 화법이다. 아래 도표는 아론슨화법의 대표적인 예시문이다.

회사에서
A : 김주임은 업무처리가 신속(+)하긴 한데, 실수가 많아(-).
B : 김주임은 실수(-)가 많긴 한데, 업무처리가 신속해(+).

판매할 때
A : 이 제품은 내구성이(+) 좋긴 한데, 고가입니다(-).
B : 이 제품은 고가이긴 한데,(-) 내구성이 좋습니다(+).

병원에서
A : 이 검사는 정밀검사로 질병의 조기발견율이 높지만(+), 검사비가 비쌉니다(-).
B : 이 검사는 검사비가 비싸지만(-), 정밀검사로 질병의 조기발견율이 높습니다(+).

A : 오늘 회의가 5시에 있지?
B : 나 오늘은 회의에 참석하지 못할 것 같아, 대신 프로젝트 미팅 발표는 내가 맡을게.

(비싼 고가품을 사려는데 가격이 비싸서 머무르는 고객을 보며)
A : 이 제품은 너무 비싼 것 같은데, 퀄리티는 확실히 괜찮아요.

A : 이 아이보리 코트 예쁜데 너무 비싸네요.
B : 고객님, 말씀하신 대로 이 제품은 가격대가 나가는 제품인데요. 고급스러운 소재로 구김이 잘 가지 않고 한정으로 들어온 디자인이라 이 가격으로 다른 데서 사려면 어려우실 거예요.

이러한 감정을 느끼게 되는 이유는, '최신효과와 반전효과' 때문이다. '최신효과'란 가장 나중에 전달받은 정보를 더 잘 기억하는 현상을 말한다. 한마디로, 10분 후 '말'이라는 단어를 가르쳐주고 20분 후 '당근'이라는 단어를 가르쳐줬을 때, "아까 내가 뭐라고 했지?"라고 물어본다면 '당근'이라고 대답할 확률이 높다는 이야기이다.

결과적으로 최신효과로 인해, 전에 받아들인 정보(-)보다 후에 인지한 긍정적 정보(+)만이 그 제품에 대한 특성이라 믿게 되고 더불어, 극(-)과 극(+) 정보의 반전효과를 통해 고객이 긍정적인 정보를 있는 그대로 보다 더 크게 받아들이게 됨으로써 직원의 말에 설득당하게 되는 것이다. 제품 구매를 설득하거나 제품 설명할 때 정말 유용하지만, 상황에 따라 조심해서 사용해야 한다.

긍정적인 요소를 전달해야 할 상황에서, 아론슨화법을 너무 남발하면, 단점은 더 부각되어 설명에 대한 신뢰도를 떨어뜨릴 수 있다. 따라서 단점은 적당하게 언급하면서 신뢰할 수 있을 만한 분위기를 형성하려는 노력이 필요하다. 이것이 주의할 사항이다.

2 "나" 메시지(I-message)와 "너" 메시지(You-message)

▶ "나" 메시지(I-message)

자기표현 기술의 하나인 나 전달법은 상대방의 행동에 대한 자신의 감정을 기술하고 거기에 대한 자신의 반응을 표현하는 방법이다. 이는 상대방에 대한 평가나 해석이 아니라 내가 느끼는 감정과 경험을 표현하는 것이라 할 수 있다(이경리 외, 2021). 나-메시지 혹은 나-전달법 그리고 나-진술문(statement)은 P.E.T의 창시자인 Thomas Gordon이 창안한 용어이다.

다시 말하면 대인관계 커뮤니케이션에서 나 전달법(I-message) 또는 나 진술(I statement)은 말하는 사람의 감정, 신념, 가치 등에 관한 주장이며, 일반적으로 '나(I)'로 시작하는 주어 문장으로 표현된다. 반대로 '너 전달법(You-message)' 또는 '너 진술(you-statement)'은 '너'라는 단어로 시작하여 듣는 사람에게 중점을 두게 된다. 심리학자 Thomas Gordon이 1960년대에 어린이들과 토머스 기차놀이 치료를 하면서 이 용어를 만들었다.

나-전달법은 주어를 '나'로 하여 그 느낌이 있게 된 책임이 상대방에게 있지 않고 자신에게 있다는 것을 전제로 하면서 자신의 느낌을 표현하는 것이다. 예를 들면 "네가 이 문제를 나에게 의논하러 와서 기분이 좋아", "네가 나의 말을 들어주니까 일이 빨리 끝나 기분이 좋구나." 등이 있다. 이 문장을 분석하면 주어는 나라는 것을 명시하고 책임과 느낌은 "내가 기분이 좋구나"라는 것이다. 이는 나에게 어떤 영향을 주었는지를 이야기하는 화법으로서, 표현하는 형식은 상황(상대방의 행동)—결과(나에게 미친 영향)—느낌(나의 느낌)이 된다.

나 전달법(I-message)은 상대방을 비난하지 않고 자신의 진실한 마음과 감정을 드러낼 수 있으며 상대방의 잘못된 행동을 긍정적으로 알리는 효과를 줄 수 있다. 따라서 나쁜 상황을 피하고 원만한 인간관계를 형성하는 데 유용한 화법이다.

나-전달법의 구성요소는
첫째, 수용할 수 없는 행동에 대한 비판이나 비난 없는 서술(문제를 유발하는 자녀의 행동은 무엇인가?)
둘째, 그 행동이 나에게 미치는 구체적인 영향(그 행동은 당신에게 어떤 영향을 끼치고 있는가?)
셋째, 상대방의 행동이나 구체적인 영향에 대한 나의 감정이나 느낌(당신은 그 결과에 대해 어떤 느낌을 가지고 있는가?)
행동, 감정, 구체적인 영향이다.

나-전달법의 요령은
첫째, 당신이 문제점으로 오는 행동이나 상황을 오는 그대로 말한다.
둘째, 그 상황에 관해서 당신이 느끼는 바를 말한다.
셋째, 나의 이유를 진술한다.
마지막으로 내가 원하는 바를 구체적으로 말한다.

또 다른 예를 하나 적어보겠다.

1. 나는 수간호사가 근무표를 완성하지 않는 걸 보니(행동), 좀 당황스럽네(느낌). 그로 인해 내가 해야 할 일들을 어떻게 해야 할지 모르겠으니 말이다(영향).
2. 오토바이를 문 앞에 가져다 놓으면(행동), 나는 문을 열 수 없다(영향). 자꾸 이런 일이 반복되니 황당스럽고 짜증이 난다(느낌).
3. 내가 드라마를 보고 있는데 네가 자꾸 떠들면(행동), 나는 신경질이 난다(감정). 왜냐하면, 나는 재미있는 드라마의 내용을 알아들을 수 없기 때문이다(영향).

'나-전달법'은 상대의 행동을 수용할 수 없다고 느낄 때 특별히 활용할 수 있다. 상대의 행동을 비난하지 않고 당신의 진실한 마음과 감정을 드러내기 때문에, 부모가 자녀의 도움이 필요하다는 것을 깨닫게 되어 방어적이지 않으면서도 자녀가 책임감을 느끼게 해준다. 그리하여 부모가 수용할 수 있는 방향으로 자녀가 행동하게끔 영향을 줄 수도 있다.

자녀의 행동을 수정하기 위해서는 '나-전달법'을 말하는 것이 당신의 감정을 적합하게 표현해 줄 수 있다. 따라서 평가하는 것보다는 차라리 당신의 느낌을 이야기하는 것이 상호 간에 좀 더 만족스러움을 줄 수 있음을 인식해야 한다.

나-메시지는 미국의 심리학자 토마스 고든(Tomas Gordon) 박사가 제시한 대화법으로 부모가 '나'를 주어로 아이에 대해 자신의 감정이나 생각을 솔직하게 표현하는 것이다. 아이의 자존심과 인격을 건드리지 않으면서 아이의 행동 변화를 촉구할 수 있는 것이 '나-메시지'의 핵심이다. '나-메시지'는 상황, 영향, 감정 등의 3가지가 포함돼야 한다. 문제가 되는 '상황'을 아이에게 설명한 뒤, 그것이 나(부모)에게 어떠한 '영향'을 미쳤는지 말하고, 그것에 대한 부모의 '감정'을 솔직히 표현하는 것이다.

예를 들어, 아이가 학교에서 말도 없이 늦게 온 상황을 가정해 보자. "왜 말도 없이 늦었어? 도대체 시간관념이 있어야지. 앞으로 똑바로 해!"라고 말했다면 아이는 듣지도 않을뿐더러 반발심만 거세질 것이다. 이를 행동, 영향, 감정 3요소에 맞춘 '나-메시지'로 바꿔보자. "학교 끝나고 연락도 없이 집에 돌아오지 않아(상황), 엄마는 이리저리 널 찾았단다(영향). 너한테 혹시 무슨 일이 생겼는지 엄마는 많이 걱정했단다(감정)." 아이를 비난하거나 감정을 상하게 하지 않으면서 아이의 행동 때문에 부모의 감정이 어떻다는 것을 말하는 것이다. 또 아이가 자신의 행동 때문에 부모의 기분이 상하진 않았는지 스스로 생각해 볼 기회를 제공하는 효과도 있다. 아동 청소년 상담전문가 신철희 소장은 "아이가 잘못했을 때 인격을 존중하는 태도로 대한다면 거부감 없이 아이의 행동 변화를 유도할 수 있다"라고 조언했다(올리브의 육아 스토리, http://mania.ezday.co.kr/ddolgange).

▶ "너" 메시지(You-message)

"너" 메시지(You-message)는 '나' 메시지(I-message)와 달리 상대방에게 초점에 맞추어 그 행동에 대한 비난, 비평 그리고 평가의 의미를 전달하는 의사소통의 한 방법이다. 즉 비난, 남탓, 자기 입장만 이야기, 원망, 책임 전가, 불신 등을 전가하는 의사소통의 방법이라는 것이다.

우리는 이러한 전달법에 길들여졌을 것이다. 어렸을 때 부모에게서 항상 들은 소리였기 때문이다. 당시는 '너' 메시지(You-message)에 대해 몰랐지만 "너는 왜 항상 그 모양이니?", "그렇게 말했는데 아직도 못 알아듣니?" 부모들이 아이를 야단칠 때 흔히 쓰는 표현들이다. 그러나 아이에게 교육상 효과적이지 못한 야단법이다. 잘못된 원인과 책임을 아이에게 돌려 아이의 자존심에 깊은 상처를 줄 수 있기 때문이다. 아이의 행동이 바뀌기만 강요할 뿐 부모의 말 하나하나가 아이들에게 큰 영향을 미친다는 사실을 간과한 것이다.

이처럼 '너'를 주어로 상대방을 탓하고 책임을 돌리는 방식의 대화법을 '너-메시지(You-Message)'라고 한다. 아이를 혼낼 때 '너-메시지'를 쓰면, 부모가 잘못한 아이의 행동을 비난하고 아이 자체에 문제가 있다고 몰아붙이는 꼴이 된다. 심할 경우 부모가 자신의 인격과 자존심을 부정하고 있다고 느끼게 된다. 제일 가까운 부모로부터 무시당했다는 생각에 다른 곳에 가서도 자신감을 갖는 데 어려움을 느끼거나 후에 자신감을 회복하기가 어렵다. 자연스럽게 반발감마저 생겨서 교육상 어려움을 겪을 수 있다.

'너-메시지(You-Message)'는 공격적일 수 있다고 했다. 따라서 "당신"이 들어간 문장은 대체로 사용을 자제해야 할 것이다. 예를 들면, "당신이 가져야 해", "당신은 항상~", "당신은 결코~", "~해" 식의 표현은 상대에게 명령이나 비난 혹은 불신 등의 말로 들리기도 하여 상대를 방어적으로 만들기 때문이다.

연습문제 1 다음과 같은 내용을 찾아서 적어보자.

'나' 전달법의 종류

1) 긍정적 '나' 전달법이란?

예문)

2) 예방적 '나' 전달법이란?

예문)

3) 직면적 '나' 전달법이란?

예문)

4) 자기 개방적 '나' 전달법이란?

예문)

5) 주도적 '나' 전달법이란?

예문)

연습문제 2 'ㄴ' 전달법을 '나' 전달법으로 바꿔서 적어보세요.

'너' 전달법	'나' 전달법 (행동, 상황 ☛ 영향, 결과 ☛ 감정, 느낌) 예) 네가 ~(행동, 상황) 하니까, ~(영향, 결과) 해서, 나는 (~감정, 느낌) 해
아빠! 술 냄새 때문에 미치겠어요.	
제발 장난 그만 쳐!	
엄마는 맨날 공부하란 소리밖에 안 해. 제발 그만해.	
야! 빌려간 장난감 줘!	
넌 왜 그렇게 이기적이니?	

11

언어적 의사소통 : 분노 관리하기, 요청하기, 거절하기

1 분노 관리하기
2 요청하기
3 거절하기

11장

언어적 의사소통 : 분노 관리하기, 요청하기, 거절하기

01 분노 관리하기

하루하루 뉴스를 시청하거나 신문 등을 보면, 왠지 모르는 화나 분노가 일상적으로 치미는 현실이 매우 안타까운 실정이다. 정치, 경제, 문화 등 모든 생활 전반에 있어 분노가 표출되는 혼탁한 시대를 살아가면서 우리는 매번 행복할 수만은 없는 게 현실이다. 때로는 즐거우면서 때로는 화를 내면서 생활하는 존재라는 것이다. 문제는 살아가면서 화를 내면서 혹은 참아가면서 살아가는 것이다. 이를 분노라고 한다. 인생에 있어서 분노는 정신적, 육체적으로 매우 심각하게 질병을 유인하는 원인이라고 본다.

우선 분노라는 개념은 자기의 욕구나 목표를 달성하고자 하는 행동이 방해받거나 스트레스를 유발하는 사건에 당면해서 경험하게 되는 불쾌한 정서적, 생리적 반응(이경리 외, 2021)이라는 것이다. 살면서 화내지 않고 사는 사람은 없다. 단지 있더라도 그것을 그냥 지나칠 뿐이다.

우리는 분노 혹은 화라는 것을 단순히 부정적으로 인식하고 있다. 그러나 우리가 알고 있는 분노는 긍정적, 부정적인 감정이 아니라 인간이라면 누구나 가지고 있는 자연스러운 감정이다. 이는 단지 분노를 자기 자신이 부정적으로 인식하고 있었고 그렇게 다루어 왔다는 것이다. 따라서 인간은 누구나 짜증, 신경질, 고함, 욕설 등으로 인하여 분노의 감정이 생기는 것은 당연하다고 볼 수 있다. 따라서 누구나 가지고 있는 자연스러운 감정으로서 분노를 다루는 데 있어 어떻게 다루느냐가 문제라는 것이다.

우리는 누구나 분노 혹은 화를 가지고 있으며 이를 긍정, 부정적으로 만들고 조절하는 것은 전적으로 우리가 할 일이라는 것이다. 대체로 분노를 다루어야 하는 근본 목적은 스트레스를 차단하기 위함이고 평소 이를 어떻게 다루었는지를 살펴보아야 할 것이다.

Stress라는 개념은 영어권에서 먼저 사용하기 시작했다. 이 말은 압력, 물리적 압박으로 15세기에서 시작되어 17세기경에는 역경, 곤란이라는 의미로 공학이나 건축 분야에서 일반화되기 시작했다. 이어 20세기에는 의학계에서 질병이나 정신질환의 일종으로 사용하기 시작했다(김윤재 외, 2012).

우리는 누구나 화를 갖고 있지만, 그것에 대하여 정확하게 모른다는 것이다. 따라서 이러한 분노나 화를 적절히 통제하지 않으면 누구나 사회생활을 하는 데 어려움을 겪을 것이다. 분노는 일부 사람들이 일상생활에서 가장 빈번하게 느끼고 경험하는 매우 기본적인 정서 중 하나라는 것이다. 그러나 한국인들은 희로애락(喜怒哀樂)의 기본 정서 중에서 특히 분노는 표현하지 않고, 억압하는 것을 미덕으로 여겨왔다. 그러나 분노를 무조건 억압하게 되면 우울, 불안의 원인이 되고, 개인의 건강한 삶을 방해할 뿐 아니라, 외부적으로는 파괴적 폭력 행동으로 표출되어 사회적으로도 많은 문제를 일으키는 요인이 된다. 절제되지 않은 분노는 한 사람의 인생뿐 아니라 주변 사람들까지도 힘들게 한다는 것이다.

학술적 용어로는 '자신의 욕구 실현이 저지당하거나 어떤 일을 강요당했을 때, 이에 저항하기 위해 생기는 부정적인 정서 상태'를 의미한다. 일반적으로는 자신의 이익을 침해당하거나, 손해를 강요당하거나, 위협을 당하거나 등등 여러 불합리한 상황에서 생길 수 있다. 흔한 감정이지만, 원초적이고 강렬한 감정이다 보니 어떤 인간이라도 분노를 통제하기 힘들다. 화 또는 성이라고도 한다. 짜증, 스트레스, 어그로(aggro, 분쟁, 도발, 불량소년들의 싸움, 다툼, 굉장한, 최고의, 적극적인) 등과도 연관이 있다.

가톨릭에서는 7대 죄악 중 하나로 7대 주선(主善)의 인내와 반대 개념이다. 그런데 인내를 너무 감내(堪耐)하다 보면 곧 터질 분노의 크기가 커지는 게 함정이다. 불교에서도 탐진치(貪瞋痴) 중 하나이며 오계 중 하나로 일컬어진다. 각종 종교에서도 분노를 죄악의 행위로 꼽는다. 물론 이것도 예외가 되는 경우가 많은데 아래를 참조하라. 특정 사람에게 분노가 발생하고 이를 해소하지 않을 시 결국은 증오의 감정으로 연결되는 경우가 많다.

우리가 일상생활에서 누군가에게 분노할 때도, 누군가가 나에게 분노를 표할 수도 있다. 그리고 그 분노 속에는 아이러니(Irony)하게도 걱정, 두려움, 불안, 안타까움 등이 포함되어 있다. 예를 들면, 저녁 8시에 술 마시러 간 딸이 새벽이 되어서도 들어오지도 않고, 그렇다고 부모와 전화 연결이 되지도 않는 상황에서 술 다 마시고 새벽 6시에 들어왔다고 하자. 당신이 부모라면 딸의 이런 행동에 대해서 화가 안 날까? 당연히 화가 날 테고 그 분노 속에는 딸에 대한 걱정과 딸에게 무슨 일이 있는 것이 아닐까? 하는 초조함이 숨어 있는 것이다.

또 다른 예로 범죄자를 들자면 중범죄를 저지르다가 경찰에게 심하게 제압당하고 붙잡히는 과정에서 악을 쓰며 발악하고 분노하는 범죄자는 겉으론 분노하고 있지만, 그 숨겨진 이면에는 자신이 이제 완전히 박살났다는 것에 대한 극도의 두려움, 경찰에게 붙잡힐 수 있겠다는 것에 대한 불안감이 분노로 표출된 것이다. 이렇게 분노에는 숨겨진 본질적 감정이 있다는 아이러니함이 있다(백과사전).

고대 철학자인 아리스토텔레스는 "누구나 화를 낼 수 있으나 사람은 대부분 화나 분노를 다룰 줄 모른다"라고 했다. 동서양을 통틀어 다루기 힘든 과정이———특별한 사람을 제외하고는———'분노감'이나 '화'이다. 또한, 우리가 생각하고 있는 화는 스스로가 파괴성을 가지고 있어서 결국에는 폭력으로 진전되는 것이 문제라는 것이다.

따라서 '화'는 경고성으로 우리에게 알리는 역할을 하고 있다. 이러한 경고성인 '화'가 우리에게 다가온다는 것은 인간에게 더욱 위험한 신호라는 것이다. 즉 생존과 관련이 있어서 특별하게 대처할 필요가 있다. 이는 화는 누구에게나 다가오는 것이므로, 부정적으로만 보지 말고 이에 대처하는 방법을 배워야 한다는 것이다. 분노를 피하는 것만이 능사는 아닐 것이다.

1 분노를 조절하지 못했을 때 입게 되는 피해

1) 분노(憤怒)의 대상이 되는 특정 인물과의 인간관계가 매우 어려워질 수 있다

우리는 화가 나면 그 대상이 미워진다. 그 정도면 다행이다. 그 미움이 증오로 변하고 종국에는 폭력이나 살인까지 갈 수 있다는 것이다. 계급사회 아니 조직사회에서 살아가는 현대인들은 언제든 분노를 표출할 수 있는 계기가 발생할 수 있다. 예를 들면 후배가 선배에게 화를 내거나 분노를 표출하면 결과는 뻔하다. '그놈은 욱하는 성질을 가지고 있으니 퇴출해야겠다'라고 할 것이다. 더 크게 확대하면 군대에서 그 같은 일이 발생하면 하극상으로 영창까지 갈 수 있다는 것이다. 반대의 경우도 마찬가지라 할 수 있다. 만약 선배가 후배에게 화를 잘 낸다면 그들은 그 선배의 말을 존중하지 않고 선배를 따르지도 않는다는 것이다. 이를 방지하기 위해서도 분노가 생기면 취미를 통해 승화시키는 것이 좋다.

2) 복수가 복수를 낳을 수도 있다

상대방에게 분노를 표출하다 보면 오히려 역으로 상대의 복수의 칼날에 희생될 수 있다는 것이다. 또한, 엉뚱한 사람이 희생양이 될 수 있다는 것이다. 우리는 신문, 방송에서 불특정 다수를 향해 분노를 표출하는 것을 종종 들을 수 있다. 이 역시도 누구에게 화를 표출할지 몰라서 엉뚱한 사람에게 화풀이하는 경우이다. 얼마 전까지만 해도 애인이 변심했다는 이유만으로 길 가는 여성에게 복수의 칼을 휘두르는 사건이 발생하였다. 이는 자신만 피해를 보는 것이 아니라, 이로 인하여 가족이 붕괴된다는 것이다. 괜히 '방구석 여포'라는 신조어가 있는 게 아니라는 것이다.

'방구석 여포'라는 말은 2016년 이후로 자주 쓰이는 신조어로서 예전에는 '넷상일진'이라는 표현이 있었지만 2016년 이후로 방구석 여포로 대체되는 분위기이다. 이 용어는 일상적일 때는 매우 소심하지만, 인터넷 또는 특정 집단에서만 위풍당당한 사람을 일컫는 것으로 『삼국지연의』에서 위세가 대단했던 여포를 빗댄 것이다. 여포가 굉장한 무력에 비해 철저한 보신주의자에다 겁쟁이였다는 생각을 하면 의외라는 것이다. 악플러나 어그로를 비꼴 때 자주 사용한 단어이다.

이 용어의 어원은 2016년경 어느 user가 국내 야구 갤러리에 '야갤러들 특징'이라는 제목으로 '집 밖의 유선과 집안의 여포'라는 글이 흥하면서 유행된 것으로 추측된다. 동의어로 '방구석 찐따', '방구석 찌질이' 등이 있으며 '방구석 히틀러', '방구석 대장군'이라는 표현도 자주 사용되는 편이다. 유행이 시작되던 시기에는 '밖근혜', '집두환' 드립도 잠깐 흥했는데 이후로는 '방구석 여포'만 쓰이고 있다.

옛날부터 전해져 오는 속담 중에서도 이와 유사한 단어는 많다. '다리 부러진 장수 성안에서 호령(號令)한다', '이불 안에서 활개 친다', '호랑이 없는 골에 토끼가 왕이다'와 같은 관용어가 있다.

우리나라의 지방 방언 중에 '숫기가 없어서 많은 사람 앞에서는 못하고 집안에서만 큰 소리치는 짓을 이르는 말'이라는 뜻을 지닌 단어로 '방안퉁수'라는 게 있다. 네이버 사전의 경우 전라남도 담양에서 주로 쓰인다고 서술되어 있다. 다만 '방안퉁수'의 경우 표준국어대사전에 기재되어 있지는 않다. 경상도에서는 '구들목장군'이라는 표현이 있다.

3) 분노를 감추지 못하면 사회적 압박을 강하게 받을 수 있다

자신이 분노의 대상이 아니라도 곁에 있는 걸 꺼린다. 자신이 언제 그 분노의 대상이 될지 알지 못하고, 감정을 조절하지 못하는 사람으로 인식하기 때문이다. 그리고 타인들이 그를 '이상한 사람, 반사회적인 사람, 가까이에 두지 말아야 할 사람, 피할 사람, 우습고 하찮은 사람'으로 취급하게 된다. 아무 말을 하지 않더라도 태도, gesture, 표정, 경직된 자세를 통해 분노가 드러나더라도 대인관계에 피해를 가져오게 될 것이다.

2 분노로 인한 질병

분노와 스트레스는 매우 관련이 있다. 즉 각종 질병의 원인 중 대부분이 스트레스에서 온다고 한다. 생활 속에서 일어나는 많은 사건이 우리에게 스트레스를 느끼게 하는데 사람들은 심하게 스트레스를 느끼지 않을 경우, 사회생활에 쉽게 적응하지만, 끊임없이 갈등과 좌절을 경험하면 스트레스가 심각한 문제로 발전될 수 있기 때문이다.

스트레스의 원인으로는 좌절감, 과잉부담, 갈등 등이 있다. 좌절감이란 원하는 목표가 지연되거나 이루지 못하는 경우로 이러한 경험에서 오는 부정적인 정서 상태에서 스트레스가 오게 된다는 것이다. 다시 말하면 욕구좌절에서 온다는 것이다. 과잉부담이란 개인은 모두 다 같지는 않다. 즉 개인차가 존재하기 때문에 각자의 능력에는 한계가 있다. 따라서 여기에 미치지 못하는 욕구나 자극이 심하면 스트레스가 발생한다는 것이다. 이러한 과잉부담에는 여러 가지가 있으나 개인이 주로 느끼는 것이 시간상의 압력, 지나친 책임감, 주변인들의 지나친 기대 등이 있다. 현대인들은 산업의 발달로 인하여 인간소외를 느끼는 동시에 과잉부담으로 인한 스트레스로 인하여 몸살을 앓고 있다.

또 하나의 요인은 갈등이다. 갈등이라는 용어는 한자로 葛藤이라고 적는다. 이러한 갈등을 분석하여 보면 한자는 '칡나무 갈(葛)'이라는 단어와 '등나무 등(藤)'자로 칡과 등나무가 서로 얽힌 상태를 말한다. 즉 두 가지 요소가 서로 얽혀서 스트레스를 유발할 수 있다는 것을 말한다. 여기에 대해서는 마지막 장에서 다시 논의하기로 하자.

이러한 스트레스가 분노로 인하여 스트레스 호르몬이 분비되어 혈압상승과 심장박동수가 증가하여 신체의 변화를 가져와 질병으로 발전한다는 것이다. 따라서 물건을 부수거나, 폭력을 행사하거나, 소리를 지르거나, 물건을 닥치는 대로 던지는 등의 공격적 행동으로 나타나서 사회적으로 문제를 일으키게 된다.

이러한 경우를 우리는 '화병'이라고 한다. 한국인에게만 존재한다는 '화병'이란 도대체 무엇일까? 통계에 따르면 화병은 국내 인구의 약 5%가 '화병' 증상을 보인다고 한다. 남자보다는 여자가, 특히 30~40대 기혼자에게서 많이 보인다고 한다. 한의학에서는 '화병'을 "억울한 마음을 삭이지 못하여 머리와 옆구리가 아프고 가슴이 답답한 증상과 더불어 잠을 잘 자지 못하는 병"이라 정의하였고, 이는 '울화병'이라고도 불린다. 자하연한의원 황은영 원장은 "가슴속의 응어리가 각종 스트레스에 의한 반응으로 분노를 직접 발산하지 않고 무의식적으로 억압한 결과 이것이 신체 증상으로 나타나게 되는 것"이라 말하고 있다(온라인뉴스팀). 이를 통해 '분노조절장애'라는 질병으로 나타난다는 것이다. 즉 사회생활에서 지나친 경쟁과 압박, 스트레스로 인하여 분노가 쌓여 '화병'이 진행되는데 이것이 질병으로서 '분노조절장애'라는 것이다. 이러한 증상을 정리하여 놓았다.

> 화병이란 정확히 말하면 우리나라 문화와 관련한 정신 의학적 증후군이다.
> 서양 의학의 진단 분류체계상으로 우울증과 신체화 장애(身體化障礙), 범불안 장애(凡不安障礙), 공황 장애(恐慌障礙), 공포증 및 기분 부전증(氣分不全症) 등의 혼합을 뜻한다.
>
> **화병의 몇 가지 특징적 증상**
> ① 특징적 감정반응 : 속상함, 억울함, 분함, 화남, 증오 등
> ② 신경증 증상 : 우울, 불안, 불면, 소화장애, 두통, 신체적 통증 등
> ③ 기타 특징적 증상 : 답답함, 열기, 입마름, 치밀어 오름, 가슴 뜀, 목·가슴의 덩어리 뭉침, 뛰쳐나가고 싶음, 잦은 하소연 및 한숨 등

'화병'의 전개 상황은 3가지로 구분된다.

첫째는 충격기로서 화가 날 만한 충격을 받은 시점을 말하며 분노라고 표현하는 것이 맞을 것이다. 상대에 대한 배신감, 증오심 등이 분노에 앞서 격하게 일어나 심지어 살의까지도 품게 되는 극한의 감정 상태가 된다.

이러한 분노를 처리하는 데는 두 가지 유형이 있다. 감정을 그대로 표현하여 파괴적이며, 문제의 근본적인 해결을 위하여 적극적으로 행동하는 경우와 감정 표현이 직선적이지 못하고 모든 것을 덮어두려 하고 근본적인 해결에도 소극적인 경우다.

둘째는 '갈등기'로써 급성 충격기를 지나 격한 감정이 어느 정도 진정되고 이성을 회복하기 시작하면 비로소 고민에 빠진다. 그러나 이런 생각은 오래가지 않는다. 체면을 중시하고, 사회윤리의식이 강하기 때문에 감히 괴로워도 참고 견딜 수밖에 없다는 결론에 이르거나, 화가 해소되거나, 화난 일이 해결된 것도 아니라서 심각한 갈등에 빠지고 불안증이 나타나며 심리적 방어기제도

아주 단순해서 격한 분노를 억제하는 것만으로 버텨 나간다.

셋째는 '체념상태'로서 환자들은 근본적인 문제해결보다는 차츰 자신의 불행을 그런대로 받아들이는 자세가 되어가며 즉, 운명이라든가, 팔자라든가 하는 등으로 자기의 불행을 초자연에 투사함으로써 화를 중화시키는 체념상태가 된다. 그렇다고 상대를 용서하는 그러한 관용은 거의 볼 수 없고, 다만 체념을 통해 상대와 감정적 관계를 맺지 않는 상태로 진행될 수 있다(온라인뉴스팀).

앞에서 우리는 분노는 "자연스럽고 누구나 가질 수 있는 감정"이라고 하였다. 어쩌면 복잡하고 다양한 현대사회가 우리의 분노에 더욱 불을 질러 병을 양산해서 매우 애석하다. 왜냐하면, 우리 사회는 분노를 표출하는 것은 부정적 이미지로 보기 때문이다. 예를 들면 분노를 표출하면 "별것도 아닌데 화를 내니", 혹은 "억울해도 참아라, 지는 게 이기는 거다", "쟤는 성격상 문제야" 등으로 분노는 부정적 정서로 낙인되어 참도록 유도한다는 것이다. 따라서 분노에 대한 이러한 감정은 결국, 어떻게 처리할지를 몰라 참고 있다가 더 큰 사회적 문제나 개인적 문제로 폭발한다는 것이다. 따라서 우리는 분노를 긍정적으로 승화시키는 훈련이 필요하다는 것이다.

우리는 분노는 참으면 된다는 인식이 많다. 참으면 화병으로 변하여 결국에는 합병증으로 이어진다. 상처를 그냥 두면 분명히 곪아서 터지게 되어 있듯이 마음의 병인 화병은 그냥 내버려두면 심각한 질병을 가져온다. 가슴 통증, 협심증, 심근경색, 심혈관 질환으로 번져 생명을 앗아갈 수도 있는 무서운 병이 될 수 있다. 옛날 어른들의 "화병으로 죽겠다"라는 말이 사실로 나타날 수 있다는 것이다.

그러면 화병을 참아야 하는가? 그렇지는 않다. 분노를 조절하는 예방법이 필요하다. 쉽게 말하면 인간의 본능적인 공격성을 분노로 표출함으로써 신체적, 정신적으로 안정시켜 적절한 분노로 표출될 수 있도록 훈련되어야 한다는 것이다.

세상에는 다시는 돌아올 수 없는 것이 세 가지 있다.

첫째는 우리 입에서 나간 실언이며(세 치 혀의 잘못) 둘째는 휘둘러버린 폭력이며(잘못된 행동) 셋째는 화해와 용서를 뒤로 미루어 생긴 큰 골이다(너그러움의 부족).

자신이 납득(納得)하지 못하는 상태에서 분노를 억지로 참으면 '화병'이 난다. 따라서 취미, 주변인과의 인간관계 등으로 승화시키는 게 좋다. 따라서 이러한 분노를 통한 '분노조절장애'가 의

심될 때는 정신과 전문의에게 치료받는 것이 좋을 것이다. 요즈음은 약물치료도 가능하기 때문이다.

3 분노의 감지 및 예방법

첫째, '화병'이나 '분노'는 반드시 징후가 있다. 처음에는 신체에 경고 사인을 보낸다는 것이다. 즉 신체 변화가 반드시 이를 감지하고 있으니 자신의 감정상태를 유심히 check할 필요가 있다. 신체적 변화는 혈압, 심장박동수, 얼굴의 창백 여부, 맥박 증가, 진땀의 발생, 가슴 떨림, 얼굴이 붉어지는 현상이 나타나거나 심지어 호흡 곤란까지 발생하여 생명을 위협한다는 것이다.

따라서 신체 변화가 감지되면 흥분한 마음을 가라앉히는 데 신경을 써야만 한다. 이를 위해서는 호흡명상과 이완훈련이 필요하다. 이를 위한 방법은 아래와 같다.

호흡명상
첫째, 눈을 감고 의자에 앉아서 숨을 들이쉬고, 내쉬기를 천천히 한다.
둘째, 이것을 반복해서 10~12회 한다.
셋째, 이때 숨쉬기에만 집중한다.

이완훈련
첫째, 의자에 앉아 머리부터 발끝까지 각 부위를 긴장시켰다, 이완시켰다 한다.
둘째, 눈을 감고 들숨을 쉴 때 호흡을 멈추고 이마를 찡그린다.
셋째, 숨을 내쉬면서 이마를 느슨하게 편다.
넷째, 차례로 발끝까지 여러 차례 반복한다.

이 방법을 통하여 산소량을 증가시키고 심박수와 혈압을 낮추고 두려움과 고통에서 벗어나게 하는 것이다. 간접적인 훈련방법은 실제로 훈련을 통해 분노를 방출하는 방법인데 예를 들면 화가 날 때는 어떤 물건(깨지지 않는 물건이면 좋다)을 방바닥에 힘껏 던지거나 혹은 베개를 주먹으로 치거나 목욕탕에 들어가 샤워기를 틀어놓고 소리를 지르는 것도 흥분을 가라앉히는 데 많은 도움을 줄 것이다.

둘째는 과거 일에 집착하지 말자는 것이다. 다시 말하면 화가 나는 이 순간만 생각하자는 것이다. 흔히 우리는 어떤 일에 화가 잔뜩 나면 그전 일까지 들추는 습관이 있다. 예를 들면 A라는 친구가 미울 때 그 순간의 잘못만을 추궁하는 것뿐만 아니라, 예전 일까지도 들춰내어 분노를 표한다는 것이다. 이러한 경우는 과거 일 때문에 지금의 일이 묻히는 결과를 가져와서 지금의 주제에서 벗어나 오히려 역효과를 가져올 수 있다.

오히려 과거 일까지 더하여 별것이 아닌데도 더 큰 분노를 일으키게 되어 상대방으로부터 더 큰 반감을 살 수 있다는 것이다. 따라서 "너 예전에도 그랬잖아", "전에도 똑같이 잘못했잖아" 등의 표현은 삼가는 것이 좋다.

셋째는 힘겨루기에 말려서는 안 된다는 것이다. 어느 정도 감정을 정리한 다음 어떤 행동을 할 것인지를 결정하라는 것이다. 따라서 너무 흥분되면 그 상황을 벗어난 뒤 후에 다시 만나 그 문제에 대하여 다시 거론하는 것이 좋다.

예를 들면 친구와 말다툼을 하였다고 가정하자. 당시 분노가 너무 끓어오르면 15분 정도 감정을 추스르고, 한 시간 후나 그다음 날 만나서 서로 이야기하면 좋다는 것이다.

넷째는 화를 참지 말고 표출하거나 조절해야 한다.

앞에서 인간이 공격성을 가지고 있는 것은 어쩌면 당연하다고 하였다. 이는 분노는 참는 것이 아니라 적당하게 표출해야 한다는 것을 말한다. 어쩌면 화를 참는 것은 가식적인 행동일 수 있다. "화병이 나서 죽겠다"라는 옛말이 있다. 죽으면 무슨 소용이 있겠는가? 참을 수 없는 상황이 다가오면 화를 표출하라.

친구 관계도 마찬가지이다. 상대방과 친해지려면 속에 있는 말을 참지 말고 적당하게 표출하는 편이 좋다. 우리가 분노를 표출할 때는 어느 정도 한계에 다다를 때이다. 무작정 표출하면 그는 정신병자일지도 모른다. 따라서 시기와 강도를 잘 조절하면 오히려 문제가 잘 해결될뿐더러 상대방의 진심을 알아차리는 데 오히려 도움이 될 것이다. 이경리(2021)는 화를 다스리는 방법에는 "화를 기록하는 것"이 있다고 하였다. 이는 화를 못 참을 정도가 되면 그 문제에 대하여 종이에 기록하고 무엇이 어떻게 되었으면 좋았을지, 자신이 어떻게 하면 좋았을지, 왜 화가 났는지를 적으며 자신의 화를 이해하려 노력해야 한다고 한다. 그렇게 하면 분노를 유발한 일에 대하여 조금 더 냉정하고 객관적으로 바라볼 수 있게 된다. 또한, 화풀이 방법들을 실제로 옮겼을 때 어떠한 결과를 가져올지를 평가하고 화풀이 방법을 선택하는 것이 더 좋은 방법이라 하였다. 이러한 방법이 여의치 않을 시에는 화를 다른 곳으로 유도하는 것도 좋다.

다섯째, 다음과 같이 네 가지 질문의 답이 'YES'라고 하면 그때 자기주장을 해야 한다.

질문 1) 이 일이 나에게 중요한 일인지를 살펴야 한다. 만약 'NO'라고 생각되면 이 일을 덮어

두는 것이 좋다. 'YES'라면 두 번째 질문으로 옮겨라.

질문 2) 이 일에 대해 내가 느끼는 분노가 적절한가? 만약 다른 사람들이 나와 똑같은 상황에 있을 때 똑같이 화를 느낄 것인가?를 묻고자 하는 질문이다. 이 질문은 화를 내는 것이 정당한가를 묻기 위한 것이다. 이 역시도 만약 'NO'라고 생각되면 이 일을 덮어두는 것이 좋다. 'YES'라면 세 번째 질문으로 옮겨라.

질문 3) 지금 상황보다 더 잘 개선할 수 있는가?의 여부이다. 즉 지금 상황에서 변화를 가져오느냐?의 여부라는 것이다. 아무런 영향을 미치지 못한다면 그냥 넘어가는 것이 좋고 'YES'라면 마지막 질문으로 넘어가라는 것이다.

질문 4) 가치의 여부를 묻고자 하는 질문이다. 이 일이 행동을 취할 가치의 여부이다. 여기에서 'YES'라는 생각이 들면 '화'를 내라는 것이다. 이러할 경우 자기주장을 펼쳐 상대의 행동에 변화를 주도록 노력해야 한다는 것이다.

여섯째, 흔히 우리가 분노한다는 것은 어떠한 욕구가 좌절되었을 때 일어나는 것이라 하였을 때 그 욕구가 무엇인지 찾아서 그것을 채워야 한다는 것이다. 다시 말하면 숨은 욕구를 찾아 해결해야 한다는 것이다. 그러면 분노가 사라질 뿐만 아니라 오히려 자기실현이 이루어질 수 있다는 것이다.

화의 원인을 추적해 보면 결국 자신이 원하는 것이 이루어지지 않을 때 일어나는데 중요한 건 가치의 문제이다. 가치의 중요도에 따라 화의 정도가 달라지기 때문이다. 물론 작은 것에도 화는 내지만 정도가 다르다는 것을 의미한다. 사람들은 중요하지 않은 문제는 오히려 그냥 지나치게 마련이다. 따라서 원하는 바를 알지 못하면 혹은 채워지지 않으면 그 욕구는 사라지지 않아서 결국 분노로 표출될 수밖에 없다는 것이다.

일곱째, 분노하고 있다는 것을 과감하게 밝혀야 한다. 우리는 화는 참아야 한다고 은연중에 교육받고 있는지도 모른다. "뭐 그런 걸 가지고 그래", "별것도 아닌 것 같은데 참아라", "말을 많이 하면 안 돼"라는 말 속에는 '참아야 한다'라는 속뜻이 포함되어 있다. 한 예로 과거 근대 이전의 시기 아니 1970년대까지만 해도 여성들은 "암탉이 울면 집안이 망한다"라는 미명(美名) 아래 울분을 모두 삼키는 시기가 있었다. 얼마나 많은 여성이 한(恨) 많은 세월을 견디며 살았을까?

오늘날에는 다르다. 남성이든 여성이든 누구든지 화가 나면 솔직하게 알려야 한다. 솔직하게 알리되 이유에 대해 정확하게 말하고 표현도 정확해야 상대방이 알아듣고 고치려고 노력할 것이다. 따라서 화났다는 것을 알리는 데는 '나'-전달법을 사용하는 것이 상대방에게 상황과 느낌 그리고 상처받았다는 것을 정확하게 전달할 수 있다는 것이다.

한 예를 가지고 설명해 보자. "내가 드라마를 보고 있는데 네가 떠들면(행동) 드라마 내용이 무슨 뜻인지 알아들을 수 없어서(구체적 영향) 나는 정말 짜증 나(감정)"라는 '화냄'을 표현한다고 하자. 이렇게 표현하면 자신이 화난 상황을 오해 없이 정확하게 알아들을 수 있다는 것이다. 즉 이러한 전달법은 관찰을 통해 느낌을 인식하고 자신의 욕구와 요구 등을 찾아낸 후 상대에게 바라는 구체적인 행동을 요구하는 대화법이라는 것이다.

나 전달법은 분노감정을 전달할 때 상대방이 오해하지 않고 정확하게 이해할 수 있게 한다는 것인데 이때 극단적인 표현과 감정은 자제해야 한다. 예를 들면 "나 같으면 그렇게 안 해", "아직도 너는 그런 식이냐!" 등과 같은 표현은 피해야 할 것이다. 이러한 표현은 오히려 상대방을 자극하여 인간관계를 더욱 파멸의 길로 몰아갈 수 있기 때문이다. "말 한마디에 천 냥 빚을 갚는다"라는 말이 있다. 말 한마디로 남의 가슴에 칼을 들이대는 극단적인 표현을 삼가라는 이야기이다.

마지막으로 상대를 배려하고 용서하자는 것이다. 예수가 구원자로서 이 땅에 내려왔을 때 용서와 사랑이라는 아름다운 말을 남겼다. 용서라는 말뜻에는 사랑이 포함되어 있다. 자신을 분노하게 한 상대방을 진정으로 용서한다는 것이다. 과거 나치가 유대인을 학살하였을 때 유대인들은 "그들을 용서한다. 그러나 기억은 잊지 않는다"라는 유명한 말을 했다. 자신에게 부당하게 피해를 준 장본인들이 인정하였을 때 용서하라는 것이다. 이것이 분노를 해결하는 최선의 방법이다. 분노를 승화시키는 길이다.

02 요청하기

1 요청하기란?

아리스토텔레스는 "인간은 정치적 동물"이라고 하였다. 이는 혼자서 살 수 없고 서로를 의지하고 생활하면서 소통의 과정을 통해 살아가는 존재라는 것이다. 그러나 인간은 다른 사람에게는 인색하게 하려고 하는 보이지 않는 이기심이 존재하고 있다. 역으로 말하면 이기심이 있다는 것은 자신에게도 남에게도 인색할 수 있다는 것을 의미한다.

그러나 인간은 서로 간에 협력하며 살아간다면 어떠한 문제도 쉽게 해결할 수 있다. 서로 간의 협력이라고 한다면 결국 어떤 문제를 해결하기 위해 타인에게 요구할 때 이에 대처하는 기술이 필요하다는 것이다. 이것이 의사소통에 있어서 요청하기의 기술이라는 것이다. 서로 간에 협력은 사회생활을 긍정적으로 할 수 있게 만들 뿐만 아니라 다른 사람의 도움을 통하여 모든 일에 있어서 좋은 결과를 도출할 수도 있다. 이는 타인으로부터 적절한 도움을 받음으로써 문제를 해결하거나 문제 상황을 악화시키는 어리석음을 줄일 수 있다는 것이다.

타인으로부터의 도움은 이러한 효과가 있음에도 불구하고 부탁하는 데 어려움을 겪는다. 이유는 부탁하는 기술과 체면, 용기가 부족하기 때문이라는 것이다. 남에게 부탁한다는 것이 자신의 열등감을 드러내기 때문이라 생각해서 더욱 어려워하고 있을지도 모른다. 또 하나는 상대방을 배려하기 때문으로, 자신이 부탁함으로써 상대방을 힘들게 한다고 생각하는 것이다. 이러한 경우는 드물 것이다. 이보다는 솔직히 두려움이 앞선다는 것이다. 이것이 솔직한 마음일지도 모른다. 이러한 두려움은 부탁했는데 단칼에 거절당하면 어쩌나 하는 얄팍한 자존심과 상대에게 부탁하면 자신이 무능하다는 소리를 듣는다는 두려움이 앞서기 때문이다.

예를 들면 현대사회는 물질주의가 판을 치는 세상이다. 물질주의는 재화 등을 최고의 가치로 인식하여 그것에 집중하는 것을 뜻한다. 이러한 사회에서 살다 보면 개인의 역할이 거의 분업화되어 서로 간의 이익을 위해 살아갈 수밖에 없다고 할 수 있다. 이러한 이익을 추구하기 위해서는 서로 간에 도움을 요청할 수밖에 없는 것이 현실이다. 왜냐하면, 이익을 추구하는 데 혼자 해결하는 것보다는 그 이익을 추구하는 사람들이 모여서 자신들의 기술과 능력을 활용하면 더욱 쉬워지기 때문이다. 이러한 유리함 때문에 의사소통 시에 필요한 기술 중 하나인 대안기술이 필요하다는 것이다. 여기에서 필요한 기술이 '요청하기'라는 것이다. 즉 부탁하는 기술이 필요하다는 것이다.

'요청하기'에 있어서는 자신감을 가지고 정확하게 표현할 필요가 있다. 다시 말하면 거절당해도 괜찮다는 편안한 마음으로 예의를 갖춰 부탁하면 될 것이다. 왜냐하면, 부탁했을 때 모두 성공한다는 보장은 없기 때문이다. 부탁받는 사람이 반드시 부탁을 들어주어야 한다는 법은 없기 때문이다.

예를 하나 들어보자. A와 B는 어렸을 때부터 친하게 지낸 죽마고우(竹馬故友)였다. A가 B에게 일금 1천만 원을 빌려달라고 부탁했는데 B가 거절했다. 여러분이 A라면 어떠한 기분이 들까? B에게 거절당했다고 '기분이 좋지 않다'라기보다는 '당연하다'라는 마음이 먼저 필요하다는 것이다. 이래야 성숙하고 건전한 인간관계가 성립될 수 있다는 것이다.

'요청하기'를 할 때 잊지 말아야 할 점은 상대방에게 반드시 예의를 차려야 한다는 것이다. 즉 상대방의 능력을 인정하면서 도움받은 후에는 항상 감사 표시를 해야 할 것이다. 감사 표시는 '금전적인 것'——선물, 재화——등을 말하는 것이 아니라, 진심이 담긴 감사라는 것이다. 우리는 도움받는 데도 인색하지만, 감사 표시에도 인색한 편이다. 이는 어렸을 때부터 이와 같은 교육을 받는 데 인색했다는 것을 뜻한다. 따라서 남의 도움을 당연하게 여기는 우리의 마음 자세도 고쳐야 할 것이다.

2 요청할 때의 유의점

첫째, 먼저 상대방의 상황을 마음속으로 계산해라. 즉 상대방이 나의 요청을 들어줄 수 있는 상황인지를 먼저 알아야 할 것이다. 인생은 항상 Timing이 있다는 사실을 알아야 한다. 즉 속도, 강도 등을 고려해야 한다는 것이다. 어떠한 문제를 해결하기 위해 도움을 요청할 때에는 상대방이 요구를 들어줄 수 있는 마음 상태, 적절성, 시간 등인지를 고려하여 부담을 느끼지 않을 상황인지를 먼저 check해야 할 것이다.

따라서 상대방의 형편과 상황을 먼저 물어보거나 공감을 표현하면서 정성을 들여 부탁하는 것이 효율적이다. 예를 들면, "요즈음, 병원 생활과 학업 때문에 바쁘지?"라는 표현을 하면서 부탁하는 것이 효율적이라 할 수 있다.

둘째, 부탁은 간단하고 명확하게 해야 한다. 즉 시간, 장소 등 원하는 것을 분명하게 해야 한다. 이것을 구체적으로 하지 않는다면 후에 분쟁의 소지가 있다는 것이다. 서로 도움을 주고받을 때 의리상 이것을 간과하는데 이는 매우 위험하다. 이러한 위험은 후에 인간관계에 금이 갈 수 있는 원인을 제공할 수 있기 때문이다.

수업시간에 학습 목표의 내용과 행동을 구체적으로 명시하듯이 부탁하고자 하는 내용과 행동을 분명하게 전달하고 상대방이 이해했는지를 반드시 확인할 필요가 있다. 이렇게 하는 이유는 결과를 산출하는 근거를 주기 때문이다.

셋째, 상대방의 도움이 왜 필요한지를 구체적으로 설명해야 할 것이다. 우리는 어떠한 문제들을 해결하기 위하여 자신의 상황을 설명하고 상대방이 왜 도움을 주어야 하는지를 분명하게

appeal해야 한다. 이렇게 하면 상대방의 허락을 받는 데 도움이 된다는 것이다. 이를 위해서는 상대방의 능력을 높이 평가할 것이며 그에 대한 반사이익을 함께 제공해 주는 것도 괜찮은 방법이다. 그런데 이는 상대방의 능력이 미칠 수 있는 부탁이어야만 성사되기 쉽다. 능력 밖의 일이라면 부탁해서는 안 된다. 잘못하면 상대에게 부담만 줄 수 있으며 결국 좋지 않은 결과만 나타날 뿐이기 때문이다.

또한, 부탁할 때 바빠서 아무리 쫓기더라도 조급함을 주어서는 안 된다는 것이다. 어떤 일을 할 시에는 'Timing'이 중요하다고 하듯이 상대방의 입장을 고려해야 할 것이다. 당장 'YES'의 답을 듣기 전에 시간적 여유를 두고 설명해야 할 것이다. 상대방이 여유를 갖고 생각할 시간을 주어야 한다는 것이다. "지금 당장 답하기가 곤란하다면 내일까지 생각해서 답을 주시면 고맙겠습니다"라는 'ment'를 날리는 것이 더욱 효율적이라 할 수 있다.

넷째, 상대방에게 도움을 청할 시에는 '나' 전달법을 사용하고 감사 인사하는 것을 잊지 말자. 상대방에게 도움을 요청할 때 일방적으로 전달하는 것은 피해야 한다. 즉 "내일까지 ~해라!"라는 식의 전달은 반드시 피해야 할 것이다. 이는 상대방의 감정을 무시하는 결과로 도움을 받을 수 없게 만드는 요인이 될 것이다. 윗사람이 아랫사람을 부리는 듯한 용어는 피해야 할 것이다.

상대방이 'YES'라고 했다면 "도움을 주셔서 감사합니다"라는 말을 잊어서는 안 된다. 설혹 상대방이 사정이 있어서 도움에 응하지 못했다면 "들어주셔서 감사합니다"라는 말도 잊지 말아야 한다. 왜냐하면, 다음에 부탁할 때 성공률을 높이는 결과를 낳기 때문이다.

만약 상대가 도움을 주어 어떤 문제가 해결되었을 때도 추후 다시 한번 감사의 말을 하는 것이 좋다. 도움을 받아서 무사히 문제를 해결했다면 "덕분에 무사히 해결되어서 고맙습니다"라는 결과 보고를 해야 한다는 것이다. 이를 통해서 도움을 준 사람은 자신이 한 일이 남에게 도움을 주었다는 일종의 대리만족을 느끼게 되어 후에 인간관계가 더욱 발전하는 계기가 되기 때문이다.

마지막으로 자신의 편에서 다시 생각해 보자는 것이다. 즉 '나라면 이러한 부탁을 손쉽게 들어줄 수 있을까?'라는 생각을 해보자는 것이다. 이는 상대방도 거절할 수 있으니 준비하고 다음 대안을 찾을 수 있어야 한다. 즉 어떤 일에 있어서 계획과 준비성이 있어야 할 것이다. 자신도 상대에게 요청할 권리가 있듯이 상대방도 거절할 권리가 있다는 것을 인식하고 서운함을 가져서는 안 된다.

03 거절하기

'거절하기'라는 말은 상대방으로부터 요청이 들어왔을 경우 부탁을 들어주지 않고 물리치는 것을 말한다. 따라서 '거부'라는 말과는 다르다. '거부'라는 것은 완강하게 손사래 치는 것을 말하며 강도 높은 거절을 뜻한다. 사회생활을 하다 보면 거절할 경우가 생기게 마련이다. 누구라도 상대방의 요청을 모두 들어줄 수는 없다는 것이다. 그러나 거절할 때와 도움을 줄 때 여러분은 갈등을 느끼게 될 것이다. 여기에는 여러 가지 이유가 있는데 그중에서 사회생활에서의 거절은 역효과가 날 것이라는 인식 때문일 것이다.

곤란한 부탁이나 능력 부족으로 상대방의 요청을 들어주지 못한 경우가 많이 있었을 것이다. 따라서 여러분은 가슴앓이를 피하고 거절하는 방법이나 기술을 훈련받을 필요가 있다. 친구로부터 요청을 받았을 때 이를 거절하지 못하여 심한 부담감을 느낀 적이 있을 것이다. 친한 사이일수록 거절하는 것을 어려워한다. 이 사람이 얼마나 급하면 나한테 부탁을 할까, 그리고 만약 내가 거절하면 서운하면 어쩌냐는 생각을 하게 되어 자신에게 부담스러운 부탁에도 응하게 된다. 이러하였을 때 후에 나쁜 결과를 낳기 때문에 신중할 필요가 있다.

사람들이 거절하지 못하는 이유는 대부분 이러한 고민 때문이다. 인간관계 혹은 다른 사람과의 갈등을 피하고자 한두 번 부탁에 응하게 되면 거절해야 하는 상황이 될 때 거절하지 못하게 된다. 따라서 부담스러운 부탁은 거절하는 연습이 필요하다.

부담스러운 부탁은 어느 순간 선을 넘으면 스트레스가 되면서 상대방은 항상 'YES' 하는 당신을 보고 그 문제를 쉽게 해결할 수 있는 능력이 있다고 오해할 수도 있다. 부담스러운 부탁은 웃으면서 거절해 보자. 가능하다면 할 수 '있다', '없다'가 아니라 잠시 생각해 보겠다고 말한다면, 상대방은 그 시간 사이에 부탁을 들어줄 다른 누군가를 찾을 수도 있고 혹시나 자신이 문제를 해결할 수도 있을 것이다(의정부 심리상담센터, 2022).

1 거절하는 요령과 순서

우리는 왜 거절을 어려워하는가? 일반적으로 사람들이 거절을 어려워하는 이유는 타인의 시선 때문이다. 즉, '타인이 나를 나쁘게 보면 어떡하지'라는 생각 때문에 거절을 잘 못한다는 것이다. 이를 사회생활 영속성의 일환(一環)으로 보고 있다. 이 말은 '반은 맞고 반은 틀린 말'일 수도 있다. 그보다 진짜 이유는 '나의 내면의 목소리를 듣지 못해서'라는 것이다. 내가 뭘 원하는지 잘 모르니까 계속 다른 사람들의 시선과 목소리에 신경을 쓸 수밖에 없고 그렇게 신경을 쓰다 보면 그 목소리에 계속 휩쓸리게 되는 악순환이 발생하는 것이다.

그러다 보면 결국에는 내가 원하는 삶이 아니라 타인들이 원하는 삶을 살 수밖에 없다. 결국에는 실존적 삶을 사는 것이 아니라 타인을 위한 삶을 살게 된다는 것이다. 우리는 자신의 의지대로 살아가는 존재라고 착각하고 있다. 세상에 태어나 자신의 의지대로 살아가고 있는지 생각해 보자. 그렇지 않을 것이다. 본래적인 삶을 살아야 한다.

사회생활을 하면서 남의 부탁을 받으면 여러 가지 이유로 인해 거절할 경우를 경험하게 된다. 따라서 인간관계에 해가 되지 않을 정도로 상대방의 부탁을 정중히 거절하는 방법을 배울 필요가 있다.

첫째, 부탁을 들어주기 어려우면 말하는 도중에 거절해도 된다. 즉 아무리 어려운 이야기라도 상대방의 이야기를 끝까지 들어준 후에 'NO'라는 말을 사용해서는 안 된다. 왜냐하면, 상대방을 무안하게 만들어 나중에 인간관계가 손상될 수 있기 때문이다. 자존심이 상하지 않는 선까지 들어준 뒤에 정중히 거절하는 것도 좋다.

둘째, 부탁을 들어주지 못할 경우는 사과부터 정중히 하라는 것이다. 상대방의 요청에 대하여 진지한 마음으로 들어준 후 거절할 때는 "도움을 주지 못하여 죄송합니다"라는 말을 사용하라는 것이다. 즉 'NO' 대신에 'SORRY'라는 용어가 적당하다. 그 이유는 상대방이 덜 섭섭하기 때문이다. 이것이 부드러운 거절법이라 할 수 있다.

셋째, 거절하는 이유와 애매모호(曖昧模糊)한 거절은 피해야 한다. 상대방의 요구나 부탁을 들어주지 못하는 경우 왜 들어주지 못하는가에 대한 이유를 분명하게 알려줄 필요가 있다. 이때 주의할 점은 부드럽고 정중하게 거절하는 것이다. 이유가 분명하지 않으면 상대방이 오해할 소지가 있으며 인간관계의 단절을 가져올 수 있기 때문이다. 따라서 상대방이 상처를 입지 않도록 솔직하게 있는 그대로 거절해야 할 것이다.

또한, 상대의 부탁을 거절할 때도 애매하고 모호한 답변을 해서는 안 된다. 다시 말하면 모호한 대답은 상대에게 기대감을 주어 거절하면 오히려 역효과를 주기 때문이라는 것이다. 상대의 부탁을 들어주지 못하는 경우 상대와의 관계로 인하여 쉽게 거절이 안 되는 경우가 있다. 이럴수록 'YES', 'NO'를 확실하게 해주어야 한다. 즉 여운을 남겨서는 안 된다는 것이다. 누구나 상대성을 가지고 있어서 현재는 불편하더라도 후에 더 큰 상처를 남기게 되므로 무엇이든 확실하게 매듭지을 필요가 있을 것이다.

따라서 피치 못할 거절을 할 시에는 정확하게 이유를 설명함과 동시에 다음을 기약하는 인사는 꼭 남겨야 할 것이다. 또한, 나 자신 이외에 능력 있는 사람을 추천하거나 다른 대안을 조심스럽게 비치는 것도 좋은 방법이다. 물론 사전에 추천할 수 있는 인물에 대하여 양해를 구하는 것이 더욱 효과적이다.

종합적으로 거절할 경우 "검토해 보겠다"라는 표현을 쓰지 말고 정중하게 "너의 말은 충분히 이해했어." 그러나 "미안하지만 안 되겠어"라는 말을 사용하여 상대방이 무안해 하지 않도록 부드러운 어투를 사용하는 것이 좋다는 것이다.

마지막으로 샌드위치 기법을 사용하라는 것이다. 사람은 누구나 '싫어', 'NO'라는 거절을 들으면 감정을 상하게 된다. 즉 자신의 존재감이 상실될 수 있기 때문이다. 따라서 상대방의 공격적 반응을 불러올 수 있기 때문에 현명하게 거절하는 법을 알아야 할 것이다. 예를 들면, 연인과 외식을 하자고 하였을 때 돈이 없어서 혹은 기분이 그럴 상황이 아니라면 어떻게 말할 것인가? 이럴 때 무심코 'NO'라는 말이 흘러나갈 것이다. 그럴 경우는 상대방이 무시당하는 느낌이 되어 관계가 오래가지 않을 것이다. 이렇게 답하여 보자.

> 남자 : 나도 그 식당에 정말로 가고 싶어. 맛있다고 소문 난 집이지?
> 하지만 오늘은 입맛이 없어서 너와 맛있게 먹을 수 없을 것 같아.
> 기왕이면 너 하고의 식사인데 그러면 되겠어? 주말에 가는 게 어때?
> 그러면 시간상 느긋하게 너와 맛있게 먹을 수 있을 것 같아.

얼마나 운치 있는 말인가? 상대방은 이 말을 듣고 가자는 소리를 못할 것이다. 이런 대화법을 샌드위치 기법이라고 한다. 샌드위치 기법은 상대방의 거절을 단도직입적으로 자르는 것보다 앞과 뒤에 긍정적인 말을 덧붙이는 것을 말한다. 즉 긍정적인 말 사이에 거절을 끼워 넣는 방식을 말한다. 따라서 다음과 같은 경우를 생각해 보자. 연인이 지나치게 비싼 명품 가방을 사달라고 조르는 경우 "미쳤어? 우리 형편에 그럴 돈이 어디 있어? 정신 차려"라고 말하면 위험하다. 이런 말 대신에 이렇게 말해 보라. “나도 저걸 사서 예쁜 친구에게 주고 싶어. 하지만 지금은 살 형편이 아니잖아. 조금 기다렸다 나중에 사면 어때?”라고 예쁘게 말하면 상대방이 덜 기분 나쁘게 받아들일 수 있다는 것이다.

2 거절할 경우와 거절하지 못했을 경우의 결과

상대방의 요청을 거절할 때, 매번 모두 거부할 수는 없다. 자신도 상대방의 도움이 필요하기 때문이다. 그렇지만 모든 것을 받아들이기 어려운 때가 있다. 따라서 이를 방지하기 위해 거절해야 할 때 원칙이 있는데 이는 다음과 같다.

첫째, 상대방의 부탁이 자신의 원칙에 위배될 때는 어떠한 경우라도 부탁을 들어주어서는 안 된다. 이는 자신의 신념을 붕괴시켜 나중에 삶이 망가질 수도 있기 때문이다. 따라서 자신은 착한 사람이라는 생각을 잊어버려야 한다. 누구의 부탁이라도 모두 다 들어주는 착한 사람이라는 데서 벗어나라는 얘기다. 이러한 경우이다. 만약 ‘부모님께 거짓말을 하면 안 된다’라는 원칙을 가진 형이 있다. 그러나 가부장적인 가정에서 자란 형은 동생에게 거짓말을 해서 허락을 맡아달라는 상황이다. 여러분은 어떻게 해야 하는가?

이러할 경우 만약 동생이 거짓말을 하면 형의 자존심과 형에 대한 존경심은 사라지게 될 것이다. 그러면 후에 동생의 어이없는 부탁을 들어주어야 하는 상황이 온다는 것이다.

둘째, 상대방의 이기심으로 인해 상대를 이용하는 경우의 부탁일 때도 들어주지 말아야 할 것이다. 예를 들면 만약 친구가 애인하고 해운대에 놀러 갈 목적으로 자기 보고서를 부탁하는 경우이다. 상대방이 보고서를 사적으로 이용하거나 자신도 보고서를 쓸 시간이 없을 때의 상황에 봉착했을 때이다. 이 같은 부탁을 들어줄 시에는 자신의 시간과 여유가 사라지게 되어 두 사람 모두 다 손해를 보는 일이 발생하게 될 것이다.

상대방의 요구로 자신이 피해를 보는 경우도 사양해야 한다. “부모님에게도 보증은 서지 말아야 한다”라는 옛말이 있다. 따라서 친구가 은행에 보증해 달라고 요청할 경우 과감하게 그 이유를 설명하고 ‘NO’라고 해야 할 것이다. 만약에 그 친구가 부도를 당해서 갚지 못할 경우를 생각하라. 후에 더 큰 인간관계에 상처를 남기게 될 것이다. 이는 ‘친구 잃고 돈도 잃는’ 경우라 할 수 있다. 결국 이러한 상황이 오면 화병으로 정신적, 신체적, 경제적으로 본인이 어려움에 봉착할 수 있다는 것이다. 따라서 나중에 상황이 더 어려워지는 것을 막을 수 있기 때문이다.

앞에서 말했듯이 상대방에게는 부탁할 권리가 있듯이 나 또한 거절할 권리가 있다는 것이다. 역으로 말하면 부탁을 꼭 들어줄 의무는 없다는 것이다. 따라서 거절할 경우 상대방이 불쾌감이 없도록 해야 하며, 침착하게 의사를 확실히 밝히면서 대처방법이 있을 때까지 보류하는 편이 좋을 것이다. 즉 "미안하지만 ~할 수 없습니다", "그것에 대해 좀 더 생각해 보겠습니다"라고 답할 수 있어야겠다.

연습문제 1 분노조절장애 TEST

순서	내용
1	성격이 급하며 금방 흥분하는 편이다.
2	내가 한 일이 잘한 일이라면 반드시 인정받아야 하며 그러지 못하면 화가 난다.
3	온라인 게임에서 본인의 의도대로 되지 않아 화난 적이 여러 번 있다.
4	자신이 한 일이 풀리지 않으면 쉽게 포기하고 좌절감을 느낀다.
5	타인의 잘못을 그냥 넘기지 못하고 꼭 마찰이 일어난다.
6	다른 사람들이 나를 무시하는 것 같고 억울하다는 생각이 자주 든다.
7	화가 나면 상대방에게 거친 말과 함께 폭력을 행사한다.
8	화가 나면 주변의 물건을 집어던진다.
9	분(憤)이 쉽게 풀리지 않아 우는 경우가 종종 있다.
10	내 잘못도 다른 사람의 탓을 하면서 화를 낸다.
11	중요한 일을 앞두고 화가 나 그 일을 망친 적이 있다.
12	분노의 감정을 어떻게 해야 할지 모르겠다.

문항을 check하자. 이 중에서 몇 개가 나에게 해당되는지를 알아보고 이에 대한 대책을 강구해 보자.
문항의 check 항목이 1~3개의 항목에 check가 된 사람은 어느 정도 안정된 상태이다. 그러나 4~8개가 check가 된 사람은 분노조절능력이 부족한 상태이며, 이 중 9개 이상에 해당되는 사람은 분노조절이 힘들며 공격성을 가지고 있어서 반드시 전문가와의 상담이 필요하다.

연습문제 2 분노 관리하기

화가 난 상황	
화가 난 이유	
분노 속의 욕구	
분노 관리하기를 통해 느낀 점	
분노 상황 대처하기 방법은?	

출처 : 이경리, 2021

연습문제 3 다음에 대하여 생각해 보고 적어보세요.

만약 어렸을 적 친구가 결혼하였는데 회사가 부도가 나서 본인에게 부도를 막아달라고 부탁하였을 경우 어떻게 처리하겠는가? 그런데 그 친구가 회사를 운영할 때는 바빠서 서로 만나는 횟수가 많지 않았고 부도가 나서 연락이 왔다. 거절하기 위한 당신의 답은? 답을 적을 때는 효과적인 거절방법을 이용하여 상대방의 기분을 해치지 않는 범위 내에서 적으시오.

Answer)

12

언어적 의사소통의 실제 : 설득하기, 칭찬하기

1 설득하기
2 칭찬하기

12장

언어적 의사소통의 실제 : 설득하기, 칭찬하기

01 설득하기

1 설득하기의 중요성

설득(說得)은 사회 영향의 포괄적 용어이다. 설득을 통해 한 사람의 믿음, 태도, 의도, 동기 부여, 행동에 영향을 주는 것을 시도할 수 있다. 즉 상대방이 특정한 대상에 대해 가지고 있는 사실이나 신념, 정서, 태도와 같은 행동의 변화를 위한 목적으로 의식적으로 노력하는 것을 설득이라고 한다. 예를 들면 비즈니스에서 설득은 기록이나 발설을 통해, 또는 시각 도구를 사용하여 정보, 감정, 정당성, 또 이것들을 복합하여 전달함으로써 특정 사건, 아이디어, 물체, 다른 사람에 대해 한 사람이나 한 그룹의 태도나 행동에 초점을 두는 과정이다. 설득은 또한 개인적인 이득의 추구를 위한 도구로 사용되기도 하는데, 이를테면 선거 운동, 물건의 구입을 권유하거나, 재판 변호를 들 수 있다. 이러한 설득은 또한, 사람들의 행동이나 태도를 변화시키기 위해 개인, 위치상의 자원을 사용하는 것으로 해석될 수도 있다.

현대사회는 치열한 경쟁 사회이다. 과거처럼 문벌이나 지역 연고, 출신 배경 등이 우선시되어 정해진 업무만을 잘하는 사람이 성공하는 시대는 지났다. 철저하게 능력에 따라 끊임없는 자기개발을 통해 다른 사람을 밀쳐 내거나 혹은 자기편으로 끌어들여야 살아남는 그 전쟁터 말이다. 국제사회 현실에서도 이것이 적용된다. 오늘날 국제사회는 경제전쟁, 외교전쟁으로 혈안이 되어 있다. 그 예로 한반도를 둘러싼 한, 중, 일, 북한, 미국 등의 치열한 외교전쟁은 그 어느 지역보다 치열하다. 한반도의 패권을 차지하기 위하여 분주한 지역이다. 이러한 시대에서 살아남을 수 있는 것이 바로 '설득의 힘'이다.

상대를 설득하는 힘은 리더의 목소리가 크고, 말을 잘하고 학식이 높다고 해서 잘하는 것이 아니라 상대의 마음을 움직일 수 있는 능력이 이를 가능하게 한다는 것이다. 설득이라는 말은 남을 속이는 것과는 확연한 차이가 있다. '사기(詐欺)'라는 말과는 다르다는 것이다. 의견을 정확히 전달하고 상대방이 내 의견을 존중하게 하여 나의 뜻에 따라 움직이게 하는 행위의 과정이 '설득'이다.

사전적으로 설득이라는 용어는 상대편이 내 편의 이야기를 따르도록 여러 가지로 깨우쳐 말하는 것을 뜻한다. 즉 듣는 사람이 나의 의견을 듣고 공감하게 만들어 나의 입장에 서게 만드는 것이다. 오늘날 우리나라의 정치가 혼탁하고 반폭력적이고 정쟁에 휩싸이는 것은, 바로 설득의 기술이 모자라기 때문이다. 우리나라의 정치가 국민으로부터 외면당하는 이유 중 하나는 설득 능력도 없을뿐더러 국회의원의 자질이 수준 이하이기 때문이다. 즉 모자라도 한참 모자라는 사람이 정치에 뛰어드니 국회의원=개판이라는 소리를 듣는다는 것이다. 즉 설득하고자 혹은 설득당하고자 하는 게임에 익숙하지 않은 패거리 정치를 하기 때문이다. 이것을 보면 설득하는 것이 얼마나 중요한지를 알려주는 것 같아 씁쓸한 마음이다.

국어 시간에 논설문, 연설문, 웅변 등에 관하여 배웠을 것이다. 이 글들이 바로 타인을 설득하기 위한 글이고 말하기라는 것이다. 이외에도 광고, 홍보, 교육의 목적을 위해 제작하거나 작성하여 설득을 통해 넓게는 공공이익을 위해 좁게는 개인의 이익을 얻기 위하여 다수의 행동으로 끌어내는 목적을 지니고 있다.

설득을 잘한다는 것은 여러 사람으로부터 인정받아 사회생활에서 leadership을 발휘하여 모든 사람으로부터 존경받을 수 있다는 것을 뜻한다. 세계적인 명연설가인 케네디 대통령, 링컨 대통령, 그리고 흑인 운동가인 마틴 루서 킹 목사 등은 연설로써 그 나라 국민을 설득한 위대한 인물들이다. 따라서 이를 통해 지도자로서 성공한 셈이다.

2 설득의 3요소

그리스, 로마 시기에 나타난 소피스트는 그리스를 중심으로 활동했던 변론가이고 지식인이었다. 이는 대학의 중요 과목으로도 정해졌을 만큼 인정받았다. 그 시기에 학문의 아버지라 부르는 아리스토텔레스는 인간을 이성적인 존재로 보고 설득하기 위해서는 합리적인 이치에 맞는 논리력을 갖추어야 한다고 했다. 그리고 또 중요한 것은 상대의 심리상태인 파토스(Pathos)이다. 상대의 상황을 잘 파악하는 것 그리고 그 상대와 평소에 신뢰관계를 구축(Ethos)한다면, 설득을 효과적으로 할 수 있다고 했다. 그러나 인간은 지극히 감성적이고 충동적이기도 하여 정치나 종교에 관련해서는 자신만의 신념을 내세우기도 한다. 따라서 여러 맥락을 잘 살펴서 설득하는 것이 중요하고 무엇보다도 평소에 진정성 있는 신뢰관계를 맺을 수 있도록 노력해야 할 것이다.

고대 그리스는 민주주의가 성행한 나라였다. 민주주의를 통해 토론의 전성시대를 열었는데 그 주도적인 역할을 한 철학자들이 바로 아고라 광장에 모여 토론의 전성시대를 열었다는 것이다. 당시 최고의 인기 직업은 정치가가 되는 꿈을 지녔던 젊은이들을 가르치기 위한 사람들인 소피스트, 즉 변론가 혹은 궤변론자들이었다. 이들은 토론에서 승리한 만큼 부와 명예를 차지할 수 있어서 상대를 굴복시키기 위한 노력은 대단히 치열했다. 이러한 변론의 기술을 잘 적어 놓은 글이 아리스토텔레스의 『수사학』이다. 그는 이 글을 통해 설득의 3요소로 로고스(Logos), 파토스(Pathos), 에토스(Ethos)를 꼽았다.

1) 로고스(Logos)

로고스는 '이성적으로 가치'를 입증하는 것을 말한다. 즉 '상대방에게 명확한 증거를 제공하기 위한 논리'를 말한다. 원래 log라는 용어는 통나무를 말한다. 이러한 연유는 종이가 발명되기 전에는 통나무에 글자를 새겼기 때문이다. 따라서 통나무에 새긴 글을 logos라고 한다. 이 의미는 '글', '말'이다. 이것은 상대방에게 말하는 것만이 중요한 것이 아니라, 상대방을 설득 혹은 굴복시키기 위해서는 논리를 가져야 한다는 것이다. 이를 뒷받침하기 위해 이성적인 증거를 가지고 있어야 하는데 숫자, 통계, 데이터 분석 등이 이에 해당된다. 따라서 논리와 증거가 있어야 상대방을 설득하기 쉽다는 것이다.

2) 파토스(Pathos)

파토스는 '감정적인 가치입증'을 의미한다. 듣는 사람의 감정 상태는 설득에 큰 영향을 미친다. 똑같이 논리적인 말도 상대방이 기분 좋을 때는 잘 먹히지만, 화난 상태라면 거부당하기도 한다. 따라서 논리적으로 설득하기 이전에 상대를 감정적으로 설득에 적합한 상태로 만들어야 한다. 사회적 증거, 고객 후기, 증언 영상, 성공사례, 뉴스, 혜택 제한 등이 이에 해당된다. 결론적으로 말하면 사람이 판단할 때 호감도와 적의가 있을 경우 서로 다르게 나타난다는 것이다.

3) 에토스(Ethos)

이는 '인격적인 가치입증'을 말한다. 말하는 사람의 성품, 신뢰도는 설득에 큰 영향을 미친다는 것이다. 즉 에토스는 말하는 사람의 성품, 매력도, 카리스마, 진실성을 뜻한다. 예를 들면 주변 정리를 깨끗하게 하라는 말도 스스로 정리를 잘하는 사람이 하면 설득력이 있지만 지저분하게 사는 사람이 하면 설득력이 없다. 또 다른 예는 '그 사람의 말이 논리적이고 훌륭해서'라기보다는 '그 사람이 좋고 훌륭해서' 그 사람을 믿고 신뢰하여 설득될 때가 많다. 아리스토텔레스는 에토스를 3가지 요소 중에서 가장 중요한 것으로 판단했다. 브랜딩, 스토리텔링, 권위 인증, 자격증, 경력 등이 이에 해당된다. 이는 인간은 이성적이기는 하지만 감성적이고 충동적인 존재라는 사실도 함께 포함하고 있다는 것이다.

3 설득의 기술

설득하는 데에도 나름대로 기술이 있다. 설득이라는 것은 상대방에게 나의 의견을 전달하여 나의 의견에 공감하고 행동과 태도에 변화가 일어나는 행위의 과정이라 하였다. 즉 나의 말을 이해하고 나의 뜻을 존중하여 존중한 바를 실천에 옮기게 하는 것이, 설득의 목적이라는 것이다. 따라서 이러한 과정은 매우 어렵다. 따라서 설득하기 위한 기술들을 피력하고자 한다.

1) 미러링(mirroring, 거울효과)

이는 거울을 보는 것처럼 상대의 행동을 따라서 하는 것이다. 예를 들어 상대가 커피잔을 들면 따라 들고, 귀를 만지면 나도 자연스럽게 따라 하면서 행동을 매치시킨다. 이러한 행동을 일정 기간 반복하면 상대는 나와 비슷한 인상이 있다는 것을 보여주는 것이다.

2) 호감은 말투에서 시작된다

사람을 만날 때 '나는 이 사람을 진짜 사랑한다'라고 생각하라는 것이다. 즉 스스럼없는 사이라고 상상한다. 그 사람의 어깨를 감싸고 조용한 카페에서 둘이 커피를 마시고 있다고 생각하며 대화하면 상대방의 반응도 달라질 수 있다.

3) 상대방의 눈을 바라보고 상대를 끌어들이자

어렵다면 눈을 마주친다는 생각보다 눈동자, 눈썹, 깜박임 등을 관찰한다는 마음으로 쳐다보자. 그리고 상대방의 견지에서 바라보고 그의 머릿속으로 들어가라는 것이다. 다시 말하면 상대가 원하는 방식으로 그들을 대하라는 것이다. 그리고 경청하여 진정으로 공감한다고 느끼게 만들어야 한다는 것이다.

4) 긍정 메시지를 담아서 진심을 전하되, 체계적으로 설득하자

우리는 부정의 힘보다 긍정의 힘이 대단하다는 것은 익히 알고 있다. 긍정은 사람의 마음을 불러일으키는 힘을 제공하고 잠재력을 극대화시킬 수 있다. 자신뿐만 아니라 타인에게도 용기를 주고 변화를 일으키게 된다는 것이다. 따라서 이러한 메시지를 가지고 상대방의 마음을 움직일 수 있을 때 진정으로 설득된다는 것이다. 진심을 담아 상대방의 마음을 움직이면 그 누구라도 설득할 수 있다. 그런데 설득하는 경우 체계적으로 하면 더욱 효과를 발휘할 수 있다.

5) 설득해야 하는데 자신감이 부족한 부분이 드러났을 때

시선을 돌리거나 말을 더듬었다면 자연스럽게 의도해서 말을 멈춘 것처럼 다른 이야기를 꺼내면서 분위기를 다시 잡아야 한다. 비록 실수하였다고 하더라도, 실수가 아닌 척을 한다. '아 그전에 이걸 보여드렸나요?' 내가 먼저 편안하고 안정된 상태여야 한다. 그리고 태연하게 본연의 자세로 돌아와서 다시 부족한 점에 대하여 어떻게 할 것인가를 빨리 시작해야 할 것이다.

6) 폭넓은 주제로 누구나 자기 일처럼 느끼게 만드는 대화를 한다

"믿었던 사람에게 배신당한 적이 있으세요?", "거리를 두는 경향이 있어요!", "성급한 판단으로 실패를 경험한 적이 있네요!", "최근 경제적인 문제로 힘들어하셨나요?", 애매한 표현을 사용하여 맞는 말을 한다는 인상을 상대방에게 준다. 상대방 성격, 말투, 외관, 습관 등 관찰할 수 있는 모습에서 상상/연상되는 느낌을 참고한다. 맞는 듯한 얘기를 잘하면 믿음이 생기고, 상대방도 맞는 부분을 찾으려 안테나를 세우는 심리가 형성될 수 있다.

7) 나의 강점을 모두 동원하라

자신이 제일 잘하는 것을 찾아내어 그것을 중점적으로 공략하는 것이 좋다. 따라서 단어, 멋진 비유 등을 사용하여 최대한 간결하게 상대방의 이목을 끌어 설득해야 할 것이다.

4 상대방을 설득시키는 여러 가지 기법

첫째, 미소 기법 : 처음부터 끝까지 미소를 지어라. 첫째도, 둘째도 미소다.

둘째, 선심 기법 : 상대방에게 먼저 내주어라! 그러면 상대는 유혹에 빠지게 되어 있다. 즉 뿌린 자들만이 거둘 수 있다. 그저 먹으려고 하지 말라는 것이다. 고도의 협상력이 필요하다.

셋째, 양보 기법 : 하나를 주고 두 개를 얻으라는 것이다. 하나도 안 주고 얻으려면 그것은 얌체이다. 또한, 상대방은 손해가 되는 일은 안 하기 때문이다.

넷째, 침투 기법 : 바늘을 얻으면 소도 얻을 수 있다. 작은 것으로부터 취하라는 것이다. "가랑비에 옷이 젖듯이" 야금야금 천천히 설득하라는 것이다.

다섯째, 성공모델 기법 : 기존의 성공사례들을 제시하면 좋다.

여섯째, 거절 모으기 기법 : 열 번 찍어 안 넘어가는 나무가 없다는 것이다.

일곱째, 체면공략 기법 : 한국인은 체면에 죽고 체면에 산다.

여덟째, 면역 기법 : 약점을 노출하라.

아홉째, 라벨링 기법 : 특정인에게 어떤 특색, 태도, 신념 등과 같은 라벨을 붙인 다음 그 라벨에 어울리는 요구를 하라는 것이다. 투표율을 높이기 위해 많은 유권자를 인터뷰한 뒤 그중 절반인 사람에게 이렇게 말했더니 투표율이 15%나 향상되었다는 실험 결과가 있다. "우리가 인터뷰한 사람 중에서 당신은 평균적인 사람보다 투표에 참여할 가능성이 큰 시민입니다." 이때 라벨은 "투표할 가능성이 큰 훌륭한 시민"이라는 라벨을 붙인 결과이다.

열째, 왜냐하면 기법 : 상대방이 무언가 해주기를 원한다면 '왜냐하면'과 함께 합당한 이유를 설명하는 것이 좋다는 것이다. 예를 들면 재미있는 실험을 하였다. 복사기 앞에 줄 선

사람들 앞에 어떤 사람이 끼어들면서 "죄송합니다. 3장만 복사하면 되는데 먼저 해도 될까요?"라는 질문과 "제가 먼저 복사기를 써도 될까요? 왜냐하면, 제가 좀 급해서요"라는 질문을 했을 경우 자리 양보율은 60%와 90%로 차이가 있게 나타났다. 흥미롭게도 '왜냐하면'이라는 단어 뒤에 합당한 이유가 나오지 않더라도 대부분 순서를 양보하고 있다는 것이다. 그 이유는 무의식적으로 그 말은 합리적이라고 생각하기 때문이라는 것이다.

02 칭찬하기

1 칭찬의 중요성

칭찬은 어떤 대상에 대한 장점을 말해주는 것이다. 칭찬은 상대의 기분을 좋게 해주는 효과가 있다. 그러나 역으로 잘못된 칭찬은 상대에게 부담을 주며, 역효과를 불러올 수 있다. '칭찬은 고래도 춤추게 한다'라는 말이 있듯이 좋은 행위를 하였을 때 높이 평가하는 것을 말한다.

책망을 들으며 자란 아이와 칭찬을 받으며 자란 아이는 성격 자체가 다르다고 한다. 전자는 대체로 적개심이 많아 다른 아이의 마음에 상처 주기 쉽고, 후자는 후덕함을 가지고 남을 사랑할 줄 안다는 것이다. 따라서 어린 시절의 부모나 교사 등의 칭찬 한마디는 후일에 아이가 훌륭한 사회인으로 성장할 수 있는 밑거름이 되므로, 가급적(可及的) 칭찬에 인색하지 말아야 한다는 것이다.

칭찬은 우리에게 어떠한 일을 하려는 힘을 주고 즐거움을 준다는 것이다. 이로 인하여 인정받고 싶은 마음에 누구나 칭찬받으려 하는지도 모른다. 즉 칭찬받는 목적은 자기 능력을 인정받고 존재감을 드러내는 데 있기 때문이다.

그런데 우리는 칭찬에는 인색하면서 칭찬은 받고 싶어 한다. 물론 칭찬의 중요성은 모두 알고 있다. 칭찬의 효과는 pygmalion effect를 주기 때문이다. 즉 칭찬받은 사람은 칭찬한 사람들의 기대나 관심으로 인하여 성과가 훨씬 향상되는 것을 말한다. 여기서 pygmalion effect에 대하여 자세히 살펴보도록 하겠다.

피그말리온(pygmalion)이라는 말은 그리스 신화 속의 피그말리온에서 유래되었는데, 자신이 조각한 여성상을 진심으로 사랑하게 되었고, 이를 지켜본 미의 여신 아프로디테가 그의 소원을 들어주어 조각상을 인간으로 만들었다.

피그말리온(pygmalion)
키프로스의 여인네들이 나그네를 박대한 대가로 아프로디테의 저주를 받아 나그네들에게 몸을 팔게 되었다. 이 때문에 살아 있는 여성을 좋아하지 않게 된 피그말리온은 지상의 헤파이스토스라 불릴 정도인 자신의 조각 실력으로 상아의 여인상 갈라테아를 만들게 되었다. 피그말리온은 자신이 만든 조각상을 사랑한 나머지 아프로디테의 축제일에 갈라테아를 아내로 삼게 해달라고 기원했으며 아프로디테가 그 기원을 들어주어 갈라테아는 인간이 되어 피그말리온의 아내가 되었다.

아프로디테 이야기(Aphrodite, Venus)
그리스 로마 신화에 나오는 올림포스 12신 중 하나로 미(美)와 사랑을 주관하는 신이다. 로마에서는 베누스. 상징하는 동물은 가리비, 비둘기, 백조.
아름다움의 신답게 자타공인 최고의 미모를 가진 신으로 묘사된다. 게다가 안 그래도 아름다운 아프로디테를 더욱 매혹적으로 보이게 하는 '케스토스 히마스(ΚΕΣΤΟΣ ΙΜΑΣ)'라는 신비로운 허리끈을 억지로 결혼한 배우자 헤파이스토스에게 선물받았다. 그런데 이 허리끈 덕분에 아프로디테는 더 쉽게 남심(男心)을 흔들고 다닐 수 있었다. 피부가 매우 희고 고왔다고 하며 속눈썹이 위로 말렸고 목이 부드러웠다고 한다.
대체적으론 금발로 묘사되지만, 최근에는 아름다움은 주관적인 거라서 사람마다 전부 기준이 다르기에 아프로디테는 정해진 모습이 없다는 해석도 인기가 있다.
'아프로디테'란 이름의 어원은 불확실하다. 헤시오도스 같은 옛 그리스인들은 '거품(aphros)에서 올라온 자'라고 해석했지만, 현대에 이런 설을 그대로 따르는 학자는 없다. 원시 인도유럽어에서 유래한 명칭으로 보아 '빛'과 연결지어 해석하거나, 셈어족 언어 아스타르테에서 유래했다고 주장하는 학자도 있다.
신화에서의 묘사는 그리스 신화 세계관에서 남성 신 최고의 난봉꾼이 제우스라면 여성 신 최고의 난봉꾼은 단연 이 신이다. 오죽했으면 '음란한 아프로디테'라는 뜻의 아프로디테 포르네라는 공인 별명도 있었다. 신들의 계보에서 헤시오도스 왈 "남근에서 태어났으니 남근을 좋아한다"라고. 배우자의 눈치 따윈 보지도, 아니 신경쓰지도 않는다. 올림포스 스캔들 메이커로 제우스와 1위를 다툰다.

신화
헤파이스토스는 그의 외모와 불구 때문에 아내가 없었다. 하지만 헤파이스토스는 올림포스 신들 중 최고의 손재주를 지녔다. 올림포스의 신들이 티탄족들과 싸움을 하고 있을 때 헤파이스토스는 번개라는 무기를 발명하여 이것을 제우스에게 선물로 줬다. 당시 제우스는 티탄족을 무찌를 수 있게 해주는 자에게 신들 중에서 가장 아름다운 아프로디테를 아내로 주겠다고 약속했었는데 헤파이스토스가 만든 번개로 제우스는 티탄족들을 하나하나 토벌할 수 있었다. 이후 제우스는 그 대가로 아프로디테를 헤파이스토스의 아내로 맺어준다.
하지만 헤파이스토스가 대장간 일을 핑계로 아프로디테와 함께하지 않자 아프로디테는 전쟁의 신 아레스와 밀회를 하기 시작하였다. 호전적인 성격임에도 아름다운 외모를 가진 아레스는 사랑과 미의 여신 아프로디테의 사랑을 받았다. 아레스는 아프로디테와 함께 그녀의 남편인 대장장이 신 헤파이스토스를 피해 자주 밀회를 즐겼다.
이를 지켜본 태양신 헬리오스가 헤파이스토스에게 이 사실을 밀고하자, 헤파이스토스는 청동을 가늘게 늘여서 짠 그물을 만들어 아프로디테의 침대에 쳤다. 이것을 모르고 아레스와 밀회를 즐기던 아프로디테는 헤파이스토스를 보자 아레스와 함께 자리를 피하려 하지만 그물에 걸려 움직일 수 없게 되어 여러 신에게 망신을 당하였다. 포세이돈이 두 사람을 풀어주라고 설득하자 헤파이스토스는 아레스가 보상하겠다는 포세이돈의 보증을 받고 두 사람을 풀어준다.
이런 일이 있은 후에도 계속 교제를 하였다. 서로에 대한 관리도 철저하였는데, 아프로디테가 아도니스에게 반하자 아레스는 멧돼지로 변하여 그를 받아 죽이고, 아프로디테는 에오스가 아레스를 사랑하는 것을 알게 되자 그녀가 사랑하게 되는 인간은 모두 죽는 저주를 내린다.
아레스는 아프로디테와의 사이에서 공포를 뜻하는 포보스와 데이모스, 사랑의 신 에로스, 미의 여신 하르모니아를 낳았다. 에로스는 아프로디테와 에로스의 관계를 설명하기 위해 후에 추가된 것이라고도 한다. 에로스의 아버지가 누구인지는 확실하지 않다. 하지만 그리스 신화에서는 아레스라고 한다.

따라서 이를 인용하여 학습에 이용하게 되었는데, 교육심리학에서 심리적 행동의 하나로 교사의 기대에 따라 학습자의 성적이 향상되는 것을 말한다. 피그말리온 효과(pygmalion effect)는 무언가에 대한 사람의 믿음, 기대, 예측이 실제로 일어나는 경향을 말하며 1964년 미국의 교육심리학자 로버트 로젠탈에 의해 실험되었다.

원래는 그 전년에 로젠탈과 포드가 대학에서 심리학 실험으로 학생들에게 쥐를 통한 미로찾기 실험을 시켰다. 그 결과 쥐가 미로를 잘 빠져나오는 그룹과 그렇지 못한 그룹, 두 그룹 간의 실험 결과에서 차이를 발견할 수 있었다. 전자는 학생들이 정성을 다해 쥐를 키웠고, 후자는 쥐를 소홀히 취급했다. 이에 대해 로젠탈은 쥐에 거는 '기대도'에 따라 결과가 달라진다고 생각했다. 이를 토대로 볼 때 '교사와 학생 간도 이와 같지 않을까?'라고 생각하였다.

이를 바탕으로 교육현장에서의 실험은 1964년 봄, 샌프란시스코의 초등학교에서 하버드식 돌발성 학습능력 예측 테스트라는 보통의 지능 테스트가 이루어졌다. 학급 담임에게는 앞으로 수개월간 성적이 오르는 학생들을 찾아내기 위한 조사라고 설명했다. 그러나 실제 조사에는 아무런 의미가 없었고, 실험시행자는 조사의 결과와 관계없이 무작위로 뽑은 아동의 명부를 학생 담임에게 보여주고, 명부에 기재된 아동이 앞으로 수개월간 성적이 향상될 학생이라고 알려주었다. 그

후, 학급 담임은 아이들의 성적이 향상될 것이라는 기대를 품었고, 확실히 그 아이들의 성적은 향상되었다. 학급 담임이 아이들에게 한 기대가 성적 향상의 원인이었다고 생각할 수 있다. 게다가 아이들도 기대를 의식하였기 때문에 성적이 향상된 것이라고 생각할 수 있다.

위에서 언급한 대로 칭찬은 사람의 능력을 향상시킨다는 점에서 매우 중요하다는 것이다. 그러나 위에서 말했듯이 칭찬에는 인색하고 남의 흠을 찾아내는 데 혈안되어 있는 것이 우리의 현실이다. 대체로 사람들은 남의 결점은 쉽게 찾아내고 장점을 찾아내는 데는 인색해서 칭찬하기 위해서는 일차적으로 장점을 찾아내는 훈련이 필요하다.

칭찬은 상대방의 능력 외에도 상대방의 기분을 좋게 할 뿐만 아니라 자기의 기분도 좋아진다는 것이다. 그러나 아이러니하게도 서로가 칭찬하면 기분은 좋아지지만 어색해지는 이유는 무엇일까? 그 이유가 매우 궁금할 것이다. 한마디로 우리는 칭찬에 매우 인색하였다는 것과 칭찬의 의사소통이 잘 이루어지지 않기 때문일 것이다.

따라서 칭찬은 우리에게 쾌락적인 보상은 크고, 자존감의 토대가 된다. 또 과학적으로 칭찬을 받았을 때 신체적 변화도 생기는데, 후측 뇌섬엽에서 생긴다. 칭찬처럼 자존감을 높이고 기분 좋은 심리적 접촉이 생겼을 때 이 부분이 활성화된다는 것이다.

인간의 행동은 타인의 반응에 크게 영향을 받는다. 또한, 의사소통 상황에서 화자는 이야기할 때 자신의 이미지에 대해 분명한 인상이 있을 때 의사소통에 쉽게 집중한다. 이러한 이유로 듣는 사람은 자신이 가지고 있는 화자에 대한 긍정적 감정을 직접 화자에게 피드백함으로써 효과적인 의사소통과 좋은 인간관계를 형성할 수 있다. 단, 아첨이나 빈정거림이 아니라 자신의 솔직한 감정으로 표현해야 한다. 칭찬의 효과는 어떻게 칭찬하는가에 따라 발현되기 때문에 칭찬받는 대상에게 득이 될 수도 독이 될 수도 있다.

칭찬에 인색한 현대인들을 보면, 그러지 않았으면 한다. 진심을 담은 칭찬은 서로의 장점을 잘 보고 있다는 증거이기도 하고, 서로에게 힘이 될 수 있다. 간혹 칭찬에 대해, 상대방이 단점을 생각해 볼 기회를 박탈하는 것이어서 칭찬하면 안 된다는 식으로 생각하는 사람도 있지만(……), 너무 극단적으로 생각하는 뉘앙스가 강해서 재고해 볼 여지가 있다.

그런데 재미있는 사실이 있다. 아랫사람이 윗사람에게 칭찬하는 것도 이상하다는 것이다. 왜냐하면, 주로 칭찬은 윗사람이 아랫사람에게 한다는 것이기 때문에 아랫사람이 하기는 이상하다는 것이다. 칭찬은 '평가'라는 의미도 포함하고 있기 때문이다. 따라서 평가의 권한은 평정권자가 가지는데 주로 상급자라는 것이다. 하급자가 하는 것은 거의 드물다. 하급자가 평정권을 가지면 이것은 하나의 쿠데타이다. 재미있는 사실이 있다. 남학생들은 군대 경험을 많이 하였지만, 부사관과 초급 장교 간의 사이를 보면 어딘지 모르게 어색하다. 예를 들면 과거에 군대는 '짬밥 순서'라고 했다. 따라서 계급은 아래이지만 부사관들은 초급 장교인 소위, 중위보다도 한참 선배인 경우도 있다. 따라서 부사관들은 초급 장교의 말을 무시하는 경향도 있었지만 절대로 그들에게 덤비지 않는다. 왜냐하면, 인사 평정권은 지휘관인 중대장이 가지고 있기 때문이다. 따라서 이러한 의미로 본다면 '제어', '통제'라는 시각도 있지만, 격려로서의 의미로 해석하자는 것이다.

2 칭찬의 효과

칭찬의 긍정적 효과는 과정을 칭찬해 줌으로써 일어난다. 예를 들어 부모가 아이를 칭찬할 때도 마찬가지로 과정을 칭찬해야 한다. 그렇게 한다면 아이의 결과가 기대에 미치지 못한다고 하더라도 아이는 자신의 과정에 대해 만족하게 되고 노력을 인정받고 지지받는 기분을 느끼게 된다. 그러한 느낌은 후에 칭찬의 대상이 된 아이에게 긍정적인 요소로 작용할 수밖에 없다.

또한, 칭찬의 대상을 자신이 아닌 타인으로 설정한다면 칭찬을 하면 할수록 효과적인 의사소통을 이끌 수 있다. 주의점이 있다면 칭찬할 때는 반드시 칭찬해야 할 일에만 칭찬을 하고 칭찬을 받는 이유를 수긍할 수 있게 설명해 주어야 한다. 상대방을 기쁘게 할 뿐만 아니라, 하는 사람에게도 기쁨을 줄 수 있다.

칭찬의 부정적 효과는 물론 부모의 아이에 대한 일방적인 칭찬으로 아이의 자존감을 낮추는 역효과가 발생한다. 무조건 식의 결과 지향적인 칭찬은 아이에게 오히려 부담을 안겨줄 수 있으며, 실제로는 결과가 좋지 않았는데 칭찬을 듣는다면, 아이가 스스로 반어법으로 받아들여 '부모님 기대에 못 미치는 아들(……), 난 왜 이럴까'라고 생각하고 더욱 자존감이 떨어진다고 한다. 형제가 있을 경우는, 한 명을 칭찬하면 다른 한 명이 비교당하는 것 때문에 열등감을 느끼게 된다. 또한, 타인에게 받은 일방적인 칭찬은 칭찬받는 대상에게 많은 정신적 부담을 안겨주게 된다.

노력을 칭찬해 주면 된다. "열심히 하는 모습이 보기 좋구나", "이번 결과는 네가 열심히 해서 좋게 나온 거야. 잘했다"라는 식으로 가능하면 노력한 부분을 칭찬해 주자. 결과 지향적인 칭찬을 배제하고, 꾸준히 과정을 중시하면 긍정적인 효과를 볼 것이다. 다만 결과가 안 좋게 나왔을 때 "노력하지 않으니 이 모양이지"라는 말은 하지 말자. 이 말은 노력해야 좋은 결과가 나왔을 것이라는 뜻을 내포하기 때문에 결과 지향적인 말이다. 차라리 하려면 "나는 네가 열심히 하는 모습을 보고 싶구나"라고 하는 게 낫다.

물론 정말로 열심히 했는데 결과가 안 좋으면 격려를 하자. 정말 노력했는데 이런 말을 들으면 자신에 대해 별 관심 없다고 생각해 버리기 때문이다. 이도 저도 잘 모르겠다면 "네가 노력했다면, 그걸로 족하다"라는 식으로 뭉뚱그려도 좋다. 애초부터 결과에 대해 혼낼 생각을 말아야 노력 지향적인 칭찬을 할 수 있으니 칭찬하는 면에서는 결과를 가능한 한 배제하고 이야기하는 것이 좋다.

어쨌든 이런 칭찬이 효율적인 이유는 목표가 아닌 과정을 더 중시하기 때문에 실패나 실수에 관한 별 두려움 없이 임하게 되는 것. 결과적으로 과정을 즐기기 때문에 뭘 하든 간에 효과가 정말 크다. 특히 어렸을 때부터 노력을 칭찬해 주면 효과가 상당히 크고, 노력 지향적 칭찬은 부하직원이나 후배, 학생들에게도 긍정적으로 통하니 결과물 그 자체보단 그 과정을 칭찬해 주는 게 좋다. 물론 마찬가지로 쓸데없는 상황이나 잘못된 상황까지도 칭찬하는 오버는 지양해야 할 것이다.

물론 상황에 따라 칭찬의 내용도 조금씩 달라질 수 있어야겠지만 적어도 어린아이에게 있어서는 많은 사람이 입을 모아 말하는 최악의 칭찬은 선천적인 것에 대한 칭찬이라고 한다. 성인일 경우에는 점점 프로 레벨로 올라갈수록 위치가 재능으로 결정되는 경우가 많아서 선천적으로 타고난 것에 대한 칭찬이 존경의 의미를 담을 수 있지만, 성실하게 노력하는 법을 배워야 하는 어린아이에게 선천적인 것에 대한 칭찬은 그야말로 최악의 효과만 가져온다. 가정환경이 좋아도 허무주의에 빠져 열정 없이 남은 인생을 살 수도 있고 가정환경이 좋지 않다면 성실히 노력하는 방법도 배우지 못한 채 인생에 그저 도움이 안 되는 잡지식만 잡고 물려받은 저소득층 환경을 끝내 탈출하지 못한 채로 살아가게 될 수 있다.

3 효과적인 칭찬기술

칭찬하기 위해서는 상대방이 잘하는 것을 찾기 위해 노력해야 한다. 피곤함에 지친 어린이들도 부모나 교사로부터 칭찬을 받으면 실제로 endorphin이 솟구치며 원기를 회복한다. 원래 인간은 존경하는 사람으로부터 칭찬을 받으면 열정과 민첩성이 증가하고 자신감이 강해지게 되어 있다. 상대방의 자부심을 높여주고 자신에 대한 느낌을 갖게 하는 데 있어 진심으로 감사하고 인정해 주는 것보다 더 강력한 힘을 가진 것은 거의 없다.

칭찬은 기술이다. 위대한 리더, 성공적인 사업가, 훌륭한 부모들은 모두 칭찬에 능숙하다. 칭찬에서 최대의 효과를 얻으려면 다음의 세 가지 조건을 갖추는 것이 매우 중요하다.

1) 즉시 칭찬하라

칭찬은 빠르게 할수록 효과가 크다. 사람이 칭찬받을 행위를 했을 경우 가능한 빨리하라는 것이다. 벌을 줄 때도 마찬가지이다. 그러나 흔히 칭찬은 늦게 벌은 빨리 주는 방법은 좋지 못하다. 어떤 기업에서는 3개월이나 6개월, 심지어 1년마다 한 번씩 인사고과를 하는데 이는 매우 잘못된 방법이다. 어떤 일이 발생한 때로부터 많은 시간이 지난 후에 칭찬하면 그리 효과를 볼 수 없다. 칭찬은 즉시 해야 한다. 즉시 하지 못할 사정이 있어 미루더라도 되도록 빨리해야 한다. 그러나 칭찬하였을 때 상대방의 행동이 좋은 방향으로 자극을 받지 못하면 칭찬이 될 수 없다.

2) 구체적으로 칭찬하라

바람직하거나 옳은 행동을 했을 때 그 행동에 대해 구체적으로 칭찬해 주는 것이 좋다. 그러면 그 행동은 반복적으로 이루어지고 좋은 습성으로 남게 된다. 그러나 막연하게 칭찬하면 상대방에게 미치는 효과가 거의 없다. 예를 들어 직원에게 "정말 잘하고 있어"라고 칭찬을 하면 그에 따른 효과는 제한적이다. 반면 "그 많은 보고서를 이틀 만에 워드 작업까지 마치다니 정말 대단해"라고 칭찬하면 다음 보고서는 제시간 안에 완성될 가능성을 높여준다는 것이다. 또 하나의 예를 들면 "자네는 괜찮은 사람이야"라는 말보다 "자네의 기안문은 간결하고 설득력이 있어"라는 칭찬의 말을 사용할 필요가 있다.

아이들을 칭찬할 때도 마찬가지다. "넌 정말 착한 아이야"라고 말하는 대신에 "스스로 침대 정리하고 방까지 청소했네. 정말 착하구나"라고 잘한 일을 구체적으로 칭찬하면 아이가 그 일을 반복하며 좋은 생활 습관을 익힐 가능성이 훨씬 커진다. 아이의 올바른 습관을 길러주고 싶다면 아이가 옳은 일을 했을 때 즉시 구체적으로 칭찬하면 된다는 것이다. 즉 모호한 칭찬은 신뢰성이 떨어지고 무슨 이유로 칭찬을 받는지를 모르기 때문이다.

3) 되도록 많은 사람 앞에서 칭찬하라

옛말에 "꾸중은 혼자 있을 때 하되, 칭찬은 여러 사람이 있는 곳"에서 해야 한다. 칭찬을 받을 때 주변에 사람들이 많을수록 자부심과 자존심은 더 높아진다. 또한, 남 앞이나 제삼자를 통해 간접적으로 전달해야 한다. 그것이 더 효과적일 수 있다. 이는 칭찬받고 싶은 기쁨과 자랑하고 싶은 욕심 두 가지 모두를 충족시키기 때문이다.

사람들은 대부분 좀 더 많은 사람에게 인정받고 칭찬받기를 바란다. 위대한 리더들은 이런 칭찬의 힘을 알고 아낌없이 칭찬한다. 칭찬을 적절히 사용하면 아주 강력한 동기 유발의 수단이 될 뿐만 아니라 그 이상의 성과도 기대할 수 있다.

4) 칭찬에는 일관성이 있어야 한다

같은 행위를 하는 데 있어서 어떤 때는 칭찬을, 어떤 때는 벌을, 어떤 때는 무반응을 보인다면 상대방은 어떻게 행동해야 할지 몰라서 더욱 혼란스러워할 것이다. 상대를 대할 때 모든 사람에게는 일관된 규칙을 가져야 한다. 그렇지 않으면 모사꾼이라고 한다.

5) 충분하게 칭찬하라

칭찬을 많이 받는 것만큼 행동의 변화가 많이 일어난다는 것이다. 또한, 칭찬을 여러 번, 자주 하라. 칭찬의 정도에 따라 행동 변화에 영향을 미칠 수 있다. 상대방이 어떤 새로운 일을 시작하게 하려면 이제까지 해왔던 것보다 더 크고 강하게 칭찬해 줄 필요가 있다. 이는 지금까지 상반된 부정적인 행동에 주어왔던 강화보다 더 많이 주어야 부정적인 행동이 사라지고 바람직한 행동으로 굳어진다는 것이다. 새로운 습관을 형성할 때도 마찬가지로 적용된다.

이렇게 칭찬하는 것을 '연속적 강화'라고 한다. 바람직한 행동을 할 때마다 칭찬하면 그 행동은 반복되고 결국 습관으로 굳어진다. 일단 그 행동이 습관으로 굳어진 다음에는 '단속적 강화'로 바꾸어야 한다.

6) 간결하게 칭찬하되 세심하게 칭찬하자

어떤 일을 하는 데 있어서 말이 많으면 좋은 말도 잡소리 혹은 잡음으로 들릴 수 있고 짜증이 난다. 칭찬은 간결하고 진지하고 진정성 있게 해야 효과를 줄 수 있다. 구체적으로 사실에 대해 짧게 이야기해야 한다.

또한, 작은 일에도 칭찬은 매우 효율적이다. "이 정도로 뭘!"이라는 반응은 매우 무서운 것이다. 그 사람의 기운을 빼앗을 수 있다는 것이다. 즉 의욕을 앗아가 버리기 때문이다. 큰일로 칭찬 받는 것은 매우 어렵다. 아니 죽을 때까지 기회가 안 올지도 모른다.

흔히 말하는 "별것 아닌 것을!"이라고 넘어가서는 안 된다. 왜냐하면, 사람은 작은 칭찬에도 감동하기 때문이다. 남들이 찾지 못한 장점들을 알아차리고 칭찬을 하면 의외의 결과가 올 수 있다.

7) 칭찬의 대상을 상대방이 소속된 집단으로 확대하라

우리는 이상하게도 자기가 벌을 받을지라도 자기 주위 사람이 벌을 받거나 욕을 먹으면 듣기가 싫어진다. 자기가 속한 집단을 칭찬해 주면 왠지 우쭐하고 기분이 상승하는 이유가 무엇인지는 모르겠으나 하여튼 상쾌해지는 것은 사실이다. 이를테면 친구와 외모를 가지고 싸움이 일어났다고 치자. 자기 외모를 비하하면 기분이 나쁘지만 참는 경우가 있다. 그러나 싸움 도중에 부모의 외모를 비하하면 갑자기 흥분하여 더 큰 싸움으로 번진다는 것이다. "나를 비하하는 것은 이해가 돼. 그러나 우리 부모를 욕하는 것은 더는 못 참아"라고 말하면서 말이다.

남의 집에 놀러 가서도 마찬가지이다. "너희 집에 가서 부모님 사진을 보니 자상한 분 같아"라고 한마디만 하면 모든 것이 잘 해결될 것이다.

8) 상대에 따라 칭찬 내용이나 방법을 다르게 하자

예를 들면 칭찬도 상대에 따라 다르다는 것이다. 모범생인 학생에게 본인에게는 아무 일도 아닌데 칭찬하면 아무런 의미가 없다는 것이다. 다시 말하면 상대방의 수준에 따라 칭찬하여야 한다는 것이다. 예를 들면 매번 전교에서 1등을 하는 학생이 전교 10등을 했다면 "고생했어, 수고했어." 등의 칭찬은 아무런 의미가 없다는 것이다. 여러분들이 많이 쓰는 예를 들어보자면 친구가 "너 어쩌면 그렇게 예쁘니?"라고 칭찬하면 실제로 예쁜 학생은 "항상 들어서 아무렇지도 않아"라고 답변할 것이다. 그러나 반대인 경우는 오히려 신경질을 내거나 화를 북돋는 결과가 될 것이다.

이외에도 칭찬하는 방법은 나 전달법을 사용하거나 우연한 상황에 만났을 때도 칭찬하는 법 등 많이 있으니 훈련을 통해 몸에 익히는 것이 좋다.

4 칭찬의 종류

칭찬은 모든 사람 혹은 모든 생명체에 부정적 영향보다도 긍정적으로 다가간다는 것이다. 예를 들면, 식물을 키울 때 말로 “너무나 예쁘고 잘 크는구나!” 농부가 밭에 가는 만큼 열매를 잘 맺는 것처럼, 반려동물도 칭찬을 통해 훈련을 시킨다. 하물며 인간에게 하는 칭찬은 인간관계에 지대한 영향을 미치기 때문에 효과적으로 사용할 필요가 있다.

칭찬의 종류에는 여러 가지가 있다. 즉 상대에 따라 기분을 좋게 하는 칭찬이면서 wit가 있는 인사법이다. 여러분은 상대, 상황에 따라 이러한 종류 중에서 선택해서 다양하게 사용할 필요가 있다.

첫째, 대담(大膽) 찬사법(讚辭法)

누가 봐도 사실과는 다른 칭찬이지만, 상대방으로 하여금 기분을 좋게 하고 wit를 느끼게 하는 칭찬법이다. 예를 들어 70대 할머니에게 단순히 “예뻐 보이시네요”라고 칭찬하기보다는 “새색시 같네요?”라고 대담하게 칭찬함으로써 분위기를 환기시키는 칭찬법이 대담 찬사법(讚辭法)이다. 대담 찬사법(讚辭法)을 남발할 경우 실속 없는 칭찬으로 들릴 수 있으므로, 상황과 분위기에 따라 적절히 사용하는 sense를 가져야 할 것이다.

둘째, 단순(單純) 찬사법(讚辭法)

단순 찬사법(讚辭法)은 보고 느낀 그대로 긍정적인 면을 부각하여 칭찬하는 법을 말하며, 일상생활에서 보편적으로 가장 많이 사용되는 칭찬 종류로써, 인간관계 유지 및 소통의 기본이라고도 할 수 있다. 특히 단순 찬사법(讚辭法)은 상대방도 부담 없이 받아들일 수 있는 칭찬의 종류여서 단순 찬사법(讚辭法)을 습관화한다면 대외적으로 호감 이미지를 구축할 수 있다.

예를 들면 “정말 미인이십니다”, “피부가 대단히 고우십니다”, “주위에 칭찬이 대단하십니다”, “목소리가 너무 좋아 가수로 데뷔하셔도 되겠네요?” 등이 있다.

셋째, 비유(比喩) 찬사법(讚辭法)

예를 들면 “영화배우 송00와 닮으셨네요.”처럼, 말 그대로 긍정적인 이미지를 가진 특정 대상에 상대방을 비유하는 칭찬법이다. 이러한 찬사법(讚辭法)은 우리도 많이 사용하는 것으로 잘못 비유하면 대단히 결례를 범할 수 있다. 따라서 "영화배우 송00처럼 대단히 미인이십니다"라고 단순 찬사법(讚辭法)을 곁들여 사용하면 세상에서 가장 듣기 좋은 칭찬법이라 할 수 있다. 누가 봐도 비교 대상이 좋아 보여야 좋은 것이 기본이다. "피부가 고우세요"라는 단순 찬사법(讚辭法)을 "아기 피부처럼 피부가 고우세요"라고 비유 찬사법(讚辭法)을 접목하면 상대방에게 더 기분 좋은 칭찬이 될 수 있는 훌륭한 찬사법(讚辭法)이다.

넷째, 소유물(所有物) 찬사법(讚辭法)

상대방에 대한 직접적인 칭찬이 아닌, 그가 소유하고 있는 물건이나 가족관계를 칭찬하여 기분을 좋게 만드는 칭찬 종류라고 할 수 있다. 예를 들어 "시계가 정말 고급스러워 보입니다", "따님이 정말 아름다우십니다" 등으로 칭찬할 수 있다. 이때, 가족관계를 대상으로 하는 칭찬은 신중할 필요가 있다.

다섯째, 간접(間接) 찬사법(讚辭法)

상대방에게 가장 기분 좋은 칭찬이 될 수 있는 '간접 찬사법(讚辭法)'은 제삼자 이야기를 인용하는 칭찬법이라고 할 수 있다. 제삼자의 말을 인용하여, "저희 부장님께서 정말 많이 칭찬하시더군요!" 등으로 간접 찬사법(讚辭法)을 활용할 수 있으며, 혹은 소문을 근거로 "이 업계에서는 숨겨진 능력자로 소문이 자자하던걸요" 등, 응용이 가능하다.

사실 누군가를 칭찬하는 것은 생각보다 어려운 일이다. 하지만 칭찬을 하게 되면 듣는 이는 물론이고 말을 한 사람까지도 기분이 좋아지는 긍정적인 영향을 서로 받을 수 있는 최고의 대화법이 될 수 있다. 하루의 일과를 마치면서 칭찬 한마디씩 주고받는 것도 인간관계에 많은 도움이 될 것이다.

여섯째, 비대면(非對面) 찬사법(讚辭法)

이 방법은 칭찬의 당사자가 없는 자리에서 말 그대로 면전(面前)에 두지 않고 칭찬하는 방법이다. 따라서 이를 통해 많은 친구를 얻을 수 있을뿐더러 인간관계의 폭을 넓힐 수 있다.

연습문제 1 아래의 상황에 놓여 있을 때 설득하기 방법을 이용하여 해결 방안을 제시하시오.

어느 병원의 6인실 병실에서 두 환자가 매번 말다툼을 하였다. 그로 인하여 다른 환자들이 두 사람을 교체해 달라고 담당 간호사에게 이야기하였다. 따라서 간호사는 두 분 중에 한 분을 다른 병실로 옮기고자 하는데 환자들은 동의하지 않고 버티고 있으며 이로 인해 다른 환자들이 다른 병원으로 옮기려고 한다. 설득하기 기술을 사용하여 해결해 보시오.

해결방안)

연습문제 2 다음을 작성하여 보자.

1) 열심히 일한다는 칭찬을 받았을 때 기분은 어땠는지를 적어보자.

2) 친구가 화장을 잘하고 학교에 와서 매우 예쁘게 잘 어울리는 경우를 칭찬하여 보자.

3) 친구가 병원에서 근무하면서 피곤한 상황에서 4년 동안 평균 A^0를 받았을 경우를 칭찬하여 보자.

4) 효과적인 칭찬 기법에 대하여 열심히 알고 생각하여 보자.

13

언어적 의사소통의 실제 : 사과하기, 감사하기

1 사과하기의 중요성

2 감사하기

13장

언어적 의사소통의 실제 : 사과하기, 감사하기

01 사과하기의 중요성

어느 종교 수행자의 이야기이다. "사람들은 자신의 잘못을 인정하지 않고 남의 잘못만을 말합니다. 내 탓이라 생각하지 않고 남 탓이라 여기니 마음이 정화되고 성장이 되지 않습니다. 나의 부족함을 인정하지 않게 됨으로써 부족함이 채워지지 않으니 마음속에 많은 악은 계속 축적되게 됩니다.

언젠가 남편이 제게 했던 말이 떠올랐어요. '당신은 고집도 세고 잘못했어도 미안하다고 안 하는 것 같아', '제가, 제 잘못을 인정하지 않았던 거죠. 그런 일들이 하나씩 생각날 때마다 얼굴이 화끈거렸어요', 참수행법을 배우면서는 자신에 대해 사색해 보기 시작하였습니다. 이제는 제 잘못도 되도록 빠르게 인정하려 하고 반성도 하면서 바뀌려고 노력 중이랍니다(운이 좋은 수행자, "사람들은 자신의 잘못을 인정하지 않습니다", 2021에서 발췌)."

정말 미안하게 되었을 때 진심이 느껴지는 사과면 사람의 마음을 움직일 수 있다. 사과는 결코 패자의 언어가 아니라 승자의 언어이며, 존경과 신뢰를 받기 위해 갖춰야 할 가장 중요한 덕목인 것이다. 사과도 잘하는 것이 중요하다. 어설픈 사과는 안 하느니만 못한 상황을 만들 수도 있으니 말이다. 최고의 위기관리 언어는 바로 사과라고 말한다. 자신들의 잘못을 인정하지 않고, 순간의 말실수로 그동안 쌓아 온 명성과 신뢰가 한순간에 무너져버린 기업들의 사례도 익히 보았지만, 사실을 인정하고, 임원들이 발 빠르게 대처하면――이때 CEO가 직접 인정하고 사과한다면――그 효과는 배가 된다고 하였다.

사과(謝過)라는 용어는 자기의 잘못을 인정하고 용서를 비는 행위를 말한다. 인간은 누구나 잘못을 하면서 살아가기 마련이다. 누구나 본의 아니게, 고의로 잘못을 저지르게 된다. 누구나 잘못을 하지만 잘못 이후의 문제가 더 중요하다. 만약 실수를 저질렀다면 진심을 담아 재빠르게 사과해야 한다. 자신의 실수와 잘못 때문에 타인이 피해를 보았기 때문이다. 그 사람이 받을 상처를 재빨리 다독여주어야 할 것이다. 사과할 때 단순히 혹은 건성으로 "잘못했습니다"가 아니라 무슨 일로, 그리고 어떻게 해야 할지, 지금의 반성 상태를 담아 진솔하게 해야 한다는 것이다. 그것이 신뢰를 쌓는 일이다. 이러한 사과에 대하여 공자와 제자 간에 나눈 대화가 있다.

子之武城 聞弦歌之聲 夫子莞爾而笑曰 割鷄焉用牛刀
(자지무성, 문현가지성, 부자완이이소왈, 할계언용우도)
子游對曰 昔者 偃也 聞諸夫子曰 君子學道則愛人 小人學道則易使也
(자유, 대왈, 석자, 언야, 문저부자왈, 군자학도즉애인, 소인학도즉이사야)
子曰 二三子 偃之言 是也 前言戲之耳
(자왈, 이삼자, 언지언, 시야, 전언희지이)

공자께서 무성이라는 마을에 가서 음악 소리를 듣고 웃으며 말씀하시길, "닭 잡는 데 소 잡는 칼을 썼구나"라고 하셨다. 자유(子游)가 대답하기를 "예전에 저는 공자께서 군자는 도를 배우면 사람을 사랑하고, 소인은 도를 배우면 부리기 쉽다고 하시는 말을 들었다"고 하였다.
공자께서 "얘들아, 자유(子游)의 말이 옳다. 앞에 말은 농담이었다(論語)"라고 말씀하셨다.

천하의 공자라도 자기의 잘못을 바로잡는 제자의 말에 실수를 인정하는 구절이다. 이 구절의 내용을 자세히 보면 어느 평화로운 작은 마을에 놀러 가보니 작은 고을임에도 너무 힘써 다스려 마을 주민들이 평화로운 모습을 보며 농담으로 한 말이었다. 그러나 그 제자인 자유(子游)가 스승님은 지위고하(地位高下)를 따지는 것 없이, 도를 가르쳐야 한다고 말씀하셨는데 왜 그런 식으로 말씀하시느냐고 추궁하였다.

이 말은 들은 공자는 비록 농담이었지만 잘못했다고 사과했다는 것이다. 만약 우리에게 제자가 스승에게 대꾸하여 추궁하면 당장 "스승의 그림자도 밟지 않는데 어딜 건방지게"라고 하면서 제자를 나무랐을 것이다. 그러나 공자는 자기 잘못을 바로 인정하였고 오히려 자유(子游)에게 가르친 바를 실천하였다고 칭찬하고 있다. 제자와 스승 간의 믿음이 여기에서 나온다고 할 수 있다. 다시 말하면 자기 잘못을 인정하는 스승과 제자 간의 소통으로 인하여 더욱 믿고 학문에 정진하게 되었다는 것이다. 그만큼 한마디의 사과는 그 사람의 인격을 좌우한다는 것이다.

사과는 말로만 하는 게 아니다. 그렇다고 해서 보상으로 하라는 이야기는 아니다. 사과할 때는 미안한 마음을 '행동'으로 표현함으로써 자신에게서 피해 본 사람에게 최소한의 피해와 사태를 막아보자는 것이다. 이러한 사과를 했음에도 불구하고 사태가 복잡해지면 누군가의 도움을 구해야 할 것이다.

한국인의 약점은 잘못을 알고 있음에도 불구하고 표현하는 데 익숙하지 않다는 것이다. 즉 감정표현이 서툴다는 것이다. 이러한 행위는 온전히 잘못된 것이다. 마음에만 담아놓으면 본의 아니게 "파렴치하다", "~없다", "이기적이다"라고 여겨져 결국은 자기 자신에게 되돌아온다는 것 또한 잊지 말아야 할 것이다.

이와 달리 미국이나 유럽사람들은 사과나 감사 표현을 하는 데 매우 익숙한 습관을 갖고 있다. 따라서 외국 사람들은 한국에 거주하면서 이러한 습관에 익숙하지 않아서 "한국인은 이상해"라는 말을 한다. 물론 사과하는 건 어려운 일이다. 사과한다는 것에는 '자존심이 상한다'라는 의미와 '나는 저 아이한테 졌다'라는 의미가 내포되어 있기 때문이라는 것이다. 이는 잘못된 인식이다. 잘못하였을 때 순수한 마음을 가지고 정중하게 예를 표할 필요가 있다.

1 사과는 어떻게 진행되는가?

첫째, '사과할 준비를 하는 것'이다. 사과 방법은 상대방의 성격에 따라 달라질 수 있다. 관계 회복을 잘하기 위해 상대방의 성격을 먼저 고려해야 한다. 그리고 내가 관계 회복을 하기 위해 어떻게 말할 것인지 미리 적으면서 정리하는 것도 도움이 될 것이다.

이는 상대방에게 잘못을 저지르는 경우 상대방이 어떠한 신념이나 태도 그리고 감정의 기복 등을 겪었는지를 잘 살피거나 주위 사람의 조언을 구하여 미리 파악하고 이에 따라 어떻게 사과할지를 기록하거나 계획을 세워야 할 것이다.

둘째, '적절한 장소와 타이밍'이 있어야 한다. 관계 회복을 위해 싸운 후 무작정 바로 사과한다면 상대방에게 오히려 안 좋은 감정만 생길 수 있다. 서로 간에 시간을 갖고 적절한 사과 방법을 찾은 후 충분히 대화할 수 있는 시간과 장소를 준비해야 한다.

처음에 우리가 잘못했을 때 당황하는 경험은 누구나 가지고 있다. 언제 사과해야 할지 고민하다가 타이밍을 놓치는 경우가 허다하다. 이로 인해 차일피일(此日彼日) 미루다가 서로 감정이 격해져 인간관계가 단절되기까지 하는 사태가 발생하기도 한다. 따라서 적당한 시간에, 적당한 장소에서 다양한 방법을 통해 사과하는 것이 매우 효과적이라 하겠다.

셋째, 행동으로 '사과'하는 것이다. 이때, 관계 회복을 위해 긍정적인 소통방법이 필요하다. 겸손하고 열린 마음으로 소통을 해야 하며 관계가 틀어진 원인에 대해 해결책을 제시하면 좋을 것 같다.

사과하는 마음을 가지고 있지만 사과하는 방법을 몰라서 일을 망치는 경향이 있다. 왜냐하면, 어떻게, 무엇을, 어떤 내용으로 하는 데 있어서 제대로 된 교육을 받지 못하였기 때문이다. 그렇다고 해서 당황하지 말자. 부드럽고 공손하고 서로가 이해할 수 있는 영역 내에서 열린 마음으로 하면 이상이 없다는 것이다. "미안합니다"라는 말보다 "무엇 때문에, 어떻게 해서, 차후에 어떻게 하겠다"라는 식으로 차근히 상대방의 기분을 파악하면서 진행하면 된다는 것이다.

이렇게 하기 위해서는 먼저 '인정'을 해야 한다. 즉 솔직하고 정직하게 공개적으로 자기 잘못을 상대방에게 알리는 것이다. 두 번째는 '후회'하는 모습을 보여주는 것이다. 여기에는 그와 같은 잘못을 다시 되풀이하지 않겠다는 표현도 같이 있어야 한다. 또한, 자기 잘못에 대한 부끄러움과 각오도 있어야겠다.

다음 단계는 '해명'으로서 잘못한 이유와 배경에 대한 설명이 분명히 있어야 할 것이다. 해명과 변명은 분명히 다르다. 해명은 사실과 차이가 있는 부분을 짚어가는 것이고 변명은 자기의 잘못을 정당화하는 차원이기 때문에 사과하기에는 도움이 되지 않을뿐더러 오히려 사태를 악화시킬 수 있다.

네 번째는 '보상'단계로서 피해보상은 어떻게 하겠다는 식으로 분명하게 물질적, 정신적 보상이 뒤따라야 할 것이다. 마지막으로는 '용서 구하기'로서 상대방에게 진실한 마음으로 용서를 바란다는 메시지가 있어야 할 것이다. 이를 정리하면 인정 ☛ 후회 ☛ 해명 ☛ 보상 ☛ 용서 구하기 순으로 사과하는 것이 마땅하다.

2 사과하기 표현은 어떻게 해야 하는가?

위에서는 사과하기의 중요성과 단계에 관하여 설명하였다. 그러면 사과는 어떠한 방법으로 어떤 내용으로 하는지에 관하여 설명해 보겠다.

1) 자기가 잘못한 부분에 대해 핵심적인 내용을 정확히 표현한다

우리는 사과할 때 그냥 "미안해"라고 아무 일 없었던 것처럼 말하는 경우가 많다. 친구들끼리인데 "그냥 미안해, 한마디만 하면 될걸 가지고 그래"라고 하면서 화해를 중재하는 경우가 다반사이다. 이는 아주 좋지 않은 방식이다. 사과하는 데 무엇 때문에 하는지도 모르고 한다면 안 하는 것보다 못하다. 왜냐하면, 상대의 기분을 모르고 하는 방식이기 때문이다. 오히려 화를 부추기는 결과만 양산할 것이다.

따라서 상대방에게 "미안해"보다는 "미안합니다. 제가 당신의 노트에 낙서했습니다"라고 구체적으로 표현하는 것이 가장 좋다는 것이다. 그런데 이러한 방식은 피해야겠다. "당신의 몸을 건드려서(……) 버스가 복잡해서 밀리다 보니 그렇습니다. 제 책임은 아닙니다만(……)"이라는 식의 표현을 하면 안 된다. 자기 책임이 아닌데 사과해서 매우 억울하다는 표현이 되기 때문이라는 것이다. 사과할 때는 반드시 "미안합니다(……) ~때문에", 혹은 "~때문에, 미안합니다"라고 구체적으로 핵심을 짚어 표현하는 것이 알맞다.

2) 즉시 사과하기를 하되, 진심으로 표현하자

칭찬하기와 마찬가지로 사과할 경우는 즉시 미안함을 표현하라는 것이다. 왜냐면 시간이 늦어지면 감정의 골이 깊어지게 마련이기 때문이며 결국은 인간관계의 단절을 가져오기 때문이다. 그러나 그렇지 않을 경우도 있다. 양쪽의 감정이 서로 격해질 때는 그 상황을 잠시 미루고 서로의 시간을 갖거나 중재자를 통해 사과하는 'timing'을 조절해야 할 것이다.

보통 중재자를 통해 간접적으로 사과하는 것은 좋지 않은 방법이다. 특별한 상황이 아니라면 직접 만나서 사과하면 상대방의 기분이 누그러질 것이다. 이것이 대면의 효과이다. 또한, 직접 만나면 의외로 "미안해"라는 단어를 쓰지 않아도 자연적으로 해소되는 경향이 있다. 그 이유는 비언어적 표현이 이를 발휘하기 때문이다.

우리가 사과를 받는 것은 물질적으로 어떤 보상을 받기 위한 것은 아니다. 요즘 같은 사회에서 꼭 그렇지는 않지만, 그래도 만나서 그 사람의 진심(眞心, 盡心) 담긴 한마디를 듣고 싶어서이다. 우리는 착각을 하고 있다. 내가 사과하는 게 더 편하다고 하는데 내가 편하기 위해서 사과하는 것은 아니라는 것이다. 사과는 '상대방을 위해서' 하는 것이지 나를 위한 것이 아니라는 것이다. 따라서 나의 진심이 담긴 사과 한마디가 상대방에게 전달되도록 하라는 것이다.

친구들에게 사과하는 상황을 보면 매우 이상하다는 생각이 든다. "미안해"라고 한 친구가 사과하자, 상대방은 기분이 풀어지지 않았음에도 불구하고 쉽게 풀어지지 않자 "미안하다고 했잖아"라고 말하는 것은, 잘못된 방법이다. 이 한마디로써 풀린다면 세상은 평화로움으로 넘치게 된다. 다시 한번 기억하자. 사과는 내가 편하기 위해 하는 것이 아니라 상대방이 나로 인해 상한 기분을 회복시키기 위한 것이라고 분명히 기억하자.

3) 변명하지 마라

친구끼리 하는 말이 있다. 만약 실수했을 경우 변명해서는 안 된다는 것이다. 어떤 실수는 있는 그대로 인정하고 후에 반복하지 말라는 것이다. 예를 들어 "조별 과제를 늦게 내서 미안해", "내 분량이 제일 많았잖아"라는 표현을 친구들 간에 쉽게 한다. 이와 같은 사과에는 '너희들만 작은 분량이고 나는 많잖아'라는 비난이 섞여 있다. 이러한 표현보다는 "조별 과제가 약속보다 늦어져서 미안해"라는 말이 더욱 훌륭한 사과하기이다. 즉 사과했으면 그다음에 다른 말이 필요 없다는 것이다. "미안합니다, 제가 잘못했습니다. 하지만(……)"이라고 시작하면 상대방의 기분을 상하게 할뿐더러 오히려 상황만 악화시킬 수 있다. 사과의 말 뒤에는 접속사 붙이는 것을 조심해야 할 것이다.

4) 상대의 말을 끝까지 듣되, 사과할 경우는 신체 언어를 이용하는 것이 좋다

만약 자신의 잘못으로 인하여 상대방이 화가 났을 경우 그의 분노나 억울함, 불만 등에 대한 표출을 끝까지 들어야 한다는 것이다. 상대방의 기분이 자신의 기분과 동일(同一)하지는 않다는 것이다. 따라서 상대의 불만을 듣는 도중에 과하거나 기분이 언짢더라도 반박하거나 끼어들지 말아야 한다. 인내심이 필요하다. 상대방의 불만이 어떤 이유인지를 충분히 파악하고 비언어적 표현인 눈으로 사과하는 방법을 터득하라는 것이다. 상대에게 최대한 감성적인 눈빛을 보내 진지한 모습을 보여야 한다.

우리는 말로만 사과하고 끝내는 경우가 많다. 그러기보다는 태도를 공손히 하며 상대방을 자극하지 않는 범위 내에서 온몸을 동원하여 상대에게 미안함을 표현하는 것이 좋다.

만약 언어적 표현을 사용한다면 자극이 될 만한 언어는 피하는 것이 좋다. 예를 들면 "피해를 주었다니까. 일단 잘못했어"라는 말과 같은 비아냥이 섞이거나 책임을 상대에게 전가하는 식의 용어 사용은 피해야 할 것이다. 즉 공손한 언어를 사용하라는 것이다.

5) 용서를 구하면서 재발 방지를 약속하라. 그리고 약속은 꼭 지키는 것이 현명하다

사과라는 말은 나의 잘못과 실수를 상대방에게 용서해 달라는 것이다. 사과와 용서는 상대성을 가지고 있다. 사과는 의무감으로써 반드시 해야 하지만 용서는 상대방의 몫이다. 따라서 상대방이 용서할 준비가 되지 않았다면 화를 추스르고 난 뒤에 용서를 구하는 것이 현명한 것이다. 그래야 문제해결이 빠를 수 있다.

그리고 사과할 경우 반드시 재발하지 않는다는 것이다. 이러한, 재발 방지는 사과에서 가장 중요한 핵심 사항이다. 개선 의지를 보여줌으로써 그 사람과의 인간관계를 유지하고자 하는 바람을 표현해야 하고 덧붙여 보상도 첨가하는 것이 좋을 것이다. 예를 들면 "미안해, 보고서를 늦게 제출해서. 다음에는 빨리 끝낸 뒤에 너희 것들도 도와줄게"라는 식으로……

또한, 사과하고 용서를 구하고 재발 방지를 약속했더라도 그 약속을 지키지 않는다면 무용지물(無用之物)이다. 자신이 약속한 내용을 행동으로 옮기지 않으면 그 사람에 대한 신뢰성이 추락될 것이다. 자기 사과가 퇴색되지 않게 약속한 내용은 지키도록 한다.

6) 사과하는 경우 자신과 함부로 타협할 생각을 해서는 안 된다

항상 인간은 누구나 실수한다는 생각은 있을 수 있으나 실수가 당연하다는 생각은 버려야 할 것이다. 흔히 가벼운 실수를 하고는 '이 정도쯤이야 괜찮겠지' 하면 큰 오산이라는 것이다. 상대방이 '이 정도'라고 하는 것이 자신에게는 어떻게 다가올지도 모르고 그것은 상대방을 배려하는 모습이 아니라는 것이다. 작은 것이라도 가볍게 넘기지 말아야 하며 엄격하게 다루어야 할 것이다. 왜냐하면, 가벼운 실수라고 해도 실수는 잘못된 것이기 때문이다. 이러한 생각에 집착하면 사과할 기회가 없어지거나 지나치게 되는데 이래서는 안 되며, 오히려 더 크게 사과할 필요가 있을 것이다. 아무튼 사과하기를 할 때 정당화해서는 안 되며 '그런데'라는 접속사를 쓰면 안 된다. 여기에는 '나는 잘못이 없으니 당신의 잘못이야'라는 뜻이 내포되어 있기 때문이다.

7) 그 외의 다양한 사과법

앞에서 사과하는 요령과 방법에 관하여 이야기를 하였다. 그러나 사과할 때 피해야 하거나 주의할 사항이 있다. "말 한마디로 천 냥 빚을 갚는다"라는 속담이 있다. 그만큼 말할 때 생각하고 하라는 이야기이다. 우리는 이를 유념하여 건전한 인간관계를 수립하고 갈등을 피해야 한다.

첫째, "내가, 무슨 잘못을 했는지 모르지만, 하여튼 미안해"와 같이 애매한 사과법을 피하라는 것이다.

둘째, 수동적인 사과 태도를 버려라. 예를 들면 "본의 아니게 실수를 했어"라는 회피형의 사과법이다. 당장 일어난 문제를 미루어 뒤늦게 받게 될 상처에 대한 무책임한 대응책만으로는 갈등 상황을 해결할 수 없다는 것이다. 한국 사회에서 일어나는 갈등 현상이 이와 많이 닮아 있다. 사회 전체의 모습에는 국가의 힘이 강력하고 이후 경제성장을 이루어가면서 시장이 활성화되고, 재벌의 입지가 강화됨에 따라 시장을 중심으로 하는 갈등이 강렬하게 일어났다. 사회변동과 함께 경제성장의 급격한 변화가 시민 정서에 익숙하지 못할 정도로 빠르게 성장을 이루었다는 것이 어쩌면 지금 곳곳에서 발생하는 바람직하지 못한 사람들의 갈등 대처방식과 갈등을 회피형으로 해결하려는 방식과 닮아 있다. 갈등의 시작은 이해 전달의 오류와 잘못된 정보 해석으로 인한 감정싸움으로 번져 해소되지 못할 시 갈등상황을 넘어 폭력적인 다툼으로까지 이어질 수 있다. 실제 사례를 들면, 2014년 세월호 사건을 들 수 있는데, 시간이 지나도 대한민국의 국민이라면 모두가 기억해야 할 잊지 못할 사건 중 하나로 꼽히고 있다.

셋째, 상대방이 피해당했다고 의심하는 식의 사과 방법도 피해야 할 것이다. "억울하다고 하니까(……)"라는 식의 '사과하기'이다. 이러한 사과법을 피해야 하는 이유는 '내가 보기에는 별로 억울한 것 같지 않다'라는 의미가 내포되어 있어서 진정성이 의심스럽다는 것이다.

넷째, 교만한 태도 방식이라 할 수 있다. 사과는 상대방에게 용서를 구하는 것이라고 하였다. 실수를 만회하기 위하여 상대방에게 사과한다는 것이다. 그렇다면 상대방보다 우위에 있으면 더욱 안 된다. 예를 들면, "억울하게 피해를 주었다니 대단히 유감입니다"라는 식의 사과 태도는 적절치 않다. 이런 태도는 상급자가 하급자에게 하는 형식의 사과이고 유감이라는 것은 실질적인 사과가 아니라는 것을 말한다.

유감(遺憾)은 '마음에 차지 아니하여 섭섭하거나 불만스럽게 남아 있는 느낌'을 의미하는 단어다. 비슷한 의미로는 '안타깝다', '섭섭하다', '불편하다' 등이 있다. "너, 나한테 유감 있냐?"는 말은 "너 나한테 뭐 안 좋은 감정이 있냐?"라는 뜻으로, 일상에서도 흔히 사용되고 있다. 한국어 중에서 자주 사용되면서도 애매모호한 표현인데, '마음이 복잡하다', '섭섭하다', '안타깝다'라는 식의 표현은 맥락에 따라 다양한 의미로 해석할 수 있기 때문이다.

예를 들어 고인에 대해 '유감을 표함'은 고인의 죽음에 관한 안타까움과 슬픔의 의미, 다른 누군가가 힘들어할 때 쓰는 '유감이다'라는 표현은 상대에 대한 위로의 표현이다. 그리고 이를 책임회피용으로 이용하는 경우이다. 자신이 잘못한 일로 상대가 힘들어하는데도 상대에게 '유감스럽다'라고 표현하는 case가 있다. 즉, 자신이 잘못한 일이 아님을 은연중에 각인시키는 책임회피, 유체이탈 화법이다(백과사전).

우리나라 말에는 이와 유사한 표현이 여러 가지 있다. 따라서 상황에 따라 적절하게 선택하여 사용할 필요가 있다.

> 유감하다 : 마음에 차지 아니하여 섭섭하다.
> 미안하다 : 상대방에게 마음이 편치 못하고 부끄럽다.
> 죄송하다 : 죄스러울 정도로 황송하다.
> 죄스럽다 : 죄지은 듯하여 마음이 편하지 아니하다.
> 황송하다 : 분에 넘쳐 고맙고도 송구하다.

다섯째, '사과(謝過)'할 때는 '사과자체(謝過自體)'에 방점을 두어야 한다.

만약 친구들 사이의 말다툼이 확대되어 싸움으로 번져서 서로 간에 신체적 상처를 입은 상황에 이르면 친구 부모님에게 상처 낸 부분에만 사과하는 부모님도 있다. "치료해라, 병원비는 얼마가 나와도 좋아"라는 식이다. 이러한 사과 방식은 오히려 화를 부추기게 된다. 즉 사과의 방점을 정신적, 물질적 피해에만 집중하고 배상해 주면 끝이라는 식의 사과이다. 따라서 상대방에게 이러한 피해를 사과하려면 말로만 하는 것이 아니라, 반드시 처분이 따르는 사과와 재발 방지를 위한 사과 방법을 택해야 할 것이다. 그렇게 하면 오히려 피해를 본 쪽이 '미안해' 하는 경우를 볼 수 있을 것이다. 옛말에 "자식이 싸우면 자기 자식부터 혼내라"는 말이 있다. 진심으로 사과하면 상대방에게도 전달될 것이다.

여섯째, 사과할 때 피해야 할 사과 방법은 "만일 실수가 있었다면(……)", "네가 화가 났다니(……)"라는 식이다. 이러한 방식의 사과는 조건부이다. 이것은 자기는 잘못이 아니고 혹은 자기 잘못을 애매하게 만들어 상대방에게 혼란을 주는 사과 방법이다. 이러한 사람은 자기 잘못은 별것이 아닌데 '네가 속이 좁아서'라는 인상을 풍기게 된다. 즉 조건부의 사과는 변명에 불과하다. 사과는 변명이 아니라고 했다. 자기의 잘못을 인정하고 상대방에게 알리고 용서를 구하는 부탁이라는 사실을 잊지 말아야 한다. 조건부 사과는 자기변호가 될 뿐만 아니라 일시적인 비난을 피하기 위한 사과이기 때문이다.

또 하나는 '나도 일부분 잘못이 있는데 너도 잘못했잖아'라는 식의 사과도 하지 말아야 한다. 이러한 사과법은 상대방에게 책임을 전가하는 몰상식한 방법이라 할 수 있다. 이러한 경우의 예는 어린 나이일수록 나타나는 경향이 있다. 성인이 되어서는 피해야 한다. 초등학교 수준의 사과법이기 때문이다.

일곱째, 상대방이 준비되었을 때 사과하는 것이 좋다.

위에서 사과는 "상대방에게 용서를 구하는 행위"라고 하였다. 따라서 사과할 때 상대에게 용서를 구하라는 것이다. 상대방이 잔뜩 화가 나 있을 때나, 사과받을 준비가 되어 있지 않을 경우 역시 피해야 한다. 역으로 말하면 본인이 사과할 준비가 되지 않았는데 건성으로 사과하는 것은 반드시 피해야 할 것이다. 이러한 성급한 사과는 말만으로 사건을 마무리하려는 의도가 내포되어 있기 때문이다.

그러나 상대방의 상처가 깊거나 복잡하게 얽혀 있는 문제라면 일단 사과를 먼저 하고 후일을 기약해야 할 것이다.

연습문제 1 다음의 상황에 따라 작성하여 보자.

1) 친구들과 술을 마시다가 너무 즐거운 나머지 너무 떠들거나 상대방의 옷에 술이 묻게 했다면 당신은 어떻게 사과하겠는가? 당신의 처신 방법은?

2) 수업시간에 옆자리 친구에게 장난을 치다가 선생님에게 들켰을 때 당신의 사과법은?

3) 어제까지 친구에게 점심 신세를 지게 되었다. 하도 미안해서 내일 점심은 내가 내겠다고 장담하였다. 다음날 점심을 과하게 먹고 난 후 계산하고자 하였는데 지갑을 가져오지 않은 걸 알았다. 이때의 사과법을 구체적으로 적으시오.

02 감사하기

1 '감사하기'란?

1982년 봄, 강원도에서 자라서 고등학교를 마치고 부푼 꿈을 안고 처음 대구로 유학을 오게 되었다. 고3까지만 해도 내가 살던 강원도에서는 당연한 삶이라 생각하여 유학을 오게 된 데 대한 감사함을 전혀 모르고 살았다. 이러한 삶은 나에게 당연한 것으로 느껴졌다.

그러나 이러한 생각은 대학교 진학을 하면서 바뀌게 되었다. 당시 대구에 와서 구수한 경상도 사투리를 섞어 쓰며 이야기하는 친구들을 보면 매우 신기했고 나도 아름다운 미래를 꿈꾸며 살고 싶었기 때문이다.

당시는 12.12 군사반란과 광주민주화운동이 일어난 지 얼마 지나지 않은 시절이라 모든(교육, 정치, 경제 등) 게 군사정권의 그늘에서 이루어지고 있었다. 그 당시를 떠올리면, 학교에서의 생활은 학업보다도 민주화 시위로 매일매일 숨 가쁘게 돌아가고 있었다.

대학에 갈 때만 해도 몰랐던 사실을 알고부터는 모든 것이 감사하다는 생각뿐이다. 당시 내 또래 학생들은 약 13% 정도만 종합대학에 입학할 수 있었고 여학생들은 여러 사정으로 대학 진학률이 높지 않은 시절이었다. 그렇게 세월이 흐르자 나는 언제부터인가 아침에 책을 보고 있었고 하루하루 학생들을 교육하고 있는 나 자신을 보면서 하루하루 감사하며 살고 있다.

또한, 과거의 군사독재 시절보다는 좋은 여건이고, 교육에만 전념할 수 있어서 감사하다. 경제성장의 발전으로 인하여 누구나 교육받을 권리가 있는 이 나라에서 태어났다는 자체가 매우 감사하다. 그리고 여전히 미비하지만, 교육여건이 조금씩 발전하고 있다는 것에도 매우 감사하다.

그리고 계속 진행형인 한국의 모든 상황이 과거로 회귀하지 않았다는 것도 자랑스럽다. 민주주의, 각종 제도가 점점 향상되고 있다는 데에도 감사하다. 사회적 약자가 없는 세상을 만들고자 하는 노력에 관심을 두는 자체에만도 매우 감사하다,

아프면 각종 의료보험제도의 혜택을 받을 수 있고, 돌팔이가 없고 명의(名醫)가 더 많은 사회에서 사는 것, 또한 교육을 잘 받고 사회에 진출한 좋은 간호사들이 많은 세상에 태어나 매우 감사하다. 하루하루 매일 보이지 않는 것을 생각하며 감사한 마음으로 살 수 있는 세상이 오기 때문에 감사하다는 것이다.

감사한 마음으로 산다는 것은 자기 삶을 가치 있게 느낀다는 것을 말한다. 다시 말하면 자신의 존재가치를 스스로 느끼고 있다는 것이며 자기 삶 자체가 행복이고 긍정적으로 살고 있다는 것을 스스로 증명한다는 것이다. 즉 자기 삶에 대한 가치를 알고 주인의식을 가졌다는 것을 의미하며 자신의 정체성을 알아가고 있다는 것이 진정한 감사라고 할 수 있다.

우리는 타인과 더불어 살아가는 존재이다. 더불어 사는 삶이야말로 성공적이면서 건전한 인간관계를 형성할 수 있는 것이다. 여기에는 감사하는 마음이 밑바탕에 있어야 성공적인 인간관계를 형성할 수 있다.

'누군가에게', '무엇에게' 감사하다는 것은 행복과 밀접한 관계가 있다. 즉 행복하다는 것은 무엇인가에 대한 감사함을 의미하므로 긍정적인 인간관계를 맺을 수 있다. 예를 들어 상대방에게 감사함을 느끼고 있다면 그의 행동이나 말에서 소중함을 느낄 수 있으므로 결국은 개인의 행복을 갖게 하는 데 놀라운 힘을 가진다. 이러한 놀라움으로 대화의 장을 넓힐 수 있다.

타인에게 감사하고 있다면 결국 대화법에도 많은 영향을 미치게 된다. 이러한 대화법은 상대방을 이해하고 모든 행동과 말들을 긍정적으로 보게 함으로써 문제해결에 많은 도움을 준다는 것이다. 다시 말하면 서로에게 상처를 주기보다는 사랑으로 변화시킬 수 있는 놀라운 힘을 가지고 있다는 것이다.

'감사하다'라는 표현과 '고맙다'라는 말은 비슷하지만, 차원이 다른 언어이다. 즉 감사에는 '고맙다'라는 말 이상의 의미가 내포되어 있다. 감사함이 주는 여러 가지 유익함에 관심을 가진 연구는 많이 있는데 "끊임없이 감사해 하는 사람들은 상대적으로 더욱 행복하고 활기차며 희망적이고 긍정적인 감정을 더 자주 경험한다는 사실이 밝혀졌다. 또 감사하는 기질이 미약한 사람들보다 남에게 도움을 더 많이 주고 잘 공감하며 더 영적이고 종교적이며 더 용서를 잘하며 덜 물질적인 성향을 보인다고 하였다. 나아가서 감사한 마음을 가질수록 우울하거나 외롭거나 질투하거나 신경증적인 양상을 보일 가능성이 줄어든다(이경리 외, 2021)"고 한다.

누군가에게 도움을 받았을 때 막연하게 '고맙다'라는 말을 자연스럽게 한다. 즉 '고맙다'라는 말은 감사하다는 표현이다. 감사하다는 것은 그 대상이나 인물의 가치를 인정하고 소중한 존재라는 것을 의미하며 이것은 마음속에서 우러나오는 자연스러운 감정이라 할 수 있다. 이를 위해서는 자기 내면상황이나 주변에 대한 긍정적인 마음 자세가 필요하다.

따라서 '고맙다'라고 할 경우에도 마찬가지로 고마운 이유를 더 정확하게 밝혀야 한다. 이는 위에서 설명한 '사과하기'와 같은 이유 때문이다. 고마운 말을 전하고 싶을 때 '누구에게', '무엇을',

'어떻게' 할 것인가를 생각해서 진지하게 전달해야 한다. 약간의 언어적 표시가 나중에 더 큰 보상으로 돌아올 것이다.

2 감사는 왜 행복을 가져오는가?

2017년 OECD가 발표한 '워라밸지수(행복지수)'에서 한국의 행복도지수는 세계 32위에 해당하였다. 국내총생산을 지칭하는 GDP는 세계 11위이지만 소득수준이 우리보다 하위에 있는 네덜란드, 덴마크, 스페인 등은 세계에서 행복지수가 가장 높은 나라들이다. 이를 보면, 소득수준이 높다고 행복한 것은 아니다(김숙복, 2020).

행복(幸福, happiness)은 "희망을 그리는 상태에서의 좋은 감정으로 심리적인 상태 및 이성적 경지 또는 자신이 원하는 욕구와 욕망이 충족되어 만족하거나 즐거움과 여유로움을 느끼는 상태, 불안감을 느끼지 않고 안심"하는 것을 의미한다. 그 상태는 주관적일 수 있고 객관적으로 규정될 수 있다. 또한, 행복은 철학적으로 대단히 복잡하고 엄밀하며 금욕적인 삶을 행복으로 보기도 한다. 한편 광의로 해석해, 사람뿐만 아니라 여러 생물에도 이에 상응하는 상태나 행동, 과정이 있을 수 있다. 생물의 행복감에는 만족감의 요소가 가장 큰 비중을 차지하나 인간의 경우 만족감 외에도 다양한 요소가 행복감에 영향을 미친다.

따라서 행복이나 불행은 주관적일 수 있다고 하겠다. 어떤 일을 받아들이는 마음에 따라 다르다는 것이다. 세계 1위의 행복지수를 가지고 있는 나라들도 경제적으로는 세계 최고가 아니더라도 삶에 관한 행복을 받아들이는 데 차이가 있다는 것이다. 즉 경제 형편과 행복은 별개라는 뜻이 된다. 행복지수 상위권의 나라들은 우리보다 더 많은 세금을 내서 당장 삶이 불편하지만, 그것을 받아들이는 자세가 우리와는 다르다는 것이다. 그 증거로 우리의 경제구조는 세계 10위권이라지만 자살률은 세계 1위로서 이 순간에도 많은 사람이 죽어 가고 있다. 따라서 자살률이 높다는 것은 '삶에 대한 감사의 마음이 없다'라는 것을 반증하고 있다. 따라서 불행하게 살아갈 수밖에 없다는 것이다.

위에서 '행복한 사람이 훨씬 세상을 긍정적으로 바라보며 더욱 감사하는 경향이 있다'라고 했다. 따라서 누군가에게 하루하루 감사하는 마음으로 살아가면 본인뿐만 아니라 상대방도 행복한 삶을 살 수 있게 되는 것이다. 항상 감사하는 습관을 갖기 위해 노력해야 할 것이다. 감사가 행복을 가져오는 이유는 다음과 같다.

첫째, 자신의 가치가 상승된다는 것이다. 감사 표현을 하면 자기의 가치와 자존감이 강화된다는 것이다. 이는 자신이 감사받았을 경우를 생각하면 알 수 있다. 다른 사람이 나에게 도움을 얼마나 주었는지, 그것을 통해 얼마나 많은 것을 달성했는지를 알았을 때 자신이 유능하고 성실하고 자신감이 커졌다는 것을 알게 된다는 것이다. 사람들은 이기적이기 때문에 자신의 실패와 좌절을 타인에 대한 원망으로 돌리는 경향이 있다. 또한, 자신이 받은 상처도 타인에 대한 원망과 그로 인한 집착으로 돌리는 경향이 있다. 이는 매우 어리석은 행동이다. 감사하는 습관을 통해 이러한 행위를 없애야 할 것이다.

둘째, 신체적, 정신적 발달에 유익하다. 다시 말하면 신체적으로는 스트레스를 예방하고 정신적 외상을 치료하는 데 도움이 되며, 도덕적인 행동을 일으키게 된다는 것이다. 부정적인 마음보다 긍정적인 마음 자세가 상식적으로 스트레스의 영향을 덜 받는다. 따라서 실패나 실망이 큰 상태에서는 다른 일에 대한 감사 표현이 적어질지도 모르지만 새롭게 인생을 충전하는 데는 활력소가 될 것이다. 또한, 누군가의 도움을 받거나 도움을 주었다면 보답하기 위해서나 자기를 격려하기 위해 노력할 것이다. 따라서 다른 사람을 도와주어야겠다는 마음이 생기게 된다. 반대로 자기가 받은 것에 대한 감사를 느끼게 되어 소유욕이 없어짐으로써 도덕적인 행동으로 변화하는 계기를 마련해 줄 수 있다.

감사하기가 신체적 건강에 미치는 효과에 대해서 캘리포니아 의과대학의 오시니 박사는 이렇게 말했다. "건강에 미치는 의학적 변수는 부지기수로 많지만, 존중과 감사보다 더 큰 요인은 보지 못했다. 다이어트, 흡연, 운동, 스트레스, 유전적 특징, 약물 처방, 외과시술 등을 모두 비교해 보아도 존중하고 감사히 여기는 태도와 비교가 안 된다. 삶의 질, 발병률, 건강한 신체, 조기 사망의 예방 등 어느 기준에서 보더라도 그렇다(이경리 외, 2021에서 재인용)."

또 하나의 예를 들면, 미국 Duke University 의료센터의 자료에서 심장 수술을 받은 환자들을 대상으로 분석한 결과 '심장 수술을 받게 되어 매우 감사하게 생각한다'라고 표현한 사람들이 그렇지 않은 사람보다 식사도 더 잘하고 약의 부작용도 적었다고 한다. 결과적으로 감사하게 생각한 환자들의 심장 상태가 이례적으로 호전될 뿐만 아니라 수명도 연장되었음이 관찰되었다(이경리 외, 2021에서 재인용).

감사하기가 정신적 건강에 미치는 효과에 관한 연구 결과를 보면 그 효과가 대단하다는 것을 알 수 있다.

성인 남녀 201명을 대상으로 한 워릭대의 연구에서는 '삶을 감사하게 여긴다'라는 사람은 '나는 불행하다'라고 응답한 사람에 비해 우울증 증세를 보인 경우가 절반 가까이 낮게 나타났다고 발표했다(이경리 외, 2021에서 재인용).

셋째, 삶을 긍정적으로 바라보고 그러한 경험을 음미하며 기존의 인간관계를 강화시키는 데 유익할 뿐만 아니라 새로운 인간관계를 형성하는 데 많은 도움을 준다. 삶의 긍정적인 경험을 음미한다는 것은 타인에게서 받은 감사라는 감정을 더욱 느끼고 즐거움을 가질 수 있어서 더욱 감사함을 끌어낼 수 있다는 것이다. 이는 자신에게 주어진 삶에 대한 감사를 통해 즐거움을 최대한 맛보게 한다는 것이다.

따라서 이러한 음미는 자신에게 긍정적인 강화로 돌아와서 더욱 상대방에게 잘해주고 싶다는 생각이 들게 되어 결국에는 인간관계를 더욱 원활하게 해준다. 이러한 사람들은 대체로 또 다른 인간관계를 쉽게 형성할 수 있을 것이다.

카네기의 『인간관계론』에서는 사람들을 대하는 기본적인 원칙 중 하나가 '감사하기'라고 하였고 많은 연구에서 상사와 직원 관계에서 감사를 표현하고 감사의 감정을 촉진하는 것이 직원들에게 의욕과 동기를 주는 데 도움이 되며 더욱 협력적이고 관대한 근무문화를 만들어낼 수 있다고 밝혔다(이경리 외, 2021).

넷째, 실천하고자 하는 감사 표현은 부정적인 감정을 억제하는 데 일익을 담당한다. 예를 들어 누구인가에 대한 감사하다는 표현은 상대방에 대한 분노, 탐욕, 노여움, 괄시 등의 마음이 생길 수 없게 한다. "도움을 주셔서 감사합니다"라는 말에는 긍정적인 감정 요소가 내포되어 있다는 것이다. 따라서 감사한다는 것은 또 다른 자신을 바라보게 됨으로써 타인에 대한 배려를 상승시키는 효과가 있어서 봉사활동으로 발전하는 데 도움을 준다. 즉 현실에 안주하지 않는다는 것이다.

다섯째, 감사를 표현하면 다른 사람과의 비교를 억제하는 경향이 나타난다.

이는 자신이 가진 것, 자신의 현재 상황에 관하여 감사하게 됨으로써 타인이 가진 것에 대한 관심이 줄어든다는 것이다. 결국은 현대인들이 취약한 물질만능주의를 타파하는 데 도움을 줄 수 있다.

3 감사하기의 표현방법에는 어떠한 것들이 있는가?

'감사하기'란 누군가에게 도움을 받았을 때 그 감사에 관한 호의를 표하는 것이다. 이를 위해서는 다음과 같은 과정을 거쳐야 감사하기를 표할 수 있다. 먼저 인정 ☛ 긍정적인 반응 ☛ 감사를 표현하는 방법 ☛ 감사 표시 ☛ 타인의 행동 변화의 순으로 이어지게 된다.

인정의 단계는 말 그대로 상대방에게서 도움을 받았다는 것을 알아차리는 일이다. 즉 "잘 되면 내 탓 잘못되면 남의 탓"이라는 생각을 버려야 할 것이다. 이러한 마음을 가지면 죽을 때까지 감사 표시는 필요 없게 된다.

긍정적인 반응의 단계는 상대의 도움을 받았다는 것을 알아차리면 감사라는 긍정적인 반응이 일어나게 된다는 것이다. 이러한 감정이 일어나지 않는다면 굉장히 이기적인 사람이라고 할 수 있다.

이러한 감정을 표현하는 것이 '감사하기'인데 이것도 꾸준한 훈련과 기술이 필요하다는 것이다. 오늘날 대한민국의 사회에서는 이러한 표현에 인색하다. 따라서 이러한 표현력은 선천적으로 가지고 나올 수는 있으나 대부분 사회생활을 하면서 익혀나가고 있다. 이러한 방법으로 꾸준하게 노력하다 보면 타인에게 긍정적인 반응을 주어 다른 사람의 행동에 변화를 주는 데도 도움을 줄 것이다. 누군가의 도움을 받을 때 감사해 하는 것도 중요하지만 스스로가 매일 반성하면서 감사한 일을 찾는 것도 하나의 방법이라 할 수 있다. 세상을 넓게 보면 감사할 일들이 많다.

1) '감사하기'를 할 때는 진솔하게 미소 지으면서 '감사합니다'라는 말을 직접 하라는 것이다

우리는 감사하기를 표현하는 데 있어 매우 인색하다고 하였다. 그 이유는 여러 가지가 있으나 주로 내성적인 성격을 가지고 있어 표현하는 데 익숙하지 않다는 것이다. 내면으로는 감사를 표현하고 싶지만, 겉으로 표현하면 '나 자신이 드러내 보일까' 하는 생각 때문이다. 다시 말하면 '아부(阿附)'라는 인상을 주기 때문에 꺼리고 있다.

그러나 감사 표시는 제삼자에 의해 하는 것이 아니라 직접 "고맙습니다", "감사합니다"라고 표현하는 것이 옳다. 자신이 표현하지 않은 감사 표시는 무용지물이고 제삼자의 감사 부탁도 들어주면 안 된다.

2) 감사 표시가 어렵다면 감사카드나 메모를 남겨두는 것도 좋은 방법이다

감사 표현을 대면으로 하는 것이 여의치 않을 시에는 감사메모를 남겨놓는 것도 하나의 방법이다. 즉 감사를 표현하는 문자나 카드는 또 다른 효과를 발휘할 수 있다.

3) 감사하는 습관을 훈련한다

항상 감사 표현을 생활화할 수 있어야 한다는 것이다. 이를 위해서는 꾸준한 연습과 노력이 필요하며, 다음과 같은 방법을 사용해 보자.

첫째, 하루에 잠깐이라도 감사하는 시간을 갖자는 것이다. 하루의 일과를 마치거나 휴식시간을 이용하여 약 5분 동안 감사한 것을 찾아 생각해 보는 시간을 갖는 것도 하나의 방법이다. 시간은 비록 짧지만, 이 시간을 통해 삶을 긍정적으로 바라보게 되며 나만의 시간을 가짐으로써 편안한 휴식을 즐길 수 있을 것이다. 이때 편안한 휴식이라는 말은 생산적 휴식을 갖는다는 의미이다.

둘째, 정기적으로 감사 편지를 한 번씩 써보자. 주말이나 주중 혹은 매달 누군가에게 감사하다는 편지를 써보는 것이 도움이 된다. 편지를 써봄으로써 타인과의 관계를 강화시킬 뿐만 아니라 감사 편지 쓸 사람이 없다면 찾으려고 노력하기 때문이다. 이렇게 함으로써 도덕성 향상에 도움을 줄 것이다. 혹시 편지를 쓰는 것에 익숙하지 않다면 감사한 일들에 대해 매일 일기 형식으로 남겨두는 것도 좋을 것이다. 이러한 일기는 후에 인간관계를 재고하는 데 매우 유익할 것이다.

감사일기를 쓰는 것은 어렵지 않다. 일기를 쓸 때 공통적인 것은 아니지만 4가지로 주요 내용을 구성해 보았다.

인간관계 ☛ 일상의 주변환경 ☛ 생각나는 것 ☛ 어제 일어났던 일 등의 순으로 편한 대로 쓰면 된다는 것이다. 이를 중심으로 예시를 하나 적어보았다.

> ♪ 오늘 옛친구를 만나서 오랜만에 이야기를 나누고 내 삶과 친구의 삶을 느끼게 되고 관계가 더욱 소중하게 된 점에 관하여 감사합니다.
> ♪ 오늘도 기분 좋은 아침을 맞이하여 하루를 무사히 마치게 해준 것에 대한 감사를 드립니다.
> ♪ 오늘도 어제보다 더욱 알차게 지내게 된 점에 관하여 감사드립니다.
> ♪ 어제 부모님과의 전화에서 부모님이 건강하게 잘 지내고 계셔서 매우 감사합니다.

셋째, 나를 괴롭혔던 사람들에게 감사하는 표현도 익혀야 한다. 이 말은 우습게 들릴지 모르지만 나를 새로운 시각으로 보게 하는 데 도움을 주었기 때문이다. 역지사지(易地思之)란 말이 있듯이 나를 다른 사람의 처지에서 바라볼 수 있게 했기 때문이다. 다시 말하면 내가 다른 관점으로 상황을 바라보게 하는 법을 가르쳐주었다는 사실에 감사한다는 것이다.

다른 관점에서 보면, 인내심과 차분함을 가지게 하였고 그들을 다시 한번 생각하는 기회를 주었다는 것에서 감사의 글을 남기는 것도 매우 훌륭하다.

넷째, 말이나 글로써 남기는 것도 좋은 방법이지만 상황에 따라 다른 방법을 찾아보자. 감사는 일반적으로 말이나 글로써 표현한다. 그러나 다른 방법도 있다는 사실을 인식하자. 예를 들어 다른 사람이 매우 힘들어할 때 글과 말은 위로가 되지 않는 경우가 있다. 이때 조용한 장소로 여행을 가거나 분위기를 쇄신할 수 있는 여행지를 선택하여 함께 거니는 것 또한 훌륭한 방법이다. 혹은 괴로운 일들을 떨쳐버릴 수 있도록 여행 ticket을 선물하는 것도 하나의 방법이다.

다섯째, 감사하기를 찾기 어려울 때는 다음과 같은 방법을 생각해 보자. 그 순서는 사람 ☛ 경험 ☛ 나로부터 생각하기 ☛ 우연 ☛ 감사로부터 찾기의 순서로 편안하게 작성하면 된다. 그것을 자세하게 설명하면 다음과 같다.

첫째, 감사한 내용은 사람에게서 찾아야 한다. 오늘 나에게 가장 고마웠던 사람이 누구였는지 그리고 오늘 나에게 자극이나 인사이트를 제공해 준 사람이 누구였는지도 생각해 보아라. 그리고 오늘 만났던 사람 중에서 가장 배우고 싶은 사람은 누구였는지도 생각해 보자.

둘째, 경험에서 찾자. 오늘 어떤 경험이 나를 더 발전하게 해줬는지 떠올려보자. 오늘은 어떤 뉴스가 나를 감사하게 하는지, 오늘 생활 속에 숨어 있던 작은 감사가 있었는지도 생각해 보자. 예를 들면 "저는 오늘 아침에 맛있는 아침을 먹어서 매우 감사했어요"라는 식이다.

셋째, 나로부터 생각하기이다. 나의 재능 중 오늘 감사하게 된 것에는 어떤 것이 있는가? 아니면, 나의 신체, 성격 중 오늘 감사하게 된 것은 무엇인지 생각해 보자. 그리고 나의 언행 중 오늘 특별히 감사하게 된 것은 무엇인지도 떠올려보자. 예를 들면, "저는 남들처럼 말을 재밌게 하지는 못해요. 하지만 자료를 읽고 요약하는 재능을 가지고 있어서 감사하다고 생각했어요"라고 말이다.

넷째, 우연에서 찾자. 오늘 뜻밖의 우연에 감사할 것이 있었다면 그걸로 감사일기를 적어놓자는 것이다. 오늘 내가 눈치채지 못했던 그런 감사가 있는지 곰곰이 떠올려봐도 좋다. 예를 들면 "저는 오늘 아침에 개운하게 잘 일어나서 너무나 감사해요. 몸도 건강하고 마음도 건강하게 일어나서 오늘 하루도 너무나 감사하고요"라는 식이다.

마지막 방법은 감사로부터 찾기이다. 오늘의 감사가 어떤 모습으로 나에게 다가왔는지 생각해 보자. 그리고 오늘의 감사를 통해서 느꼈던 또 다른 감사가 없었는지 생각해 보자. 예를 들면 "저는 오늘 감사를 통해서 오늘 하루가 더 행복해질 느낌을 받았기 때문에 더 감사해요"라고 말이다.

연습문제 2 감사일기 쓰는 요령에 근거하여 글을 작성해 봅시다.

대상	감사일기
사람	
경험	
나에서 찾기	
우연	
감사로부터 찾기	

연습문제 3 평소에 감사했던 사람에게 감사편지를 한번 작성하여 봅시다.

000에게

연습문제 4 다음 상황에 직면했다면, "당신은 어떻게 설득할 것인가?"를 설명하고 기록하여 보자.

1) 급한 일이 생겨서 나에게 돈을 빌리려고 친구가 찾아온다면

2) 나는 S사의 컴퓨터를 사고 싶은데 L사보다 가격이 비싸서 사는 것을 머뭇거릴 때

참고문헌

강성렬, 『청소년을 위한 서양철학사』, 평단, 2008.
강수돌, "'김예슬 선언'과 오늘의 대학", 오마이뉴스, 2010.
강준만 외 저, 『대중매체와 사회』, 세계사, 1998.
고명수 외, 『인간행동과 사회환경』, 정민사, 2018.
곽금주, 『20대 심리학』, 랜덤하우스, 2008.
구광현 외, 『교육심리학』, 동문사, 2015.
권석만, 『성격심리학』, 학지사, 2017.
김경희 외, 『인간관계와 의사소통』, 현문사, 2019.
김미향, "중2병, 급식충, 초글링… '청소년혐오' 커지는 한국사회", 한겨레, 2021.
김봉섭 외, "소셜미디어 이용자 유형에 따른 소셜미디어 이용동기 및 활동 유형에 대한 차이 연구", 사회과학연구소, 2013.
김숙복, 『고대, 중세로 떠나는 서양철학사』, 백산출판사, 2019.
김숙복, 『국제사회와 인권』, 백산출판사, 2020.
김숙복, 『근대, 현대로 떠나는 서양철학사』, 백산출판사, 2019.
김연자 외, 『인간심리의 이해』, 메디시언, 2020.
김영번, "500병상 이상 병원 개인정보보호위원회", 문화일보, 2010.
김영혜 외, 『인간성장발달과 건강증진』, 수문사, 2013.
김윤재 외, 『정신건강론』, 동문사, 2012.
김재득, 『의사소통과 협상론』, 대영문화사, 2017.
김종운 외, 『만남 그리고 성장을 위한 인간관계 심리학』, 학지사, 2014.
김중태, 『모바일 혁명이 만드는 비즈니스 미래지도』, 한스미디어, 2009.
김지영, "정신과 전문의 윤홍균의 자존감 높이기 수업", 여성동아, 2017.
김지환, "이메일 주고받기도 에티켓", 경향신문, 2019.
김청송 외, 『인간행동과 심리학』, 학지사, 2015.
김청자, 『교육심리학의 이해』, 동문사, 2014.
김태임 외, 『성장발달과 건강』, 교문사, 2014.
김혜선, "[NO비하표현] 청년 '잼민이는 죄가 없다…'비하'가 문제'", 뉴스포스트, 2021.1.5.
김희수 외, 『교육심리학』, 동문사, 2017.
김희정, "미디어 발전에 따른 감정언어 이모티콘의 변화에 관한 연구", 2014.

남민지 외, “인스타그램 기반 이미지와 텍스트를 활용한 사용자 감정정보 측정”, Journal of Korea Multimedia Socity, Vol. 17, No. 9, September 2014.
노경아, “작은 지저귐, 큰 울림 … 해시태그는 사회운동”, 중소기업뉴스, 2016.
로널드 워더우, 박의재 역, 『현대 사회언어학』, 한신문화사, 1999.
문정숙, “한국 사회의 갈등 해결을 위한 평화교육 실천 방안에 관한 연구-도덕과 교육을 중심으로-”, 인하대학교 대학원 교육학 박사학위논문, 2007.
박영식, 『서양철학의 이해』, 철학과현실사, 2008.
박지연, “자아존중감이 청소년의 대인관계에 미치는 영향”, 2008.
박창욱 외, 『진로와 취업』, 백산출판사, 2020.
변호걸 외, 『특수교육의 이해』, 동문사, 2017.
서동미, “자기효능감 수준과 성격 6 요인이 직무스트레스에 미치는 영향”, 이화여자대학교 대학원 석사학위논문, 2009.
서여주, 『개인, 상황, 관계를 중심으로 한 인간 심리』, 백산출판사, 2020.
서용순, 『청소년을 위한 서양철학사』, 두리미디어, 2012.
선안남, 『행복을 부르는 자존감의 힘』, “3-1 트라우마, 상처 입은 나”, 소울메이트, 2011.
성동규, 『사이버 커뮤니케이션』, 세계사, 2006.
신나민 외, 『이판사판 교육방법 및 교육공학』, 박영사, 2019.
안상윤 외, 『의료커뮤니케이션』, 보문각, 2014.
안효자 외, 『인간관계와 의사소통』, 수문사, 2021.
에릭 퀄먼, 『소셜노믹스』, 에이콘출판사, 2009.
온라인뉴스(onlinenews@heraldcorp.com).
올리비아, 『폭스카반, 비즈니스 네트워킹』, 인더북스, 2010.
원우현 외 저, 『인터넷 커뮤니케이션』, 박영사, 2006.
유선영 외, 『한국의 미디어 사회문화사』, 한국언론재단, 2007.
유세경, 『매스미디어와 현대정치』, 나남출판, 1996.
유정화 외, 『한 권으로 완성되는 이미지메이킹과 면접』, 백산출판사, 2021.
윤대현, “자존감, 떨어져 고민하는 당신, 목표 낮추고 남과 비교하지 마세요”, 한국경제. 2011.
이경리, 『인간관계와 의사소통』, 포널스, 2014.
이경리, 『인간관계와 의사소통의 기본원리』, 수문사, 2021.
이명랑, 『심리학개론』, 더배움, 2017.
이성진 외, 『교육심리학』, 방송통신대학교, 2007.
이재희 외, 『UP 의사소통 능력』, 양성원, 2018.
이주연, “자존감과 자존심”, 크리스천투데이, 2011.
이지영 외, “카카오스토리 이용패턴과 이용동기 연구--이용량 결정요인을 중심으로”, 한국콘텐츠학회 논문, 제15권 제1호, 2015.

이창호 외, "청소년의 소셜미디어의 이용실태 연구", 한국청소년정책연구원 연구보고서, 2012.
이택호 외, 『조직과 인간관계론』, 북넷, 2013.
이현림 외, 『인간발달과 교육』, 교육과학사, 2016.
임숙빈 외, 『재미있게 배우는 의사소통의 실제』, 현문사, 2018.
장성화 외, 『교육심리학』, 정민사, 2015.
정옥분, 『발달심리학: 전생애 인간발달』, 학지사, 2014.
조계화 외, "Nurse presence 도구개발", 대한간호학회지, 31(3).
조복희 외, 『인간발달』, 교문사, 2016.
조성대, "현대사회와 인간관계 위기에 대한 연구", 『한국 인간관계 학보』, Vol. 5, No. 3, 2000.
표형종, 『취업체크리스트』, 진서원, 2014.
한국간호학회 편, 『건강한 인간관계를 위한 의사소통기술』, 퍼시픽북스, 2019.
한국산업인력공단, 『사회복지서비스』, 진한엠앤비, 2015.
한수정 외, 『셀프진로설계와 취업면접』, 백산출판사, 2020.
할 어반, 『긍정적인 말의 힘』, 엘도라도, 2019.
황경상, "길 잃은 88만원 세대 온몸으로 '저항 선언'", 경향신문, 2010.
Baumeister, R.F., "The self", In D.T. Gilbert, S.T. Fiske, & G. Lindzey(Eds.), Erikson, E.H., Identity: Youth and Crisis, New York, NY: Norton, 1998.
Handbook of Social Psychology(4th ed.), New York: McGraw-Hill Press, 1968, pp. 680-740.

저자 약력

김숙복

강원도 삼척에서 출생하여 대구로 유학을 떠나 계명대학교 사범대학 교육학과를 졸업하고 동 대학교 대학원 교육학과 철학을 전공하여 석, 박사과정을 수학하였다. 또한 동 대학교에서 교양 및 교직과목의 강의를 시작으로 가톨릭상지대학교, 계명문화대학교, 대경대학교, 영남외국어대학교를 거쳐 현재는 경북과학대학교 겸임교수와 창원문성대학교에서 후학들을 가르치고 있다.
대표적인 저서로는 『학교폭력의 예방과 대책』, 『생명존중을 위한 자살 예방론』, 『고대, 중세로 떠나는 서양 철학사』, 『근대, 현대로 떠나는 서양 철학사』, 『대학생들을 위한 쉽게 풀어 쓴 손자병법』, 『국제사회와 인권』, 『한국사의 이해 1』, 『한국사의 이해 2』 등이 있으며, 논문으로는 "R.S. Peters 교육철학에 있어서 자유와 교육", "다산 정약용의 교육사상 연구", "조선 후기에 있어서 실학과 교육", "간호대학생의 폭력에 대한 대처 양식과 현장실습 적응" 등이 있다.

정윤화

계명대학교 대학원 간호학과 석, 박사과정을 수학하여 학위를 취득하였고 동 대학교 간호학과, 가톨릭상지대학교에서 강의하였으며 현재는 경북과학대학교 간호학과 교수로 재직하고 있다. 칠곡군 정신건강심의(심사)위원회 위원, 칠곡군 정신건강복지센터 운영위원회 위원으로 활동하고 있다.
대표적인 저서로는 『정신간호학 및 실습지침서』, 『정신건강간호학 제2판』, 『간호정보학』, 『인간관계와 커뮤니케이션』, 『정신간호학 및 실습지침서』, 『원리 및 실무중심의 정신건강간호학』, 『국제사회와 인권』 등이 있으며, 논문으로는 "간호대학생의 폭력경험, 대처양식 및 회복탄력성이 정서반응과 임상실습스트레스에 미치는 효과", "간호대학생의 분노표현, 우울이 대학생활 적응과 대인관계에 미치는 영향", "간호대학생의 분노표현방식, 회복탄력성이 대학생활 적응에 미치는 영향", "간호대학생의 폭력에 대한 대처양식과 현장실습적응", "간호대학생의 임상실습 폭력예방 프로그램의 개발 및 효과"(2021), "간호대학생의 폭력 예방 프로그램 중재 후 경험(포커스 그룹 인터뷰)"(2021), "간호대학생의 간호 전문직관 관련 변수의 경로 분석"(2020), "2020년 The development and effectiveness of a clinical training violence prevention program for nursing students(IJERPH)", "응급실 간호사의 요통에 따른 우울과 일상생활 활동 장애의 매개 효과(문화기술의 융합)" 등이 있다.

정일동

연세대학교 대학원에서 정치학을 전공하였고, 계명대학교 대학원에서 교육학 박사과정 중에 있다.
국회 국방위원 정책토의에 참가하였고, 다국적군 전투실험 국제콘퍼런스에 참석하였으며 인성교육진흥협회에서 활동하였다. 한국연구재단위원으로 활동하였으며 현재 경북과학대학교에서 군사학과장으로 재직하고 있다.
저서로는『생명존중을 위한 자살 예방론』,『근대, 현대로 떠나는 서양철학사』가 있으며, 논문으로는 "작전실시간 대대급 전장상황파악수준 향상방안", "미래 보병부대 방어 작전간 기동수단을 활용한 전투수행", "적 상황에 대한 전장가시화 향상방안", "대대급 지휘통신운영의 효율성 증대방안" 등이 있다.

김도진

- 계명대학교 대학원 교육학과 졸업(교육학박사)
- 한국복지사이버대학 평생교육학과 학과장(현)
- 한국복지사이버대학 입학홍보처장(현)
- 한국아동교육학회 이사(현)
- 한국유아교육학회 대경지회 이사(현)
- 계명대학교 교육심리연구회 회장(현)

저자와의
합의하에
인지첩부
생략

인간관계와 의사소통

2022년 10월 10일 초판 1쇄 발행
2023년 9월 15일 초판 2쇄 발행

지은이 김숙복 · 정윤화 · 정일동 · 김도진
펴낸이 진욱상
펴낸곳 (주)백산출판사
교 정 성인숙
본문디자인 이문희
표지디자인 오정은

등 록 2017년 5월 29일 제406-2017-000058호
주 소 경기도 파주시 회동길 370(백산빌딩 3층)
전 화 02-914-1621(代)
팩 스 031-955-9911
이메일 edit@ibaeksan.kr
홈페이지 www.ibaeksan.kr

ISBN 979-11-6567-563-9 93180
값 24,000원